普通高等教育经管类专业系列教材

因果推断计量经济学

徐小君　蓝嘉俊 ◎ 主编

清华大学出版社

北　京

内容简介

本书主要介绍因果推断计量经济学的基本概念、基本原理和基本运算，以及因果推断实证研究中常用的设计方法。全书共分 12 章，具体内容包括：经济计量简介与基础知识、一元线性回归模型、多元线性回归分析、线性回归模型的拓展与应用、因果关系与因果图、工具变量估计方法、样本选择模型、潜在结果分析框架、断点回归设计概述、面板数据回归分析、时间序列基础知识和时间序列模型应用，等等。

本书既适用于高等院校经济与管理类专业的本科生，也可作为研究生和其他研究者学习社会科学计量方法的入门参考书目。

图书在版编目(CIP)数据

因果推断计量经济学 / 徐小君，蓝嘉俊主编.

北京 ：清华大学出版社, 2025. 6. -- (普通高等教育经管类专业系列教材). -- ISBN 978-7-302-69328-4

Ⅰ. F224.0

中国国家版本馆 CIP 数据核字第 2025CG2979 号

责任编辑：高　屾
封面设计：马筱琨
版式设计：思创景点
责任校对：马遥遥
责任印制：沈　露

出版发行：清华大学出版社
网　　　址：https://www.tup.com.cn，https://www.wqxuetang.com
地　　　址：北京清华大学学研大厦 A 座　　　　　　　　邮　　编：100084
社 总 机：010-83470000　　　　　　　　　　　　　　邮　　购：010-62786544
投稿与读者服务：010-62776969，c-service@tup.tsinghua.edu.cn
质 量 反 馈：010-62772015，zhiliang@tup.tsinghua.edu.cn
印 装 者：三河市天利华印刷装订有限公司
经　　　销：全国新华书店
开　　本：185mm×260mm　　　印　　张：17　　　　字　　数：435 千字
版　　次：2025 年 7 月第 1 版　　　　　　　　　　　印　　次：2025 年 7 月第 1 次印刷
定　　价：69.00 元

产品编号：105676-01

前　　言

百年大计，教育为本。改革开放以来，我国的教材建设已经为社会各类教育和研究工作做出了重要贡献。党的十八大以来，习近平总书记对教育事业，特别是培养社会主义建设者和接班人工作高度重视，围绕培养什么人、怎样培养人、为谁培养人这一教育的根本问题，就教育改革发展提出一系列新理念、新思想、新观点，突出强调要坚持党对教育事业的全面领导，坚持把立德树人作为根本任务，坚持优先发展教育事业，坚持社会主义办学方向，坚持扎根中国大地办教育，坚持以人民为中心发展教育，坚持深化教育改革创新，坚持把服务中华民族伟大复兴作为教育的重要使命。新时代我们要继续坚持守正创新，深刻认识到当今教育所面临问题的复杂程度和解决问题的艰难程度，在党的坚强领导下，立足基本国情，遵循教育规律，坚持改革创新，坚定不移走中国特色社会主义教育发展道路，发展具有中国特色、世界水平的现代教育，为社会主义现代化建设提供基础性、战略性支撑。

党的二十大报告首次提出"加强教材建设和管理"，把教材建设作为立德树人与培养社会主义建设者和接班人的重要举措，凸显了教材工作的重要地位。习近平总书记强调，培养出好的哲学社会科学有用之才，就要有好的教材。要高度重视教材建设，应以本教材的编写为契机，总结经验，明确方向，加大力度，推动全校打造更多更高水平的教材，推动人才培养和一流大学、一流学科建设达到更高水平。加快构建中国特色哲学社会科学，归根结底是建构中国自主的知识体系，教材要坚持以习近平新时代中国特色社会主义思想为指导，立足中国实践，坚持问题导向，要大力推动习近平新时代中国特色社会主义经济思想进教材、进课堂、进学生头脑，加快形成中国特色高质量教材体系。

高校经济学类教材要立足于新时代我国经济发展与经济改革，揭示中国特色社会主义经济的本质和发展规律，要实现思想性、系统性、实践性与学理性的统一。教材要构建新的框架体系，探讨新的观点，阐释新的理论学说，尝试新的研究方法，运用新的话语体系。教材要坚持观点正确，理论阐释深入，体系结构新颖，达到以教材为载体，创新和传播中国理论，讲好中国故事，为落实立德树人根本任务提供支撑。经济学理论创新离不开对世界各地经济实践的深刻认识，这既需要对实践中的问题进行更好的提炼，也需要避免极端化、相互排斥或者非此即彼。中国经济学应该受启发于现代经济学基本原理，并根据中国的历史背景和发展实践，创新提炼出具有一般意义的经济理论，教材要坚持马克思主义经济学的指导，借鉴西方经济学知识体系中适用的理论、概念、话语、方法，借鉴中国古代知识体系中优秀的思想，推动中国经济学理论逻辑、历史逻辑和实践逻辑等诸多方面的有机结合，从概念范畴、理论体系、研究方法等方面提升中国经济学的逻辑自洽性、理论阐释的科学性和指导现实的精准性。教材要围绕和关注中国实际问题，坚持理论前沿与基础知识相统一的原则，在提供基础框架的同时，尽力为学者呈现学科前沿的最新进展，并将中国的经济发展经验及案例呈现在教材之中。

本教材是华侨大学教材建设资助项目。华侨大学将学习与宣传贯彻党的二十大精神和习近平总书记重要指示精神作为贯穿各项工作的主线，以建设成为国内一流、国际上声誉良好的大学为目标引领，坚持"顶天、立地、树人"的发展思路，落实价值引领、能力培养、知识传授相结合的育人理念，以学生为中心深化教育教学改革，传承与弘扬"爱国奉献、勇于担当、开放包容、追求卓越"的华侨大学精神，不断提高人才培养质量和办学水平。华侨大学教材建设资助项目坚持以习近平新时代中国特色社会主义思想为指导，是落实和推进华侨大学"侨校+名校"发展战略的具体举措，努力为全面建成社会主义现代化强国、实现第二个百年奋斗目标添砖加瓦。

近年来因果推断方法已在医学、心理学和流行病学等各个学科中广泛应用。2019 年和 2021 年诺贝尔经济学奖分别颁给了实验计量经济学和因果推断计量经济学这两个研究领域。吸收和借鉴各个学科中最新的科学方法，并将这些方法加以发展和应用，解决经济学中的各种问题，是经济学科研和教学的重要任务。编写本教材，一方面要吸收和借鉴各个学科中关于因果推断、人工智能和大数据等的相关技术，另一方面要更大范围地推广和普及计量经济学中最新的知识、技术和应用，从而提高计量经济学的教学质量。

随着计量经济学中因果推断方法的发展和广泛应用，相关的专著和教材也随之出现，如《基本无害的计量经济学》和《精通计量学》。当前，已有的相关教材一般都具备以下两个特征。一是现有涉及因果推断的专著或教材一般比较专业并且难度较大，适合研究生学习，而不太适合本科生。二是各类教材大多没有给出系统介绍经典计量基础知识和因果推断方法的统一框架。有些教材只介绍经典计量基础知识，而有些教材只侧重介绍微观计量经济学或因果推断方法。本教材既介绍经典计量基础知识，又引入因果推断方法，并将两者有机地结合在一起，将新的研究成果引入初级计量经济学的教学中，推动本科计量经济学教育高质量发展。

本教材主要介绍因果推断计量经济学的基本概念、基本原理和基本运算，主要内容包括经济计量简介与基础知识、一元线性回归模型、多元线性回归分析、线性回归模型的拓展与应用、因果关系与因果图、工具变量估计方法、样本选择模型、潜在结果分析框架、断点回归设计概述、面板数据回归分析、时间序列基础知识和时间序列模型应用，等等。

本教材的特色和优势如下。

(1) 经典计量理论与最新因果推断方法相结合，体现了计量经济学研究和发展的科学性、系统性和前沿性。传统计量经济学一般介绍违背经典回归模型的异方差、自相关和多重共线性等问题，而将因果识别和因果推断方法排除在外，从而使得学生学完课程之后，仍然对经济学中相关关系和因果关系没有形成准确认知。本教材建立了科学的分析框架，将相关关系和因果关系、观测数据和实验数据、真实历史事件和虚拟的反事实等加以区别和比较，并将传统计量经济学和新近发展的因果推断方法系统整合，为学生进一步学习打下基础。

(2) 简单易学、实用性强，有助于本科生学习计量经济学和因果推断方法。本教材借助计量经济学研究中的各种案例分析，训练和提高学生的实践和应用能力。

本书免费提供多种教学资源，包括但不限于教学课件与教学资料、教案与教学大纲、习题及答案，便于教师教学和学生自学，可通过扫描右侧二维码获取。

感谢学校和学院领导对本教材编写的支持。本教材在编写过程中，还得到了很多同事和学生的帮助，在此表示特别感谢。经济学院同事蓝乐琴和严圣艳老师，

教学资源

阅读了本书的部分内容并提出了修改建议。我的研究生们几乎都参与了本教材的编写和资料收集与整理过程。他们是：张婷婷、周纪宇、谢紫珊、李雨辰、林钰琪、顾妍婕、梁菁仪、张继鹏、谢奔、覃雅婷、雷智聪、陈函希。感谢上述老师和同学对本书编写的帮助和支持。本教材在编写过程中参考了国内外诸多相关的优秀书籍和资料，在此也对同行表示感谢。由于水平有限，书中可能存在错误之处，欢迎读者批评指正。

编　者

2025 年 6 月

目　　录

第1章

经济计量简介与基础知识

计量经济学(Econometrics)是经济学的一个分支，它结合经济理论、数学和统计学方法，用来分析、解释和预测经济现象，并通过实际数据验证经济理论。本章首先介绍计量经济学的基本概念及其主要应用，随后介绍基本的概率和统计学知识，为学生后续学习打好基础。

1.1 计量经济学简介

1.1.1 什么是计量经济学

计量经济学是以一定的经济理论和数据资料为基础，运用数学、统计、实验方法与计算技术，以建立经济计量模型为主要手段，从而定量分析和研究具有随机性特性的经济变量关系和规律的一门学科。其主要内容包括理论计量经济学和应用计量经济学。理论计量经济学以介绍和研究计量经济学的理论与方法为主要内容，侧重于计量理论与方法的发现、证明与数学推导，与经济理论、数理统计和数学联系极为密切。应用计量经济学以理论计量经济学为基础，为了解决实际经济活动中的数量问题建立与应用计量经济学模型，侧重于对实际问题的探索和处理。

"计量经济学"(econometrics)一词，是挪威经济学家弗里希(Ragnar Frisch)在 1926 年仿照"生物计量学"(biometrics)一词提出的。1930 年国际计量经济学学会成立了，其在 1933 年创办了《计量经济学》杂志，这可以作为计量经济学学科诞生的标志。

计量经济学的建立和发展过程是综合应用经济理论、实验、统计、数学方法的过程。经济学为其提供理论基础，实验和统计为其提供经验和数据资料，数学为其提供研究方法。计量理论模型的设定、样本数据的收集，以经济理论为依据，建立在对所研究经济现象的透彻认识基础上。而模型参数的估计和模型有效性的检验，则是统计学和数学方法在经济研究中的具体应用。没有理论模型和样本数据，实验、统计和数学方法就没有发挥作用的"对象"和"原料"。反之，如果没有实验、统计和数学方法所提供的"原料"，将无法形成"产品"。没有理论指导的实践，以及没有经验事实为支撑的理论研究，一定程度上都缺乏意义。因此，计量经济学的发展和应用，广泛涉及经济学、实验、统计、数学等各个学科的理论、应用和实践。计量经济学是一门交叉融合发展的经济学科。

计量经济学研究的一般步骤如下：先根据实际需要确定研究任务和目的，并结合经济理论、经济活动及经验事实，设定理论模型和计量模型，然后从实验或经济活动中收集样本数据，利用统计和数学的计算技术，通过样本数据对模型中的参数进行估计，并对模型进行检验。如果检验通过，则可以应用模型；反之，则需要对模型进行修订。图 1.1 给出了计量经济学的研究步骤。

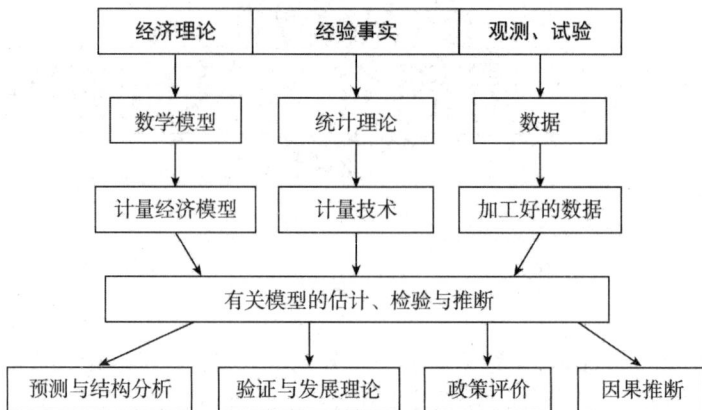

图 1.1　计量经济学的研究步骤

计量经济学的应用一般包括以下 4 个方面。

(1) 经济预测和结构性分析。经济预测，即运用计量模型对经济现象进行描述性分析和相关性分析。其基本原理是拟合和模拟历史，从已经发生的经济活动中找出变化趋势和规律，利用趋势和规律对未来进行预测。经济结构分析，即研究一个或几个经济变量发生变化，以及结构参数的变动对其他变量以致整个经济系统产生何种影响。其一般方法是弹性分析、乘数分析、比较静态分析及比较动态分析。

(2) 检验与发展经济理论，即利用实验数据或统计资料，运用计量经济学模型分析某一个理论假说正确与否。正确的经济理论应该能很好地解释过去，也能够预测未来。如果按照某种经济理论建立的计量经济模型，能够很好地拟合实际观察数据，则意味着该理论是符合客观事实的；反之，则表明该理论不能解释客观事实。基于经济理论的计量经济学模型有如下两个功能：①按照经济理论建立模型，能够较好地拟合历史数据和预测未来，这就检验了经济理论的正确性。②基于现有的经验事实和数据，经济学家通过探索和尝试，建立不同的理论和模型，以模拟、解释现实和预测未来。如果经济学家找到的理论及其模型，能够很好地反映经济运行规律，则这一过程可称为经济学家利用计量经济学发现和发展了经济理论。

(3) 政策评价，也称为项目评估(program evaluation)，即利用计量经济模型定量分析政策对经济系统或实验对象的影响和效果。计量经济学政策评估主要包括两个方面：①从宏观角度，对诸如国家政策的影响和效果的评估与评价，如评价中国某一个时期的货币政策或财政政策的效果。②从微观角度，评估某一项措施的效果。比如：企业采用一项新的管理制度产生的影响和效果；学校采用一种新教学方法产生的影响和效果；地方政府提供的免费职业培训对工人就业和工资的影响效果；等等。

(4) 因果推断，主要是利用实验或观察数据，对事物或变量之间的因果关系情况进行判断和分析。在定性分析和研究因果关系的基础上，再计量分析变量之间因果关系的作用机制和影响程度。计量经济学的因果推断，可以验证或发现和发展经济理论。

计量经济学作为一门学科已有近百年的发展历史。在中国，计量经济学的发展已有近 40 年，极大地推动了中国经济学教育与研究的学术化、规范化、国际化，成为经济学研究理论联系实际的主要方法与工具。在很长一段时间内，中国经济学研究以定性分析为主，缺少对现实经济的定量分析和实证研究，计量经济学的引进与广泛应用，使中国经济学研究水平得到很大提升，并且在国际经济学术界初显其学术影响力。

早期的实证经济学研究缺乏解决内生性问题的有效办法，导致实证研究的结论缺乏可信性。20 世纪 80 年代，经济学家们开始对传统的经验和实证研究进行反思，认为研究者利用观测数据和传统计量分析方法进行研究，特别是因果推断时缺乏严谨的态度，对分析结果特别是因果关系，缺乏可靠性分析和稳健性检验。之后，经济学界对经验研究的可信性进行了越来越多的探讨，传统计量经济学正在经历一场可信性革命，而因果推断正是这场可信性革命的核心。传统计量经济学课程的内容多以"可信性革命"之前的经典计量经济学为主，强调经典线性回归模型下(普通最小二乘)估计量的性质，以及经典假定违背之后估计量存在的问题及修正方法，较少强调变量之间的因果关系。因果推断是"可信性革命"的核心内容，强调运用实验和准实验数据，寻找特定的外生性冲击，挖掘研究情境及事情变迁的过程，从而解决核心解释变量的内生性问题，准确识别其对被解释变量的因果效应。当前，计量经济学借助准实验设计方法对因果关系进行评估，显著提高了从观察数据中进行因果关系评估的可信性。因果推断已经成为国内外计量经济学研究的主流。

1.1.2　因果推断简介

探求事物的原因，是人类永恒的精神活动之一。从古希腊的哲学到中国先秦的诗歌，都充满了对原因的追问和对因果关系的思考。比如，亚里士多德就在《物理学》(*Physics*)和《形而上学》(*Metaphysics*)两书中反复强调，我们只有知道了事物的原因，才能算真正理解这个事物。又如屈原在《天问》的开篇就追问日月星辰运行的原因。

长期以来，人们一方面好奇地追问原因和结果的关系，另一方面又苦于这些概念的模糊性。于是，这些话题在很长一段时间都仅仅局限在哲学和文学的范围内。精确地描述因果关系，尤其是用数学的语言来描述因果关系，则是近代的事情了。这一思想飞跃，得益于现代统计学的发展。统计学家称之为"因果推断"(causal inference)。虽然因果推断在现代统计学的萌芽阶段就已经产生，但是它的发展并非一帆风顺：它长期被主流忽视、怀疑，甚至攻击。例如哲学家大卫·休谟(David Hume)甚至认为人们凭借经验根本无法认识因果关系。直至最近四十年，尤其是最近二十年，因果推断才得到了广泛认可，成为当今主流的研究方向之一。当今世界，很多年轻的学者加入了因果推断的研究队伍，相关研究来自统计学、经济学、社会学、政治科学、教育学、流行病学、计算机科学、哲学等领域。

人们常常思考关于原因和结果的问题。例如，某人死于肺癌，是不是因为他常常吸烟？感冒症状减轻了，是不是因为服用了维生素 C 片？大学教育能否提高收入水平？类似的问题，充斥着我们的日常生活。但是，这些看似简单的问题，却不容易获得准确答案。例如，有人吸烟，却没有得肺癌；而有人不吸烟，却得了肺癌。又如，可能仅仅喝白开水，感冒症状也会减轻。再如，有人没有上大学，却靠做生意发了大财。当然，有点概率论常识的人，都会很容易意识到，这些事件带有随机性。在生活中，我们可以观察到吸烟的人更可能得肺癌；服用维生素 C 的人，平均来说，感冒恢复得更快；上过大学的人平均收入更高。但是，这些统计上的"相关关系"是否就是"因果关系"呢？

1923 年耶日·奈曼(Jerzy Neyman，1894—1981)在他的博士毕业论文《概率论在农业实验中的应用》中，提出了用于因果推断的"潜在结果"(potential outcomes)的数学模型，并将它和统计推断结合起来。以农业实验为例，实验者想检测两种肥料对产量的影响。其基本思想是，样本分组随机化实验保证了两个组的各种影响因素是相似的，那么它们之间结果的区别就可以归因于干预因素的作用。内曼关于因果推断的相关论文，引发了包括罗纳德·费希尔(Ronald Fisher)在内的统计学家的激烈争论。同时期，费希尔对随机化实验进行了深入的研究，虽然他没有使用内曼潜在结果的记号，但是因果推断始终是他思考的对象。随后的几十年，随机对照实验(randomized controlled trial, RCT)成为美国食品药品监督管理局批准新药的黄金标准。最近三十年，大量的随机化实验出现在社会科学中，用来研究复杂社会问题中的因果关系。比如，麻省理工学院和哈佛大学的三位经济学家阿比吉特·班纳吉(Abhijit Banerjee)、埃斯特·迪弗洛(Esther Duflo)和迈克尔·克雷默(Michael Kremer)，采用实验的方法研究发展经济学，获得了 2019 年的诺贝尔经济学奖。2021 年大卫·卡德(David Card)、乔舒亚·安格里斯特(Joshua Angrist)和吉多·因本斯(Guido Imbens)三位经济学家，因他们近三十年来在经济学中应用因果推断方法的开创性工作，被授予了诺贝尔经济学奖。

随机对照实验虽然可以用来进行因果推断，但是很多数据并非源自随机化实验。这类研究通常被称为观察性研究(observational study)。比如，要研究吸烟和肺癌的因果关系，基本的伦理不允许我们随机地让一部分人抽烟、让一部分人不抽烟。再如，要研究接受大学教育对收入的影响，我们不能随机地让一部分人上大学、让一部分人不上大学。对于很多流行病学和社会科学的问题，应进行观察性研究。当然，人们也迫切地想从这些观察性研究中获得关于因果关系的知识。

计量经济学重要任务之一是研究变量间的因果联系。因果推断也是当前国际学术界最热门的研究领域之一，因果推断以经验和理论为指导，通过实验、观测和相关技术分析，研究事物和变量之间的因果关系，主要研究内容包括：因果发现(causal discovery)分析，即探索和发现事物和变量之间的作用机制和影响关系，探寻事物和变量演变的顺序和逻辑关系；因果效应(causal effect)计量，即在得到因果关系方向之后，评估原因变量发生的各种变化，导致结果变量发生变化的程度。经济学中常用的因果推断方法有 5 种：随机试验方法、回归方法(匹配法)、双重差分方法、断点回归方法及工具变量(IV)方法。因果关系研究是可以在随机控制实验中得到完全展示的，但是随机控制实验是人为设计实验，很多社会生活中的问题无法使用随机控制实验来研究。20 世纪 90 年代开始，大卫·卡德、乔舒亚·安格里斯特和吉多·因本斯开始发表有关工具变量法、双重差分方法、断点回归法等自然实验的方法，利用观察性数据，也可以研究因果关系。这让经济学研究的"可信度"大大提高，并且在政策方面产生了更直接和深远的影响。

虽然因果推断已经取得了一些进展，但是这些还不足以回应现实世界向其发出的挑战。理论上，目前的研究范式还不能完美地应对复杂的实际工作需要。一些学者考虑了因果推断和微分方程的关系，但是这方面的研究还在初始阶段。不管是鲁宾还是珀尔的范式，对于有反馈的因果系统，都有致命的缺陷，这也是值得思考的问题。另外，现有的工作大多数都是在评估某个给定的原因对某个给定的结果的作用，而科学研究的本质是探索未知的原因。虽然因果图的结构学习对探索原因有帮助，但是这方面的理论还不够丰富。

我们正处于大数据时代，如何从海量数据中挖掘因果关系，也是一个非常有挑战性但是引人入胜的话题。大数据(big data)是指在较短的时间范围内，用传统和常规技术工具难以进行收集、管理和应用的巨型数据集合。对大数据的研究和应用，需要有新的处理模式和技术才能使其呈现更好和更有效的结果。虽然大数据技术和因果推断两种方法在过去是独立发展的,但是在未来会相互交织而产生新的成果。从应用的角度来看,因果推断一直与很多学科有紧密联系。这些跨学科的研究常常超越现有的因果推断理论,成为新理论和方法研究的源头活水。

1.1.3　数据的类型和结构

计量经济学研究中主要应用的数据包括实验数据和观测数据。

1. 实验数据

实验数据(experimental data)一般是在科学实验环境下取得的数据。在实验中,实验环境是受到严格控制的,得到的数据一定是某一约束条件下的结果。在自然科学研究中,实验的方法应用得非常普遍,因此,自然科学研究中所用的数据多为实验数据。例如,新开发药物的疗效测试、农作物品种试验等。这些实验数据主要用于考察变量之间的因果关系。在实验中,研究人员要控制某一情形的所有相关方面,操纵少数感兴趣的变量,然后观察实验的结果。实验是检验变量间因果关系的一种常用方法。

2. 观测数据

观测数据(observational data)是对客观现象进行实地调查、观测和统计所取得的数据,在数据取得的过程中一般没有人为控制和条件约束。在社会经济问题研究中,观测是取得数据最主要的方法之一。很多社会经济问题不适合应用实验的方法,只能通过实际调查得到数据,用各种调查方法得到的数据都属于观测数据。例如,2020 年我国的 GDP、年末人口数据等。社会经济领域的统计数据大部分是观测数据。观测数据常见的数据结构类型包括横截面数据、时间序列数据及面板数据。横截面数据是在一个固定时间上,对不同个体进行观测而收集的数据。时间序列数据是对个体在多个时间点上重复观测得到的数据。面板数据是对多个个体在多个时间点进行观测得到的数据。

(1) **横截面数据**(cross-sectional data)是假定从总体中随机抽样得到的样本,在横截面分析中,也可以忽略样本数据搜集中细小的时间差别,有时所有单位的数据并非完全对应于同一时间段。如果一系列家庭都是在同年度中的不同时间被调查,得到的数据仍被认为是横截面数据。随机抽样得到的横截面数据集,其重要特征是数据的排序不影响计量分析。

(2) **时间序列数据**(time series data)是由人们对一个或多个变量在不同时间进行观测,进而获得的观测值所构成的。这类数据反映了某一事物、现象等随时间的变化所呈现的状态或程度。与横截面数据不同,时间序列对观测值按时间先后排序,时间顺序是潜在的重要信息。时间序列数据的计量分析用到了许多和横截面分析相同的工具。由于许多时间序列数据具有明显的周期性、趋势性和持续性,对其研究和分析可能需要更加复杂的技术。时间序列变量的数据频率一般是固定的,数据是根据相同的规则定期出现的。常见的时间频率是天、周、月、季度、年,如股票数据一般以天为单位进行记录,消费者价格指数一般是以月度为单位,国内生产总值一般是以季度为单位,人口统计数据一般以年为单位。

(3) **面板数据**(panel data)由数据集中每个横截面单位的一个时间序列组成,也叫“平行数据”,包括时间序列和截面两个维度。在时间序列上取多个截面,并在这些截面上同时收集样本观测值,从而构成样本数据。这些数据集是从不同观测对象在不同时间段或时点上收集来的,旨在描述这些观测对象随着时间变化而变化的情况。面板数据包括横截面和时间序列两个维度上的数据：个体维度($i=1,2,\cdots,N$)和时间维度($t=1,2,\cdots,T$)。个体可以是个人、企业、行业或国家；时间维度可以是年、季、月或日。例如，对于 2000 至 2020 年全国各省份的 GDP，如果只考虑某一时间段或时点，它就是截面数据；如果只考虑某一观测对象，它就是时间序列数据。

1.2 概率论复习

经济变量大多为随机变量，经济变量之间的关系为随机关系。经济变量特征的刻画和经济变量关系的研究都需要以概率论和统计学的知识为基础。本章后续部分对概率论和统计学的内容进行简要回顾，为相关概念和理论知识的学习打好基础。

事件发生的可能性称为概率(probability)，用 $P(A)$ 表示事件 A 的概率。一个随机现象的所有结果发生的可能性大小构成其概率分布。概率分布是概率论研究的核心内容之一。

1.2.1 随机变量及分布

为便于采用数学工具研究随机现象，常用随机变量来表示随机现象。随机现象的可能结果常表现为数值，如一次考试的分数、明天股票的收盘价、明年的 GDP 等，即便不是数值，也可以用数值表示，例如，是否考上大学可以用 1 和 0 表示，抛掷一枚硬币出现的正反面也可以用 0 和 1 表示。因此，可以用变量表示随机现象。当变量取某个值或在某个范围内取值时，对应着随机现象的一个结果，这样的变量称为随机变量。随机变量分为离散随机变量和连续随机变量。如果随机现象的可能结果为有限个(如 100 个鸡蛋孵出的小鸡个数)，或者无限个但可以罗列，则可以用取离散值(比如 0,1,2,…)的变量表示该随机现象，得出的随机变量为离散随机变量。如果随机现象的可能结果对应连续的实数区间(例如一次考试的分数在[0, 100]内取值)，则必须用连续取值的随机变量表示，这样的随机变量为连续随机变量。常常用英文字母或者希腊字母(如 x, y, ξ, η 等)表示随机变量。离散随机变量的概率分布常用列表的形式或者概率函数的形式给出，连续型随机变量则用概率密度刻画概率分布。

1. 离散随机变量的概率分布

以本书用到的二项分布为例介绍离散随机变量的有关概念。

1) 二项分布(binomial distribution)

独立进行 n 次试验(例如用 n 个鸡蛋孵化小鸡)，每次试验中事件 A (例如"孵出小鸡")发生的概率为 p。设 ξ 表示 n 次试验中 A 发生的次数(例如孵出小鸡的个数)，ξ 为随机变量，其概率分布用概率函数表示为

$$P(\xi=i) = C_n^i p^i (1-p)^{n-i} \quad (i=0,1,2,\cdots,n) \tag{1.2.1}$$

称 ξ 为服从参数(n, p)的二项分布。以随机变量的取值为横坐标、对应的概率为纵坐标，画出概率分布图，如图 1.2 所示。

从图 1.2 中可以看出：①二项分布在某个取值处概率达到最大；②随着 n 的增大，二项分布逐渐接近正态分布。二项分布随机变量 ξ 的数学期望和方差分别为 $E\xi = np$ 和 $\mathrm{Var}(\xi) = np(1-p)$。

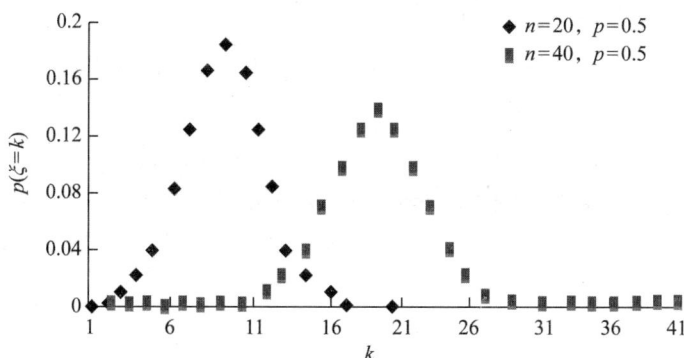

图 1.2　二项分布概率分布图

2) 两点分布——二项分布的特例

$n=1$ 时的二项分布称为两点分布，此时随机变量 ξ 取 0 和 1 两个值，因此也称为 0-1 分布。由于 $C_1^0 = 1$、$C_1^1 = 1$，两点分布的概率函数为

$$P(\xi = i) = p^{\xi}(1-p)^{1-\xi} = p^i(1-p)^{1-i} \quad (\xi = i = 0, 1) \tag{1.2.2}$$

两点分布常用来描述有两个结果的随机现象。例如，公司的财务状况分为正常和危机；高校本科毕业生的选择为就业和继续读书；银行贷款客户在贷款到期时的行为分为履约(还款)和违约；等等。

2. 连续随机变量的概率分布

连续随机变量的取值为实数区间，不能通过列举的方法表示取值和对应的概率。此外，连续随机变量取特定值的概率均为 0，其分布特点需要通过在不同范围内取值的概率来刻画。连续随机变量采用概率密度函数描述其概率分布的规律性。设 $\varphi(x)$ 为连续随机变量 ξ 的概率密度函数，$A=[a, b]$ 为某个区间，其概率函数为

$$P(A) = P(\xi \in [a, b]) = \int_a^b \varphi(x)\mathrm{d}x \tag{1.2.3}$$

从式(1.2.3)可以看出，概率密度函数满足两个条件：①取非负值，$\varphi(x) \geqslant 0$；②在 $(-\infty, +\infty)$ 上的积分等于 1。随机变量在某区间内取值的概率等于概率密度函数图形围出的曲边梯形的面积。

连续随机变量的取值统一规定为全部实数 $(-\infty, +\infty)$，如果实际取值为实数的一部分，例如正数 $(0, +\infty)$，只需要将取其他值时的概率密度设为 0 即可。因此，定义连续随机变量时，只需要给出概率密度函数即可。本书中提到的连续随机变量为正态分布随机变量，以及由正态分布衍生出的 χ^2 分布、t 分布和 F 分布随机变量。

1) 正态分布(normal distribution)

如果随机变量 ξ 的密度函数为

$$\phi(x) = \frac{1}{\sqrt{2\pi}} e^{-\frac{x^2}{2}} \quad (-\infty < x < \infty) \tag{1.2.4}$$

称 ξ 服从标准正态分布(standard normal distribution)，记为 $\xi \sim N(0,1)$，称 ξ 为正态随机变量。如果 ξ 的密度函数为

$$f(x) = \frac{1}{\sqrt{2\pi}\sigma} e^{-\frac{(x-\mu)^2}{2\sigma^2}} \quad (-\infty < x < \infty, \quad \sigma > 0) \tag{1.2.5}$$

称 ξ 服从参数为 (μ, σ^2) 的正态分布，记为 $\xi \sim N(\mu, \sigma^2)$。参数为 (μ, σ^2) 正态分布的密度函数可以用标准正态分布密度函数表示为 $f(x) = \sigma^{-1}\phi[(x-\mu)/\sigma]$。正态分布的概率密度函数关于 $x = \mu$ 对称，最大值为 $1/\sqrt{2\pi}\sigma$。不同参数对应的正态分布的概率密度函数图形，如图 1.3 所示。

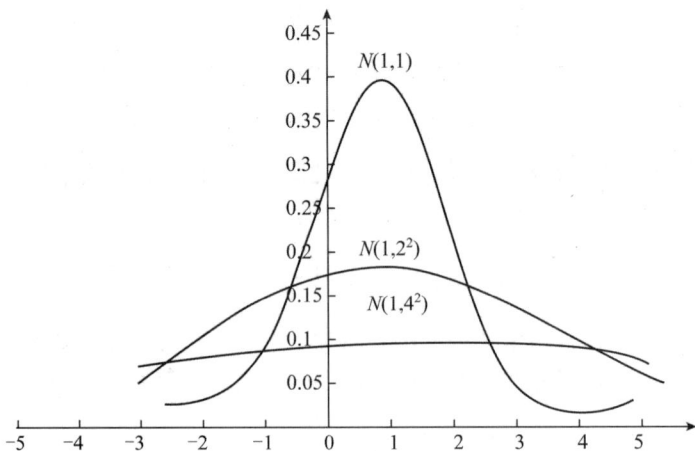

图 1.3　正态分布的概率密度函数图形

从图 1.3 中可以看出，参数 μ 决定密度函数的位置(中心)，σ^2 决定图形的陡峭程度。σ^2 越大，图形越扁平，随机变量在离开中心($x = \mu$)较远处区间内取值的概率越大；σ^2 越小，图形越陡峭，随机变量在离开中心($x = \mu$)较远处区间内取值的概率越小，在中心区域取值的概率越大。

标准正态分布的分布函数用 $\Phi(x)$ 表示，是标准正态概率密度函数的变上限定积分：

$$\Phi(x) = \int_{-\infty}^{x} \varphi(t)\mathrm{d}t = \frac{1}{\sqrt{2\pi}} \int_{-\infty}^{x} e^{-\frac{t^2}{2\sigma^2}} \mathrm{d}t$$

$\Phi(x)$ 的值可以通过查表获得。一般正态分布随机变量 $\xi \sim N(\mu, \sigma^2)$ 可以标准化为标准正态分布 $\eta = (\xi - \mu)/\sigma \sim N(0,1)$，对应的概率计算可以转化为标准正态分布：

$$\begin{aligned}P\{a < \xi \leqslant b\} &= P\{(a-\mu)\sigma < (\xi-\mu)/\sigma \leqslant (b-\mu)/\sigma\} \\ &= P\{(a-\mu)\sigma < \eta \leqslant (b-\mu)/\sigma\} \\ &= \Phi[(b-\mu)/\sigma] - \Phi[(a-\mu)/\sigma]\end{aligned}$$

标准正态分布概率表只给出 $x \geqslant 0$ 的 $\Phi(x)$ 值，当 $x < 0$ 时，根据正态分布对称性得出的关系式 $\Phi(x) = 1 - \Phi(-x)$ 进行概率计算。

除了数学期望和方差外，计算中常常用到正态分布的三阶矩和四阶矩。设 $\xi \sim N(\mu, \sigma^2)$，$E(\xi - \mu)^3 = 0$，$E(\xi - \mu)^4 = 3\sigma^2$。

正态分布具有可加性：联合正态随机变量的线性组合仍然服从正态分布。

2）正态分布的衍生分布

χ^2分布(chi-square distribution)

标准正态随机变量的平方和服从的分布称为χ^2分布：如果$\xi \sim N(0,1)$，则$\eta = \xi^2$服从的分布称为自由度为 1 的χ^2分布，记为$\eta \sim \chi^2(1)$；如果$\xi_1 \sim N(0,1)$，$\xi_2 \sim N(0,1)$，ξ_1和ξ_2相互独立，则$\zeta = \xi_1^2 + \xi_2^2$服从的分布称为自由度为 2 的$\chi^2$分布，记为$\eta \sim \chi^2(2)$。以此类推可以得出：$n$ 个相互独立的标准正态分布随机变量$\xi_i \sim N(0,1)$，$i = 1,2,\cdots,n$的平方和$\eta = \xi_1^2 + \xi_2^2 + \cdots + \xi_n^2$服从的分布称为自由度为 n 的χ^2分布，记为$\eta \sim \chi^2(n)$。χ^2分布的有关概率可以通过查表获得。

χ^2分布具有可加性：独立的χ^2分布随机变量和仍然服从χ^2分布，分布的自由度等于求和χ^2分布自由度的和。

χ^2分布为非对称分布，只在正数部分有非 0 的概率密度。

不同自由度χ^2分布的概率密度曲线，如图 1.4 所示。

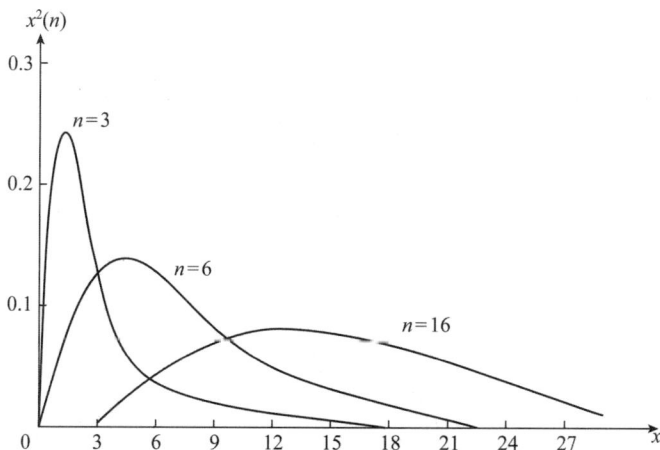

图 1.4　χ^2分布的概率密度曲线

χ^2分布的自由度是其概率密度函数中的唯一参数，自由度决定了χ^2分布的数学期望和方差：如果$\xi \sim \chi^2(n)$，则$E\xi = n$，$\text{Var}(\xi) = 2n$。

t分布(t- distribution)

t分布(也称学生 t 分布，英文为 student's t-distribution)是由标准正态随机变量和χ^2分布随机变量通过运算形成的。设$\xi \sim N(0,1)$，$\eta \sim \chi^2(n)$相互独立，定义随机变量为

$$t = \frac{\xi}{\sqrt{\eta/n}} \text{（也可形象地写为} = \frac{N(0,1)}{\sqrt{\chi^2(n)/n}} \text{）} \tag{1.2.6}$$

称 t 服从自由度为 n 的 t 分布，记为$t \sim t(n)$。同样可以通过随机变量函数的分布由标准正态的密度函数和χ^2分布的密度函数求出 t 分布的密度函数。

t分布为对称分布。根据$\chi^2(n)$的定义，式(1.2.6)中分母根号下的$\chi^2(n)/n$为 n 个独立随机分布变量x_i^2，$x_i \sim N(0,1)$ ($i = 1,2,\cdots,n$)的平均值。根据大数定律，当$n \to \infty$时，以概率 1 收敛到(标准正态分布的方差)$E(x_i^2) = 1$，因此当自由度 n 增大时，t 分布收敛趋于标准正态分布。不同自由度的 t 分布和标准正态分布的概率密度曲线如图 1.5 所示。

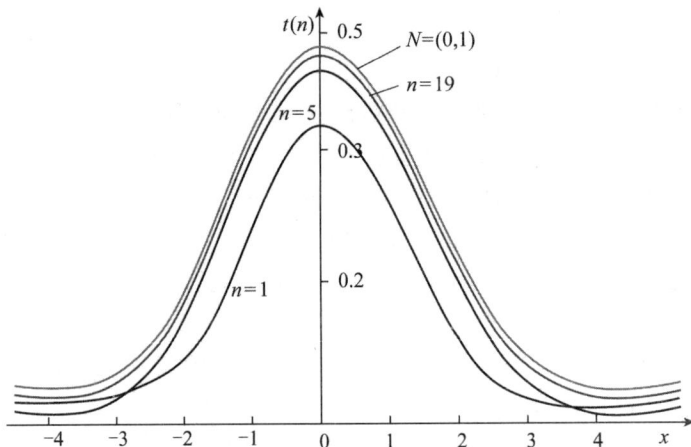

图 1.5 t 分布和标准正态分布的概率密度曲线

从图 1.5 中看出，当 $n=19$ 时，t 分布和标准正态分布十分接近，从密度函数图像上已很难看出区别。

t 分布的自由度是其概率密度函数中的唯一参数，自由度决定了矩：t 分布只存在阶数低于自由度的矩，如果 $\xi \sim \chi^2(n)$，则对 $r < n$，如果 r 为奇数，$E\xi = 0$；如果 r 为偶数，$E\xi$ 的表达式较为复杂。t 分布的数学期望为 0，$t(2)$ 分布不存在方差和更高阶的矩，当 $n > 3$ 时，$t(n)$ 的方差为 $\mathrm{Var}(\xi) = E\xi^2 = n/(n-2)$。$t(5)$ 分布存在 4 阶矩 $E\xi^4 = 25$。

t 分布的有关概率可以通过查表获得。

F 分布(F- distribution)

F 分布是由两个独立的 χ^2 分布随机变量经运算形成的。设 $\xi \sim \chi^2(n_1)$，$\eta \sim \chi^2(n_2)$ 为两个相互独立的随机变量，定义随机变量为

$$F = \frac{\xi/n_1}{\eta/n_2} \quad \text{（也可形象地写为} = \frac{\chi^2(n_1)/n_1}{\chi^2(n_2)/n_2} \text{）} \tag{1.2.7}$$

则称随机变量 F 服从第一自由度(也称分子自由度 d. f. n，英文为 degree of freedom in numerator)为 n_1、第二自由度(也称分母自由度 d. f. d，英文为 degree of freedom in denominator)为 n_2 的 F 分布，记为 $F \sim F(n_1, n_2)$。

F 分布为非对称分布，只在正数部分有非零的概率密度。从 F 分布的定义得出，如果 $F \sim F(n_1, n_2)$，则 $1/F \sim F(n_2, n_1)$，而对于 $\alpha > 0$，$P(F < \alpha) = P((1/F) > 1/\alpha)$。因此，$F$ 分布概率表只给出形如 $F > \alpha$ 事件的概率，其他类型事件的概率可以通过如上的关系式求出。

3. 概率分布的统一表示——分布函数

可以用同一工具描述离散随机变量和连续随机变量的概率分布，这个工具就是分布函数(也称累积分布函数 CDF，英文为 cumulative distribution function)。设 ξ 为随机变量，x 为任意实数，事件 $(\xi \le x)$ 的概率 $P(\xi \le x)$ 构成以 x 为自变量的函数，称为 ξ 的分布函数，用 $F(x)$ 表示分布函数，即 $F(x) \equiv P(\xi \le x)$。

从定义可以直接得出分布函数的性质：①单调递增；②右连续；③ $0 \le F(x) \le 1$；④ $\lim\limits_{x \to -\infty} F(x) = 0$，$\lim\limits_{x \to +\infty} F(x) = 1$。离散随机变量的分布函数为阶梯函数，在随机变量取值处发生跳跃，连续随机变量的分布函数连续可导，导函数为概率密度函数。

1.2.2 随机变量数字特征

概率分布给出了随机变量在任何范围内取值的概率，完全描述了随机变量(随机现象)的规律性，但人们仍然希望得到描述随机变量总体特征的综合信息，例如，随机变量平均值、随机变量的随机性、随机变量的分布特征(如对称性)等。

1. 数学期望(mean, expectation)

随机变量取值的概率平均值称为数学期望。离散随机变量的数学期望等于随机变量的各个取值与对应概率乘积之和，连续随机变量的数学期望等于概率密度函数乘以自变量 $(x\varphi(x))$ 在 $(-\infty,+\infty)$ 上的积分。

数学期望为随机变量以概率为权重的平均值，是随机变量分布的"中心"，称为位置(location)参数。例如，正态分布随机变量 $\xi \sim N(\mu,\sigma^2)$ 的数学期望为 μ，μ 是分布的中心，决定了概率密度曲线的位置。当人们对随机现象(例如投资的未来收益)的结果进行预测时，综合各种可能情况得出平均结果，即数学期望，这便是"期望"(expectation)的含义。

2. 方差(variance)和标准差(standard deviation)

方差用于衡量随机变量的随机性或者不确定性(uncertainty)。随机变量 ξ 的方差定义为

$$\mathrm{Var}(\xi) = E[\xi - E(\xi)]^2$$

由于 $E[(\xi - E(\xi))E\xi] = 0$，方差的计算公式也可以表示为

$$\mathrm{Var}(\xi) = E[\xi - E(\xi)\xi] = E\xi^2 - (E\xi)^2$$

由此得

$$E\xi^2 = \mathrm{Var}(\xi) + (E\xi)^2$$

如果 ξ 的数学期望等于 0，即 $E\xi = 0$，则 $\mathrm{Var}(\xi) = E\xi^2$。

方差为 0 的随机变量以概率 1 等于数学期望，可以看作常数。方差的平方根称为标准差。标准差和数学期望具有相同的单位，便于比较。

3. 矩(moment)

设 ξ 为随机变量，k 为正整数，数学期望 $E\xi^k$ 称为 ξ 的 k 阶矩(k-th order moment)，$E(\xi - E(\xi))^k$ 称为 ξ 的 k 阶中心矩。中心矩可以表示矩的函数，例如二阶中心矩(方差)可以表示为二阶矩和一阶矩平方的差 $\mathrm{Var}(\xi) = E\xi^2 - (E\xi)^2$。反之，二阶矩可以表示为二阶中心矩与一阶矩平方的和。

除了一阶矩(数学期望)和二阶中心矩(方差)外，常用三阶、四阶矩更为细致地刻画随机变量的分布特征。设随机变量 ξ 存在四阶矩，称

$$\lambda = \frac{E(\xi - E\xi)^3}{[\mathrm{Var}(\xi)]^{3/2}} \tag{1.2.8}$$

为 ξ 的偏度(skewness)。

偏度衡量了随机变量概率分布的对称性，$\lambda = 0$ 表明随机变量的概率分布关于数学期望值对称，$\lambda > 0 (\lambda < 0)$ 表明取值大于数学期望值的那部分概率分布大于(小于)取值小于数学期望值的部分概率分布，概率分布向右(左)偏斜[skew to right (left)]。偏度等于零，表明分

布关于数学期望值对称。例如正态分布为对称分布，偏度等于 0。

$$\kappa = \frac{E(\xi - E\xi)^4}{[\mathrm{Var}(\xi)]^2} \tag{1.2.9}$$

其中，κ 为 ξ 的峰度。

峰度用来刻画概率分布的尾部(两端)特征，即随机变量离中心较远取值的概率，衡量了随机现象的极端情况发生概率的大小。峰度越大，分布在两端的概率越大，极端情况发生的概率越大，此时称对应的分布为厚尾的(fat-tailed)。常常与正态分布比较来判断一个分布是否具有厚尾性。正态分布的峰度为 3，如果 $\kappa > 3$，称对应的分布具有厚尾性。在自由度较小时，t 分布的峰度大于 3，具有厚尾特征。例如 $t(5)$ 分布的峰度为 9。图 1.6 给出了自由度为 5 的 t 分布和标准正态分布的密度函数图。

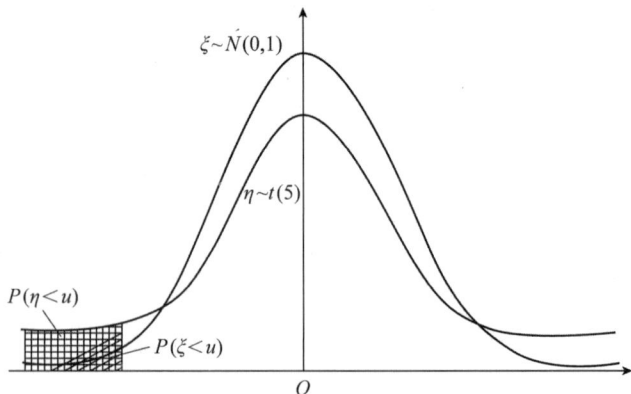

图 1.6 $t(5)$ 分布的厚尾性

从图 1.6 中看出，$t(5)$ 分布具有厚尾性：当 x 大于或者小于某个值之后，$t(5)$ 分布的概率密度曲线位于标准正态分布之上。

从峰度的含义可以看出选择概率分布的重要性。以投资收益为例，设 ξ 表示投资(例如购买股票)的年收益率，收益率均值为 25%，方差为 1。投资者能够承受不超过 40% 的投资损失，即 $\xi > -0.4$。在对投资进行评估时，需要计算 $(\xi < -0.4)$(投资者不能承受损失)的概率。如果将 ξ 的分布选为正态分布，概率计算结果为 $P(\xi < -0.4) = \Phi(-0.4)$。如果 ξ 的实际分布不是正态分布，而是比正态分布尾部更厚的分布，按正态分布计算的概率会低估风险事件发生的可能性，以此制定的预防措施不能有效防范未来的风险。

1.2.3 随机向量

经济变量为随机变量，随机变量之间的相关关系是研究经济变量关系的基础。多个随机变量形成的向量称为随机向量。随机向量研究的重点在于各随机变量之间的相关关系。

1. 联合分布(joint distribution)

将随机变量 ξ 和 η 形成的随机向量记为 $X = (\xi, \eta)'$。X 的概率分布称为联合分布，而 ξ 的概率分布和 η 的概率分布称为 X 的边际分布(marginal distribution)。由概率定义的二元函数 $F(x, y) \equiv P(\xi \leqslant x, \eta \leqslant y)$ 称为 X 的联合分布函数。根据取值可以将随机向量分为离散随机向量和连续随机向量。连续随机向量的概率分布由联合概率密度函数确定。设 $\phi(x, y)$ 为非负的二元函数，在 $(-\infty,+\infty)\times(-\infty,+\infty)$ 的二重积分等于 1，如果对平面上任何矩形区域 $[a,b]\times[c,d]$，$a<b$，$c<d$，概率 $P\{a<\xi\leqslant b,\ c<\eta\leqslant d\}$ 都可以用 $\phi(x,y)$ 在 $[a,b]\times[c,d]$ 的积分表示，表达式为

$$P\{a<\xi\leqslant b,c<\eta\leqslant d\}=\int_a^b\int_c^d\phi(x,y)\mathrm{d}x\mathrm{d}y$$

则称 $\phi(x,y)$ 为 $X=(\xi,\eta)'$ 的联合概率密度。ξ 的概率密度 $\phi_\xi(x)$ 和 η 的概率密度 $\phi_\xi(y)$ 称为 X 的边际概率密度。

边际概率密度可以根据联合概率密度求出，由联合概率密度唯一确定，但反过来不成立：一般情况下不能根据边际概率密度求出联合概率密度，边际概率密度不能唯一确定联合概率密度。这很容易理解：联合概率密度不仅包括了随机向量中各随机变量的概率分布信息，还包括随机变量之间相互影响的概率分布信息。后一种信息是随机向量区别于随机变量的地方，是研究重点。给定边际概率密度，可以形成无限个联合概率密度，形成的方式决定了随机变量间的相关关联方式和关联的紧密程度。

2. 协方差和相关性(covariance and correlation)

协方差是随机向量的重要数字特征，衡量了两个随机变量之间的线性相关性。随机变量 ξ 和 η 的协方差定义为

$$\mathrm{Cov}(\xi,\eta)=E[(\xi-E\xi)(\eta-E\eta)]$$

另一种表达形式为

$$\mathrm{Cov}(\xi,\eta)=E(\xi\eta)-E(\xi)E(\eta)$$

当 $E\xi=0$ 或者 $E\eta=0$ 时，协方差的表达式简化为

$$\mathrm{Cov}(\xi,\eta)=E(\xi\eta) \tag{1.2.10}$$

$\mathrm{Cov}(\xi,\eta)=0$ 时，称 ξ 和 η 不相关。不相关只表明 ξ 和 η 的线性函数 $a+b\xi$ 和 $c+d\eta$ 没有相关关系，并不表明 ξ 和 η 的其他函数形成的随机变量不相关。例如 $\mathrm{Cov}(\xi,\eta)=0$ 并不意味着 $\mathrm{Cov}(\xi^2,\eta^2)=0$。将协方差标准化得出相关系数，表达式为

$$\rho(\xi,\eta)=\mathrm{Cov}(\xi,\eta)\big/\sqrt{\mathrm{Var}(\xi)\mathrm{Var}(\eta)}$$

相关系数衡量了随机变量的相关关联方式和关联的紧密程度，大于 0 表示正相关，小于 0 表示负相关，等于 0 表示不相关，(绝对值)等于 1 表示完全相关。

随机变量之间的相关性，是变量间推断的基础，相关性越强(弱)，通过一个变量得出的另一个变量的信息越多(少)。当 ξ 和 η 不相关时，无法根据 ξ 的取值和概率分布得出 η 的信息，而当 ξ 和 η 完全相关时，二者具有确定的相关关系，根据 ξ 可以确定 η。

3. 条件分布(conditional distribution)

研究变量之间关系的另一个工具是条件分布。给定随机变量 ξ 的值 x 时，随机变量 η 的分布称为条件分布。条件概率定义的分布函数 $F_{\eta|\xi}(y|\xi=x)\equiv P(\eta\leqslant y|\xi=x)$ 称为给定 $\xi=x$ 的条件下 η 的条件分布函数，而给定 $\xi=x$ 时 η 的条件概率分布密度函数 $\phi_\eta(y|\xi=x)$ 可以用 (ξ,η) 的联合概率密度和 ξ 的密度计算，表达式为

$$\phi_\eta(y \mid \xi = x) = \frac{\phi(x, y)}{\phi_\xi(x)}$$

从中可以得出条件概率密度、边际概率密度和联合概率密度之间的关系为

$$\phi(x, y) = \phi_\eta(y \mid \xi = x) \times \phi_\xi(x) \tag{1.2.11}$$

即联合概率密度等于条件概率密度与边际概率密度的乘积。这一法则称为乘法法则。联合分布函数、条件分布函数和边际分布函数之间也满足这一法则。

如果 ξ 的概率分布对 η 的概率分布没有影响，则 ξ 和 η 独立。显然，相互独立随机变量的条件分布等于无条件分布(边际分布)：$F_\eta(y \mid \xi = x) = F_\eta(y)$，$\phi_\eta(y \mid \xi = x) = \phi_\eta(y)$。根据乘法法则，独立随机变量的联合分布等于边际分布的乘积。因此，只有在独立的情况下边际分布才能确定联合分布。在独立的情况下，分别研究 ξ 和 η 的分布已经足够，其联合分布中没有任何额外信息。

不相关和独立都是用来说明 ξ 和 η 之间不会相互影响，但独立要比不相关强得多：不相关只表明 ξ 和 η 之间不会相互影响，但不排除 ξ 和 η 的函数(例如 ξ^2 和 η^2)之间相互影响；独立则意味着 ξ 和 η 的任何函数形式之间不会相互影响。因此，如果 ξ 和 η 独立，则一定不相关；反之，则不成立。只有在两个随机变量的联合分布为正态分布的情况下，独立和不相关才是等价的。

可以证明，如果 ξ 和 η 的任何函数形式不相关，ξ 和 η 独立。

4. 条件期望和条件方差

采用条件概率分布计算的数学期望和方差分别称为条件期望(conditional expectation)和条件方差(conditional variance)。给定 $\xi = x$，η 的条件期望 $E(\eta \mid \xi = x)$ 和条件方差 $\mathrm{Var}(\eta \mid \xi = x)$ 分别定义为

$$E(\eta \mid \xi = x) = \int_{-\infty}^{+\infty} x\phi_\eta(y \mid \xi = x)\mathrm{d}y$$

和

$$\mathrm{Var}(\eta \mid \xi = x) = E(\eta^2 \mid \xi = x) - [E(\eta \mid \xi = x)]^2$$

如上定义的条件数学期望 $E(\eta \mid \xi = x)$ 和条件方差 $\mathrm{Var}(\eta \mid \xi = x)$ 是以 ξ 取特定值为条件的，ξ 为随机变量，取值可以变化，并服从一定的概率分布。条件期望和条件方差是 ξ 的函数，因此是随机变量，常表示为 $E(\eta \mid \xi)$ 和 $\mathrm{Var}(\eta \mid \xi)$。

1) 条件数学期望的重要性质

下面介绍条件数学期望的三个重要性质。

(i)
$$E[E(\eta \mid \xi)] = E\eta \tag{1.2.12}$$

(ii) 设 $g(\xi)$ 为 ξ 的函数形成的随机变量，则

$$E(\eta g(\xi) \mid \xi) = g(\xi)E(\eta \mid \xi) \tag{1.2.13}$$

性质(i)也称为数学期望迭代律(iterated law)，可叙述为对随机变量先取条件期望再取无条件期望，其结果等同于该随机变量的无条件期望。性质(ii)可以叙述为条件期望中被条件确定的量可以移到条件期望的外面。在条件期望 $E(\eta g(\xi) \mid \xi)$ 中，$g(\xi)$ 由 ξ 完全确定，当 ξ

给定时，$g(\xi)$ 可以看作常数直接移到条件期望之外。

由性质(ii)还可以得到条件期望的另一个经常用到的重要性质：

(iii) 如果 $E(\eta\,|\,\xi)=0$，则对 ξ 函数形成的随机变量 $g(\xi)$，有

$$E[\eta g(\xi)]=0 \tag{1.2.14}$$

性质(iii)可由性质(i)和性质(ii)直接推出

$$E[\eta g(\xi)]=E[E(\eta g(\xi)\,|\,\xi)]=E[g(\xi)E(\eta\,|\,\xi)]=0$$

条件数学期望的性质在模型设定和参数估计中有重要应用。

2) 不相关、$E(\eta\,|\,\xi)=0$ 和独立

(i) $E(\eta\,|\,\xi)=0$ 给出的变量 η 和 ξ 之间的关系，强于 η 和 ξ 的不相关关系。

为方便，不妨设 $E\eta=0$，此时 $\mathrm{Cov}[\eta,g(\xi)]=E[\eta g(\xi)]=0$，表明 η 与 ξ 的任何函数形成的随机变量(包括 ξ 本身)不相关，强于 η 和 ξ 的不相关关系。如果把条件期望 $E(\eta\,|\,\xi)$ 看作 ξ 对 η 的推测的话，$E(\eta\,|\,\xi)=0$ 表明 ξ 的任何函数形式提供的信息对推测 η 都没有作用。

(ii) $E(\eta\,|\,\xi)=0$ 给出的变量 η 和 ξ 之间的关系，弱于 η 和 ξ 的独立关系。

$E(\eta\,|\,\xi)=0$ 只能得出 η 本身与 ξ 的任何函数形式 $g(\xi)$ 不相关，但不能保证 η 的其他函数形式(例如 η^2)与 $g(\xi)$ 不相关。η 和 ξ 独立则表明：η 的任何函数形式 $f(\eta)$ 和 ξ 的任何函数形式 $g(\xi)$ 不相关。

1.2.4　极限定理

极限定理讨论一组随机变量的平均值当随机变量个数趋于无穷大时的极限，用于研究样本量无限增加时样本均值的性质。大数定律讨论随机变量均值的概率极限，中心极限定理则讨论分布极限。

1. 大数定律(law of large number，LLN)

大数定律的直观背景：对随机变量进行平均能够减小随机性。以测量误差为例进行说明：设某一物体的长度 μ 未知，对其进行 n 次测量，x_i 为第 i 次测量结果，$i=1,2,\cdots,n$。由于存在测量误差，x_i 为随机变量。设 x_i 独立同分布，$Ex_i=\mu$，$\mathrm{Var}(x_i)=\sigma^2$，方差 σ^2 越小，测量中的随机性越小，测量越准确。将 n 次测量结果进行平均能够减少方差：平均值 $\bar{x}=(x_1+x_2+\cdots+x_n)/n$ 的方差为 $\mathrm{Var}(\bar{x})=\sigma^2/n$，随 n 的增加迅速减少。由于测量是独立的，每次测量都有新的信息，$\bar{x}$ 采用了 n 次测量的信息，对物体长度的估计更为准确。如果无限增加测量次数 $(n\to\infty)$，可用的信息无限多时，能否将测量中的不确定性全部去除呢？这便是大数定律回答的问题：对随机变量施加合适的条件，使得其均值趋于一个常数而没有任何随机性。随机变量的极限涉及概率，用依概率收敛表示。

结论 1

独立同分布大数定律：设 $x_1,x_2,\cdots,x_n$ 为 n 个独立同分布随机变量，数学期望和方差分别为 $E(x_i)=\mu$ 和 $\mathrm{Var}(x_i)=\sigma^2$，$i=1,2,\cdots,n$。$\bar{x}=(x_1+x_2+\cdots+x_n)/n$，则

$$\bar{x}\xrightarrow{p}\mu(\text{或者}\ \bar{x}-\mu\xrightarrow{p}0)$$

其中，p 表示依概率收敛。

当随机变量序列独立但不同分布时，只要随机变量方差具有有限上界，大数定律仍然成立。

结论 2

独立但不同分布大数定律：设 $x_1, x_2, \cdots, x_n$ 为 n 个独立同分布随机变量，数学期望和方差分别为 $E(x_i) = \mu_i$ 和 $\mathrm{Var}(x_i) = \sigma_i^2$，$i = 1, 2, \cdots, n$，方差有界：存在 $c > 0$ 使得 $\sigma_i^2 < c$，则

$$\frac{1}{n}\sum_{i=1}^{n}(x_i - \mu_i) \xrightarrow{\ p\ } 0 \tag{1.2.15}$$

证明：由切比雪夫(Chebyshev)不等式可知，对任意的 $\varepsilon > 0$，有

$$P\left[\left|\frac{1}{n}\sum_{i=1}^{n}(x_i - \mu_i) - 0\right| > \varepsilon\right] < \frac{\mathrm{Var}(\overline{x})}{\varepsilon^2}$$

只要 $\lim_{n\to\infty}\mathrm{Var}(\overline{x}) \to 0$，则式(1.2.15)成立。由于 $x_1, x_2, \cdots, x_n$ 独立，则

$$\mathrm{Var}(\overline{x}) = \frac{1}{n}\sum_{i=1}^{n}\mathrm{Var}(x_i) = \frac{1}{n}\sum_{i=1}^{n}\sigma_i^2 \leqslant \frac{c}{n} \xrightarrow{\ n\to\infty\ } 0$$

结论 3

既不独立也不同分布的大数定律：当随机变量 $x_1, x_2, \cdots, x_n$ 不独立时，只要 $x_i(i = 1, 2, \cdots, n)$ 的数学期望和方差存在，$\lim_{n\to\infty}\mathrm{Var}(\overline{x}) \to 0$，且满足一些其他条件，则式(1.2.15)成立。

尽管在三种条件下大数定律都成立，但对 $x_1, x_2, \cdots, x_n$ 的分布要求的条件越宽松，$x_1, x_2, \cdots, x_n$ 中的信息积累速度越慢，随机变量均值以概率收敛的速度也越慢。

为便于应用，常将大数定律(1.2.15)表示为

$$n^{-1}\sum_{i=1}^{n}x_i - n^{-1}\sum_{i=1}^{n}E(x_i) \xrightarrow{\ p\ } 0$$

如果极限 $\lim_{n\to\infty}n^{-1}\sum_{i=1}^{n}E(x_i)$ 存在，则式(1.2.15)可表示为

$$p\lim_{n\to\infty}n^{-1}\sum_{i=1}^{n}x_i = \lim_{n\to\infty}n^{-1}\sum_{i=1}^{n}E(x_i) \tag{1.2.16}$$

在极限推导中，可以将 $n^{-1}\sum_{i=1}^{n}E(x_i)$ 和 $n^{-1}\sum_{i=1}^{n}x_i$ 作为渐近等价量相互替换。

2. 中心极限定理(central limit theory，CLT)

仍以物体长度测量为例说明中心极限定理。测量值 x_i 为随机变量，n 次测量结果的平均值 $\overline{x}$ 也是随机变量。在进行统计分析(如假设检验)时，常常需要知道 $\overline{x}$ 的分布。但 x_i 服从什么分布常常并不知道，因此 $\overline{x}$ 的分布是未知的，即使知道 x_i 的分布，除了具有可加性的几种分布(如正态分布、χ^2 分布等)外，一般情况下并不能由 x_i 的分布求出 $\overline{x}$ 的分布，这给统计分析带来困难。中心极限定理表明，只要满足一定条件，不管 x_i 服从什么分布，在 $n \to \infty$ 时，$\overline{x}$ 的分布接近正态分布。只要 n 足够大，可以用正态分布作为 $\overline{x}$ 的分布进行统计分析。

中心极限定理的条件较为复杂，这里仅叙述结果，详细内容可以参考有关文献。

结论 4

独立同分布中心极限定理：设 $x_1, x_2, \cdots, x_n$ 为 n 个独立同分布随机变量，数学期望和方

差分别为 $E(x_i) = \mu$ 和 $\mathrm{Var}(x_i) = \sigma^2$ ($i = 1, 2, \cdots, n$)。设 $\bar{x} = (x_1 + x_2 + \cdots + x_n)/n$，则在一定条件下，有

$$\sqrt{n}(\bar{x} - \mu) \xrightarrow{F} N(0, \sigma^2) \tag{1.2.17}$$

其中，F 表示依分布收敛，记为 $\sqrt{n}(\bar{x} - \mu) \sim_{(a)} N(0, \sigma^2)$；$\sim_{(a)}$ 表示渐进分布(asymptotic distribution)。

二项分布、$\chi^2(n)$ 分布当 $n \to \infty$ 时接近正态分布都是中心极限定理应用的例子。根据二项分布的可加性，服从参数为 (n, p) 的二项分布随机变量，等于 n 个独立的 0-1 分布随机变量的和，而 $\chi^2(n)$ 等于 n 个独立的标准正态分布随机变量的平方和，除以 n 后为独立同分布随机变量的平均值，可以应用中心极限定律。从图 1.2 和图 1.4 可以看出，二项分布的概率函数散点图和 χ^2 分布的密度函数曲线随着 n 的增大接近正态分布密度曲线(见图 1.3)。

结论 5

不独立、不同分布的中心极限定理：$x_1, x_2, \cdots, x_n$ 为随机变量序列，如果 $\lim_{n \to \infty} \mathrm{Var}(\sqrt{n}\bar{x}) = \sigma^2 > 0$，并满足其他相关条件，则式(1.2.17)成立。

本书中在用到大数定律和中心极限定理时，不再逐一验证需要的条件，而默认这些条件满足，直接应用大数定律和中心极限定理的结论。

1.3　统计学复习

以概率论为基础，统计学(statistics)研究数据处理的方法和技术。要研究某个对象，首先需要从中获取数据。从研究对象获取数据的过程称为抽样，获取的数据称为样本。

1.3.1　样本和统计量

1. 样本

总体(population)是指研究对象的某个数量指标。例如(本章其余内容均以该例对有关概念和原理进行说明)，考查一名大学生的英语水平，用 100 分考卷得分衡量英语水平，总体就是该同学的英语分数。由于随机性(每次考出不同的分数)，英语分数为随机变量，用 X 表示。X 的概率分布刻画了该同学的英语水平。例如，数学期望 $E(X)=85$，表明该同学英语平均成绩(可以看作真实成绩)为 85 分，考分的随机性使得每次考试的具体分数围绕 85 上下波动，如果 $\mathrm{Var}(X)=0.5$，由切比雪夫不等式得出 $P(|X-85|>3) \leqslant 0.5/3^2 \approx 0.056$，表明该同学英语考分十分稳定，每次考分上下波动超过 3 分的概率不超过 5.6%。

为了研究 X，需要从中进行抽样，抽取的样本(sample)为 $X_1, X_2, \cdots, X_n$。这里可以将抽样理解为该同学的 n 次英语考试，$X_1, X_2, \cdots, X_n$ 为考试分数。在统计学中，$X_1, X_2, \cdots, X_n$ 为随机变量而不是具体的数值，由此得出的统计量也是随机变量，这一点十分重要。如何理解样本是随机变量呢？统计方法研究着眼于事前(ex-ante)研究，即在实际抽样之前就要给出数据处理的方法——统计量，而实际抽样之前的样本是理论上的，可以是任何一个结果，因此是随机变量。进行实际抽样得到样本值之后，只需要将数值代入事先给出的统计量之中就可以得出数据处理结果。以英语水平的估计为例，$X_1, X_2, \cdots, X_n$ 是假设的 n 次英语考试分数，统计分析的任务是在得到具体的分数之前给出估计英语水平的方法。统计分析表

明，如果每次英语考试互不影响、试题难度相同、考生状态相同(相当于假定 $X_1, X_2, \cdots, X_n$ 独立同分布)，用 n 次考试分数的平均值估计 $\bar{X} = (X_1 + X + \cdots + X_n)/n$ 评价该同学的英语水平最为精确(在各种标准下最优)，统计分析到此结束。当得到一组具体考试成绩，比如 10 次考试成绩 84.5、85.2、83.1、…、86，代入 $\bar{X}$ 计算出英语水平估计值为 85.2，只是进行了算术运算，与统计分析无关。

2. 统计量及其分布

样本的函数称为统计量(statistic)。统计量中不能包含未知参数，给出样本值必定能够算出统计量的值。常用的统计量有样本均值和样本方差。设 X 为总体，数学期望 $EX = \mu$ 和方差 $\mathrm{Var}(X) = \sigma^2$ 未知。$X_1, X_2, \cdots, X_n$ 为从 X 中抽取的独立同分布样本，样本均值 $\bar{X}$ 和样本方差 S^2 定义为

$$\bar{X} = \frac{1}{n}\sum_{i=1}^{n}X_i, \quad S^2 = \frac{1}{n-1}\sum_{i=1}^{n}(X_i - \bar{X})^2 \tag{1.3.1}$$

统计分析中常常需要知道统计量的分布。为了方便，假定总体服从正态分布 $X \sim N(\mu, \sigma^2)$。由正态分布的可加性和 χ^2 分布的定义经推导可以得出 $\bar{X}$ 和 S^2 的分布为

$$\bar{X} \sim N\left(\mu, \frac{\sigma^2}{n}\right), \quad \frac{(n-1)S^2}{\sigma^2} \sim \chi^2(n-1) \tag{1.3.2}$$

需要注意的是，即使不知道总体的分布，当样本量 n 很大时，由中心极限定律可知，$\sqrt{n}(\bar{X} - \mu) \underset{(a)}{\sim} N(0, \sigma^2)$，仍然可以用正态分布近似 $\bar{X}$ 的分布进行统计分析。对 S^2 的分布可以得出类似的结果：当 n 很大时，S^2 近似服从正态分布。

1.3.2 参数估计

参数估计是指通过样本提供的信息对总体 X 的概率分布中包含的未知参数进行估计的过程。

设总体 X 服从分布 $F(x, \theta)$，分布中包含未知参数 θ，$X_1, X_2, \cdots, X_n$ 为从总体中抽取的独立同分布样本，用 $X_1, X_2, \cdots, X_n$ 的函数 $h(X_1, X_2, \cdots, X_n)$ 估计参数 θ，函数 h 称为 θ 的估计量(estimator)，记为 $\hat{\theta} \equiv h(X_1, X_2, \cdots, X_n)$。$\hat{\theta}$ 是样本的函数，是随机变量。

1. 估计量的评价标准

估计量应尽量利用样本中包含的信息，使估计结果达到最大精确度。估计量的评价标准有三个：无偏性、一致性和有效性。

- 无偏性：如果 $E(\hat{\theta}) = \theta$，称 $\hat{\theta}$ 为 θ 的无偏估计。无偏性表明，作为一个随机变量，$\hat{\theta}$ 以 θ 为中心，围绕 θ 变动。
- 一致性：如果 $\underset{n \to \infty}{p\lim}\hat{\theta} = \theta$，称 $\hat{\theta}$ 为 θ 的一致估计(consistent estimator)。一致性表明，作为一个随机变量序列，当样本量 n 逐渐增加时，$\hat{\theta}$ 在概率收敛意义上无限接近未知参数 θ。
- 有效性：设 $\hat{\theta}_1$ 与 $\hat{\theta}_2$ 都是参数 θ 的无偏估计，如果 $\mathrm{Var}(\hat{\theta}_1) < \mathrm{Var}(\hat{\theta}_2)$，称 $\hat{\theta}_1$ 比 $\hat{\theta}_2$ 更为有效。

一致性是参数估计的重要性质，它表明，只要样本量足够大，估计结果可以无限接近未知参数。从极限状态来看，具有一致性的估计量在样本量无限大、样本信息无限多时，

不再有任何随机性，完全等于被估计参数，估计量之间没有区别。但实际上样本是有限的，有限样本下(无偏)估计量的优劣主要根据其有效性程度。因此，有效性是估计量的有限样本性质。

2. 估计量的求法

根据对总体的了解程度将参数估计方法分为矩估计方法和极大似然估计方法，仅采用总体 X 矩的有关信息对未知参数估计的方法称为矩估计法，采用总体的概率分布估计未知参数的方法称为极大似然估计。

1) 矩估计法

矩估计法(method of moment)是一种最古典的参数估计方法，其理论基础是大数定律。设总体分布为 $X \sim F(x,\theta)$，其中，θ 为未知参数(可以是包含多个未知参数的向量)。

结论 6

如果存在函数 $h(X,\theta)$ 使得

$$Eh(X,\theta) = 0 \tag{1.3.3}$$

则称式(1.3.3)为总体矩条件(population moment conditions)。

例如，如果 $X \sim N(\mu,\sigma^2)$，则 $EX = \mu$，$E(X^2) = \sigma^2 + \mu^2$，由此得出 $E(X - \mu) = 0$，$E(X^2 - \sigma^2 - \mu^2) = 0$，设 $h_1(X,\mu) = X - \mu$，$h_2(X,\mu) = X^2 - \sigma^2 - \mu^2$，得出总体的两个矩条件为

$$Eh_1(X,\mu) = 0$$
$$Eh_2(X,\mu) = 0$$

设 $X_1, X_2, \cdots, X_n$ 为从总体中抽取的独立同分布样本，$h(X_1,\theta), \cdots, h(X_n,\theta)$ 也是独立同分布的随机变量。$h(X_i,\theta)$，$i = 1, 2, \cdots, n$ 的均值为

$$\overline{h} = (X_1, X_2, \cdots, X_n, \theta) \equiv \frac{1}{n}\sum_{i=1}^{n} h(X_i,\theta)$$

$\overline{h}$ 称为总体均值 $Eh(X, \theta)$ 的对应量(counterpart)。由大数定律，当 $n \to \infty$ 时，样本均值依概率收敛于对应的总体均值为

$$\frac{1}{n}\sum_{i=1}^{n} h(X_i,\theta) \xrightarrow{p} Eh(X,\theta) = 0 \tag{1.3.4}$$

用 $\overline{h} = (X_1, X_2, \cdots, X_n, \theta)$ 作为 $Eh(X, \theta) = 0$ 的一致估计，称

$$\frac{1}{n}\sum_{i=1}^{n} h(X_i, \hat{\theta}_{MM}) = 0 \tag{1.3.5}$$

为样本矩条件(sample moment conditions)。显然，样本矩条件是将总体矩条件中的总体矩用对应的样本矩代替，并将参数 θ 用其估计 $\hat{\theta}_{MM}$ 代替得到的，这种方法称为类推原则(analogy principle)。从样本矩条件中解出 $\hat{\theta}_{MM}$，称为 θ 的矩估计量。从估计的原理看出，样本量趋于无限大时，矩估计依概率收敛于被估计参数，因此具有一致性。在满足一些条件时，矩估计量渐近服从正态分布。

矩估计法的关键在于寻找合适的总体矩条件。

例子 1 正态总体参数估计——矩估计法

设总体 X 的数学期望 μ 和方差 σ^2 为未知参数，总体矩条件为

$$E(X - \mu) = 0 , \quad E[X^2 - (\sigma^2 + \mu^2)] = 0$$

$X_1, X_2, \cdots, X_n$ 为从 X 中抽取的样本，样本矩条件为

$$\frac{1}{n}\sum_{i=1}^{n}(X_i - \hat{\mu}) = 0 , \quad \frac{1}{n}\sum_{i=1}^{n}[X_i^2 - (\hat{\sigma}^2 + \hat{\mu}^2)] = 0$$

从中解开未知参数的矩估计为

$$\hat{\mu} = \frac{1}{n}\sum_{i=1}^{n}X_i = \bar{X} , \quad \hat{\sigma}^2 = \frac{1}{n}\sum_{i=1}^{n}(X_i - \bar{X})^2$$

其中，$\bar{X}$ 为样本均值。

计算表明，$E(\hat{\sigma}^2) = [(n-1)/n]\sigma^2$，因此 $\hat{\sigma}^2$ 不是 σ^2 的无偏估计。为了得到无偏估计，对 $\hat{\sigma}^2$ 进行调整，得出 $n/(n-1)\hat{\sigma}^2$，调整得出的统计量便是样本方差 $S^2 = n/(n-1)\hat{\sigma}^2$。

采用矩估计法，从公式(1.2.8)和公式(1.2.9)可以直接得出偏度和峰度的计量为

$$\hat{\lambda} = \frac{\frac{1}{n}\sum_{i=1}^{n}(X_i - \bar{X})^3}{(S^2)^{3/2}} , \quad \hat{\kappa} = \frac{\frac{1}{n}\sum_{i=1}^{n}(X_i - \bar{X})^4}{(S^2)^2} \tag{1.3.6}$$

由于对总体的分布函数不做要求，矩估计法得出的估计量 $\hat{\theta}_{MM}$ 的精确分布未知。对参数进行假设检验，需要 $\hat{\theta}_{MM}$ 的分布。

结论 7

由中心极限定理可以得出

$$\sqrt{n}(\hat{\theta}_{MM} - \theta) \xrightarrow{F} N(0, \sigma^2) \tag{1.3.7}$$

其中，$\sigma^2 = \lim_{n \to \infty}\text{Var}(\sqrt{n}\hat{\theta}_{MM})$。

由此得出

$$\hat{\theta}_{MM} \sim_{(a)} N(\theta, \hat{\sigma}^2/n) \tag{1.3.8}$$

其中，$\hat{\sigma}^2$ 为 σ^2 的估计量；$\sim_{(a)}$ 表示近似或渐近服从。

在假设检验中，常采用参数估计的近似分布确定检验临界值。

矩估计法的最大优点是不需要知道总体的分布。矩估计法以总体矩条件为基础，如果矩条件不正确，由此得出的估计量不具有一致性。

2) 极大似然估计法

设总体服从的分布类型已知，分布包含未知参数 θ(可以是多个参数形成的向量)。对于离散型随机变量，设其概率函数为 $P(\xi = x_l)$，$l = 1, 2, \cdots, n$，设从总体中抽取容量为 n 的样本 $\xi_1, \xi_2, \cdots, \xi_n$，样本的联合概率函数 $L(\xi_1, \xi_2, \cdots, \xi_n; \theta) = \prod_{i=1}^{n}P(\xi_i = \xi)$ 称为似然函数。似然函数是未知参数 θ 的函数，使似然函数取得极大值的 θ 值称为极大似然(maximum likelihood，ML)估计，记为 $\hat{\theta}_{ML}$。为使问题简化，对似然函数进行对数变换(对数变换为严

格单调变换，不改变函数的极值点)，变换后的函数称为对数似然函数，记为

$$l(\xi_1,\xi_2,\cdots,\xi_n;\theta) = \ln L(\xi_1,\xi_2,\cdots,\xi_n;\theta) = \sum_{i=1}^{n}\ln\left[P(\xi_i=\xi)\right] \tag{1.3.9}$$

当对数似然函数关于 θ 可导时，可以通过求导并令导数等于 0 得出极大似然估计 $\hat{\theta}_{ML}$。

对于连续型随机变量，设其概率密度函数为 $f(x,\theta)$，样本似然函数为 $x_1,x_2,\cdots,x_n$ 的联合密度函数 $L(x_1,x_2,\cdots,x_n;\theta) = \prod_{i=1}^{n}f(x_i,\theta)$，对数似然函数为

$$l(x_1,x_2,\cdots,x_n;\theta) = \ln L(x_1,x_2,\cdots,x_n;\theta) = \sum_{ni=1}^{n}\ln[f(x_i,\theta)] \tag{1.3.10}$$

通过极大化对数似然函数可得出参数的极大似然估计 $\hat{\theta}_{ML}$。

例子 1(续)　正态总体参数估计——极大似然法

设总体服从正态分布 $X \sim N(\mu,\sigma^2)$，μ 和 σ^2 为需要估计的未知参数。$X_1,X_2,\cdots,X_n$ 为从 X 中抽取的样本，似然函数(样本的联合密度函数)为

$$L(x_1,x_2,\cdots,x_n;\mu,\sigma^2) = \prod_{i=1}^{n}\frac{1}{\sqrt{2\pi}\sigma}e^{-\frac{(x_i-\mu)^2}{2\sigma^2}}$$

对数似然函数为

$$l(x_1,x_2,\cdots,x_n;\mu,\sigma^2) = -\frac{n}{2}\ln(2\pi) - \frac{n}{2}\ln(\sigma^2) - \frac{1}{2\sigma^2}\sum_{i=1}^{n}(x_i-\mu)^2$$

对数似然函数对未知参数求导，令导数等于 0，得出

$$\frac{\partial l}{\partial \mu} = -\frac{1}{2\sigma^2}\times 2\times(-1)\sum_{i=1}^{n}(x_i-\mu) = 0$$

$$\frac{\partial l}{\partial \sigma^2} = -\frac{n}{2\sigma^2} - \frac{1}{2(\sigma^2)^2}\times(-1)\times\sum_{i=1}^{n}(x_i-\mu)^2 = 0$$

从中解出参数的极大似然估计

$$\hat{\mu} = \bar{X}, \quad \hat{\sigma}^2 = \frac{1}{n}\sum_{i=1}^{n}(X_i^2-\bar{X})^2$$

从估计结果看出，对于服从正态分布的随机变量，极大似然估计法得出的结果与矩估计法得出的结果相同。

结论 8

与矩估计得出的估计量一样，极大似然估计量 $\hat{\theta}_{ML}$ 也具有一致性和渐近正态性，即

$$\hat{\theta}_{ML} \xrightarrow{p} \theta, \quad \sqrt{n}(\hat{\theta}_{ML}-\theta) \xrightarrow{F} N(0,\sigma^2) \tag{1.3.11}$$

其中，$\sigma^2 = \lim_{n\to\infty}\mathrm{Var}(\sqrt{n}\hat{\theta}_{ML})$。

与矩方法估计量相比，极大似然估计更为有效：极大似然估计量的方差小于或者等于矩方法估计量的方差。极大似然估计方法的不足在于依赖总体的分布：需要事先假设总体

所服从的分布，如果假设的分布与真实分布不同，则估计量不具有一致性。

1.3.3　假设检验

参数估计是随机变量，当以参数估计值代替参数值进行推断时，必须考虑估计带来的随机成分。假设检验给出了以估计值为基础的推断方法。

仍以大学生英语水平测试为例。设原先的英语分数服从正态分布 $X \sim N(85, 0.5)$。为提高英语成绩，该同学参加了英语辅导班。辅导后进行 10 次英语考试，考试的平均分为 88 分。需要推断的问题是：辅导是否提高了英语成绩？之所以有这样的疑问，是因为 10 次的平均考分是随机变量，88 分只是随机变量的一次取值。据此，对英语成绩进行推断需要考虑随机因素：比 85 分提高了 3 分是考试的随机性带来的，还是真实水平提高所致？为此需要检验。检验之前需要给出原假设(null hypothesis)和备择假设(alternative hypothesis)。为简单起见，假定辅导后英语成绩仍服从正态分布，方差不变，即 $N(\mu, 0.5)$，需要检验 μ 是否仍然为 85。由此给出的待检验假设为

$$H_0 : \mu = 85; \quad H_1 : \mu > 85$$

将备择假设选为 $\mu > 85$ 而不是 $\mu \neq 85$，是考虑到辅导不会导致成绩下降。这样的检验称为单边备择假设(one-sided alternative hypothesis)检验。如果备择假设为 $\mu \neq 85$，则称为双边备择假设(two-sided alternative hypothesis)。选择单边备择假设还是双边备择假设直接影响检验结果，需要根据实际情况谨慎选择。

检验的基本思想是：如果辅导无效，该生的英语成绩无变化，仍然为 $X \sim N(85, 0.5)$（即 H_0 成立），那么辅导后 10 次考试的平均分大于等于 88 的概率有多大呢？设 $\bar{X}$ 为 10 次平均成绩，如果假设 H_0 成立，则 $\bar{X} \sim N(85, 0.5/10)$，标准化后得出 $\sqrt{10}(\bar{X} - 85) / \sqrt{0.5} \sim N(0, 1)$，查标准正态分布概率表得出 $P(\sqrt{10}(\bar{X} - 85) / \sqrt{0.5} > 1.645) = 0.05$，由此推出 $P(\bar{X} > 85 + 0.3678) = 0.05$。这表明，如果英语水平没有提高，该生 10 次考试平均分数高于 85.37 的概率仅为 5%，是一个小概率事件。根据小概率事件原理可知，小概率事件在一次具体抽样中是不会发生的。而实际的平均分数为 88 分表明，认为该生参加辅导后英语水平仍保持不变（即 H_0）是错误的。因此得出结论：辅导后该生英语水平提高了(接受 H_1)。临界值 85.37 将实数轴分为两部分：$(-\infty, 85.37)$ 和 $(85.37, \infty)$，当 $\bar{X} \in (85.37, \infty)$ 时，拒绝原假设；否则不能拒绝。因此，称 $(85.37, \infty)$ 为原假设的拒绝域。

如果将问题一般化：$X \sim N(85, \sigma^2)$，考试次数为 n 次，则推出的小概率事件为 $P(\bar{X} > 85 + 1.645\sigma / \sqrt{n}) = 0.05$。显然，在显著水平给定($\alpha = 0.05$)后，辅导后 10 次考试的平均分大于多少才能认为英语水平提高与两个因素有关。第一个因素是英语成绩的标准差 σ，标准差越小，表明成绩越稳定，随机成分越少，考出的平均分稍大于 85 分就会使我们相信是英语水平提高(而不是偶然因素影响)造成的，从而拒绝原假设；相反，如果标准差很大，表明成绩不稳定，随机成分很多，只有当考出的成绩远远大于 85 分才会使人相信是英语水平提高了。第二个因素是考试次数 n，n 越大，平均分的方差越小，随机成分越小，越能代表真实英语水平。

结论 9：假设检验的步骤

第一步：根据检验的问题提出原假设和备择假设。在给出备择假设时，要根据实际情况谨慎选择单边或者双边备择假设。

第二步：根据检验的需要设计检验统计量，并推导出在原假设下检验统计量的分布。

第三步：给定检验显著水平，求出检验的拒绝域。

第四步：根据样本值计算检验统计量的值，如果检验统计量的值落入拒绝域，拒绝原假设，否则不能拒绝原假设。

例子 2　正态总体假设检验——方差

设某学生的英语成绩服从正态分布 $X \sim N(85, 2^2)$。为了提高英语成绩的稳定性，该生参加了英语辅导班。在参加完辅导班后参加了 10 次英语考试，考试成绩为 $X_1, \cdots, X_{10}$。经计算，平均成绩为 88 分，成绩的样本方差为 $S^2 = [(X_1 - 88)^2 + \cdots + (X_{10} - 88)^2] / 9 = 1.3$。设辅导后的英语成绩仍然服从正态分布 $N(\mu, \sigma^2)$，需要检验的问题是：辅导是否提高了该生英语成绩的稳定性？

根据问题提出的原假设和备择假设为

$$H_0 : \sigma^2 = 2^2, \quad H_1 : \sigma^2 < 2^2$$

在原假设下[即 $X_1, \cdots, X_{10}$ 来自总体 $X \sim N(\mu, 2^2)$]，表达式为

$$\frac{(n-1)S^2}{2^2} = \frac{9}{4} S^2 \sim \chi^2(n-1) = \chi^2(9)$$

给定显著水平 $\alpha = 0.05$，查 χ^2 分布概率表得出 $P(2.25S^2 < 3.325) = 0.05$，即 $P(S^2 < 1.478) = 0.05$。因此，以 S^2 为检验统计量的拒绝域为 $(0, 1.478)$。用样本值计算的 S^2 值为 1.3，位于拒绝域内，拒绝原假设，认为辅导提高了该生的英语成绩稳定性。

例 2 中的备择假设是 $\sigma^2 < 2^2$，样本方差 S^2 是 σ^2 的无偏估计量，对 σ^2 的推断要根据 S^2 的取值大小来完成，S^2 越小，则 σ^2 小的可能性越大。拒绝原假设意味着辅导后方差变小，因此拒绝域是 $\{S^2 < 1.478\}$。由此看出，假设检验的拒绝域与备择假设的选择有关。如果将例 2 中的备择假设改为双边假设 $\sigma^2 \neq 2^2$，那么检验的是辅导后英语成绩的稳定性是否发生明显变化(显著下降或者显著提高)，则显著大于 2^2 的 S^2 和小于 2^2 的 S^2 均能否定原假设，此时的拒绝域为两部分：$\{S^2 < u_{\alpha/2}^{(L)}\} \cup \{S^2 > u_{\alpha/2}^{(U)}\}$，下临界值 $u_{\alpha/2}^{(L)}$ 和上临界值 $u_{\alpha/2}^{(U)}$ 分别满足 $P(S^2 < u_{\alpha/2}^{(L)}) = P(2.25\chi^2(9) < u_{\alpha/2}^{(L)}) = \alpha/2$ 和 $P(S^2 > u_{\alpha/2}^{(U)}) = P(2.25\chi^2(9) > u_{\alpha/2}^{(U)}) = \alpha/2$。

例如，取显著水平 $\alpha = 0.05$ 时，查 χ^2 分布概率表得 $u_{0.05/2}^{(L)} = 1.22$ 和 $u_{0.05/2}^{(U)} = 8.45$，得出拒绝域为 $\{S^2 < 1.22\} \cup \{S^2 > 8.45\}$。

按照采用的检验统计量将假设检验分类，常用的假设检验有采用 χ^2 分布统计量的 χ^2 检验，采用 t 分布统计量的 t 检验，等等。

本章小结

1. 计量经济学将经典计量与因果推断、大数据科学相结合，目的是在模型研究中充分利用"数据资料"，使其所揭示和描述的"经济如何运行的信息"与现实的经济运行实际更加吻合。它倡导"经济理论、数学、统计学结合"的本质，具有坚实的概率论基础，注重"利用现有的数据资料以提取关于经济如何运行的信息"，遵循"实践观察、行为分析和实验研究→经济理论(理论与模型)→建立总体回归模型→获取样本观测数据→估计模型→检验模型→应用模型"的研究步骤。

2. 随机变量分为离散和连续两种，离散随机变量用概率函数或者分布律描述其概率分布，连续随机变量则用概率密度函数描述其分布。概率函数和概率密度函数中包含参数。

3. 随机变量的数学期望是随机变量的一阶矩，方差是二阶中心矩。矩是随机变量分布的数字特征，是概率分布中参数的函数，决定了概率分布的位置和形状。由概率分布可以求出矩，但矩不能确定概率分布，概率分布对随机变量的描述比矩更为详细。

4. 随机向量的联合分布，不仅体现了各个随机变量的概率分布，还体现了随机变量之间的相互作用和影响。协方差和相关系数刻画了随机变量本身之间的相互影响，并不涉及随机变量函数之间的相互影响。条件期望和条件方差能够更深入地刻画随机变量之间的关系。$E(\eta \mid \xi) = 0$ 给出的 ξ 和 η 之间的关系强于不相关，但弱于独立。

5. 条件期望满足迭代律，即对随机变量先取条件期望再取无条件期望，其结果等同于该随机变量的无条件期望。条件期望的另一条重要性质可以叙述为被条件确定的量可以移到条件期望的外面。

6. 极限定理是研究一组随机变量的平均值的极限性质。大数定律表明，随机变量的平均值 $\bar{X}$ 中的随机成分(用方差衡量)随随机变量的个数增加而减少，直至趋于 0，$\bar{X}$ 以概率趋于常数。中心极限定理则表明，不管参与平均的随机变量服从什么分布，随机变量个数足够大时，$\bar{X}$ 近似服从正态分布：$\sqrt{n}(\bar{X} - \mu) \sim_{(a)} N(0, \sigma^2)$，其中 $\sigma^2 = \lim_{n \to \infty} \mathrm{Var}(\sqrt{n}\bar{X})$。$n$ 越大，近似效果越好，渐近正态分布称为 $\bar{X}$ 的大样本分布。

7. 参数估计分为矩估计法和极大似然估计法。矩估计法需要知道总体的矩条件 $Eh(X, \theta) = 0$，在得到样本后采用类推原则得出样本矩条件 $n^{-1} \sum_{i=1}^{n} h(X_i, \hat{\theta}) = 0$，并从中解出参数估计量 $\hat{\theta}$。矩估计法的基础是大数定律。矩方法估计量具有一致性和渐近正态性。

8. 极大似然估计是将似然函数看作未知参数的函数、极大化似然函数得出的。极大似然估计具有一致性和渐近正态性，比矩方法估计量更有效，但极大似然估计需要设定总体的分布，分布设置不当会导致估计量的不一致。

9. 假设检验是以小概率事件原理为基础的对未知参数的推断。对应同样的原假设，备择假设可以是单边的，也可以是双边的，不同备择假设对应不同的拒绝域。假设检验的核心是根据待检验假设构造合适的检验统计量，并求出原假设下检验统计量的分布或者渐近分布。

第2章

一元线性回归模型

2.1 回归分析概述

2.1.1 回归分析基本概念

1. 变量间的相互关系

无论是自然现象之间还是社会经济现象之间,大都存在不同程度的联系。计量经济学的主要问题之一就是要探寻各种经济变量之间的相互联系的程度、联系方式及其运动规律。各种经济变量间的关系可以分为两类:一类是确定的函数关系,另一类是不确定的统计相关关系。

确定性现象间的关系常常表现为函数关系。例如:圆面积 S 与圆半径 r 间的关系,只要给定半径值 r,与之对应的圆面积 S 也就随之确定: $S = \pi r^2$。

非确定现象间的关系常常表现为统计相关关系。例如,农作物产量 Y 与施肥量 X 间的关系,其特点是:农作物产量 Y 随着施肥量 X 的变化呈现某种规律性的变化,在适当的范围内,随着 X 的增加,Y 也增加。但与前述函数关系不同的是,给定施肥量 X,与之对应的农作物产量 Y 并不能确定。主要原因在于,除了施肥量,还有诸如阳光、气温、降雨等其他因素在影响农作物的产量。这时,我们无法确定农作物产量与施肥量间确定的函数关系,却能通过统计计量等方式研究它们之间的统计相关关系。农作物产量 Y 作为非确定性变量,也被称为随机变量。

当然,变量间的函数关系与相关关系并不是绝对的,在一定条件下两者可以相互转换。例如,在对确定现象的观测中,往往存在测量误差,这时函数关系常会通过相关关系表现出来;反之,如果对非确定性现象的影响因素能够一一辨认出来,并全部纳入变量间的依存关系式,则变量间的相关关系就会转化为函数关系。相关分析与回归分析主要研究非确定性现象间的统计相关关系。

2. 相关分析与回归分析

变量间的统计相关关系可以通过相关分析与回归分析来研究。相关分析(correlation analysis)主要研究随机变量间的相关形式及相关程度。

从变量间相关的表现形式看,有线性相关与非有线性相关之分,前者往往表现为变量的散点图接近于一条直线。变量间线性相关程度的大小可通过相关系数来测量,两个变量

X 和 Y 的总体相关系数为

$$\rho_{XY} = \frac{\text{Cov}(X,Y)}{\sqrt{\text{Var}(X)\text{Var}(Y)}} \tag{2.1.1}$$

其中，$\text{Cov}(X,Y)$ 是变量 X 和 Y 的协方差，$\text{Var}(X)$ 和 $\text{Var}(Y)$ 分别是变量 X 和 Y 的方差。

如果给出 X 与 Y 的一组样本 (X_i, Y_i)，$i=1,2,3\cdots,n$，则样本相关系数为

$$r_{XY} = \frac{\sum_{i=1}^{n}(X_i - \bar{X})(Y_i - \bar{Y})}{\sqrt{\sum_{i=1}^{n}(X_i - \bar{X})^2} \cdot \sqrt{\sum_{n}^{i=1}(Y_i - \bar{Y})^2}} \tag{2.1.2}$$

其中，$\bar{X}$ 是变量的样本均值。

多个变量间的线性相关程度，可用复相关系数与偏相关系数来度量。

具有相关关系的变量间有时存在因果关系，这时，我们可以通过回归分析(regression analysis)研究它们之间的具体依存关系。例如，根据经济学理论，消费支出与可支配收入之间不但密切相关，而且有因果关系，即可支配收入的变化往往是消费支出变化的原因。这时，不仅可以通过相关分析研究两者间的相关程度，而且可以通过回归分析研究两者间的具体依存关系，即考察可支配收入每单位的变化所引起的消费支出的平均变化。

回归分析是研究因变量与自变量之间依赖关系的计算方法和理论。其目的在于通过后者的已知或设定值，去估计和(或)预测前者的(总体)均值。前一个变量称为被解释变量(explained variable)或因变量(dependent variable)，后一个变量称为解释变量(explanatory variable)或自变量(independent variable)。

相关分析与回归分析既有联系又有区别。首先，两者都是研究非确定性变量间的统计依赖关系，并能度量线性依赖程度的大小。其次，两者间有明显的区别。相关分析仅仅是从统计数据上测度变量间的相关程度，而无须考察两者间是否有因果关系，因此，变量的地位在相关分析中是对称的，而且都是随机变量；回归分析则更关注具有统计相关关系的变量间的因果关系分析，变量的地位是不对称的，有解释变量与被解释变量之分，而且解释变量也可以被假设为非随机变量。最后，相关分析只关注变量间的联系程度，不关注具体的依赖关系；而回归分析则更加关注变量间的具体依赖关系，因此可以进一步通过解释变量的变化来估计或预测被解释变量的变化，达到深入分析变量间依存关系、掌握其运动规律的目的。

回归分析构成计量经济学的方法论基础，其主要内容包括：

(1) 根据样本观察值对计量经济学模型参数进行估计，求得回归方程；

(2) 对回归方程、参数估计值进行显著性检验；

(3) 利用回归方程进行分析、评价及预测。

2.1.2 总体回归函数

由于统计相关的随机性，回归分析关心的是根据解释变量的已知值或给定值，考察被解释变量的总体均值，即当解释变量取某个确定值时，与之统计相关的被解释变量所有可能出现的对应值的平均值。

例 2.1：一个假想的社区是由 100 户家庭组成的总体，研究该社区每月家庭消费支出 Y 与每月家庭可支配收入 X 的关系，即根据家庭的每月可支配收入，考察该社区家庭每月消

费支出的平均水平。为研究方便,将该 100 户家庭组成的总体按可支配收入水平划分为 10 组,并分别分析每一组的家庭消费支出(见表 2.1)。

由于不确定因素的影响,对于可支配收入水平 X,不同家庭的消费支出不完全相同,但由于调查的完备性,给定可支配收入水平 X 的消费支出 Y 的分布是确定的,即以 X 的给定值为条件的 Y 的条件分布(conditional distribution)是已知的,表达式为

$$P(Y=4800|7500)=1/5$$

因此,给定收入 X 的值,可得消费支出 Y 的条件均值(conditional mean)或条件期望 (conditional expectation),如 $E(Y|7500)=4944$。表 2.2 给出了 10 组家庭每月可支配收入与消费支出统计情况。

以表 2.1 中的数据绘出可支配收入 X 与家庭消费支出 Y 的散点图(见图 2.1)。从该散点图可以看出,虽然不同的家庭消费支出存在差异,但平均来说,随着可支配收入的增加,家庭消费支出也在增加。进一步讲,这个例子中 Y 的条件均值恰好落在一根正斜率的直线上,这条直线称为总体回归线。

表 2.1 某社区 10 组家庭每月可支配收入与消费支出统计情况

单位:元

项目	每月家庭可支配收入 X									
	3000	3500	4000	4500	5000	5500	6000	6500	7000	7500
每月家庭消费支出 Y	1819	2027	2269	2304	2646	2917	3068	3383	4107	4267
	1847	2118	2364	2435	2819	3028	3488	3797	4313	4800
	1907	2212	2424	2467	2934	3166	3689	4109	4457	5004
	2055	2248	2473	2726	3028	3321	3755	4261	4618	5241
	2195	2313	2523	2828	3131	3527	3899	4546	4757	5408
	2245	2481	2581	2946	3244	3690	3920	4757	4972	
	2307	2541	2675	2976	3408	3829	4253	4771	5172	
	2409	2686	2716	3150	3496	3993	4441	4872		
		2702	2817	3174	3522	4174	4673			
		2812	2936	3349	3677	4350	4764			
			2954	3384	3776	4474				
			3025	3514	3919					
			3136	3658	4119					
			3327	3747						
$E(Y|X_i)$	2098	2414	2730	3047	3363	3679	3995	4312	4628	4944

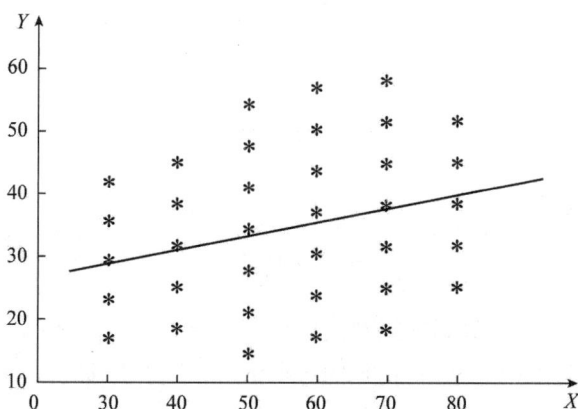

图 2.1 家庭可支配收入 X 与消费支出 Y 的散点图

在给定解释变量 X 条件下被解释变量 Y 的期望轨迹称为总体回归线(population regression line),或者称为总体回归曲线(population regression curve),相应的函数称为总体回归函数(population regression function,PRF),表达式为

$$E(Y \mid X) = f(X) \tag{2.1.3}$$

总体回归函数表明被解释变量 Y 的平均状态(总体条件期望)随解释变量 X 变化的规律。至于具体的函数形式,是由所考察总体固有的特征来决定的。由于实践中总体往往无法全部考察到,因此总体回归函数形式的选择就是一个经验方面的问题,这时经济学等相关学科的理论就显得很重要。例如,生产函数常以 cobb-Douglas 幂函数的形式出现,U 形边际成本函数以二次多项式的形式出现,等等。将居民消费支出看成其可支配收入的线性函数时,式(2.1.3)可进一步写成

$$E(Y \mid X) = \beta_0 + \beta_1 X \tag{2.1.4}$$

其中,β_0 与 β_1 是未知参数,称为回归系数(regression coefficients)。

式(2.1.4)也称为线性总体回归函数。线性函数形式较为简单,参数的估计与检验也相对容易,而且多数非线性函数可转换为线性形式,因此,为了研究的方便,计量经济学中总体回归函数常设定为线性形式。

需注意的是,经典计量经济方法中所涉及的线性函数指回归系数是线性的,即回归系数只以它的一次方出现,对解释变量则可以不是线性的。

2.1.3 随机干扰项

在上述家庭可支配收入—消费支出的例子中,总体回归函数描述了所考察总体的家庭平均消费支出随可支配收入变化的规律,但对某一个个别家庭,其消费支出 Y 不一定恰好就是给定可支配收入水平 X 下的消费的平均值 $E(Y \mid X)$。图 2.1 显示,个别家庭消费支出 Y 聚集在给定可支配收入 X 下所有家庭平均消费支出 $E(Y \mid X)$ 的周围。

对每个个别家庭,记

$$\mu = Y - E(Y \mid X) \tag{2.1.5}$$

μ 为观察值 Y 围绕它的期望值 $E(Y \mid X)$ 的离差(deviation),它是一个不可观测的随机变量,称为随机误差项(stochastic error),通常又不加区别地称为随机干扰项(stochastic disturbance term)。

由式(2.1.5)可知,个别家庭的消费支出为

$$Y = E(Y \mid X) + \mu \tag{2.1.6}$$

或者在线性假设下

$$Y = \beta_0 + \beta_1 X + \mu \tag{2.1.7}$$

给定可支配收入水平 X,个别家庭的消费支出可表示为两部分之和:①该收入水平下所有家庭的平均消费支出 $E(Y \mid X)$,称为系统性(systematic)部分或确定性(deterministic)部分;②其他随机部分或非系统性(nonsystematic)部分 μ。

式(2.1.6)或式(2.1.7)称为总体回归函数的随机设定形式,它表明被解释变量 Y 除了受解释变量 X 的系统性影响外,还受其他未包括在模型中的诸多因素的随机性影响,μ 即为这些影响因素的综合代表。由于方程中引入了随机干扰项,成为计量经济学模型,因此也称为总体回归模型(population regression model)。

在总体回归函数中引入随机干扰项,主要有以下 6 个方面的原因。

(1) 代表未知的影响因素。由于对所考察总体认识上的非完备性,许多未知的影响因素还无法引入模型,因此,只能用随机干扰项代表这些未知的影响因素。

(2) 代表残缺数据。即使所有的影响变量都能被包括在模型中,也会有某些变量的数据无法取得。例如,经济理论指出,居民消费支出除受可支配收入的影响外,还受财富拥有量的影响,但后者在实践中往往是无法收集到的。这时,模型中不得不省略这一变量,而将其归入随机干扰项。

(3) 代表众多细小影响因素。有一些影响因素已经被认识,而且其数据也可以收集到,但它们对被解释变量的影响却是细小的。考虑到模型的简洁性,以及取得诸多变量数据可能带来的较大成本,建模时往往省掉这些细小变量,而将它们的影响综合到随机干扰项中。

(4) 代表数据观测误差。由于某些主客观的原因,在取得观测数据时,往往存在测量误差,这些观测误差也被归入随机干扰项。

(5) 代表模型设定误差。由于经济现象的复杂性,模型的真实函数形式往往是未知的,因此,实际设定的模型可能与真实的模型有偏差。随机干扰项包含了这种模型设定误差。

(6) 变量的内在随机性。即使模型没有设定误差,也不存在数据观测误差,由于某些变量存在固有的内在随机性,其也会对被解释变量产生随机性影响。这种影响只能被归入随机干扰项中。

总之,随机干扰项具有非常丰富的内容,在计量经济学模型的建立中起着重要的作用。如果进一步分析,可以发现,当随机干扰项仅包含上述(3)和(6)时,称之为"原生"的随机干扰,是模型所固有的;当随机干扰项包含上述(1)(2)(4)(5)时,称之为"衍生"的随机误差,是在模型设定过程中产生的,是可以避免的。尽管本书对此不加区别,但认识这一点是重要的。

2.1.4　样本回归函数

尽管总体回归函数揭示了所考察总体被解释变量与解释变量间的平均变化规律,但总体的信息往往无法全部获得,因此,总体回归函数实际上是未知的。现实的情况往往是,通过抽样得到总体的样本,再通过样本的信息来估计总体回归函数。

仍以例 2.1 中社区家庭可支配收入与消费支出的关系为例,假设从该总体中按每组可支配收入水平各取一个家庭进行观测,得到表 2.2 所示的(a)和(b)两个样本。问题归结为:能否从样本中预测整个总体对应于选定 X 的平均每月消费支出,即能否用样本估计总体回归函数,从两个样本所得的回归拟合方程是否相同?

表2.2　随机样本

(a)

单位:元

可支配收入 X	3000	3500	4000	4500	5000	5500	6000	6500	7000	7500
消费支出 Y	2195	2313	2675	2976	3244	3527	3899	4109	4618	4800

续表

(b)

单位：元

可支配收入 X	3000	3500	4000	4500	5000	5500	6000	6500	7000	7500
消费支出 Y	2195	2248	2716	2828	3131	3690	3920	4261	4457	5004

根据表 2.2 中的相关数据，可绘制两个随机样本的散点图和拟合线，如图 2.2 所示。

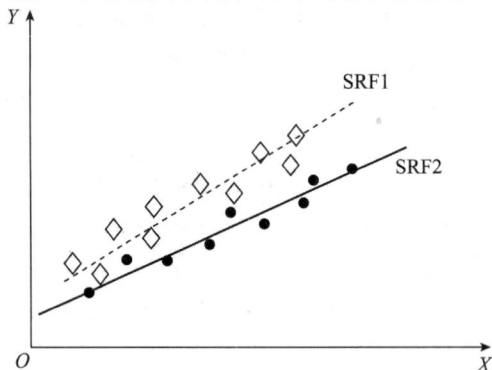

图 2.2 两个随机样本的散点图和拟合线

从图 2.2 可以看出，该样本散点图近似于一条直线。画一条直线尽可能地拟合该散点图，由于样本取自总体，可用该直线近似地代表总体回归线。

该直线称为样本回归线(sample regression line)，其函数形式记为

$$\hat{Y} = f(X) = \hat{\beta}_0 + \hat{\beta}_1 X \tag{2.1.8}$$

该函数称为样本回归函数(sample regression function，SRF)。

将式(2.1.8)看成式(2.1.7)的近似替代，则 $\hat{Y}$ 为 $E(Y|X)$ 的估计量，$\hat{\beta}_0$ 为 β_0 的估计量，$\hat{\beta}_1$ 为 β_1 的估计量。同样地，样本回归函数也有如下的随机形式：

$$Y = \hat{Y} + \hat{\mu} = \hat{\beta}_0 + \hat{\beta}_1 X + e \tag{2.1.9}$$

其中，e 称为(样本)残差(或剩余)项(residual)，代表了其他影响 Y 的随机因素的集合，可看成是 μ 的估计量 $\hat{\mu}$。由于方程中引入了随机项，成为计量经济学模型，因此也称之为样本回归模型(sample regression model)。

回归分析的主要目的就是根据样本回归函数，估计总体回归函数，也就是根据

$$Y = \hat{Y} + e = \hat{\beta}_0 + \hat{\beta}_1 X + e$$

估计

$$Y = E(Y|X) + \mu = \beta_0 + \beta_1 X + \mu$$

即设计一种"方法"构造 SRF，以使 SRF 尽可能地"接近" PRF，或者说使 $\hat{\beta}_j (j = 0,1)$ 尽可能地接近 $\beta_j (j = 0,1)$。总体回归线与样本回归线的基本关系如图 2.3 所示。

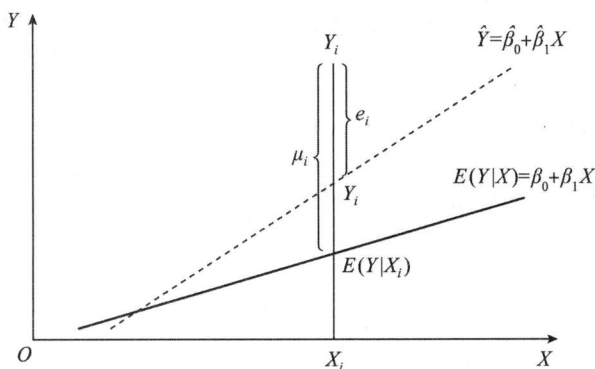

图 2.3　总体回归线与样本回归线的基本关系

2.2　一元线性回归模型的基本假设

单方程计量经济学模型分为线性模型和非线性模型两大类。在线性模型中，变量之间的关系呈线性关系；在非线性模型中，变量之间的关系呈非线性关系。线性回归模型是线性模型的一种，它的数学基础是回归分析，即用回归分析方法建立线性模型，用以揭示经济现象中的因果关系。

一元线性回归模型是最简单的计量经济学模型之一，在模型中只有一个解释变量，其一般形式为

$$Y = \beta_0 + \beta_1 X + \mu \tag{2.2.1}$$

其中，Y 为被解释变量；X 为解释变量；β_0 与 β_1 为待估参数；μ 为随机干扰项。

在有 n 个样本观测点 $\{(X_i, Y_i) : i = 1, 2, \cdots, n\}$ 的情况下，式(2.2.1)也可写成

$$Y_i = \beta_0 + \beta_1 + \mu_i, i = 1, 2, \cdots, n \tag{2.2.2}$$

回归分析的主要目的是通过样本回归函数(模型)尽可能准确地估计总体回归函数 (模型)。为保证参数估计量具有良好的性质，通常对模型提出若干基本假设。

对式(2.2.1)或式(2.2.2)，基本假设包括对模型设定的假设、对解释变量 X 的假设及对随机干扰项 μ 的假设。

2.2.1　对模型设定的假设

假设 1：回归模型是正确设定的。

计量经济模型是对所关注经济现象或经济理论进行经验研究的基本工具，因此刻画经济现象或描述经济理论的计量模型的正确设定最为重要。模型的正确设定主要包括两方面的内容：①模型选择了正确的变量；②模型选择了正确的函数形式。

模型选择了正确的变量是指在设定总体回归函数时，既没有遗漏重要的相关变量，也没有多选无关的变量。模型选择了正确的函数形式是指当被解释量与解释变量间呈现某种函数形式时，我们所设定的总体回归方程恰为该函数形式。例如在生产函数的设定中，如果产出量与资本投入及劳动投入的关系呈现幂函数的形式，我们在总体回归模型的设定中就设定了该幂函数的形式。

当假设 1 满足时，称为模型没有设定偏误(specification error)，否则就会出现模型的设定偏误。

2.2.2 对解释变量的假设

假设 **2**：解释变量 X 在所抽取的样本中具有变异性，而且随着样本容量的无限增加，解释变量 X 的样本方差趋于一个非零的有限常数，即

$$\sum_{n}^{i=1}(X_i - \bar{X}) / n \to Q, n \to \infty \tag{2.2.3}$$

在以因果关系为基础的回归分析中，往往就是通过解释变量 X 的变化来解释被解释变量 Y 的变化的，因此，解释变量 X 要有足够的变异性。而对其样本方差的极限为非零的有限常数的假设，则旨在排除数据取值出现无界的变量作为解释变量，因为这类数据将使大样本统计推断变得无效。

需要说明的是，大多数初、中级教材还假设了 X 是固定的非随机变量，在实验或可控条件下，X 的非随机性往往能得到满足，但社会调查数据则基本不具有这种特点，尤其通过随机抽样调查获得的数据，被解释变量与解释变量更具有随机特征。因此，本书认为解释变量 X 是随机变量，不再假设它是固定的非随机变量。

2.2.3 对随机干扰项的假设

假设 **3**：给定解释变量 X 任何值，随机干扰项 μ_i 的均值为零，即

$$E(\mu_i | X) = 0 \tag{2.2.4}$$

随机干扰项 μ 的条件零均值假设意味着 μ 的期望不依赖于 X 的任何观测点取值的变化而变化，且总为常数零。该假设表明 μ 与 X 不存在任何形式的相关性，因此该假设成立时也往往称 X 为外生解释变量(exogenous explanatory variable)，或称 X 是严格外生的(strictly exogenous)，否则称 X 为内生解释变量(endogenous explanatory variable)。该假设最为重要，误差项 μ 一般是一些不能观测的微小因素带来的随机扰动，这些随机扰动对被解释变量影响的平均效果可以忽略不计。

应用线性回归模型进行因果推断时，经常要回答的问题是：在其他因素保持不变的情况下，如果原因变量 x 变化一个单位，将会导致结果变量 y 发生多大变化？如果条件 $E(\mu | x)=0$ 满足，则有 $\frac{\partial y}{\partial x} = \frac{\partial(\beta_0 + \beta_1 x + \mu)}{\partial x} = \beta_1$。上面推导的关键是外生性假定。外生性假定使得 $\frac{\partial \mu}{\partial x} = 0$，使得"其他因素保持不变"这一条件得到满足。

需要注意的是，当随机干扰项 μ 的条件零均值假设成立时，根据期望迭代法则(law of iterated expectations)一定有如下非条件零均值性质：

$$E(\mu_i) = E(E(\mu_i | X)) = E(0) = 0 \tag{2.2.5}$$

同时，当随机干扰项 μ 的条件零均值假设成立时，一定可得到随机干扰项与解释变量

之间的不相关性，即

$$\text{Cov}(X,\mu_i) = E(X\mu_i) - E(X)E(\mu_i) = E(X\mu_i) = 0$$

其中，最后一个等式仍可通过期望迭代法则推出。这一性质意味着任何观测点处的 X 都与 μ_i 不相关，当然也包括第 i 个观测点处的 X_i 与 μ_i 的不相关性，即有

$$\text{Cov}(X,\mu_i) = E(X_i\mu_i) = 0 \tag{2.2.6}$$

这时，也称 X 是同期外生的(contemporaneously exogenous)或称 X 与 μ 同期不相关(contemporaneously uncorrelated)。这一特征在回归分析中十分重要，尤其是在模型参数的估计中扮演着重要的角色。

假设 **4**：随机干扰项 μ 具有给定 X 任何值条件下的同方差性及序列不相关性，即

$$\text{Var}(\mu_i|X) = \sigma^2, \quad (i=1,2,\cdots,n) \tag{2.2.7}$$

$$\text{Cov}(\mu_i,\mu_j|X) = 0, \quad (i \neq j) \tag{2.2.8}$$

随机干扰项 μ 的条件同方差假设意味着 μ 的方差不依赖于 X 的变化而变化，且总为常数 σ^2。在 μ 的条件零均值与条件同方差假设下的总体回归函数如图 2.4 所示。

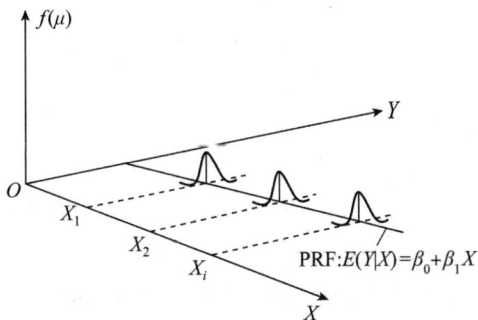

图 2.4　在 μ 的条件零均值与条件同方差假设下的总体回归函数

同样地，随机干扰项 μ 的条件同方差假设成立时，根据期望迭代法则一定有如下非条件同方差性质：

$$\text{Var}(\mu_i) = \sigma^2 \tag{2.2.9}$$

另外，在随机干扰项零均值的假设下，同方差还可写成

$$\text{Var}(\mu_i|X) = E(\mu_i^2|X) - [E(\mu_i|X)]^2 = E(\mu_i^2|X) = \sigma^2 \tag{2.2.10}$$

或
$$\text{Var}(\mu_i) = E(\mu_i^2) - [E(\mu_i)]^2 = E(\mu_i^2) = \sigma^2 \tag{2.2.11}$$

随机干扰项 μ 的条件不序列相关性表明在给定解释变量任何值时，任意两个不同观测点的随机干扰项不相关。同样地，式(2.2.8)可等价地表示为

$$\text{Cov}(\mu_i,\mu_i|X) = E[(\mu_i|X)(\mu_j|X)] = 0 \tag{2.2.12}$$

假设 5：随机干扰项服从零均值、同方差的正态分布，即

$$\mu_i | X \sim N(0, \sigma^2) \tag{2.2.13}$$

假设 5 是为满足通过样本回归函数推断总体回归函数的需要而提出的，尤其是在小样本下，该假设显得十分重要。在大样本的情况下，正态性假设可以放松，因为根据中心极限定理，当样本容量趋于无穷大时，在大多数情况下，随机干扰项的分布会越来越接近正态分布。

以上假设也称为线性回归模型的经典假设(classical assumption)，满足该假设的线性回归模型，也称为经典线性回归模型(classical linear regression model, CLRM)。而前 4 个假设也被称为高斯-马尔可夫假设(Gauss-Markov assumptions)，这些假设能够保证后面介绍的最小二乘估计方法具有良好的效果。

最后需要指出，在上述经典假设下，线性回归模型(2.2.1)中被解释变量 Y 具有如下条件分布特征：

$$Y | X \sim N(\beta_0 + \beta_1 X, \sigma^2) \tag{2.2.14}$$

图 2.5 描绘出了总体回归线与 Y 的条件分布状况。

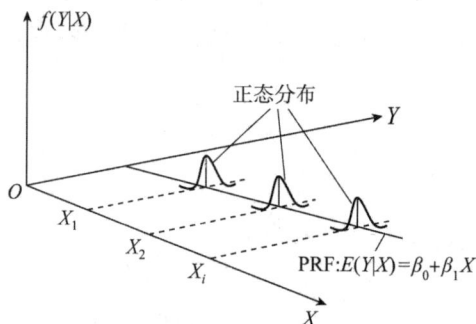

图 2.5　总体回归线与 Y 的条件分布状况

在实际建立模型的过程中，除了随机干扰项的正态性假设外，对模型是否满足其他假设都要进行检验。这就是"建立计量经济学模型步骤"中"计量经济学检验"的任务。对于随机干扰项的正态性假设，根据中心极限定理，如果仅包括源生性的随机干扰，当样本容量趋于无穷大时，都是满足的。如果包括衍生的随机误差，即使样本容量趋于无穷大，正态性假设也经常是不满足的。但是在初、中级教材中，一般将它忽略。

满足基本假设的线性回归模型称为古典线性回归模型(classical linear regression model)。模型方程设定正确与样本随机抽样，也是回归模型的重要假设。古典线性回归模型是一种理想模型，实际情况很难满足其苛刻的条件，但它提供了一种研究变量之间关系的基本方法，即普通最小二乘法。当有关条件不满足时，线性回归模型的应用就会受到限制。比如，如果不满足解释变量外生性假定，回归模型一般只能应用于相关性分析，而不能做因果推断及其相关的应用。当回归模型的有关条件不满足时，我们可以对模型及其估计方法进行改进，得出更加合理的模型和方法。古典线性回归模型的估计和推断，以及古典线性回归模型在各种情形下的推广和扩展，构成了初等计量经济学的主要内容。

2.3 一元线性回归模型的参数估计

一元线性回归的参数估计，是在一组样本观测值 $\{(X_i, Y_i) : i = 1, 2, \cdots, n\}$ 下，通过一定的参数估计方法，估计出样本回归线。常见的估计方法有三种：普通最小二乘法(OLS)、最大似然法(ML)与矩估计法(MM)。

2.3.1 参数估计的普通最小二乘法(OLS)

已知一组样本观测值 $\{(X_i, Y_i) : i = 1, 2, \cdots, n\}$，普通最小二乘法(ordinary least squares, OLS)要求样本回归函数尽可能地拟合这组值，即样本回归线上的点 $\hat{Y}_i$ 与真实观测点 Y_i 的"总体误差"尽可能地小。普通最小二乘法给出的判断标准是：被解释变量的估计值与实际观测值之差的平方和

$$Q = \sum_{i=1}^{n} e_i^2 = \sum_{i=1}^{n} (Y_i - \hat{Y}_i)^2 = \sum_{i=1}^{n} [Y_i - (\hat{\beta}_0 + \hat{\beta}_1 X_i)]^2 \tag{2.3.1}$$

最小，即在给定样本观测值之下，选择 $\hat{\beta}_0$ 与 $\hat{\beta}_1$ 使 Y_i 与 $\hat{Y}_i$ 之差的平方和最小。

为什么用平方和？因为样本回归线上的点 $\hat{Y}_i$ 与真实观测点 Y_i 之差可正可负，简单求和可能将很大的误差抵消掉，只有平方和才能反映二者在总体上的接近程度，这就是最小二乘原理。

根据微积分学的运算，当 Q 对 $\hat{\beta}_0$，$\hat{\beta}_1$ 的一阶偏导数为 0 时，Q 达到最小，即

$$\begin{cases} \dfrac{\partial Q}{\partial \hat{\beta}_0} = 0 \\ \dfrac{\partial Q}{\partial \hat{\beta}_1} = 0 \end{cases}$$

可推得用于估计 $\hat{\beta}_0$，$\hat{\beta}_1$ 的下列方程组：

$$\begin{cases} \sum (Y_i - \hat{\beta}_0 - \hat{\beta}_1 X_i) = 0 \\ \sum (Y_i - \hat{\beta}_0 - \hat{\beta}_1 X_i) X_i = 0 \end{cases} \tag{2.3.2}$$

或

$$\begin{cases} \sum Y_i = n\hat{\beta}_0 + \hat{\beta}_1 \sum X_i \\ \sum Y_i X_i = \hat{\beta}_0 \sum X_i + \hat{\beta}_1 \sum X_i^2 \end{cases} \tag{2.3.3}$$

解得

$$\begin{cases} \hat{\beta}_0 = \dfrac{\sum X_i^2 \sum Y_i - \sum X_i \sum Y_i X_i}{n \sum X_i^2 - \left(\sum X_i\right)^2} \\ \hat{\beta}_1 = \dfrac{n \sum Y_i X_i - \sum Y_i \sum X_i}{n \sum X_i^2 - \left(\sum X_i\right)^2} \end{cases} \tag{2.3.4}$$

方程组(2.3.2)或(2.3.3)称为正规方程组(normal equations)，记为

$$\sum x_i^2 = \sum \left(X_i - \overline{X} \right)^2$$

$$= \sum X_i^2 - \frac{1}{n} \left(\sum X_i \right)^2$$

$$\sum x_i y_i = \sum \left(X_i - \overline{X} \right) \left(Y_i - \overline{Y} \right)$$

$$= \sum X_i Y_i - \frac{1}{n} \sum X_i \sum Y_i$$

方程组(2.3.4)的参数估计量可以写成

$$\begin{cases} \hat{\beta}_1 = \dfrac{\sum x_i y_i}{\sum x_i^2} \\ \hat{\beta}_0 = \overline{Y} - \hat{\beta}_1 \overline{X} \end{cases} \tag{2.3.5}$$

这称为普通最小二乘法估计量的离差形式(deviation form)。在本书中，往往以小写字母表示对均值的离差。由于 $\hat{\beta}_0$，$\hat{\beta}_1$ 的估计结果是从最小二乘原理得到的，故称为普通最小二乘估计量(ordinary least squares estimator)。

顺便指出，记 $\hat{y}_i = \hat{Y}_i - \overline{Y}$，则有

$$\hat{y}_i = (\hat{\beta}_0 + \hat{\beta}_1 X_i) - (\hat{\beta}_0 + \hat{\beta}_1 \overline{X} + \overline{e}) = \hat{\beta}_1 (X_1 - \overline{X}) - \frac{1}{n} \sum e_i$$

可得

$$\hat{y}_i = \hat{\beta}_1 x_i \tag{2.3.6}$$

其中，用到了正规方程组的第一个方程

$$\sum e_i = \sum [Y_i - (\hat{\beta}_0 + \hat{\beta}_1 X_i)] = 0$$

式(2.3.6)也被称为样本回归函数的离差形式。

最后，需要注意"估计量"(estimator)和"估计值"(estimate)的区别。式(2.3.4)或式(2.3.5)给出的参数估计结果是由一个具体样本资料计算出来的，它是一个"估计值"，或者"点估计"，是参数估计量 $\hat{\beta}_0$ 和 $\hat{\beta}_1$ 的一个具体数值；但从另一个角度，仅仅把式(2.3.4)或式(2.3.5)看成 $\hat{\beta}_0$ 和 $\hat{\beta}_1$ 的一个表达式，那么，它就成为 Y_i 的函数，而 Y_i 是随机变量，所以 $\hat{\beta}_0$ 和 $\hat{\beta}_1$ 也是随机变量，因而从这个角度考虑，就称之为"估计量"。在本章后续内容中，有时把 $\hat{\beta}_0$ 和 $\hat{\beta}_1$ 作为随机变量，有时又把 $\hat{\beta}_0$ 和 $\hat{\beta}_1$ 作为确定的数值，道理就在于此。

例2.2：利用表2.1中家庭每月可支配收入与消费支出的样本数据，想要研究可支配收入的变化如何影响消费支出，估计样本回归函数，相关计算过程和结果如表 2.3 所示。将相关数据代入公式：

$$\hat{\beta}_1 = \frac{\sum x_i y_i}{\sum x_i^2} = \frac{12450500}{2062500} = 0.60366$$

$$\hat{\beta}_0 = \overline{Y} - \hat{\beta}_1 \overline{X} = 3435.6 - 0.60366 \times 5250 = 266.382$$

利用样本数据，可得拟合的线性回归方程为

$$\hat{Y}_i = \hat{\beta}_0 + \hat{\beta}_1 X_i = 266.382 + 0.60366 X_i$$

表 2.3　一元线性回归的计算过程

序号	可支配收入 X_i/元	消费支出 Y_i/元	$x_i = X_i - \bar{X}$	$y_i = Y_i - \bar{Y}$	$x_i y_i$	x_i^2
1	3000	2195	−2250	−1240.6	2 791 350	5 062 500
2	3500	2313	−1750	−1122.6	1 964 550	3 062 500
3	4000	2675	−1250	−760.6	950 750	1 562 500
4	4500	2976	−750	−459.6	344 700	562 500
5	5000	3244	−250	−191.6	47 900	62 500
6	5500	3527	250	91.4	22 850	62 500
7	6000	3899	750	463.4	347 550	562 500
8	6500	4109	1250	673.4	841 750	1 562 500
9	7000	4618	1750	1182.4	2 069 200	3 062 500
10	7500	4800	2250	1364.4	3 069 900	5 062 500
合计	52 500	34 356	—	—	12 450 500	20 625 000
平均	5250	3435.6	—	—	—	—

2.3.2　参数估计的最大似然法

最大似然法(maximum likelihood，ML)，也称最大或然法，是不同于普通最小二乘法的另一种参数估计方法，是从最大似然原理出发发展起来的其他估计方法的基础。虽然其应用没有普通最小二乘法普遍，但在计量经济学理论上占据很重要的位置，因为最大似然原理比最小二乘原理更本质地揭示了通过样本估计总体参数的内在机理。计量经济学理论的发展，更多是以最大似然原理为基础的，对于一些特殊的计量经济学模型，只有最大似然法才是较成功的估计方法。

对于普通最小二乘法，当从模型总体随机抽取容量为 n 的样本观测值后，最合理的参数估计量应该使得模型能最好地拟合样本数据；而对于最大似然法，当从模型总体随机抽取容量为 n 的样本观测值后，最合理的参数估计量应该使得从模型中抽取该样本观测值的概率最大。显然，这是从不同原理出发的两种参数估计方法。

从总体中经过 n 次随机抽取，可得到样本容量为 n 的样本观测值。对于任意一个抽取的样本，都以一定的概率出现。如果已知总体及其参数，可根据概率分布计算其概率。如果只知道总体服从某种分布，但不知道其分布参数，可以利用已有的样本推导求出总体参数的估计量。最大似然法是一种基于概率模型的参数估计方法，其核心思想是寻找一组参数值，使得观测到的样本数据出现的概率(似然函数)最大。以总体是正态分布为例，不同总体有着不同的分布参数(期望和方差)。如果已得到容量为 n 的样本观测值，在不同参数的总体中，哪个总体最可能产生已有的样本观测值呢？可以根据总体得到样本的联合概率，然后选择总体的参数，使得样本的联合概率达到最大值。将样本观测值联合概率函数称为变量的似然函数。在已经取得样本观测值的情况下，使似然函数取极大值的总体分布参数，即所要求的参数。通过似然函数最大化求得总体参数估计量的方法称为最大似然法。

在满足基本假设条件下，对一元线性回归模型

$$Y = \beta_0 + \beta_1 X + \mu$$

随机抽取容量为 n 的样本观测值 $\{(X_i, Y_i) : i = 1, 2, \cdots, n\}$，由于 Y_i 服从如下正态分布：

$$Y_i \sim N(\beta_0 + \beta_1 X_i, \sigma^2)$$

于是，Y_i 的概率函数为

$$P(Y_i) = \frac{1}{\sigma\sqrt{2\pi}} e^{-\frac{1}{2\sigma^2}(Y_i - \beta_0 - \beta_1 X_i)^2}, \quad (i = 1, 2, \cdots, n)$$

因为 Y_i 是相互独立的，所以 Y 的所有样本的观测值的联合概率，也即似然函数为

$$
\begin{aligned}
L(\beta_0, \beta_1, \sigma^2) &= P(Y_1, Y_2, \cdots, Y_n) \\
&= \frac{1}{(2\pi)^{\frac{n}{2}} \sigma^n} e^{-\frac{1}{2\sigma^2}\sum(Y_i - \beta_0 - \beta_1 X_i)^2}
\end{aligned}
\tag{2.3.7}
$$

将该函数最大似然化，即可求得模型参数的最大似然估计量。

由于似然函数的最大化与似然函数对数的最大化是等价的，所以取对数似然函数如下：

$$L^* = \ln L = -n\ln(\sqrt{2\pi}\sigma) - \frac{1}{2\sigma^2}\sum(Y_i - \beta_0 - \beta_1 X_i)^2 \tag{2.3.8}$$

对 L^* 求最大值，等价于对 $\sum(Y_i - \beta_0 - \beta_1 X_i)^2$ 求最小值。设 $\hat{\beta}_0$ 和 $\hat{\beta}_1$ 满足该最值条件，即

$$
\begin{cases}
\dfrac{\partial}{\partial \hat{\beta}_0} \sum(Y_i - \hat{\beta}_0 - \hat{\beta}_1 X_i)^2 = 0 \\[2mm]
\dfrac{\partial}{\partial \hat{\beta}_1} \sum(Y_i - \hat{\beta}_0 - \hat{\beta}_1 X_i)^2 = 0
\end{cases}
$$

解得模型的参数估计量为

$$
\begin{cases}
\hat{\beta}_0 = \dfrac{\sum X_i^2 \sum Y_i - \sum X_i \sum Y_i X_i}{n\sum X_i^2 - \left(\sum X_i\right)^2} \\[4mm]
\hat{\beta}_1 = \dfrac{n\sum Y_i X_i - \sum Y_i \sum X_i}{n\sum X_i^2 - \left(\sum X_i\right)^2}
\end{cases}
$$

可见，在满足一系列基本假设的情况下，模型结构参数的最大似然估计量与普通最小二乘估计量是相同的。

2.3.3 参数估计的矩估计法

普通最小二乘法是通过得到一个关于参数估计值的正规方程组并对它进行求解而完成的。正规方程组(2.3.2)或(2.3.3)可以通过矩估计(method of moment，MM)的思想来导出。矩估计的基本原理是用相应的样本矩估计总体矩。

在本章对一元回归模型的假设中，通过随机干扰项的条件零均值假设可得到它的非条件零均值性及它与解释变量的同期不相关性，意味着存在如下两个总体矩条件：

$$E(\mu_i) = 0$$
$$\text{Cov}(X_i, \mu_i) = E(X_i \mu_i) = 0$$

于是，相应的样本矩条件可写成

$$\frac{1}{n} \sum (Y_i - \hat{\beta}_0 - \hat{\beta}_1 X_i) = 0 \tag{2.3.9}$$

$$\frac{1}{n} \sum (Y_i - \hat{\beta}_0 - \hat{\beta}_1 X_i) X_i = 0 \tag{2.3.10}$$

以上述方程组成的方程组，各自去掉 $\frac{1}{n}$ 后不改变该方程组的解，而去掉 $\frac{1}{n}$ 后该方程组恰为普通最小二乘法中的正规方程组式(2.3.2)。因此，解与普通最小二乘法及最大似然法的结果相同。这种估计样本回归函数的方法称为矩估计法。

2.3.4　最小二乘估计量的统计性质

当估计出模型参数后，需考虑参数估计值的精度，即是否能代表总体参数的真值。一般地，由于抽样波动的存在，以及所选估计方法的不同，都会使估计的参数与总体参数的真值有差距，因此考察参数估计量的统计性质就成了衡量该估计量"好坏"的主要准则。

从概率统计中知道，参数估计有不同的方法，同一个未知参数也可以有多个不同的估计量。因此，需要给出估计量的评价标准，以便根据需要选择最优估计量。数理统计中给出的估计量基本评价标准有三个：无偏性、一致性和有效性。无偏性要求估计量的数学期望等于被估计参数；一致性要求当样本量无限增大时估计量依概率收敛于未知参数；而有效性则是对未知参数的两个无偏估计进行比较，方差越小越有效。

一个用于考察总体的估计量，可从如下 6 个方面考察其优劣性：

(1) 线性性，即它是否是另一个随机变量的线性函数；

(2) 无偏性，即它的均值或期望是否等于总体的真实值；

(3) 有效性，即它是否在所有线性无偏估计量中具有最小方差；

(4) 渐近无偏性，即样本容量趋于无穷大时，它的均值序列是否趋于总体真值；

(5) 一致性，即样本容量趋于无穷大时，它是否依概率收敛于总体的真值；

(6) 渐近有效性，即样本容量趋于无穷大时，它在所有的一致估计量中是否具有最小的渐近方差。

这里，前三个准则也称作估计量的有限样本性质或小样本性质(small-sample properties)，因为一旦某估计量具有该类性质，它是不以样本的大小而改变的。拥有这类性质的估计量称为最佳线性无偏估计量(best linear unbiased estimator，BLUE)。当然，在有限样本情况下，有时很难找到最佳线性无偏估计量，这时就需要考察样本容量无限增大时估计量的渐近性质。后三个准则称为估计量的无限样本性质或大样本渐近性质(large-sample asymptotic properties)。如果有限样本情况下不能满足估计的准则，则应扩大样本容量，考察参数估计量的大样本性质。

需要说明的是，从估计量统计性质的角度看，无偏性与有效性是小样本性质中最为重要的两个性质；而在大样本性质中，由于问题较为复杂，人们更多地关注一致性。

可以证明在经典线性回归的假定下，最小二乘估计量是具有最小方差的线性无偏估计量。

1. 一致性

一致性，即估计量 $\hat{\beta}_0$，$\hat{\beta}_1$ 是 Y_i 的线性组合。由式(2.3.5)知

$$\hat{\beta}_1 = \frac{\sum x_i y_i}{\sum x_i^2} = \frac{\sum x_i (Y_i - \bar{Y})}{\sum x_i^2} = \frac{\sum x_i Y_i}{\sum x_i^2} - \frac{\bar{Y} \sum x_i}{\sum x_i^2} = \sum k_i Y_i$$

其中，$k_i = \dfrac{x_i}{\sum x_i^2}$。同样可得

$$\hat{\beta}_0 = \bar{Y} - \hat{\beta}_1 \bar{X} = \frac{1}{n} \sum Y_i - \sum k_i Y_i \bar{X}$$

$$= \sum \left(\frac{1}{n} - \bar{X} k_i \right) Y_i = \sum w_i Y_i$$

其中，$w_i = \dfrac{1}{n} - \bar{X} k_i$。

2. 无偏性

无偏性，即以 X 的所有样本值为条件，估计量 $\hat{\beta}_0$ 与 $\hat{\beta}_1$ 的均值(期望)等于总体回归参数真值 β_0 与 β_1。由线性性得

$$\hat{\beta}_1 = \sum k_i Y_i = \sum k_i (\beta_0 + \beta_1 X_i + \mu_i)$$
$$= \beta_0 \sum k_i + \beta_1 \sum k_i X_i + \sum k_i \mu_i$$

易知

$$\sum k_i = \frac{\sum x_i}{\sum x_i^2} = 0, \quad \sum k_i X_i = 1$$

故

$$\hat{\beta}_1 = \beta_1 + \sum k_i \mu_i$$
$$\mathrm{E}(\hat{\beta}_1 | X) = \mathrm{E}[(\beta_1 + \sum k_i \mu_i) | X] = \beta_1 + \sum k_i \mathrm{E}(\mu_i | X) = \beta_1$$

同样地，容易得出

$$\mathrm{E}(\hat{\beta}_0 | X) = \mathrm{E}\left[\left(\beta_0 + \sum w_i \mu_i \right) | X \right] = \beta_0 + \sum w_i \mathrm{E}(\mu_i | X) = \beta_0$$

3. 有效性(最小方差性)

有效性，即在所有线性无偏估计量中，普通最小二乘估计量 $\hat{\beta}_0$，$\hat{\beta}_1$ 具有最小方差。首先，由 $\hat{\beta}_0$，$\hat{\beta}_1$ 是关于 Y_i 的线性函数，可求得它们的条件方差为

$$\mathrm{Var}(\hat{\beta}_1 | X) = \mathrm{Var}\left(\sum k_i Y_i | X \right) = \sum k_i^2 \mathrm{Var}[(\beta_0 + \beta_1 X_i + \mu_i) | X]$$

$$= \sum k_i^2 \mathrm{Var}(\mu_i | X) = \sum \left(\frac{x_i}{\sum x_i^2} \right)^2 \sigma^2 = \frac{\sigma^2}{\sum x_i^2} \tag{2.3.11}$$

$$\mathrm{Var}(\hat{\beta}_0 \mid X) = \mathrm{Var}\left(\sum w_i Y_i \mid X\right) = \sum w_i^2 \mathrm{Var}[(\beta_0 + \beta_1 X_i + \mu_i)]$$

$$= \sum \left(\frac{1}{n} - \bar{X} k_i\right)^2 \sigma^2 = \sum \left[\left(\frac{1}{n}\right)^2 - 2\frac{1}{n}\bar{X} k_i + \bar{X} k_i^2\right]\sigma^2$$

$$= \left[\frac{1}{n} - \frac{2}{n}\bar{X}\sum k_i + \bar{X}^2 \sum \left(\frac{x_i}{\sum x_i^2}\right)^2\right]\sigma^2 \qquad (2.3.12)$$

$$= \left(\frac{1}{n} + \frac{\bar{X}^2}{\sum x_i^2}\right)\sigma^2 = \frac{\sum x_i^2 + n\bar{X}^2}{n\sum x_i^2}\sigma^2 = \frac{\sum x_i^2}{n\sum x_i^2}\sigma^2$$

其次，假设 $\hat{\beta}_1^*$ 是其他估计方法得到的关于 β_1 的线性无偏估计量

$$\hat{\beta}_1^* = \sum c_i Y_i$$

其中，$c_i = k_i + d_i$，d_i 为不全为零的常数，则容易证明(此处省略)：

$$\mathrm{Var}(\hat{\beta}_1^*) \geqslant \mathrm{Var}(\hat{\beta}_1)$$

同理，设 $\hat{\beta}_0^*$ 是其他估计方法得到的关于 β_0 的线性无偏估计量，则有

$$\mathrm{Var}(\hat{\beta}_0^*) \geqslant \mathrm{Var}(\hat{\beta}_0)$$

由以上分析可以看出，普通最小二乘估计量具有一致性、无偏性和有效性等优良性质，是最佳线性无偏估计量，这就是著名的高斯-马尔可夫定理(Gauss-Markov theorem)。显然这些优良的性质依赖于对模型的基本假设。对于线性回归模型的普通最小二乘估计量，除了拥有一个"好"的估计量所应具备的小样本性质外，它也拥有"好"的大样本性质。例如，下面给出估计量 $\hat{\beta}_1$ 具有一致性的证明，易知

$$P\lim(\hat{\beta}_1) = P\lim\left(\beta_1 + \sum k_i \mu_i\right)$$

$$= P\lim(\beta_1) + P\lim\left(\frac{\sum x_i \mu_i}{\sum x_i^2}\right)$$

$$= \beta_1 + \frac{P\lim\left(\dfrac{\sum x_i \mu_i}{n}\right)}{P\lim\left(\dfrac{\sum x_i^2}{n}\right)}$$

等式右边第二项分子 $P\lim\dfrac{\sum x_i \mu_i}{n}$ 是 X 与 μ 的样本协方差的概率极限，它等于总体协方差 $\mathrm{Cov}(X, \mu)$，根据基本假设，其值为 0；而分母是 X 的样本方差的概率极限，它等于 X 的总体方差，根据基本假设，它为一有限常数 Q，因此有

$$P\lim(\hat{\beta}_1) = \beta_1 + \frac{0}{Q} = \beta_1$$

2.3.5 参数估计量的概率分布及随机干扰项方差的估计

1. 参数估计量 $\hat{\beta}_0$ 和 $\hat{\beta}_1$ 的概率分布

为了达到对所估计参数精度测定的目的，还需进一步确定参数估计量的概率分布。由于普通最小二乘估计量 $\hat{\beta}_0$ 和 $\hat{\beta}_1$ 分别是 Y_i 的线性组合，因此 $\hat{\beta}_0$ 和 $\hat{\beta}_1$ 的概率分布取决于 Y_i。在 μ_i 是正态分布的假设下，Y_i 是正态分布，则 $\hat{\beta}_0$ 和 $\hat{\beta}_1$ 也服从正态分布，其分布特征由其均值和方差决定。由此，以 X 的样本值为条件，有

$$\hat{\beta}_1 \sim N\left(\beta_1, \frac{\sigma^2}{\sum x_i^2}\right), \quad \hat{\beta}_0 \sim N\left(\beta_0, \frac{\sum x_i^2}{n\sum x_i^2}\sigma^2\right)$$

于是，$\hat{\beta}_0$ 和 $\hat{\beta}_1$ 的标准差分别为

$$\sigma_{\hat{\beta}_0} = \sqrt{\frac{\sigma^2 \sum X_i^2}{n\sum x_i^2}} \tag{2.3.13}$$

$$\sigma_{\hat{\beta}_1} = \sqrt{\frac{\sigma^2}{\sum x_i^2}} \tag{2.3.14}$$

标准差可用来衡量估计量接近其真实值的程度，进而判断估计量的可靠性(见图 2.6)。

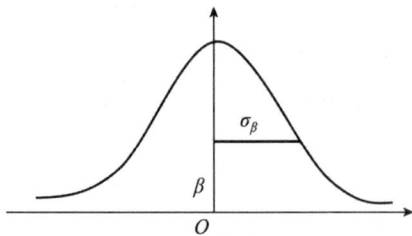

图 2.6　判断估计量的可靠性

2. 随机干扰项 μ_i 的方差 σ^2 的估计

在估计的参数 $\hat{\beta}_0$ 和 $\hat{\beta}_1$ 的方差表达式中，都含有随机干扰项的方差 σ^2。由于 σ^2 实际上是未知的，因此 $\hat{\beta}_0$ 和 $\hat{\beta}_1$ 的方差实际上无法计算，这就需要对其进行估计。由于随机干扰项 μ_i 不可观测，只能从 μ_i 的估计——残差 e_i 出发，对总体方差 σ^2 进行估计。可以证明 σ^2 的最小二乘估计量为

$$\hat{\sigma}^2 = \frac{\sum e_i^2}{n-2} \tag{2.3.15}$$

它是关于 σ^2 的无偏估计量。在最大似然估计法中，样本的对数似然函数为

$$L^* = -n\ln(\sqrt{2\pi}\sigma) - \frac{1}{2\sigma^2}\sum(Y_i - \beta_0 - \beta_1 X_i)^2$$

对 L^* 关于 σ^2 求偏导，可求得 σ^2 的最大似然估计量为

$$\hat{\sigma}^2 = \frac{1}{n}\sum(Y_i - \hat{\beta}_0 - \hat{\beta}_1 X_i)^2 = \frac{\sum e_i^2}{n} \tag{2.3.16}$$

在矩估计法中，由于有总体矩条件

$$\mathrm{Var}(\mu_i) = \mathrm{E}(\mu_i^2) = \sigma^2$$

其对应的样本矩条件为

$$\hat{\sigma}^2 = \frac{1}{n}\sum(Y_i - \hat{\beta}_0 - \hat{\beta}_1 X_i)^2 = \frac{\sum e_i^2}{n} \tag{2.3.17}$$

对照式(2.3.15)可知，σ^2 的最大似然估计量与矩估计量都不具有无偏性，但却具有一致性。

在随机干扰项 μ_i 的方差 σ^2 估计出来后，参数 $\hat{\beta}_1$ 和 $\hat{\beta}_0$ 的方差和标准差的估计量分别如下。

$\hat{\beta}_1$ 的样本方差为

$$S_{\hat{\beta}_1}^2 = \frac{\hat{\sigma}^2}{\sum x_i^2} \tag{2.3.18}$$

$\hat{\beta}_1$ 的样本标准差为

$$S_{\hat{\beta}_1} = \frac{\hat{\sigma}}{\sqrt{\sum x_i^2}} \tag{2.3.19}$$

$\hat{\beta}_0$ 的样本方差为

$$S_{\hat{\beta}_0}^2 = \frac{\hat{\sigma}^2 \sum X_i^2}{n\sum x_i^2} \tag{2.3.20}$$

$\hat{\beta}_0$ 的样本标准差为

$$S_{\hat{\beta}_0} = \hat{\sigma}\sqrt{\frac{\sum X_i^2}{n\sum x_i^2}} \tag{2.3.21}$$

注意事项如下。

(1) 普通最小二乘法、矩估计法和极大似然估计法得出了相同的回归系数估计 $\hat{\beta}_0$，$\hat{\beta}_1$，但并不说明三种方法是等价的。普通最小二乘法没有用到任何的假设条件，但得出的估计量没有任何性质上的保证，如无偏性、一致性等。矩法估计用到了假设 1，隐含用到了假设 3，得出的估计量具有无偏性和一致性。极大似然估计用到了所有假设条件，得出的估计量具有无偏性、一致性、渐进有效性和渐进正态性等。当然，如果模型满足所有基本假定，三种方法得出的回归系数估计是完全等价的。

(2) 普通最小二乘法和矩估计法没有直接给出误差方差 σ^2 的估计量。由于误差项是不可观测的，对误差项的统计分析要通过回归残差进行。因此，误差方差估计量在对回归残差性质进行讨论后给出，而要讨论回归残差的性质，必须先讨论回归系数估计量 $\hat{\beta}_0$，$\hat{\beta}_1$ 的统计性质。极大似然估计法给出了误差方差的估计量 σ_{ML}^2，但这个估计量不是无偏估计。

(3) 不带常数项的回归模型。如果回归模型带有常数项，即 $y_i = \beta_0 + \beta_1 x_i + \varepsilon_i$，则可对因变量 y 的样本离差平方和进行分解：

$$\sum_{i=1}^{n}(y_i - \overline{y})^2 = \sum_{i=1}^{n}(y_i - \hat{y}_l + \hat{y}_l - \overline{y})^2 = \sum_{i=1}^{n}(y_i - \hat{y}_l)^2 + \sum_{i=1}^{n}(\hat{y}_l - \overline{y})^2$$

上面推导过程中第二个等式成立是因为：

由残差性质可知

$$\sum_{i=1}^{n}(y_i - \hat{y}_l)(\hat{y}_l - \overline{y}) = \sum_{i=1}^{n}\hat{\varepsilon}_i \hat{y}_l - \overline{y}\sum_{i=1}^{n}\hat{\varepsilon}_l = \hat{\beta}_0 \sum_{i=1}^{n}\hat{\varepsilon}_l + \hat{\beta}_1 \sum_{i=1}^{n}\hat{\varepsilon}_i x_i = 0$$

此外，$\bar{y} = \hat{\beta}_0 + \hat{\beta}_1 \bar{x} = \bar{y}$。

不带常数项的回归模型具有如下形式：

$$y_i = \beta_1 x_i + \varepsilon_i$$

此时需要估计的参数只有斜率参数 β_1，最小二乘估计法的一阶条件变为

$$\sum_{i=1}^{n}(y_i - \hat{\beta}_1 x_i)x_i = \sum_{i=1}^{n}\hat{\varepsilon}_i x_i = 0$$

残差之和等于零 $\sum_{i=1}^{n}\hat{\varepsilon}_i = 0$ 的性质不成立。从上式中解出

$$\hat{\beta}_1 = \frac{\sum_{i=1}^{n} x_i y_i}{\sum_{i=1}^{n} x_i^2}$$

对于不带常数项的回归模型，需要注意：①离差平方和分解式不再成立，因为残差和不等于 0，展开式中的交叉项(注意 $\hat{y}_i = \hat{\beta}_1 x_i$)不等于 0，并且 $\bar{\hat{y}} = \hat{\beta}_1 \bar{x} \neq \bar{y}$。

$$\sum_{i=1}^{n}(y_i - \hat{y}_i)(\hat{y}_i - \bar{y}) = \sum_{i=1}^{n}\hat{\varepsilon}_i \hat{y}_i - \bar{y}\sum_{i=1}^{n}\hat{\varepsilon}_i = \hat{\beta}_1\sum_{i=1}^{n}\hat{\varepsilon}_i x_i - \bar{y}\sum_{i=1}^{n}\hat{\varepsilon}_i \neq 0$$

则以因变量 y 的样本离差平方和为基础定义的 R^2(拟合优度，下节详细介绍)，不再满足大于 0 且小于 1 的性质。因此，对不带常数项的模型进行回归时，软件包输出的 R^2 值会出现小于 0 或者大于 1 的情况，这并不说明有关计算出现了错误。②残差 $\hat{\varepsilon}_i$ 不再满足 $\sum_{i=1}^{n}\hat{\varepsilon}_i = 0$，在用到残差的性质时需要格外注意。

2.4　一元线性回归模型的统计检验

回归分析是要通过样本所估计的参数来代替总体的真实参数，或者是用样本回归线代替总体回归线。尽管从统计性质已知，如果有足够多的重复抽样，参数的估计值的期望(均值)就等于其总体的参数真值，但在一次抽样中，估计值不一定就等于该真值。那么，在一次抽样中，参数的估计值与真值的差异有多大？是否显著？这就需要进一步进行统计检验，主要包括拟合优度检验、变量的显著性检验及参数检验的置信区间估计。

2.4.1　拟合优度检验

拟合优度检验，顾名思义，是检验模型对样本观测值的拟合程度。检验的方法是构造一个可以表征拟合程度的指标，在这里称为统计量。从检验对象中计算出该统计量的数值，然后与某一标准进行比较，得出检验结论。有人也许会问，采用普通最小二乘法进行估计，已经保证模型最好地拟合样本观测值，为什么还要检验拟合程度？原因是，在一个特定的条件下做得最好的并不一定就是高质量的。普通最小二乘法所达成的最好的拟合，是基于同一个问题内部的比较，拟合优度检验结果所表示的优劣是不同问题之间的比较。例如，图 2.7 中

的直线方程都是由散点表示的样本观测值用最小二乘法估计的结果，对于每个问题，它们都满足残差的平方和最小，但是二者对样本观测值的拟合程度显然是不同的。

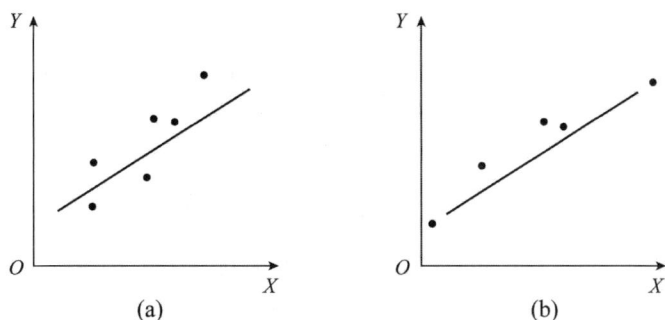

图 2.7　OLS 法样本回归直线

1. 总离差平方和的分解

已知由一组样本观测值得到如下样本回归直线：

$$\hat{Y}_i = \hat{\beta}_0 + \hat{\beta}_1 X_i$$

Y 的第 i 个观测值与样本均值的离差 $y_i = Y_i - \bar{Y}$ 可分解为两部分之和

$$y_i = Y_i - \bar{Y} = (Y_i - \hat{Y}_i) + (\hat{Y}_i - \bar{Y}) = e_i + \hat{y}_i \tag{2.4.1}$$

离差分解示意图如图 2.8 所示，其中，$\hat{y}_i = \hat{Y}_i - \bar{Y}$ 是样本回归线理论值(回归拟合值)与观测值 Y_i 的平均值之差，可认为是由回归线解释的部分；$e_i = Y_i - \hat{Y}_i$ 是实际观测值与回归拟合值之差，可认为是回归线不能解释的部分。显然，如果 Y 落在样本回归线上，则 Y 的第 i 个观测值与样本均值的离差，全部来自样本回归拟合值与样本均值的离差，即完全可由样本回归线解释，表明在该点处实现完全拟合。

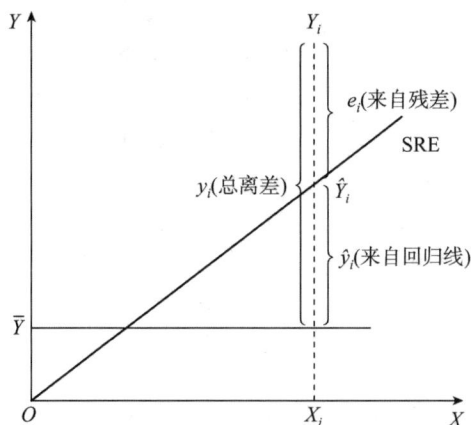

图 2.8　离差分解示意图

对于所有样本点，则需考虑这些点与样本均值离差的平方和。由于

$$\sum y_i^2 = \sum \hat{y}_i^2 + \sum e_i^2 + 2\sum \hat{y}_i e_i$$

可以证明 $\sum \hat{y}_i e_i = 0$，所以有

$$\sum y_i^2 = \sum \hat{y}_i^2 + \sum e_i^2 \qquad (2.4.2)$$

记

$$\sum y_i^2 = \sum (Y_i - \bar{Y})^2 = \text{TSS}$$

TSS 称为总离差平方和(total sum of squares)，反映样本观测值总体离差的大小。

$$\sum \hat{y}_i^2 = \sum (\hat{Y}_i - \bar{Y})^2 = \text{ESS}$$

ESS 称为回归平方和(explained sum of squares)，反映由模型中解释变量所解释的那部分离差的大小。

$$\sum e_i^2 = \sum (Y_i - \hat{Y}_i) = \text{RSS}$$

RSS 称为残差平方和(residual sum of squares)，反映样本观测值与估计值偏离的大小，也是模型中解释变量未解释的那部分离差的大小。

式(2.4.2)表明 Y 的观测值围绕其均值的总离差平方和可分解为两部分：一部分来自回归线，另一部分则来自随机误差。因此，可用来自回归线的回归平方和占 Y 的总离差平方和的比例来判断样本回归线与样本观测值的拟合优度。

读者也许会问，既然 RSS 反映样本观测值与估计值偏离的大小，可否直接用它作为拟合优度检验的统计量呢？这里提出了一个普遍的问题，即作为检验统计量的一般是相对量，而不是绝对量，因为用绝对量作为检验统计量，无法设置标准。在这里，残差平方和与样本容量关系很大，当 n 比较小时，它的值也较小，无法借此判断模型的拟合优度。

2. 可决系数 R^2

可决系数 R^2 可检验模型的拟合优度，表达式为

$$R^2 = \frac{\text{ESS}}{\text{TSS}} = 1 - \frac{\text{RSS}}{\text{TSS}} \qquad (2.4.3)$$

显然，在总离差平方和中，回归平方和所占的比重越大，残差平方和所占的比重越小，回归直线与样本点拟合得越好。如果模型与样本观测值完全拟合，则有 $R^2=1$。当然，模型与样本观测值完全拟合的情况很少发生，R^2 等于 1 的情况较少。毫无疑问的是，该统计量越接近 1，模型的拟合优度越高。

实际计算可决系数时，在已经有估计值后，一个较为简单的计算公式为

$$R^2 = \hat{\beta}_1^2 \left(\frac{\sum x_i^2}{\sum y_i^2} \right) \qquad (2.4.4)$$

这里用到了样本回归函数的离差形式来计算回归平方和，表达式为

$$\text{ESS} = \sum \hat{y}_i^2 = \sum (\hat{\beta}_1 x_i)^2 = \hat{\beta}_1^2 \sum x_i^2$$

由式(2.4.3)知，可决系数的取值范围为 $0 \leqslant R^2 \leqslant 1$，它是一个非负的统计量，随着抽样的不同而不同，为随抽样而变动的统计量。为此，对可决系数的统计可靠性也应进行检验，这将在本书后续章节中讨论。

2.4.2 变量的显著性检验

变量的显著性检验，旨在对模型中被解释变量与解释变量之间的线性关系是否显著成立作出推断，或者说考察所选择的解释变量是否对被解释变量有显著的线性影响。

从上面的拟合优度检验中可以看出，拟合优度高，则解释变量对被解释变量的解释程度就高，线性影响就强，可以推测模型线性关系成立；反之，就不成立。这只是一个模糊的推测，不能得出一个统计意义上严格的结论。因此，还必须进行变量的显著性检验。变量的显著性检验所应用的方法是数理统计学中的假设检验。

1. 假设检验

假设检验是统计推断的一个主要部分，它的基本任务是根据样本所提供的信息，对未知总体分布的某些方面的假设作出合理的判断。

假设检验的程序是：先根据实际问题的要求提出一个论断，称为统计假设，记为 H_0；然后根据样本的有关信息，对 H_0 的真伪进行判断，作出拒绝 H_0 或接受 H_0 的决策。

假设检验的基本思想是概率性质的反证法。为了检验原假设 H_0 是否正确，先假定这个假设是正确的，看由此能得到什么结果。如果得到一个不合理的结果，则表明"假设 H_0 正确"是错误的，即原假设 H_0 不正确，因此要拒绝原假设 H_0；如果没有导致一个不合理现象的出现，则不能认为原假设 H_0 不正确，因此不能拒绝原假设 H_0。

概率性质的反证法的根据是小概率事件原理，该原理认为"小概率事件在一次试验中几乎是不可能发生的"。在原假设下构造一个事件，这个事件在"假设 H_0 正确"的条件下是一个小概率事件。随机抽取一组容量为 n 的样本观测值进行该事件的试验，如果该事件发生了，说明"假设 H_0 正确"是错误的，因为不应该出现的小概率事件出现了，因而应该拒绝原假设 H_0；反之，如果该小概率事件没有出现，就没有理由拒绝原假设 H_0，应该接受原假设 H_0。

2. 变量的显著性检验的方法

用以进行变量显著性检验的方法主要有三种：F 检验，t 检验，z 检验。它们的区别在于构造的统计量不同。应用最为普遍的是 t 检验。几乎所有的计量经济学软件包中，都有关于 t 统计量的计算结果。我们在此只介绍 t 检验。

对于一元线性回归方程中的 $\hat{\beta}_1$，已经知道它服从正态分布

$$\hat{\beta}_1 \sim N\left(\beta_1, \frac{\sigma^2}{\sum x_i^2}\right)$$

进一步根据数理统计学中的定义，如果真实的 σ^2 未知，而用它的无偏估计量 $\hat{\sigma}^2 = \dfrac{\sum e_i^2}{n-2}$ 替代时，可构造如下统计量：

$$t = \frac{\hat{\beta}_1 - \beta_1}{\sqrt{\dfrac{\hat{\sigma}^2}{\sum x_i^2}}} = \frac{\hat{\beta}_1 - \beta_1}{S_{\hat{\beta}_1}} \tag{2.4.5}$$

则该统计量服从自由度为 $n-2$ 的 t 分布。因此，可用该统计量作为 β_1 显著性检验的 t 统计量。

如果变量 X 是显著的，那么参数 β_1 应该显著不为 0。于是，在变量显著性检验中设计

的原假设与备择假设分别为

$$H_0 : \beta_1 = 0 , \qquad H_1 : \beta_1 \neq 0$$

给定一个显著性水平 α(比如 0.05)，查 t 分布表，得到一个临界值 $t_{\frac{\alpha}{2}}(n-2)$，如图 2.9 所示，则 $|t| > t_{\frac{\alpha}{2}}(n-2)$(这里统计量 t 已不同于式(2.4.5)，统计量 t 中 $\beta_1 = 0$)为原假设 H_0 下的一个小概率事件。

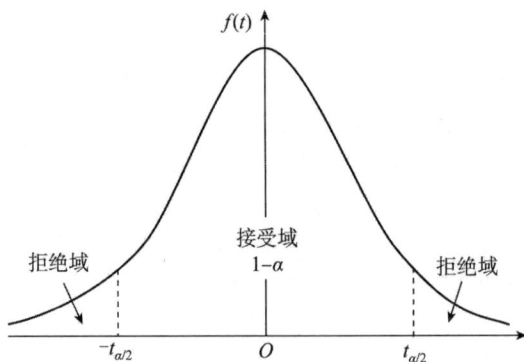

图 2.9　双侧 t 检验

在参数估计完成后，可以很容易地计算 t 的数值。如果发生了 $|t| > t_{\frac{\alpha}{2}}(n-2)$，则在显著性水平 α 下拒绝原假设 H_0，即变量 X 是显著的，通过变量显著性检验；如果未发生 $|t| > t_{\frac{\alpha}{2}}(n-2)$，则在显著性水平 α 下不拒绝原假设 H_0，表明变量 X 是不显著的，未通过变量显著性检验。

对于一元线性回归方程中的 β_0，可构造如下 t 统计量进行显著性检验：

$$t = \frac{\hat{\beta}_0 - \beta_0}{\sqrt{\dfrac{\hat{\sigma}^2 \sum X_i^2}{n \sum x_i^2}}} = \frac{\hat{\beta}_0 - \beta_0}{S_{\hat{\beta}_0}} \tag{2.4.6}$$

同样地，该统计量服从自由度为 $n-2$ 的 t 分布，检验的原假设一般仍为 $\beta_0 = 0$。

2.4.3　参数检验的置信区间估计

假设检验可以通过一次抽样的结果检验总体参数可能值的范围(最常用的假设为总体参数值为零)，但它并没有指出在一次抽样中样本参数值到底离总体参数的真值有多"近"。要判断样本参数的估计值在多大程度上可以"近似"地替代总体参数的真值，往往需要通过构造一个以样本参数的估计值为中心的"区间"，来考察它有多大的可能性(概率)包含真实的参数值。这种方法就是参数检验的置信区间估计。

要判断估计的参数值 $\hat{\beta}_j$ 离真实的参数值 β_j 有多"近"($j = 0,1$)，可预先选择一个概率 $\alpha(0 < \alpha < 1)$，并求一个正数 δ 使得随机区间(random interval) $(\hat{\beta}_j - \delta, \hat{\beta}_j + \delta)$ 包含参数 β_j 的真值的概率为 $1 - \alpha$，即

$$P(\hat{\beta}_j - \delta \leqslant \beta_j \leqslant \hat{\beta}_j + \delta) = 1 - \alpha$$

如果存在上述这样的一个区间,称之为置信区间(confidence interval);$1 - \alpha$ 称为置信系数(置信度)(confidence coefficient),α 称为显著性水平(level of significance);置信区间的端点称为置信限(confidence limit)或临界值(critical values)。

在变量的显著性检验中已经知道

$$t = \frac{\hat{\beta}_j - \beta_j}{S_{\hat{\beta}_j}} \sim t(n-2) \qquad (j = 0)$$

这就是说,如果给定置信度 $1 - \alpha$,从 t 分布表中查得自由度为 $n - 2$ 的临界值 t,那么统计量 t 处于两个临界值之间的概率是 $1 - \alpha$,表示为

$$P\left(-t_{\frac{\alpha}{2}} < t < t_{\frac{\alpha}{2}}\right) = 1 - \alpha$$

即

$$P\left(-t_{\frac{\alpha}{2}} < \frac{\hat{\beta}_j - \beta_j}{S_{\hat{\beta}_j}} < t_{\frac{\alpha}{2}}\right) = 1 - \alpha$$

$$P\left(\hat{\beta}_j - t_{\frac{\alpha}{2}} \times S_{\hat{\beta}_j} < \beta_j < \hat{\beta}_j + t_{\frac{\alpha}{2}} \times S_{\hat{\beta}_j}\right) = 1 - \alpha$$

于是在置信度为 $1 - \alpha$ 的条件下,得到估计量的置信区间为

$$\left(\hat{\beta}_j - t_{\frac{\alpha}{2}} \times S_{\hat{\beta}_j}, \hat{\beta}_j + t_{\frac{\alpha}{2}} \times S_{\hat{\beta}_j}\right) \tag{2.4.7}$$

由于置信区间在一定程度上给出了样本参数估计值与总体参数真值的"接近"程度,因此置信区间越小越好。如何才能缩小置信区间呢?从式(2.4.7)不难得出以下结论。

(1) 增大样本容量 n。样本容量变大,可使样本参数估计量的标准差减小;同时,在同样的显著性水平下,n 越大,t 分布表中的临界值越小。

(2) 提高模型的拟合优度。因为样本参数估计量的标准差与残差平方和成正比,所以模型的拟合优度越高,残差平方和越小。

2.5　一元线性回归模型的案例分析

为了解中国居民人均可支配收入与人均消费支出的关系,表 2.4 列出了 2019 年我国内地居民人均消费支出(Y)和居民人均可支配收入(X)的截面数据,我们可以据此了解居民收入的增加或者减少会对消费支出产生多大的影响。

表 2.4　2019 年我国内地居民人均消费支出和居民人均可支配收入的截面数据

单位：元

地区	居民人均消费支出(Y)	居民人均可支配收入(X)	地区	居民人均消费支出(Y)	居民人均可支配收入(X)
北京	67 755.912 39	43 038.290 25	湖北	28 319.457 31	215 67.048 38
天津	42 404.136 19	31 853.632 34	湖南	27 679.710 12	20 478.881 7
河北	25 664.713 31	17 987.191 07	广东	39 014.277 84	28 994.714 64
山西	23 828.455 3	15 862.577 44	广西	23 328.211 37	16 418.300 46
内蒙古	30 555.028 93	20 743.419 2	海南	26 679.477 64	19 554.853 14
辽宁	31 819.748 44	22 202.849 86	重庆	28 920.412 01	20 773.873 32
吉林	24 562.910 63	18 075.359 03	四川	24 703.149 47	19 338.303 01
黑龙江	24 253.589 03	18 111.488 22	贵州	20 397.361 46	14 779.956 62
上海	69 441.5625	45 605.137 73	云南	22 082.428 79	15 779.818 11
江苏	41 399.712 26	26 697.310 41	西藏	19 501.301 91	13 029.209 59
浙江	49 898.836	32 025.819 56	陕西	24 666.263 35	17 464.889 22
安徽	26 415.088 31	19 137.420 22	甘肃	19 139.019 64	15 879.072 89
福建	35 616.091 02	25 314.297 27	青海	22 617.684 31	17 544.814 47
江西	26 262.445 37	17 650.470 27	宁夏	24 411.886 89	18 296.770 46
山东	31 596.980 18	20 427.489 24	新疆	23 103.380 72	17 396.570 81
河南	23 902.676 3	16 331.792 82			

数据来源：《中国统计年鉴》(2022)，我国港澳台地区的数据单独核算。

2.5.1　回归模型检验

1. 回归系数显著性检验

因变量 y 和自变量 x 之间是否具有线性关系，线性关系的形式如何，需要由实际数据决定。在假设 y 和 x 具有线性回归关系并满足一定假设条件、通过自变量和因变量的样本值采用 OLS 方法估计出模型之后，需要对模型的有效性即假设的合理性进行检验。这里首先对模型参数是否显著不为 0 进行检验，如果检验结果表明模型斜率参数显著不为 0，则表明 y 和 x 之间具有线性关系，否则说明两个变量之间没有显著的线性关系。由于检验是对每个参数分别进行的，因此称为回归系数检验。下面以斜率参数 β_1 的检验为例来说明，(截距参数 β_0 的检验与其类似)。

检验的原假设和备择假设为

$$H_0: \beta_1 = 0; \quad H_1: \beta_1 \neq 0$$

设检验的显著水平为 α，通常取 $\alpha = 0.05$ 或 $\alpha = 0.01$。检验采用的统计量为 $t(\hat{\beta}_1)$。在原假设下，检验统计量服从 t 分布，即

$$t(\hat{\beta}_1) = \frac{\hat{\beta}_1}{s(\hat{\beta}_1)} \sim t(n-2) \tag{2.5.1}$$

查 t 分布表，得出自由度为 $n-2$、显著水平为 α 的双边 t 检验的临界值 t_α，将实际计算的 $t(\hat{\beta}_1)$

的绝对值与临界值 t_α 进行比较。如果 $\left|t(\hat{\beta_1})\right| < t_\alpha$，则拒绝原假设，认为 β_1 显著不为 0；如果 $\left|t(\hat{\beta_1})\right| < t_\alpha$，则不能拒绝原假设，不能认为 β_1 显著不为 0。通常将 $t(\hat{\beta_1})$ 称为参数估计 $\hat{\beta_1}$ 的 t 统计值(t-statistics)。

从式(2.5.1)可以看出，使 $\left|t(\hat{\beta_1})\right| < t_\alpha$ 成立有两个方面的因素，一是 $\hat{\beta_1}$ 足够大，二是 $\hat{\beta_1}$ 的标准误 $s(\hat{\beta_1})$ 足够小。$s(\hat{\beta_1})$ 越小，说明 $\hat{\beta_1}$ 随机性越小，用来估计 β_1 越精确(注意 $\hat{\beta_1}$ 为无偏估计)。此时，即使 $\hat{\beta_1}$ 的绝对值不是太大，也足以说明 β_1 不为 0。相反，$s(\hat{\beta_1})$ 越大，$\hat{\beta_1}$ 的随机性越大，用来估计 β_1 越不精确，因此，$\hat{\beta_1}$ 必须足够大，才能说明 β_1 不为 0。

在样本量 n 较大时 $(n > 35)$，0.05 显著水平下双边 t 检验的临界值通常很接近 2，例如对应 $n=40$、60、120 的临界值分别为 2.021、2.00、1.98。当 n 更大时，t 分布和标准正态分布几乎相同，0.05 显著水平对应的临界值为 1.96。因此，人们将 t 值是否大于 2 作为判断参数是否显著不为 0 的标准。

2. 回归方程总体检验

因变量 y 的样本离差平方和，也称为总平方和 TSS(total sum of squares)，是残差平方和 RSS，与回归平方和 ESS(explained sum of squares)之和。由于 $\hat{y}$ 的变化完全由 x 的变化引起，因此回归平方和 ESS 表明了 y 的总变化中可以被 x 解释的部分，而残差平方和 RSS 是不能被 x 解释的部分。因此，得出如下的平方和分解公式：

$$TSS = RSS + ESS \tag{2.5.2}$$

回归平方和 ESS 占总平方和 TSS 的比例称为模型的拟合优度，记为 R^2 (R-squared)。R^2 可以衡量整个模型拟合效果。但 R^2 不能像假设检验那样给出一个临界值，大到什么程度模型算好，可以使用，小到什么程度算差，不能使用，没有一个明确的标准，具有很大的主观随意性。要对模型进行整体检验，必须构造出分布已知的统计量。

为此，用回归平方和 ESS 与残差平方和 RSS 的比作为模型整体效果的度量标准。在模型假设 2 成立的条件下，TSS 的自由度为 $(n-1)$，RSS 的自由度为 $(n-2)$，由式(2.5.2)及 RSS 与 ESS 的独立性知道，ESS 的自由度为 1。定义统计量为

$$F = \frac{ESS/1}{RSS/(n-2)} = \frac{ESS}{RSS} \times (n-2)$$

设检验假设为 $H_0: \beta_1 = 0$; $H_1: \beta_1 \neq 0$。可以证明，如果模型假设 1～5 成立，F 服从第一自由度(也称分子自由度，英文为 degree of freedom of numerator)为 1、第二自由度(也称为分母自由度，英文为 degree of freedom of denominator)为 $n-2$ 的 F 分布。F 值越大，回归平方和越大，残差平方和越小，表明 x 对 y 的解释能力越强，越能拒绝原假设。对于回归计算出的 F 值，给定显著水平 α，查得第一自由度为 1，第二自由度为 $n-2$ 的 F 分布表，得出临界值 F_α，如果 $F > F_\alpha$，则拒绝原假设，认为模型有效，否则不能拒绝原假设。

注：一元线性回归模型中的 t 检验和 F 检验具有相同的原假设和备择假设。实际上，一元线性回归模型的 t 检验和 F 检验是等价的，如果 t 检验拒绝原假设，F 检验也一定拒绝原假设；反之亦然。这是由 t 分布和 F 分布的关系决定的：如果 $x \sim t(n)$，则 $x^2 \sim F(1, n)$ (可以从 t 分布和 F 分布的定义得出)。但是，在多元回归模型中(将在下一章讨论)，t 检验和 F 检验不再具有等价关系。

2.5.2 计量结果及分析

为研究我国内地居民收入的增加或减少，会对消费支出产生多大的影响，我们建立如下一元线性回归模型：

$$Y = \beta_0 + \beta_1 X + \mu \tag{2.5.3}$$

其中，系数 β_1 的经济含义是边际消费倾向(MPC)。凯恩斯理论认为存在一个心理规律，随着收入的增加，消费也会增加，但消费的增加不及收入的增加，因此边际消费倾向总是大于 0 且小于 1。表 2.5 给出了利用 Eviews 软件进行一元线性回归的结果。

2019 年我国居民消费对可支配收入的一元线性回归分析结果可表示为

$$\hat{Y}_i = 2846.39 + 0.61X_i$$
$$(586.69) \quad (0.0178)$$
$$R^2 = 0.9760, \ F = 1177.79$$

上面公式中括号内的数值为相应参数估计值的标准误，R^2 是可决系数，F 是统计量值。

表 2.5 报告了 2019 年我国居民消费对可支配收入的回归结果。从模型的回归估计结果来看，模型拟合较好。可决系数 R^2=0.9760，表明居民人均消费支出变化的97.60%可由人均可支配收入的变化解释。下面分析回归系数的统计显著性。给定显著性水平 α=0.05，本例中样本容量 n=31，自由度为 $n-2$=29。查 t 分布表，可知临界值 $t_{\alpha/2}(29)$ = 2.045。如果回归系数检验的 t 统计量满足 $|t| > t_{\alpha/2}(n-2)$，表明原假设下小概率事件发生了，则在 α 的显著性水平下拒绝原假设 $H_0(\beta_1=0)$，称回归系数在统计上是显著的。上面方程中 X 的回归系数的 t 统计量大于临界值，即 34.32>2.045，t 统计量的 p 值为 0，说明应该拒绝 $\beta_1 = 0$ 的原假设，故回归系数 0.61 在统计上是显著的；且斜率项的值满足 0<0.61<1，符合经济意义，该值表明，在其他条件不变的情况下，2019 年我国居民人均可支配收入每增加 1 元，居民人均消费支出会增加 0.61 元。

表 2.5 2019 年我国居民消费对可支配收入的回归结果

Dependent Variable: CONSUM19
Method: Least Squares
Date: 11/01/23   Time: 10:46
Sample (adjusted): 1 31
Included observations: 31 after adjustments

Variable	Coefficient	Std. Error	t-Statistic	Prob.
INCOME19	**0.610694**	0.017795	34.31894	0.0000
C	**2846.390**	586.6898	4.851610	0.0000

R-squared	0.975969	Mean dependent var		21560.05
Adjusted R-squared	0.975141	S.D. dependent var		7644.894
S.E. of regression	1205.359	Akaike info criterion		17.08928
Sum squared resid	42133788	Schwarz criterion		17.18180
Log likelihood	-262.8839	Hannan-Quinn criter.		17.11944
F-statistic	1177.790	Durbin-Watson stat		1.785816
Prob(F-statistic)	0.000000			

普通最小二乘估计法的优良性是以数据满足基本假设为前提的。如何判断具体问题中的数据是否满足基本假设呢？本书会在随后的章节中介绍各种检验方法，一种不太严格但

十分直观的方法是通过观察回归残差图进行判断。本例中线性回归模型所用的样本数据是否满足假设条件，有待于应用后面章节计量知识再进行检验。

表 2.6 呈现了 2015—2021 年居民消费对收入的回归结果，以分析我国居民消费支出随收入变化的规律。2015—2021 年我国居民边际消费倾向总体呈现缓慢下降趋势，并且 2020—2021 年居民边际消费倾向下降幅度较大。

表 2.6　2015—2021 年我国居民消费对收入的回归结果

Y	2015 年	2016 年	2017 年	2018 年	2019 年	2020 年	2021 年
X	0.6811	0.6603	0.6376	0.6232	0.6107	0.5266	0.5657
	(0.0187)	(0.0201)	(0.0184)	(0.0180)	(0.0178)	(0.0169)	(0.0181)
C	932.32	1496.51	1843.17	2372.62	2846.40	4116.15	4125.09
	(442.56)	(516.32)	(513.84)	(546.03)	(586.69)	(580.89)	(679.92)
R^2	0.98	0.97	0.98	0.98	0.98	0.97	0.97

　注：表中括号内数值为回归系数估计值的标准误。

2.6　分位数回归估计

分位数回归(quantile regression，QR)由罗杰·肯克(Roger Koenker)和吉尔伯特·巴塞特(Gilbert Bassett)于 1978 年提出。不同于经典模型估计方法，分位数回归估计方法可以估计出不同分位点下模型参数的估计，而不同分位点下模型参数的估计是不同的。一般传统的回归分析研究自变量与因变量的条件期望之间的关系，相应得到的回归模型可由自变量估计因变量的条件期望；分位数回归研究自变量与因变量的条件分位数之间的关系，相应得到的回归模型可由自变量估计因变量的条件分位数。相较于传统回归分析仅能得到因变量的中央趋势，分量回归可以进一步推论因变量的条件概率分布。本节简要介绍分位数回归，并与经典线性回归进行比较分析。

2.6.1　分位数回归的提出

在经典回归分析中，主要考察解释变量 x 对被解释变量 y 的条件均值 $E(y|x)$ 的影响，此种方式属于均值回归，主要关心的是 x 对整个条件分布的 $y|x$ 的影响，条件均值 $E(y|x)$ 只是刻画了条件分布 $y|x$ 的集中趋势的一个指标。如果能够估计条件分布的重要条件分位数，如中位数、1/4 分位数、3/4 分位数，则可以对 $y|x$ 有全面的认识。同时，传统的条件均值回归分析，容易受到极端值的影响。因此，人们提出了分位数回归。分位数回归采用残差加权平均作为最小化的目标函数，不容易受到极端值的影响，结果相对稳健。同时，分位数回归还提供了关于条件分布 $y|x$ 的全面信息。经典线性回归模型为

$$Y_i = X_i\beta + \mu_i \quad (i = 1, 2, \cdots, n)$$

总体回归函数为

$$E(Y_i \mid X_i) = X_i\beta \quad (i = 1, 2, \cdots, n)$$

上式建立了被解释变量 Y 的条件均值与解释变量 X 之间的关系。在线性模型中，参数 β 揭示了 X 的变化对 Y 的条件均值的直接影响，因此也将经典回归模型称为均值回归。分位数

回归利用解释变量 X 和被解释变量 Y 的条件分位数进行建模，试图揭示解释变量 X 对被解释变量 Y 分布的位置、刻度和形状的影响。

普通线性回归模型关注的是均值，研究的是某些解释变量在取值固定的条件下响应变量的期望均值，模型估计方法是最小二乘法，使各个样本残差平方和最小。但是线性回归最基本的假设是残差满足正态分布、随机独立、方差齐同，现实中这些条件常常得不到满足。如果样本数据中存在异常值，线性回归模型估计值可能会存在较大偏差。有时候我们不仅希望研究响应变量的期望均值，而且希望能探索响应变量的全局分布(比如响应变量的某个分位数)，这时候就需要分位数回归了。分位数回归应用条件相对宽松，可以描述响应变量的全局特征，可以挖掘到更为丰富的信息，另外分位数回归估计采用的是加权的最小绝对离差和(Sum of weighted least absolute deviation，WLAD)法进行估计，通常不受离群点的影响，结果更为稳健。通过使模型的残差平方和最小而求得参数估计量的方法，称为最小二乘估计法。相应地，通过使模型的离差绝对值之和最小而求得参数估计量的方法，称为最小一乘估计法。

一组数据由小到大排列后，q 分位数为 m，则表示该组数据中有 $100q\%$ 的数据小于 m。分位数回归就是把线性回归与分位数的概念相结合。抛开不容易理解的数学公式，通俗一些讲，所谓的 q 分位数回归，就是希望拟合线下面有含 $100q\%$ 的数据点，比如 0.25 分位数回归线之下包含了 25% 的数据点。因此，系列分位数回归并不是像线性回归那样拟合一条曲线，而是可以拟合一簇曲线。不同分位数的回归系数不同，则说明解释变量对不同水平的响应变量影响不同，我们可以借此获得解释变量对响应变量分位数的变化趋势的影响。

不同于经典回归模型的特征，分位数回归具有广泛的应用，尤其是对于一些非常关注尾部特征的应用研究，如劳动经济学中关于工资结构的研究、金融经济学中关于股票收益不对称性的研究、关于风险测度的研究等。作为一种模型估计方法，分位数回归估计与经典模型的最小二乘估计相比较也有许多优点。如果模型中的随机干扰项来自均值为零而且同方差的分布，那么回归系数的最小二乘估计为最佳线性无偏估计；如果随机干扰项进一步服从正态分布，那么回归系数的最小二乘或极大似然估计为最小方差无偏估计。在实际的经济生活中，这种假设常常不被满足，例如数据出现尖峰或厚尾的分布、存在显著的异方差等，这时的最小二乘估计将不再具有上述优良性质，且稳健性非常差。

最小二乘估计假定解释变量 X 只能影响被解释变量的条件分布的均值位置，不能影响其分布的刻度或形状等任何其他方面。相比普通最小二乘估计，分位数回归估计更能精确地描述解释变量 X 对于被解释变量 Y 的变化范围，以及条件分布形状的影响。分位数回归估计能够捕捉分布的尾部特征，当解释变量对不同部分的被解释变量的分布产生不同的影响时，例如出现左偏或右偏的情况时，它能更加全面地刻画分布的特征，从而实现全面的分析，而且分位数回归系数估计比普通最小二乘回归系数估计更稳健。普通最小二乘估计与分位数回归估计的异同比较如表 2.7 所示。

表 2.7　普通最小二乘估计与分位数回归估计的异同比较

项目	普通最小二乘估计	分位数回归估计
基本思想	设法使所构建的方程和样本之间的距离最短	同普通最小二乘估计法
目的	借助数学模型对客观世界所存在的事物间的不确定关系进行数量化描写	同普通最小二乘估计法
原理	以平均数为基准，求解最短距离	以不同的分位数为基准，求解最短距离
算法	最小二乘法	加权最小一乘法

续表

项目	普通最小二乘估计	分位数回归估计
前提假设	独立、正态、同方差	独立
假设要求	强假设	弱假设
检验类型	参数检验	非参数检验
承载信息	描述平均的总体信息	充分体现整个分布的各部分信息
极端值	无法考虑极端值的影响	可以充分考虑极端值的影响
异方差	影响大	影响小
拟合曲线	只能拟合一条曲线	可以拟合一簇曲线
计算方法	矩阵运算和求偏度计算，算法完备	自助方法估计标准误差，多种算法求解目标函数

2.6.2　分位数回归及其估计

下面简述分位数回归的基本原理。假定一个随机变量 Y 具有如下概率分布函数：

$$F(y) = \text{Prob}(Y \leqslant y) \tag{2.6.1}$$

则对于 $0 < \theta < 1$，Y 的 θ 分位数可以被定义为

$$Q(\theta) = \inf\{y : F(y) \geqslant \theta\} \tag{2.6.2}$$

即满足不等式 $F(y) \geqslant \theta$ 时 Y 的下确界，称为随机变量 Y 的关于分布 F 的 θ 分位数。

给定 Y 的 n 个观测值，传统的经验分布函数给定为

$$F_n(y) = \sum 1(Y_i \leqslant y) \tag{2.6.3}$$

其中，$1(\cdot)$ 是一个示性函数，若括号部分为真，则其值为 1，否则为 0。相对应的分位数被给定为

$$Q_n(\theta) = \inf\{y : F_n(y) \geqslant \theta\} \tag{2.6.4}$$

等价地，可以将式(2.6.4)转化为一个最优化问题：

$$
\begin{aligned}
Q_n(\theta) &= \arg\min_\zeta \left\{ \sum_{i:Y_i \geqslant \zeta} \theta |Y_i - \zeta| + \sum_{i:Y_i < \zeta} (1-\theta)|Y_i - \zeta| \right\} \\
&= \arg\min_\zeta \left\{ \sum_i \rho_\theta (Y_i - \zeta) \right\}
\end{aligned} \tag{2.6.5}
$$

设残差 $\mu = Y - \zeta$，定义校验函数为 $\rho_\theta(\mu) = \mu[\theta - 1(\mu < 0)]$，其中 $1\mu < 0$ 为示性函数，其对正值和负值进行不对称的加权。

分位数回归是对如上简单形式的扩展。如果 Y 的条件分位数由包括 k 个解释变量的 X 的线性组合表示，即 Y 的 θ 条件分位数被定义为

$$Q[\theta \mid X_i, \beta(\theta)] = X_i' \beta(\theta) \tag{2.6.6}$$

其中，$\beta(\theta)$ 是与 θ 分位相关的系数向量。于是，分位数回归参数估计量为

$$\hat{\beta}_n(\theta) = \arg\min_{\beta(\theta)} \left\{ \sum_i \rho_\theta [Y_i - X_i' \beta(\theta)] \right\} \tag{2.6.7}$$

分位数回归估计方法即求解式(2.6.7)参数估计量的方法有两类：一类是直接优化方法，

例如单纯形法、内点法等；另一类是参数化方法，例如结合马尔可夫链蒙特卡罗(Markov Chain Monte Carlo，MCMC)算法的贝叶斯估计方法。常用的计量经济和统计软件都可以实现对分位数回归模型的估计和假设检验，如 Stata、EViews、R、Matlab 等。本书不详细介绍这些估计方法的具体理论与步骤，有兴趣的读者可以查阅专门的文献。

本章小结

1. 回归分析基本概念。在计量经济学中，回归分析方法是研究某一变量关于另一(些)变量间数量依赖关系的一种方法，即通过后者观测值或预设值来估计或预测前者的(总体)均值。影响被解释变量的因素或因子记为解释变量，结果变量被称为被解释变量。回归的主要作用是描述自变量与因变量之间的数量关系，基于自变量的取值变化对因变量的取值变化进行预测。在一定的理论假设下，回归模型可用来揭示自变量与因变量之间的因果关系。

2. 回归模型的随机误差项(error)与残差项(residual)。不包含在模型中的解释变量和其他一些随机因素对被解释变量的总影响称为随机误差项。产生随机误差项的原因主要有：①变量选择上的误差；②模型设定上的误差；③样本数据误差；④其他原因造成的误差。通过样本数据对回归模型中的参数进行估计后，得到样本回归模型。通过样本回归模型计算得到的样本估计值与样本实际值之差，称为残差项，也可以认为残差项是随机误差项的估计值。

3. 一元线性回归模型中对随机干扰项的假设。线性回归模型经典假设有 5 个，分别为：①回归模型的正确设立；②变量是从总体中独立重复抽样取得的样本；③解释变量的抽取随着样本容量的无限增加，其样本方差趋于非零有限常数；④给定被解释变量，随机误差项具有零均值，同方差和无序列相关性；⑤随机误差项服从零均值、同方差的正态分布。前 4 个假设也称为高斯-马尔科夫假设。

4. 普通最小二乘法(ordinary least squares，OLS)。普通最小二乘法是通过构造合适的样本回归函数，使得样本回归线上的点与真实的样本观测值点的"总体误差"最小，即被解释变量的估计值与实际观测值之差的平方和最小。

$$\min \sum_{i=1}^{n} u_i^2 = \min \sum_{i=1}^{n} (y_i - y_i)^2 = \min \sum_{i=1}^{n} (y_i - \hat{\beta}_0 - \hat{\beta}_1 x_i)^2$$

最小二乘估计量的统计性质包括无偏性、有效性和一致性。①无偏性。由于未知参数的估计量是一个随机变量，对于不同的样本有不同的估计量。这些估计量相较于参数的真实取值，一般都会有偏差，要求不出现偏差几乎是不可能的。但是，如果在多次试验中所取得的估计量的平均值与参数的真实值相吻合，说明估计量具有无偏性，即满足 $E(\beta_1) = \beta_1$。②有效性。在运用 OLS 法进行回归系数估计的时候，其系数估计的方差在线性无偏估计类中方差达到最小。③一致性。回归系数的最小二乘估计依概率收敛到实际参数值。

5. 一元线性回归模型中的假设检验。显著性检验是一种利用样本结果来证实某个虚拟假设真伪的检验程序。它的基本思想是先对总体参数提出一个假设，然后利用样本信息来判断这一假设是否成立。它通过数据来确认原假设的合理性，一般总是将期望结果的反面作为原假设，即原假设确定了一个与我们期望不符的参数值。其原理是概率性质的反证法——小概率事件原理，即小概率事件在 1 次试验中几乎是不可能发生的。

6. 分位数回归。分位数回归是估计一组回归变量 X 与被解释变量 Y 的分位数之间线性关系的建模方法，采用的参数估计方法是最小一乘估计。

第 3 章

多元线性回归分析

　　多元线性回归模型是指自变量的个数为两个及两个以上的线性回归模型。在一元回归分析中，影响因变量 Y 的主要因素只有一个变量 X，而实际经济中情况往往没有这么简单。影响经济变量的主要因素除了变量 X，还有其他因素。例如，在消费函数的研究中，除了可支配收入，物价水平也是影响消费的重要因素，如果数据时间跨度较长，必须考虑物价水平变化对消费支出的影响。

　　影响某个经济变量的因素有很多，经济数据是观测数据，不能像实验数据那样对其他影响因素进行控制而使数据仅仅包含某一个特定因素的影响。如果只采用一元回归模型，就会将其他影响因素的作用全部算在一个解释变量上面，从而"夸大"解释变量对被解释变量的影响，得出错误的结论。鉴于此，需要在模型中同时采用多个自变量，以正确反映不同因素对因变量的影响。

　　建立多元线性回归模型的步骤与建立一元线性回归模型的步骤类似，也是首先进行模型设定，然后用样本数据估计模型参数并对估计量的性质进行讨论，再对模型进行检验，最后利用有效的回归模型对经济问题进行分析。与一元线性回归模型最大的不同在于，多元线性回归模型需要考虑多个自变量之间的相互影响，这使得多元线性回归模型计量分析的技术难度明显大于一元线性回归模型。

3.1　多元线性回归模型设定

　　多元线性回归模型的设定和一元回归模型类似，只是多了针对多个自变量时的条件。设变量 Y 和 k 个变量 $X_1, X_2, \cdots, X_k$ 之间的关系可以表示为

$$Y = \beta_0 + \beta_1 X_1 + \beta_2 X_2 + \cdots + \beta_k X_k + u \tag{3.1.1}$$

其中，Y 为因变量(或被解释变量)；$X_1, X_2, \cdots, X_k$ 为自变量(或解释变量)；u 为误差项；$\beta_0, \beta_1, \beta_2, \cdots, \beta_k$ 为回归系数，β_0 称为截距项(intercept)，也称作回归常数项(constant term)，可以看作取值为 1 的自变量的回归系数，$\beta_1, \beta_2, \cdots, \beta_k$ 称为斜率系数(slope)；$\beta_0 + \beta_1 X_1 + \beta_2 X_2 + \cdots + \beta_k X_k$ 称为回归函数。

　　式(3.1.1)有 k 个解释变量，称为 k 元线性回归模型。

　　式(3.1.1)将因变量 Y 分为两部分：第一部分(回归函数)是自变量的线性函数，表示因变量中可以被自变量解释的部分；第二部分为模型误差项 u，表示解释变量之外 Y 的其他影

响因素。回归的目的是将回归函数正确地估计出来，并分析各解释变量对因变量的不同影响。为了正确估计解释变量对 Y 的影响，必须保证式(3.1.1)中 Y 的两部分相互不影响，即自变量的变化不引起误差项的变化。为此，给出模型误差项的第一个假设。

假设 1：零条件均值(zero conditional mean)。

给定解释变量时，误差项的数学期望为 0，即

$$E(u \mid X_1, X_2, \cdots X_k) = 0 \tag{3.1.2}$$

由假设 1 得出的表达式为

$$E(Y \mid X_1, X_2, \cdots, X_k) = \beta_0 + \beta_1 X_1 + \cdots + \beta_k X_k \tag{3.1.3}$$

即回归函数是给定解释变量时被解释变量的条件期望。

根据假设 1 和条件期望的性质可以得出，误差项的数学期望为 0，每个解释变量与误差项不相关，即

$$E(u) = 0$$
$$\mathrm{Cov}(u) = E(uX_j) = 0 \quad (j = 1, 2, \cdots, k) \tag{3.1.4}$$

如果式(3.1.4)满足，则称解释变量是外生的。

确定回归模型的因变量和自变量，将因变量和自变量的关系设定为式(3.1.1)，并对模型误差项做出假设，参见式(3.1.2)，称为模型设定。例如，经典的生产理论认为，一定时期内，在科技水平、生产技术和劳动力知识水平不变(或者变化不大)的条件下，社会产出与劳动力和技术投入有关。设 GDP 表示某地区年度国内生产总值(产出)的对数，L 表示城镇从业人数(劳动力)的对数，K 表示固定资产投资(资本投入)的对数。据此设定二元线性回归模型为

$$\mathrm{GDP} = \beta_0 + \beta_1 L + \beta_2 K + u$$

其中，β_1 和 β_2 分别为产出的劳动力弹性和资本弹性，表示劳动力和资本投入每增加 1%分别引起产出增长的百分比，β_0 表示除劳动力、资本之外的其他因素对产出的影响。

由于有多个自变量，所以要确定每个自变量对因变量的影响，需要对多元回归模型中自变量之间的关系进行限制：自变量之间不能存在线性关系。为更清楚地说明，可考虑三元线性回归模型为

$$Y = \beta_0 + \beta_1 X_1 + \beta_2 X_2 + \beta_3 X_3 + u \tag{3.1.5}$$

如果变量之间存在线性关系，不妨设

$$X_3 = \gamma_1 X_1 + \gamma_2 X_2$$

其中，X_3 是一个多余的解释变量。将 $X_3 = \gamma_1 X_1 + \gamma_2 X_2$ 代入回归模型并整理，得出

$$Y = \beta_0 + (\beta_1 + \gamma_1)X_1 + (\beta_2 + \gamma_2)X_2 + u \tag{3.1.6}$$

式(3.1.5)等价于二元回归模型式(3.1.6)。从式(3.1.6)看出，能够确定的回归系数是 $(\beta_1 + \gamma_1)$ 和 $(\beta_2 + \gamma_2)$，如果对式(3.1.5)进行分析，回归系数 β_1、β_2 和 β_3 不能被唯一确定(也称为不可识别)。由于不能被唯一确定，所以不能从样本中估计参数。

为了保证参数能被唯一确定，需要对多元线性回归模型中的自变量提出一些假设。

假设 2：无共线性(no collinearity)。

解释变量之间不存在线性关系，即不存在不全为零的一组数 $c_0, c_1, \cdots, c_k$，使得

$$c_0 + c_1 X_1 + \cdots + c_k X_k = 0 \tag{3.1.7}$$

如果假设 2 不成立，称回归模型自变量间存在完全共线性(perfect collinearity)。

要对设定好的模型进行估计，需要获得变量的样本数据。设 $(Y_i, X_{1i}, X_{2i}, \cdots, X_{ki})$，$i = 1, 2, \cdots n$ 为因变量和自变量的 n 个样本，满足模型(3.1.1)，即

$$Y_i = \beta_0 + \beta_1 X_{1i} + \beta_2 X_{2i} + \cdots + \beta_k X_{ki} + u \quad (i = 1, 2, \cdots, n) \tag{3.1.8}$$

式(3.1.8)称为样本模型。不同的样本模型中有不同的误差项。

对于样本模型，从无共线性假设得出解释变量样本值形成的向量之间线性无关。设 $1 = (1,1,\cdots,1)'$，$x_1 = (X_{11}, X_{12}, \cdots, X_{1n})'$，$x_2 = (X_{21}, X_{22}, \cdots, X_{2n})'$，$\cdots$，$x_k = (X_{k1}, X_{k2}, \cdots, X_{kn})'$ 为解释变量的样本值形成的向量(截距项 β_0 对应的解释变量可以看作 1，形成的向量为 1)。样本模型的无共线性假设如下。

假设 2a：样本无共线性(no collinearity)。

不存在不全为零的一组数 $c_0, c_1, \cdots, c_k$，使得

$$c_0 + c_1 x_1 + \cdots + c_k x_k = 0 \tag{3.1.9}$$

如果假设 3 不满足，称解释变量样本存在完全共线性，以后的共线性多指样本共线性。

3.2　多元线性回归模型参数估计

3.3.1　回归系数估计

在获得样本后，根据假设 1，可以采用矩方法对模型(3.1.1)中的参数进行估计。如果假设 1 满足，根据条件期望的性质得出式(3.1.4)中的 $k+1$ 个矩条件。

根据类比原则得出样本矩条件

$$n^{-1}\sum_{i=1}^{n}(Y_i - \hat{\beta}_0 - \hat{\beta}_1 X_{1i} - \cdots - \hat{\beta}_k X_{ki}) = 0$$
$$n^{-1}\sum_{i=1}^{n}(Y_i - \hat{\beta}_0 - \hat{\beta}_1 X_{1i} - \hat{\beta}_2 X_{2i} - \cdots - \hat{\beta}_k X_{ki})X_{1i} = 0$$
$$n^{-1}\sum_{i=1}^{n}(Y_i - \hat{\beta}_0 - \hat{\beta}_1 X_{1i} - \hat{\beta}_2 X_{2i} - \cdots - \hat{\beta}_k X_{ki})X_{2i} = 0 \tag{3.2.1}$$
$$\vdots$$
$$n^{-1}\sum_{i=1}^{n}(Y_i - \hat{\beta}_0 - \hat{\beta}_1 X_{1i} - \hat{\beta}_2 X_{2i} - \cdots - \hat{\beta}_k X_{ki})X_{ki} = 0$$

式(3.2.1)为线性方程组，有 $k+1$ 个方程，包含 $k+1$ 个未知变量 $\hat{\beta}_0, \hat{\beta}_1, \cdots, \hat{\beta}_k$。假设 3 保证了方程组系数矩阵的行列式不为零，方程组有唯一解。从式(3.2.1)中解出的参数估计称为多

元线性回归模型式(3.1.1)的 OLS 估计。

由于估计结果表达式较为复杂，这里仅对二元线性回归模型的 OLS 估计进行推导并给出结果。二元线性回归有三个矩条件，对应式(3.2.1)中前三个方程。从第一个方程得出：

$$\hat{\beta}_0 = \bar{Y} - \hat{\beta}_1 \bar{X}_1 - \hat{\beta}_2 \bar{X}_2 \tag{3.2.2}$$

代入其余两个方程组，整理得出：

$$\left[\sum_{i=1}^{n}(X_{1i} - \bar{X}_1)X_{1i}\right]\hat{\beta}_1 + \left[\sum_{i=1}^{n}(X_{2i} - \bar{X}_2)X_{1i}\right]\hat{\beta}_2 = \sum_{i=1}^{n}(Y_i - \bar{Y})X_{1i}$$

$$\left[\sum_{i=1}^{n}(X_{1i} - \bar{X}_1)X_{2i}\right]\hat{\beta}_1 + \left[\sum_{i=1}^{n}(X_{2i} - \bar{X}_2)X_{2i}\right]\hat{\beta}_2 = \sum_{i=1}^{n}(Y_i - \bar{Y})X_{2i}$$

采用解线性方程组的克莱姆法则(或者直接消元)，得出：

$$\hat{\beta}_1 = \frac{\left(\sum_{i=1}^{n} X'_{1i} Y'_i\right)\sum_{i=1}^{n} X'^2_{2i} - \left(\sum_{i=1}^{n} X'_{2i} Y'_i\right)\sum_{i=1}^{n} X'_{1i} X'_{2i}}{\left(\sum_{i=1}^{n} X'^2_{1i}\right)\sum_{i=1}^{n} X'^2_{2i} - \left(\sum_{i=1}^{n} X'_{1i} X'_{2i}\right)^2}$$

$$\hat{\beta}_2 = \frac{\left(\sum_{i=1}^{n} X'_{2i} Y'_i\right)\sum_{i=1}^{n} X'^2_{1i} - \left(\sum_{i=1}^{n} X'_{1i} Y'_i\right)\sum_{i=1}^{n} X'_{1i} X'_{2i}}{\left(\sum_{i=1}^{n} X'^2_{1i}\right)\sum_{i=1}^{n} X'^2_{2i} - \left(\sum_{i=1}^{n} X'_{1i} X'_{2i}\right)^2} \tag{3.2.3}$$

其中，$X'_{1i} = X_{1i} - \bar{X}_1$，$X'_{2i} = X_{2i} - \bar{X}_2$，$Y'_i = Y_i - \bar{Y}$。

由于较为复杂，且具体运算可采用计量软件包计算得出，这里不再给出一般多元回归线性回归模型(3.1.1)回归系数 OLS 估计公式。

结论 1：OLS 估计的一致性

如果回归模型误差项满足假设 1 和假设 2，那么 OLS 估计 $\hat{\beta}_j$ 为一致估计，即

$$p\lim_{n\to\infty}\hat{\beta}_j = \beta_j \quad (j = 0,1,2,\cdots,k)$$

一致性告诉我们，当样本量增大时，参数估计量 $\hat{\beta}_j$ 以概率趋近于参数真值 β_j。

从估计过程看，用到的总体矩条件 $E(uX_j) = 0$ [式(3.1.4)]只要求 u 和 X 不相关，比假设 1 弱。在假设 1 满足时，除一致性外，还能得出 $\hat{\beta}_j$ 的无偏性。

结论 2：如果回归模型误差项满足假设 1 和假设 2，那么 OLS 估计 $\hat{\beta}_j$ 为无偏估计。

采用矩估计法得出的 $\hat{\beta}_j$ 也可以通过如下方法得到：对于给定的样本 $(Y_i, X_{1i}, \cdots, X_{ki})$，$i = 1,2,\cdots,n$，为使模型的拟合效果达到最优，$\hat{\beta}_j$ 应该使得拟合误差 $Y_i - (\hat{\beta}_0 + \hat{\beta}_1 X_{1i} + \cdots + \hat{\beta}_k X_{ki})$，$i = 1,2,\cdots,n$ 的平方和

$$\sum_{i=1}^{n}[Y_i - (\hat{\beta}_0 + \hat{\beta}_1 X_{1i} + \cdots + \hat{\beta}_k X_{ki})]^2$$

达到最小。$\hat{\beta}_j$ 是极小化拟合误差的平方得出，称为最小二乘(平方)估计。

3.2.2 误差估计——残差

同一元线性回归模型一样，可以采用 OLS 回归残差估计模型误差项。

将回归函数 $\beta_0 + \beta_1 X_{1i} + \cdots + \beta_k X_{ki}$ 中的参数 β_j 用估计值 $\hat{\beta}_j$ 代替得出的值，称为 Y_i 的回归拟合值，记为

$$\hat{Y}_i \equiv \hat{\beta}_0 + \hat{\beta}_1 X_{1i} + \cdots + \hat{\beta}_k X_{ki} \quad (i = 1, 2, \cdots, n)$$

将实际值 Y_i 和拟合值之差称为回归残差，记为

$$\hat{u}_i \equiv Y_i - \hat{Y}_i \quad (i = 1, 2, \cdots, n)$$

由于 $\hat{\beta}_j \to_{(p)} \beta_j$，因此，$\hat{Y}_i \to_{(p)} Y_i$，所以 $\hat{u}_i \to_{(p)} u_i, i = 1, 2, \cdots, n$。其中，$\to_{(p)}$ 表示以概率趋近于。由此得出如下结论。

结论 3：如果假设 1 和假设 2 满足，则回归残差是回归误差的一致估计：

$$\hat{u}_i \overset{p}{\longrightarrow} u_i$$

有了残差的概念后，矩条件(3.2.1)可表示为

$$\sum_{i=1}^{n} \hat{u}_i = 0, \sum_{i=1}^{n} \hat{u}_i X_{ji} = 0 \quad (j = 1, 2, \cdots, k) \tag{3.2.4}$$

由此得出如下结论。

结论 4：如果假设 1 和假设 2 满足，残差形成的向量和自变量样本值形成的向量正交。

同一元线性回归模型一样，不带常数项模型的回归残差不具有总和等于 0 的性质。

残差平方和：称

$$\text{SSR} \equiv \sum_{i=1}^{n} \hat{u}_i^2 \tag{3.2.5}$$

为残差平方和。残差平方和衡量了多元回归模型对数据的拟合效果。

解释平方和：称

$$\text{ESS} \equiv \sum_{i=1}^{n} (\hat{Y}_i - \overline{Y})^2 \tag{3.2.6}$$

为回归的解释平方和。其中，$\overline{Y}$ 表示拟合值的平均值。

总平方和分解：同一元线性回归模型一样，多元线性回归模型因变量的总平方和 TSS 可以分解为残差平方和和解释平方和，即

$$\text{TSS} = \text{ESS} + \text{SSR}$$

拟合优度 R^2：解释平方和占总平方和的比例称为拟合优度，用 R^2 表示，表达式为

$$R^2 = \text{ESS} / \text{TSS} = 1 - \text{SSR} / \text{TSS} \tag{3.2.7}$$

显然，拟合优度满足 $0 \leqslant R^2 \leqslant 1$。$R^2$ 越接近 1，表明因变量和自变量直线的线性关系越密切，如果 $R^2 = 1$，则表明残差平方和 $\text{SSR} = 0$，由此得出残差 $\hat{u}_i = 0$，据此得出

$$Y_i = \hat{Y}_i = \hat{\beta}_0 + \hat{\beta}_1 X_{1i} + \cdots + \hat{\beta}_k X_{ki} \tag{3.2.8}$$

该式表明因变量与解释变量之间存在确定的线性关系，因变量与拟合值相等，拟合误差为 0。此时称模型完全拟合了数据(perfect fitting)。如果 $R^2 = 0$，则 $\text{ESS} = 0$，表明自变量

对因变量的解释能力为 0，因变量和自变量之间不存在明显的线性关系。

不带常数项的回归模型的 OLS 回归残差只满足式(3.2.3)中的第二个等式，不能得出因变量总平方和分解式。仍按照(3.2.7)定义拟合优度，会出现 $R^2 > 1$ 或者 $R^2 < 0$ 的情况。

3.2.3　$\hat{\beta}_j$ 的分布

在计算出参数估计值后，需要利用 $\hat{\beta}_j$ 对 β_j 进行假设检验，需要知道 $\hat{\beta}_j$ 的概率分布。在没有给出模型误差项 u 的分布情况下，$\hat{\beta}_j$ 的分布未知。由矩估计的性质可知 $\hat{\beta}_j$ 的渐近分布为正态分布，可以用正态分布作为近似分布进行有关的假设检验。

结论 5：当假设 1 和假设 2 满足，样本量 n 较大时，OLS 估计 $\hat{\beta}_j$ 近似服从正态分布：

$$\hat{\beta}_j \sim_{(a)} N(\beta_j, \sigma^2_{\hat{\beta}_j}) \quad (j = 0, 1, \cdots, k) \tag{3.2.9}$$

其中，$\sigma^2_{\hat{\beta}_j} = \mathrm{Var}(\hat{\beta}_j)$。

要完全知道 $\hat{\beta}_j$ 的分布，需要计算估计 $\sigma^2_{\hat{\beta}_j}$ 的值，对误差项所做的假设不同，$\sigma^2_{\hat{\beta}_j}$ 需要采用不同方法进行计算。

3.3　更多假设下 OLS 估计量性质

同一元线性回归模型一样，如果模型误差项满足更多的假设条件，模型系数的 OLS 估计会具有更多的性质。

假设 3：同方差(homoskedasticity)

给定解释变量，误差项条件方差为常数，即

$$\mathrm{Var}(u_i \mid X_{1i}, X_{2i}, \cdots, X_{ki}) = \sigma^2 \tag{3.3.1}$$

同方差假设下，Y_i 的条件方差也是常数 σ^2。根据条件期望的性质有

$$\mathrm{Var}(u_i) = E(u_i^2) = E(E(u_i^2 \mid X_{1i} \cdots, X_{ki})) = \sigma^2$$

即误差项的方差为 σ^2。

假设 4：随机抽样(random sample)

服从模型(3.1.8)的样本 $(Y_i, X_{1i}, \cdots, X_{ki})$，$i = 1, 2, \cdots, n$ 是随机抽样产生的，样本之间相互独立，模型误差项 u_i，$i = 1, 2, \cdots, n$ 之间相互独立。

由于随机抽样假设下 u_i，$i = 1, 2, \cdots, n$ 之间相互独立，不存在相互关系，在同方差和随机抽样的假设下，OLS 估计的方差估计 $\sigma^2_{\hat{\beta}_j}$ 具有简单的形式。

结论 6：如果假设 1～假设 4 满足，则当样本量 n 较大时，OLS 估计 $\hat{\beta}_j$ 近似服从正态分布(3.2.9)，方差计算公式为

$$\sigma^2_{\hat{\beta}_j} = \frac{\sigma^2}{\sum_{i=1}^{n}(X_{ji} - \bar{X}_j)^2(1 - R_j^2)} \quad (j = 1, 2, \cdots, k) \tag{3.3.2}$$

其中，R_j^2 为以 X_j 为因变量对其余解释变量进行多元线性回归的拟合优度。

式(3.3.2)中，$1/(1-R_j^2)$ 的大小与 X_j 和其他自变量的线性关系强弱有关：线性关系越强(弱)，R_j^2 越接近 1(0)，$1/(1-R_j^2)$ 越大(小)。如果自变量间存在共线性，$R_j^2=1$，$1/(1-R_j^2)=\infty$；如果 $R_j^2=0$，则 $1/(1-R_j^2)=1$，式(3.3.2)得出的方差公式与一元线性回归模型一样。

在随机抽样和同方差假设下，采用回归残差平方和 SSR 可以构造误差项方差 σ^2 的无偏估计。

结论7：如果假设1～假设4满足，统计量

$$\hat{\sigma}^2 = \frac{\sum_{i=1}^n \hat{u}_i^2}{n-(k+1)} \equiv \frac{SSR}{n-(k+1)} \tag{3.3.3}$$

是误差项方差 σ^2 的无偏和一致估计，即

$$E(\hat{\sigma}^2)=\sigma^2, \quad p\lim_{n\to\infty}\hat{\sigma}^2=\sigma^2$$

其中，$\hat{\sigma}$ 为回归标准误，记为 $s \equiv \hat{\sigma}$。

将误差项方差估计值 $\hat{\sigma}^2$ 代入 $\hat{\beta}_j$ 方差的公式，得出 $\hat{\beta}_j$ 的方差估计值和标准误计算公式。用 $s_{\hat{\beta}_j}$ 表示 $\hat{\beta}_j$ 的标准误为

$$\sigma_{\hat{\beta}_j}^2 = \frac{\hat{\sigma}^2}{\sum_{i=1}^n (X_{ji}-\bar{X}_j)^2(1-R_j^2)}, \quad s_{\hat{\beta}_j} \equiv \sqrt{\frac{1}{\sum_{i=1}^n (X_{ji}-\bar{X}_j)^2(1-R_j^2)}}s \tag{3.3.4}$$

用标准误 $s_{\hat{\beta}_j}$ 对 $\hat{\beta}_j$ 进行标准化得出如下结论。

结论8：如果假设1～假设4满足，样本量 n 较大时，如下统计量近似服从正态分布：

$$t_{\beta_j} \equiv \frac{\hat{\beta}_j - \beta_j}{s_{\hat{\beta}_j}} \sim_{(a)} N(0,1) \quad (j=1,2,\cdots,k) \tag{3.3.5}$$

同方差假设和序列不相关假设简化了 OLS 估计量方差的计算，但实际经济环境下得出的数据和建立的模型，未必满足这些假设。当这些条件不满足时，OLS 估计的方差估计和标准误不能采用公式(3.3.4)进行计算。

从前面的讨论知道，如果假设1和假设2满足，OLS 估计量 $\hat{\beta}_j$ 具有无偏性和一致性。如果假设1～假设4满足，则可得出如下结论。

结论9：如果假设1～假设4满足，OLS 估计量 $\hat{\beta}_j$ 为最有效估计：在 β_j 的所有线性无偏估计中，$\hat{\beta}_j$ 的方差最小。这称为 OLS 估计的马尔科夫性。

迄今为止，对误差项的假设仅限于条件期望和方差，即一阶矩和二阶矩假设，并没有对误差项的分布做任何假设。如果假设误差项服从正态分布，可以得出 OLS 估计 $\hat{\beta}_j$ 的精确分布，据此可以定义服从 t 分布的回归系数检验 t 统计量。

假设5：正态分布(normal distribution)

给定解释变量，模型(3.1.1)中的误差项 u 服从正态分布，即

$$u \mid X_1,\cdots,X_k \sim N(0,\sigma^2(X))$$

其中，$\sigma^2(X) \equiv \mathrm{Var}(u \mid X_1, X_2, \cdots, X_k)$。

结论 10：如果假设1～假设 5 成立，$\hat{\beta}_j$ 服从正态分布：

(1) $\hat{\beta}_j$ 服从正态分布，$\hat{\beta}_j \sim N(\beta_j, \sigma_{\hat{\beta}_j}^2)$，$\sigma_{\hat{\beta}_j}^2$ 由公式(3.3.4)给出。

(2) $t_{\hat{\beta}_j}$ 服从自由度为 $n-(k+1)$ 的 t 分布：

$$t_{\beta_j} = \frac{\hat{\beta}_j - \beta_j}{s_{\hat{\beta}_j}} \sim t[n-(k+1)]$$

其中，$s_{\hat{\beta}_j}$ 由公式(3.3.4)给出，$j = 1, 2, \cdots, k$。

尽管结论 10 和结论 5、结论 8 相似，但条件不同，得出的结论也不一样。

在参数估计完成之后，需要对模型参数进行假设检验。参数估计的性质，尤其是结论 8 和结论 10 中给出的渐近分布和精确分布性质，为模型参数的检验提供了估计量。

3.4 回归模型的相关检验

3.4.1 回归系数检验(t 检验)

由于样本数据存在随机性，由回归系数估计值的大小不能直接判断线性回归模型中的回归系数是否为 0。要判断自变量是否对因变量有解释能力，需要对其对应的回归系数是否为 0 进行假设检验。检验对单个参数分别进行，称为回归系数检验。下面以斜率参数 β_j 的检验为例来说明。

检验的原假设和备选假设为

$$H_0 : \beta_j = 0，\quad H_1 : \beta_j \neq 0$$

设检验的显著性水平为 α，通常取 $\alpha = 0.05$ 或 $\alpha = 0.01$。

检验统计量的选取依赖于模型满足的假设条件。这里考虑最简单的情况，即认为假设 1～假设 5 中的条件均满足，此时可以采用结论 10 中的统计量 t_{β_j}。在原假设条件下 $\beta_j = 0$，由此得出

$$t_{\beta_j} = \frac{\hat{\beta}_j}{s_{\hat{\beta}_j}} \sim t[n-(k+1)] \tag{3.4.1}$$

查 t 分布表，得出自由度为 $n-(k+1)$、显著水平为 α 的双边 t 检验的临界值 t_α，将实际计算的 $t_{\hat{\beta}_j}$ 的绝对值与临界值 t_α 进行比较。如果 $|t_{\beta_j}| > t_\alpha$，则拒绝原假设，认为 β_j 显著不为 0；如果 $|t_{\beta_j}| < t_\alpha$，则不能拒绝原假设，不能认为 β_j 显著不为 0。t_{β_j} 称为参数估计 β_j 的 t 统计值。

与一元线性回归模型的 t 检验一样，在样本量 n 较大时($n > 35$)，0.05 显著水平下双边 t 检验的临界值通常很接近 2，将 t 值是否大于 2 作为判断参数是否显著不为 0 的标准。

3.4.2 调整 R^2、信息准则和变量选择

对于多元线性回归模型，仍然可以将因变量的离差平方和分解为残差平方和及回归平方和两部分，并用回归平方和与总平方和的比作为回归拟合优度 R^2。R^2 越大，模型拟合效果越好。在考虑一个变量是否应该作为自变量添加到回归模型中时，是否可以依据 R^2 有所

提高来判断呢？答案是否定的。

通过一个简单的例子可以说明问题。OLS 估计可以看成极小化残差平方和得到的。一元线性回归模型 $Y_i = \beta_0 + \beta_1 X_{1i} + u_i$ 的 OLS 估计极小化残差平方和为

$$\mathrm{SSR}_1 = \sum_{i=1}^{n}(Y_i - \hat{\beta}_0 - \hat{\beta}_1 X_{1i})^2$$

如果向模型中添加解释变量 X_2，二元线性回归模型 $Y_i = \beta_0 + \beta_1 X_{1i} + \beta_2 X_{2i} + u_i$ 的 OLS 估计极小化残差平方和为

$$\mathrm{SSR}_2 = \sum_{i=1}^{n}(Y_i - \hat{\beta}_0 - \hat{\beta}_1 X_{1i} - \hat{\beta}_2 X_{2i})^2$$

由于 $\hat{\beta}_2 = 0$ 时 $\mathrm{SSR}_2 = \mathrm{SSR}_1$，$\mathrm{SSR}_2$ 达到的最小值比 SSR_1 小，即增加一个解释变量后的二元线性回归模型的回归残差平方和小于原来的一元线性回归模型。由于两个模型的因变量相同，具有相同的总平方和，根据拟合优度的定义，前者的回归 R^2 大于后者。

由此可以看出 R^2 的缺陷：只要向模型中增加解释变量，R^2 就会增加，不管增加的自变量是否对因变量有解释能力。因此，采用 R^2 为标准来判断一个自变量是否应该添加到模型中是不合理的。以 R^2 为标准，必定是解释变量越多越好，但是增加没有意义的解释变量，会浪费样本，降低估计精度，也使得模型更加冗杂。

产生 R^2 缺陷的原因在于直接用残差平方和与解释变量的总平方和定义拟合效果，而没有考虑两个统计量的自由度。总平方和 TSS 的自由度为 $n-1$，残差平方和 SSR 的自由度为 $n-(k+1)$，采用自由度调整后的 TSS 和 SSR 来定义拟合优度，称为调整 R^2(adjusted R-squared)，用 $\bar{R}^2$ 表示，即

$$\bar{R}^2 = 1 - \frac{\mathrm{RSS}/[n-(k+1)]}{\mathrm{TSS}/(n-1)} \qquad (3.4.2)$$

R^2 与 $\bar{R}^2$ 的关系为

$$\bar{R}^2 = 1 - (1-R^2) \times \frac{n-1}{n-(k+1)} \qquad (3.4.3)$$

其中，$(n-1)/[n-(k+1)]$ 称为惩罚因子(penalty factor)，解释变量越多，惩罚因子越大，$\bar{R}^2$ 越小。$\bar{R}^2$ 与回归样本量 n 也有关系，当 n 相对于 k 很大时，$(n-1)/[n-(k+1)] \approx 1$，$\bar{R}^2 \approx R^2$，二者没有太大区别。

如果两个线性回归模型有相同的因变量，一个模型是在另一个模型的基础上添加更多自变量得到的，称这两个模型为嵌套(embedded)模型。R^2 与 $\bar{R}^2$ 只能用于嵌套模型的比较。例如，以 Y 为因变量和以 $\log Y$ 为因变量的模型不是嵌套模型，不能用 R^2 与 $\bar{R}^2$ 对拟合效果进行比较。

除了 $\bar{R}^2$ 之外，还有其他将模型自变量个数考虑在内的变量选择标准，信息准则(Information Criteria)最为常用。信息准则是以回归模型的极大似然估计为基础，在模型中添加与自变量个数相关的惩罚因子，不同的惩罚因子对应不同的准则。常用的有赤池信息准则(Akaika Information Criteria，AIC)、施瓦茨准则(Schwarz Criterion，SC)和汉南—奎因准则。

信息准则的应用原则是：使信息准则值达到最小的模型为最优。同 $\bar{R}^2$ 与 $\bar{R}^2$ 一样，信息准则只对嵌套模型比较有意义。EViews 回归输出结果中，包含 AIC、SC 和 HQ 的值，分别在 Akaika info criterion、Schwarz criterion 和 Hannan-Quinn criterion 条目下给出。最为常用的是 AIC 准则和 SC 准则。对增加变量的惩罚，SC 准则比 AIC 准则更重，SC 准则得出的模型自变量更少，更为简洁。

3.4.3 回归模型检验(F 检验)

拟合优度和信息准则不是严格的统计检验，评价多元线性回归模型的回归效果主观性较强。要检验因变量 Y 和多个解释变量是否有显著的线性关系，需要进行严格的假设检验。

检验模型整体上是否有效，是要检验除截距参数，所有斜率参数是否同时为 0。不同于对各个回归参数的 t 检验，模型检验是一种联合检验(joint test)，检验的原假设和备选假设为

$$H_0 : \beta_1 = \beta_2 = \cdots = \beta_k = 0 \; ; \quad H_1 : \beta_1, \beta_2, \cdots, \beta_k \text{ 至少一个不为 } 0 \qquad (3.4.4)$$

同一元线性回归模型一样，采用残差平方和 ESS 和回归平方和 SSR 构造统计量

$$F = \frac{\mathrm{ESS} / k}{\mathrm{SSR} / [n - (k+1)]} \qquad (3.4.5)$$

结论 11：如果假设1～ 假设 5 满足，在式(3.4.4)中的原假设下，公式(3.4.5)定义的统计量服从第一自由度为 k、第二自由度为 $(n-2)$ 的 F 分布。

对于给定的显著水平 α，查 F 分布表，得出自由度为 k 和 $[n-(k+1)]$ 的临界值 F_α，如果 $F > F_\alpha$，则拒绝原假设，回归模型整体有效；否则，不能认为回归模型整体有效。

(1) 整体检验用于检验模型中除常数项外所有回归系数是否同时为 0，因此，否定原假设只是说明至少有一个回归系数不为 0，并不说明所有回归系数都不为 0。检验哪些回归系数不为 0，要采用单个回归参数的 t 检验。从理论上讲，如果 F 检验否定了原假设，则至少应该有一个回归参数的 t 检验能够否定原假设，但实际中会出现相反的情况。如果出现了两种检验结果矛盾的现象，需要考虑模型的基本假设是否成立。

(2) 与一元线性回归模型不同，多元线性回归模型中单个参数的 t 检验与模型整体检验 F 检验不等价。

R^2 和 F 检验都用来衡量模型的整体拟合效果。实际上，R^2 和 F 检验统计量具有确定的关系：由于 $\mathrm{SSR} = (1-R^2) \times \mathrm{TSS}$，$\mathrm{ESS} = R^2 \times \mathrm{TSS}$，得出

$$F = \frac{\mathrm{ESS} / k}{\mathrm{RSS} / [n - (k+1)]} = \frac{R^2}{1 - R^2} \times \frac{n - (k+1)}{k} \qquad (3.4.6)$$

不过，在评价模型拟合效果时，R^2 没有统一的标准，有较大的主观性；而 F 检验建立在严格的统计检验基础上，作为标准更为合理。

3.5　多重共线性

本节首先讨论模型的解释变量之间存在多重共线性这一违背基本假设的问题。

3.5.1　多重共线性的含义

对于模型

$$Y_i = \beta_0 + \beta_1 X_{i1} + \beta_2 X_{i2} + \cdots + \beta_k X_{ik} + \mu_i \tag{3.5.1}$$

其基本假设之一是解释变量 $X_1, X_2, \cdots, X_k$ 之间是不线性相关的。当某两个或多个解释变量之间出现了相关性(multicollinearity)时，若存在

$$c_1 X_{i1} + c_2 X_{i2} + \cdots + c_k X_{ik} = 0 \tag{3.5.2}$$

其中，c 不全为 0，即某一个解释变量可以用其他解释变量的线性组合表示，则称为解释变量间存在完全共线性(perfect multicollinearity)。

若存在

$$c_1 X_{i1} + c_2 X_{i2} + \cdots + c_k X_{ik} + v_i = 0 \tag{3.5.3}$$

其中，c 不全为 0，v_i 为随机误差项，则称为解释变量间存在近似共线性(approximate multicollinearity)或交互相关。

在矩阵表示的线性回归模型

$$Y = X\beta + \mu$$

中，完全共线性指 $R(X) < k+1$，即矩阵

$$X = \begin{pmatrix} 1 & X_{11} & X_{12} & \cdots & X_{1k} \\ 1 & X_{21} & X_{22} & \cdots & X_{2k} \\ \vdots & \vdots & \vdots & \cdots & \vdots \\ 1 & X_{n1} & X_{n2} & \cdots & X_{nk} \end{pmatrix}$$

中，至少有一列向量可由其他列向量线性表出。例如 $X_2 = \lambda X_1$，这时 X_1 与 X_2 的相关系数为 1，解释变量 X_2 对被解释变量的作用完全可由 X_1 代替。

完全共线性的情况并不多见，一般出现的是近似共线性。

3.5.2　实际经济问题中的多重共线性

一般来说，产生多重共线性的主要原因有以下三个。

1. 经济变量存在相关的共同趋势

样本数据中发生多重共线性的主要原因在于许多经济变量存在相关的共同趋势。例如，以某一行业的企业为样本建立企业生产函数模型，以产出量为被解释变量，选择资本、劳动、技术等投入要素为解释变量。这些投入要素的数量往往与产出量成正比，产出量高的企业，投入的各种要素比较多，这就使得投入要素之间出现线性相关性。如果以简单线性

关系作为模型的数学形式，那么多重共线性是难以避免的。

2. 模型设定不谨慎

在计量模型设定中，往往存在不谨慎而导致模型解释变量间出现严重多重共线性。例如，为估计一个常弹性消费函数的扩展形式，将模型设定为

$$\ln C_i = \beta_0 + \beta_1 \ln Y_i + \beta_2 \ln Y_i^2 + \mu_i$$

其中，C 为家庭人均消费，Y 为家庭人均收入。显然，模型中引入的家庭人均收入的对数项与人均收入平方的对数项之间有完全的线性相关性。

又例如，在考察学校支出对学生平均成绩的影响时，将学校的总支出 X_0 分解为对教职员工的工资性支出 X_1 及其他支出 X_2，并设定模型如下：

$$Y_i = \beta_0 + \beta_1 X_{i0} + \beta_2 X_{i1} + \beta_3 X_{i2} + \mu_i$$

其中，Y 代表学校的平均成绩。

显然，由于 $X_1 + X_2 = X_0$，模型的解释变量间存在完全共线性。

3. 样本资料的限制

由于完全符合理论模型所要求的样本数据较难收集，在现有的数据条件下，特定样本可能存在某种程度的多重共线性。例如，将孩子的考试分数 Y 与家庭教育支出 X_1 和家庭人均收入 X_2 相关联而设定如下模型：

$$Y_i = \beta_0 + \beta_1 X_{i0} + \beta_2 X_{i1} + \mu_i$$

一般经验告诉我们，家庭教育支出 X_1 与家庭人均收入 X_2 之间存在一定程度的相关性，如果由于样本收集的原因，恰好使得两者之间显示出很强的相关性，则会出现严重的多重共线性。

3.5.3 多重共线性的后果

计量经济学模型一旦出现多重共线性，如果仍采用普通最小二乘法估计模型参数，会产生下列不良后果。

1. 完全共线性下参数估计量不存在

多元线性模型

$$Y = X\beta + \mu$$

的普通最小二乘法的估计量为

$$\hat{\beta} = (X'X)^{-1}X'Y$$

如果出现完全共线性，则 $(X'X)^{-1}$ 不存在，无法得到参数的估计量。

例如，对于二元回归模型

$$Y = \beta_0 + \beta_1 X_1 + \beta_2 X_2 + \mu \tag{3.5.4}$$

如果两个解释变量完全相关，如 $X_2 = \lambda X_1$，则该二元回归模型退化为一元回归模型

$$Y_i = \beta_0 + (\beta_1 + \lambda\beta_2)X_1 + \mu$$

这时，只能确定综合参数 $\beta_1 + \lambda\beta_2$ 的估计值为

$$\beta_1 + \lambda\beta_2 = \sum x_{i1}y_i / \sum x_{i1}^2$$

却无法确定 β_1 和 β_2 各自的估计值。

2. 近似共线性下普通最小二乘估计量的方差变大

在近似共线性下，虽然可以得到参数的普通最小二乘估计量，但是由参数估计量方差的表达式

$$Var(\hat{\beta}) = \sigma^2 (X'X)^{-1}$$

可知，由于此时 $|X'X| \approx 0$，引起 $(X'X)^{-1}$ 主对角线元素较大，使得参数估计量的方差增大，从而不能对总体参数做出准确判断。

仍以二元线性模型(3.5.4)为例，离差形式下容易推出 $\hat{\beta}_1$ 的方差为

$$\mathrm{Var}(\hat{\beta}_1) = \frac{\sigma^2 \sum x_{i2}^2}{\sum x_{i1}^2 \sum x_{i2}^2 - \left(\sum x_{i1}x_{i2}\right)^2} = \frac{\sigma^2 / \sum x_{i1}^2}{1 - \left(\sum x_{i1}x_{i2}\right)^2 / \sum x_{i1}^2 \sum x_{i2}^2} = \frac{\sigma^2}{\sum x_{i1}^2} \times \frac{1}{1-r^2} \quad (3.5.5)$$

其中，$\dfrac{\left(\sum x_{i1}x_{i2}\right)^2}{\sum x_{i1}^2 \sum x_{i2}^2}$ 恰为 X_1 与 X_1 的线性相关系数的平方 r^2，它也是 X_1 关于 X_2 做普通最小二乘回归的可决系数。由于 $r^2 \leqslant 1$，故 $\dfrac{1}{1-r^2} \geqslant 1$。

当完全不共线性时，$r^2 = 0$，$\mathrm{Var}(\hat{\beta}_1) = \sigma^2 / \sum x_{i1}^2$；

当近似共线性时，$0 < r^2 < 1$，$\mathrm{Var}(\hat{\beta}_1) = \dfrac{\sigma^2}{\sum x_{i1}^2} \times \dfrac{1}{1-r^2} > \dfrac{\sigma^2}{\sum x_{i1}^2}$

即多重共线性使参数估计量的方差增大，方差膨胀因子(variance inflation factor，VIF)为

$$\mathrm{VIF}(\hat{\beta}) = 1/(1-r^2) \quad (3.5.6)$$

其增大趋势如表 3.1 所示。

表 3.1 方差膨胀因子表

相关系数平方	0	0.5	0.8	0.9	0.95	0.96	0.97	0.98	0.99	0.999
方差膨胀因子	1	2	5	10	20	25	33	50	100	1000

当完全共线性时，$r^2 = 1$，$\mathrm{VIF}(\hat{\beta}) = \infty$。

3. 参数估计量经济意义不合理

如果模型中两个解释变量具有线性相关性，那么它们中的一个变量可以由另一个变量表征。这时，两个解释变量前的参数并不反映各自与解释变量之间的结构关系，而是反映它们对被解释变量的共同影响。因此，各自的参数已经失去了应有的经济意义，于是经常表现出似乎反常的现象，例如估计结果本来应该是正的，结果却是负的。经验告诉我们，在多元线性模型的估计中，如果出现参数估计值的经济意义明显不合理的情况，应该先怀

疑是否存在多重共线性。

4. 变量的显著性检验和模型的预测功能失去意义

存在多重共线性时，参数估计值的方差与标准差变大，从而容易使通过样本计算的 t 值小于临界值，误导做出参数为 0 的判断，可能将重要的解释变量排除在模型之外。

变大的方差容易使预测值区间变大，使预测失去意义。

3.5.4　多重共线性的检验

由于多重共线性表现为解释变量之间具有相关关系，所以用于多重共线性的检验方法主要是统计方法，如判定系数检验法、逐步回归检验法等。多重共线性检验的任务是：①检验多重共线性是否存在；②估计多重共线性的范围。

1. 检验多重共线性是否存在

(1) 对两个解释变量的模型，采用简单相关系数法。求出 X_1 与 X_2 的简单相关系数 r，若 $|r|$ 接近 1，则说明两个变量存在较强的多重共线性。

(2) 对多个解释变量模型，采用综合统计检验法。若在普通最小二乘法下，模型的 R^2 值与 F 值较大，但各参数估计值的 t 检验值较小，说明各解释变量对 Y 的联合线性作用显著，但各解释变量间存在共线性而使得它们对 Y 的独立作用不能分辨，故 t 检验不显著。

2. 估计多重共线性的范围

如果存在多重共线性，需进一步确定究竟是由哪些变量引起的。

(1) 判定系数检验法。即使模型中每一个解释变量分别以其余解释变量为解释变量进行回归计算，并计算相应的拟合优度，也称为判定系数。如果在某一种形式中判定系数较大，则说明在该形式中作为被解释变量的 X_j 可以用其他解释变量的线性组合代替，即 X_j 与其他解释变量存在共线性。

可进一步对上述出现较大判定系数的回归方程作 F 检验

$$F_j = \frac{R_j^2 / (k-1)}{(1-R_j^2) / (n-k)} \sim F(k-1, n-k) \tag{3.5.7}$$

式中，R_j^2 为第 j 个解释变量对其他解释变量的回归方程的可决系数，若存在较强的共线性，则 R_j^2 较大且接近于 1，这时 $(1-R_j^2)$ 较小，从而 F_j 的值较大。因此可以给定显著性水平 α，通过计算 F 值与相应的临界值比较来进行检验。此时，原假设为 X_j 与其他解释变量间不存在显著的线性问题。

另一个等价的检验是，在模型中排除某一个解释变量 X_j，估计模型，如果拟合优度与包含 X_j 时的拟合优度十分接近，则说明 X_j 与其他解释变量之间存在共线性。

(2) 逐步回归法。即以 Y 为被解释变量，逐个引入解释变量，构成回归模型，进行模型估计。根据拟合优度的变化决定新引入的变量是否可以用其他变量的线性组合代替，而不是作为独立的解释变量。如果拟合优度变化显著，则说明新引入的变量是一个独立解释变量；如果拟合优度变化很不显著，则说明新引入的变量不是一个独立解释变量，它可以用其他变量的线性组合代替，也就是说它与其他变量之间存在共线性的关系。

3.5.5　克服多重共线性的方法

如果模型被检验证明存在多重共线性，则需要发展新的方法估计模型，最常用的方法有两类。

1. 排除引起共线性的变量

找出引起多重共线性的解释变量,将它排除出去,是最为有效的克服多重共线性问题的方法。因此,逐步回归法得到了最为广泛的应用。需要特别注意的是,当排除了某个或某些变量后,保留在模型中的变量系数的经济意义将发生变化,其估计值也将发生变化。例如,在对数线性生产函数模型中,当包含资本、劳动、技术等投入要素时,资本的系数表示资本的产出弹性;当资本和劳动存在共线性因而排除劳动时,资本的系数所表示的经济意义不是资本的产出弹性,其估计值将大于资本的产出弹性。

2. 减小参数估计量的方差

多重共线性的主要后果是参数估计量具有较大的方差,所以采取适当方法减小参数估计量的方差。虽然这没有消除模型中的多重共线性,但是能消除多重共线性造成的后果。例如,增加样本容量,可使参数估计量的方差减小。

20 世纪 70 年代发展的岭回归法(ridge regression),以引入偏误为代价减小参数估计量的方差,受到人们的重视。具体方法是:引入矩阵 $\boldsymbol{D}$,使参数估计量为

$$\hat{\beta} = (X'X + \boldsymbol{D})^{-1}X'Y \tag{3.5.8}$$

其中,矩阵 $\boldsymbol{D}$ 一般选择为主对角阵,即

$$\boldsymbol{D} = lI \tag{3.5.9}$$

其中,l 为大于 0 的常数。

显然,与普通最小二乘估计量相比,式(3.5.8)的估计量有较小的方差。

如何选择 l 是一个复杂的问题,何瑞尔(Hoerl)和肯纳德(Kennard)于 1975 年提出一种估计方法。先对原模型的解释变量与被解释变量的离差形式进行标准化处理:

$$x_{ik}^* = \frac{x_{ik}}{\sqrt{\sum x_{ik}^2}}, y_i^* = \frac{y_{ik}}{\sqrt{\sum y_{ik}^2}}$$

得到下列模型:

$$y_i^* = \beta_1^* x_{i1}^* + \beta_2^* x_{i2}^* + \cdots + \beta_k^* x_{ik}^* + \mu_i^* \qquad (i=1, 2, \cdots, n)$$

用普通最小二乘法估计该模型,得到参数与随机误差项方差的估计值 $\hat{\beta}_1^*, \hat{\beta}_2^*, \cdots, \hat{\beta}_k^*$ 和 $\hat{\sigma}^2$。选择

$$\hat{l} = \frac{(k-1)\hat{\sigma}^2}{\sum\limits_{j=1}^{k} (\hat{\beta}_j^*)^2}$$

作为式(3.5.9)中 l 的估计值。

关于多重共线性,有以下几点需要注意。

第一,如果是近似共线性,则模型没有违背任何假设,普通最小二乘估计量仍是最佳线性无偏估计量(BLUE);只不过多重共线性的存在导致了某些估计量的方差较大,以致影响了估计精度。从式(3.5.5)知,随机干扰项的方差、变量的变异程度与方差膨胀因子一起决定参数估计量的方差。如果存在多重共线性,但随机干扰项的方差很小,或变量的变异

程度很大，那么可能得到较小的参数估计量的方差。这时，即使有较严重的多重共线性，也不会带来不良后果。因此，只要回归方程估计的参数标准差较小，t 统计值较大，就没有必要太去关心是否存在多重共线性问题。

第二，可以证明，多元回归中即使某几个解释变量相关性较强，但这不会影响与这几个变量无相关性的其他变量的参数估计方差。因此，如果只关心那些与其他变量没有相关性的变量或相关性很弱的变量的估计精度，那么可以不理会其他变量的相关性。

第三，多重共线性更可能是一种样本现象。同一模型在一个样本下可能表现出多重共线性，而在另一个样本下可能就不存在多重共线性，因此增大样本容量就有可能消除多重共线性。

3.6 异方差性

对于模型

$$Y_i = \beta_0 + \beta_1 X_{i1} + \beta_2 X_{i2} + \cdots + \beta_k X_{ik} + \mu_i \qquad (3.6.1)$$

同方差性假设为

$$\mathrm{Var}(\mu_i \mid X_1, X_2, \cdots, X_k) = \sigma^2$$

如果出现

$$\mathrm{Var}(\mu_i \mid X_{i1}, X_{i2}, \cdots, X_{ik}) = \sigma_i^2$$

即对于不同的样本点，随机干扰项的方差不再是常数，而是互不相同的，则认为出现了异方差性。

3.6.1 异方差的类型

同方差性假定的意义是指，每个 μ_i 围绕其零平均值的方差并不随解释变量 X_i 的变化而变化，不论解释变量是大还是小，每个 μ_i 的方差保持相同，即 $\sigma_i^2 = $ 常数 $\neq f(X_i)$。

在异方差的情况下，σ_i^2 已不是常数，它随 X_i 的变化而变化，即 $\sigma_i^2 = f(X_i)$。异方差一般可归结为三种类型(见图 3.1)。

(1) 单调递增型：σ_i^2 随 X_i 的增大而增大。

(2) 单调递减型：σ_i^2 随 X_i 的增大而减小。

(3) 复杂型：σ_i^2 与 X_i 的变化呈复杂形式。

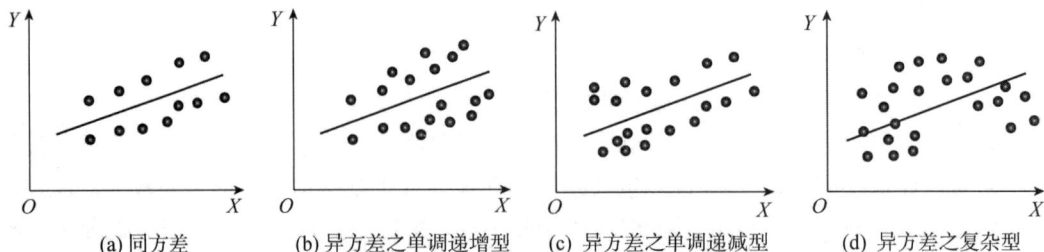

(a) 同方差　　　　(b) 异方差之单调递增型　　　　(c) 异方差之单调递减型　　　　(d) 异方差之复杂型

图 3.1　同方差与异方差

3.6.2 异方差性的后果

计量经济学模型一旦出现异方差性，如果仍采用普通最小二乘法估计模型参数，会产生一系列不良的后果。

1. 参数估计量非有效

当计量经济学模型出现异方差性时，其普通最小二乘法参数估计量仍然具有线性、无偏性，但不具有有效性。因为，在有效性证明中利用了 $E(\mu\mu'\mid X) = \sigma^2 I$。

而且，在大样本情况下，尽管参数估计量具有一致性，但是仍然不具有渐近有效性。

2. 变量的显著性检验失去意义

如果出现了异方差性，t 检验失去意义。其他检验也是如此。

如对一元回归模型

$$Y_i = \beta_0 + \beta_1 X_i + \mu_i$$

的普通最小二乘估计有

$$\hat{\beta}_1 = \beta_1 + \sum k_i \mu_i = \beta_1 + \frac{\sum x_i \mu_i}{\sum x_i^2}$$

可以证明，存在异方差的情况下正确的 $\hat{\beta}_1$ 的方差应为

$$\mathrm{Var}(\hat{\beta}_1) = \frac{\sum x_i^2 \sigma_i^2}{\left(\sum x_i^2\right)^2} \tag{3.6.2}$$

而普通最小二乘法仍按下式给出 $\hat{\beta}_1$ 的方差估计

$$\mathrm{Var}(\hat{\beta}_1) = \frac{\sigma^2}{\sum x_i^2} \tag{3.6.3}$$

显然，只有同方差性满足时，式(3.6.2)与式(3.6.3)才会相同，否则普通最小二乘法给出的估计结果就会出现偏误，在有偏误的方差基础上构造的 t 统计量不再服从真实的 t 分布，相应的 t 检验也就失去了意义。

3. 模型的预测失效

以一元模型为例，虽然在 $X = X_0$ 的条件下，$\hat{Y}_0$ 是预测的个值 Y_0 与条件均值 $E(Y\mid X = X_0)$ 的无偏估计，但 $\hat{Y}_0$ 的方差 $\mathrm{Var}(\hat{Y}_0)$ 中包含有参数估计量的方差 $\mathrm{Var}(\hat{\beta}_j)$，当模型出现异方差时，OLS 估计下的 $\mathrm{Var}(\hat{\beta}_j)$ 不再具有最小方差性，意味着 $\hat{Y}_0$ 的波动变大，预测的精确度降低，预测功能失效。

3.6.3 异方差性的检验

关于异方差性的检验方法，是计量经济学中一个重要的课题。在一些计量经济学教科书和文献中，可以见到十多种检验方法，如图示检验法、等级相关系数法、戈里瑟检验、戈德菲尔特-匡特检验、布罗施-帕甘检验、怀特检验等。这些方法尽管不同，但存在一个共同的思路。正如上面所指出的，异方差性，即相对于不同的样本点，也就是相对于不同

的解释变量观测值，随机干扰项具有不同的方差，那么检验异方差性，也就是检验随机误差项的方差与解释变量观测值之间的相关性，各种检验方法就是在这个思路下发展起来的。

问题在于用什么来表示随机干扰项的方差，一般的处理方法是先采用普通最小二乘法估计模型，以求得随机干扰项的估计量

$$e_i = Y_i - (\hat{Y}_i)_{OLS} \tag{3.6.4}$$

再用 e_i^2 来表示随机干扰项的方差。

下面有选择地介绍三种异方差的检验方法。

1. 图示检验法

采用图示检验法进行检验时，既可用 Y-X 的散点图判断异方差，也可用某一 $e_i^2 - X$ 的散点图判断异方差。前者主要根据是否存在明显的散点递增、递减或复杂型趋势(即不在一个固定的带形域中)判断，后者主要根据是否形成斜率为零的直线判断，如图 3.2 所示。

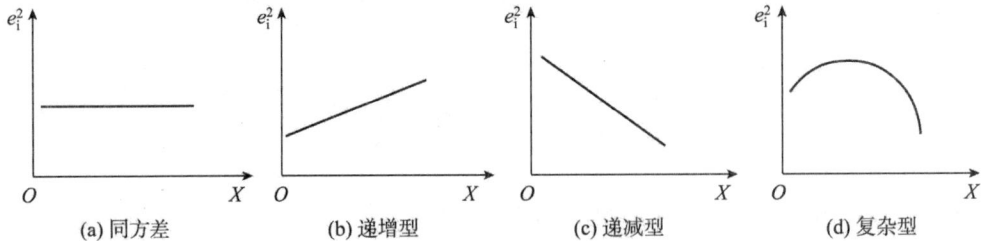

图 3.2　图示检验法

通过图示检验法只能进行大概的判断，其他的统计检验方法则更加精准。

2. 布罗施-帕甘(Breusch-Pagan)检验

布罗施-帕甘(Breusch-Pagan)检验是一种比较常用的异方差检验方法，它的优点是可以将所有检验都放在同一框架中。

对线性模型

$$Y_i = \beta_0 + \beta_1 X_{i1} + \beta_2 X_{i2} + \cdots + \beta_k X_{ik} + \mu_t$$

同方差性意味着

$$\mathrm{Var}(\mu \mid X_{i1}, X_{i2}, \cdots, X_{ik}) = \mathrm{Var}(\mu \mid X_i) = \sigma^2$$

在随机干扰项具有零条件均值的基本假设下，同方差性意味着

$$E(\mu_i^2 \mid X_i) = E(\mu_i^2) = \sigma^2$$

即随机干扰项的平方 μ^2 与一个或多个解释变量不相关。异方差的存在就意味着 μ^2 是部分或全部解释变量的某种函数。一个简单的方法就是假定该函数为线性函数：

$$\mu_i^2 = \delta_0 + \delta_1 X_{i1} + \delta_2 X_{i2} + \cdots + \delta_k X_{ik} + \varepsilon_i$$

则检验同方差性就是检验如下联合假设：

$$H_0: \quad \delta_1 = \delta_2 = \cdots = \delta_k = 0 \tag{3.6.5}$$

由于观测不到真实的 μ^2，可用它的普通最小二乘估计 e_i^2 近似替代，则对原模型随机干扰项同方差性的检验，就是针对辅助回归

$$e_i^2 = \delta_0 + \delta_1 X_{i1} + \delta_2 X_{i2} + \cdots + \delta_k X_{ik} + \varepsilon_i \qquad (3.6.6)$$

检验联合假设式(3.6.5)。这可通过以式(3.6.5)为约束条件的 F 检验或拉格朗日乘数(LM)检验来进行：

$$F = \frac{R_{e^2}^2 / k}{(1 - R_{e^2}^2) / (n - k - 1)} \qquad (3.6.7)$$

$$\mathrm{LM} = n \cdot R_{e^2}^2 \qquad (3.6.8)$$

其中，$R_{e^2}^2$ 为辅助回归式(3.6.6)的可决系数。

可以证明，式(3.6.7)与式(3.6.8)所构造的 F 统计量与 LM 统计量在大样本下分别渐近地服从 $F(k, n-k-1)$ 分布与 $X^2(k)$ 分布(证明超出本教材的范围)。

3. 怀特(White)检验

怀特检验可以看成对罗施-帕甘检验的一种拓展。既然随机干扰项的同方差性意味着 μ^2 与一个或多个解释变量不相关，而异方差性又意味着 μ^2 是部分或全部解释变量的某种函数，因此这种函数可以是非线性的，即可以包含解释变量的平方项，以及不同解释变量间的交叉项。下面以两个解释变量的回归模型为例说明怀特检验的基本思想与步骤。

假设回归模型为

$$Y_i = \beta_0 + \beta_1 X_{1i} + \beta_2 X_{2i} + \mu_i$$

可先对该模型做普通最小二乘回归，并得到残差项的平方 e_i^2，然后做如下辅助回归：

$$e_i^2 = \delta_0 + \delta_1 X_{1i} + \delta_2 X_{2i} + \delta_3 X_{1i}^2 + \delta_4 X_{2i}^2 + \delta_5 X_{1i} X_{2i} + \varepsilon_i$$

要检验的同方差性假设为 H_0：$\delta_1 = \delta_2 = \cdots = \delta_5 = 0$。

类似于布罗施-帕甘检验，对上述同方差性假设的检验可通过式(3.6.7)的 F 检验或式(3.6.8)的 LM 检验来进行。同样可以证明，在同方差假设下，式(3.6.7)的 F 统计量渐近地服从 F 分布，式(3.6.8)的 LM 统计量渐近地服从 X^2 分布。对于包含两个解释变量及其平方项、交叉项的辅助回归，在得到可决系数 $R_{e^2}^2$ 后，可将其用于检验异方差的 LM 统计量。

$$\mathrm{LM} = n \cdot R_{e^2}^2 \sim X(5)$$

需要注意的是，怀特检验采用的辅助回归，仍是检验 e_i^2 与解释变量可能的组合的显著性，因此，辅助回归方程中还可引入解释变量的更高次方。如果存在异方差性，则表明 e_i^2 确与解释变量的某种组合有显著的相关性，这时往往显示出可决系数 $R_{e^2}^2$ 较高，以及某一参数的 t 检验值较大。当然，在多元回归中，由于辅助回归方程中可能有太多解释变量，从而使自由度减少，有时可去掉交叉项或(和)平方项。

3.6.4　异方差的修正

1. 加权最小二乘法(WLS)

如果模型被检验证明存在异方差性，则需要发展新的方法估计模型，最常用的方法是

加权最小二乘法(weighted least square，WLS)。

加权最小二乘法是先对原模型加权，使之变成一个新的不存在异方差性的模型，然后采用普通最小二乘法估计其参数。加权的基本思想是，在采用普通最小二乘法时，给较小的残差平方 e_i^2 赋予较大的权数，给较大的 e_i^2 赋予较小的权数，以对残差提供的信息的重要程度做一番校正，提高参数估计的精度。

加权最小二乘法，就是对加了权重的残差平方和实施普通最小二乘法：

$$\sum w_i e_i^2 = \sum w_i [Y_i - (\hat{\beta}_0 + \hat{\beta}_1 X_{i1} + \cdots + \hat{\beta}_k X_{ik})]^2 \tag{3.6.9}$$

其中，w_i 为权数。

例如，如果在检验过程中已经知道

$$\mathrm{Var}(\mu_i) = E(\mu_i^2) = \sigma_i^2 = f(X_{ij})\sigma^2$$

即随机误差项的方差与解释变量 X_j 之间存在相关性，那么可以用 $\sqrt{f(X_j)}$ 去除原模型，使之变成如下形式的新模型：

$$\frac{1}{\sqrt{f(X_{ij})}} y_i = \beta_0 \frac{1}{\sqrt{f(X_{ij})}} + \beta_1 \frac{1}{\sqrt{f(X_{ij})}} X_{i1} + \beta_2 \frac{1}{\sqrt{f(X_{ij})}} X_{i2} + \cdots + \beta_k \frac{1}{\sqrt{f(X_{ij})}} X_{ik} + \frac{1}{\sqrt{f(X_{ij})}} \mu_i$$

在该模型中，存在

$$\mathrm{Var}\left(\frac{1}{\sqrt{f(X_{ij})}} \mu_i\right) = \left(\frac{1}{\sqrt{f(X_{ij})}}\right)^2 \mathrm{Var}(\mu_i) = \frac{1}{f(X_{ij})} f(X_{ij})\sigma^2 = \sigma^2$$

即满足同方差性。于是可以用普通最小二乘法估计其参数，得到关于参数 $\beta_0, \beta_1, \cdots, \beta_k$ 的无偏、有效且一致的估计量。这就是加权最小二乘法，在这里权就是 $\frac{1}{\sqrt{f(X_{ij})}}$。

加权最小二乘法具有比普通最小二乘法更普遍的意义，或者说普通最小二乘法只是加权最小二乘法中权取 1 时的一种特殊情况。从此意义看，加权最小二乘法也称为广义最小二乘法(generalized least squares，GLS)。

实施加权最小二乘法的关键是寻找适当的"权"，或者寻找模型中随机干扰项 μ 的方差与解释变量间的适当的函数形式。如果发现

$$\mathrm{Var}(\mu_i | X_{i1}, X_{i2}, \cdots, X_{ik}) = \sigma^2 f(X_{i1}, X_{i2}, \cdots, X_{ik})$$

则加权最小二乘法中的权即 $\frac{1}{\sqrt{f(X_{i1}, X_{i2}, \cdots, X_{ik})}}$。如何寻找 μ 的方差与各 X 间的函数关系呢？下面给出一种相对灵活且广泛应用的方法。

假设 μ 的方差具有如下指数函数形式：

$$\mathrm{Var}(\mu_i | X_{i1}, \cdots, X_{ik}) = \sigma^2 \exp(\alpha_0 + \alpha_1 X_{i1} + \cdots + \alpha_k X_{ik}) \tag{3.6.10}$$

则可等价地写出

$$\mu_i^2 = \sigma^2 \exp(\alpha_0 + \alpha_1 X_{i1} + \cdots + \alpha_k X_{ik})\varepsilon_i$$

其中，ε_i 可看成条件均值为 1 的随机项。如果假设 ε_i 与各 X 独立，进一步有

$$\ln(\mu_i^2) = \delta_0 + \alpha_1 X_{i1} + \cdots + \alpha_k X_{ik} + v_i \tag{3.6.11}$$

其中，v_i 为独立于各 X，且条件均值为 0 的随机项。由于式(3.6.11)满足普通最小二乘法估计的基本假设，对该式用普通最小二乘估计，即可得到各 α_j 的无偏且有效的估计。事实上，μ_i 是观测不到的，当用可观测的 e_i 代替不可观测的 μ_i 时，用普通最小二乘法估计

$$\ln(e_i^2) = \delta_0 + \alpha_1 X_{i1} + \cdots + \alpha_k X_{ik} + v_i \tag{3.6.12}$$

则可得到各 α_j 的一致估计量 $\hat{\alpha}_j (j = 1, 2, \cdots, k)$。于是，在大样本下可得到 μ 的方差的一致性估计量：

$$\hat{\sigma}_i^2 = \hat{\mu}_i^2 = \hat{f}_i = \exp(\hat{\delta}_0 + \hat{\alpha}_1 X_{i1} + \hat{\alpha}_2 X_{i2} + \cdots + \hat{\alpha}_k X_{ik}) \tag{3.6.13}$$

从而，估计的权为

$$\hat{w}_i = \frac{1}{\hat{\sigma}_i} = \frac{1}{\sqrt{\hat{f}_i}} = \frac{1}{\sqrt{\exp(\hat{\delta}_0 + \hat{\alpha}_1 X_{i1} + \hat{\alpha}_2 X_{i2} + \cdots + \hat{\alpha}_k X_{ik})}} \tag{3.6.14}$$

最后需指出，式(3.6.10)的指数函数中只列出了各解释变量 X 的水平项，可根据估计的显著性，对各 X 进行取舍；此外，还可根据需要加入适当的 X 的高次方项。

由于加权最小二乘法中的权，或者说原模型中 μ 的方差与各 X 间适当的函数关系是估计出来的，因此这一广义最小二乘法也称为可行的广义最小二乘法(feasible GLS，FGLS)，由广义最小二乘法得到的原模型中的估计量称为可行的广义最小二乘估计量(FGLS estimator)。广义最小二乘估计量具有 BLUE 的特征，但可行的广义最小二乘估计量不具有无偏性。在正确地设定了方差所具有的函数形式时，可行的广义最小二乘估计量在大样本下具有一致性与渐近有效性。

2. 异方差稳健标准误法

加权最小二乘法的关键是寻找模型中随机干扰项 μ 的方差与解释变量间适当的函数形式，而这并非一件易事。在有些情况下很难得到正确的 μ 的方差与解释变量间适当的函数关系式，这时，可采用下面介绍的异方差稳健标准误法来消除异方差的存在带来的不良后果。

由于回归模型随机干扰项出现异方差时，普通最小二乘法只是影响了参数估计量方差或标准差的正确估计，从而无法保证普通最小二乘估计量的有效性，但并不影响估计量的无偏性与一致性。因此，另一种针对异方差的修正的估计方法是：仍采用普通最小二乘估计量，但修正相应的方差。

如何修正普通最小二乘估计量相应的方差呢？怀特 1980 年提出的方法是，用普通最小二乘估计的残差的平方 e_i^2 作为相应 σ_i^2 的代表。如在一元线性回归中，估计的斜率 $\hat{\beta}_1$ 正确的方差应为

$$\text{Var}(\hat{\beta}_1) = \frac{\sum x_i^2 \sigma_i^2}{\left(\sum x_i^2\right)^2} \tag{3.6.15}$$

于是用普通最小二乘估计的残差的平方 e_i^2 作为相应 σ_i^2 的代表，即用下式作为

$Var(\hat{\beta}_1)$ 的估计：

$$\frac{\sum x_i^2 e_i^2}{\left(\sum x_i^2\right)^2} \tag{3.6.16}$$

怀特证明了大样本下，式(3.6.16)是式(3.6.2)的一致估计。式(3.6.16)的平方根称为 $\hat{\beta}_1$ 的异方差稳健标准误(heteroskedasticity-robust standard error)，这种估计方法也被称为异方差稳健标准误法。

在存在异方差时，异方差稳健标准误法虽然不能得到最小方差的估计量，但是由于可以得到普通最小二乘估计量正确的方差估计，从而使得以估计量方差为基础的各种统计检验不再失效，建立的预测区间也更加可信，因此异方差稳健标准误法就成为在不能较好地实施加权最小二乘法时，消除异方差性不良后果的主要手段。多元回归模型中进行怀特的异方差稳健标准误处理的算法较为复杂，已超出本教材的范围，但任何一款应用软件都有标准的处理程序可直接使用。

3.7 序列相关性问题

多元线性模型的基本假设之一是模型的随机干扰项相互独立或不相关。如果模型的随机干扰项违背了相互独立的基本假设，称为存在序列相关性。

对于截面数据模型，如果样本是独立随机抽取的，则从理论上保证了模型的随机干扰项相互独立，不存在序列相关；如果样本不是独立随机抽取的，例如采用我国城市的截面数据为样本，属于同一个省的不同城市，其随机干扰项也可能存在序列相关。截面数据模型存在序列相关也被称为空间相关，属于近年来发展的空间计量经济学的内容，本节不予讨论。本节专门讨论时间序列模型的序列相关问题，在模型表达式中，将代表不同样本点的下标 i 用 t 表示。

3.7.1 序列相关性

对于模型

$$Y_t = \beta_0 + \beta_1 X_{t1} + \beta_2 X_{t2} + \cdots + \beta_k X_{tk} + \mu_t \quad (t=1,2,\cdots,n) \tag{3.7.1}$$

在其他假设仍成立的条件下，随机干扰项序列相关即意味着 $\text{Cov}(\mu_t, \mu_s) = E(\mu_t, \mu_s) \neq 0$，或

$$\text{Var}(\mu) = E(\mu\mu') = \begin{pmatrix} \sigma^2 & \cdots & E(\mu_1\mu_n) \\ \vdots & & \vdots \\ E(\mu_n\mu_1) & \cdots & \sigma^2 \end{pmatrix} = \begin{pmatrix} \sigma^2 & \cdots & \sigma_{1n} \\ \vdots & & \vdots \\ \sigma_{n1} & \cdots & \sigma^2 \end{pmatrix} = \sigma^2\boldsymbol{\Omega} \neq \sigma^2 I \tag{3.7.2}$$

如果仅存在

$$E(\mu_t\mu_{t+1}) \neq 0 \quad (t=1,2,\cdots,n-1) \tag{3.7.3}$$

称为一阶序列相关，或自相关，这是最常见的一种序列相关问题。自相关往往可写成如下形式：

$$\mu_t = \rho\mu_{t-1} + \varepsilon_t \quad (-1 < \rho < 1) \tag{3.7.4}$$

其中，ρ 称为自协方差系数或一阶自相关系数，ε_t 是满足以下标准普通最小二乘法假定的随机干扰项：

$$E(\varepsilon_t) = 0, \mathrm{Var}(\varepsilon_t) = \sigma^2, \mathrm{Cov}(\varepsilon_t, \varepsilon_{t-s}) = 0(s \neq 0)$$

3.7.2　实际经济问题中的序列相关性

在实际经济问题中，序列相关性产生的原因如下。

1. 经济变量固有的惯性

大多数经济时间数据都有一个明显的特点，就是它的惯性，表现在时间序列不同时间的前后关联上。例如，以绝对收入假设为理论假设、以时间序列数据为样本建立居民总消费函数模型：

$$C_t = \beta_0 + \beta_1 Y_t + \mu_t \quad (t = 1, 2, \cdots, n)$$

我们知道，一般情况下居民总消费(C)除受总收入(Y)影响外，还受其他因素影响，如消费习惯等。但这些因素没有包括在解释变量中，它们对消费量的影响则被包含在随机干扰项中。如果该项影响构成随机干扰项的主要部分，则可能出现序列相关性。即对于不同的年份，由于消费习惯等因素的惯性，导致在不同的时间的样本点之间，随机干扰项出现了相关，从而产生了序列相关性。更进一步分析，在这个例子中，随机干扰项之间表现为正相关。

又如，在如下农产品供给模型中：

$$Q_t = \beta_0 + \beta_1 P_{t-1} + \mu_t$$

农产品供给(Q)对价格(P)的反映本身存在一个滞后期，意味着，农户在年度 t 的过量生产(使该期价格下降)很可能导致在年度 t+1 削减产量；反之，t 年的减产又导致 t+1 年的增产。这时，随机干扰项往往表现出负相关的特征。

2. 模型设定的偏误

所谓模型设定偏误是指所设定的模型"不正确"，主要表现在模型中遗漏了重要的解释变量或模型函数形式有偏误，如本来应该估计的模型为

$$Y_t = \beta_0 + \beta_1 X_{t1} + \beta_2 X_{t2} + \beta_3 X_{t3} + \mu_t$$

但在模型设定中做了下述回归：

$$Y_t = \beta_0 + \beta_1 X_{t1} + \beta_2 X_{t2} + v_t$$

因此，该式中 $v_t = \beta_3 X_{t3} + \mu_t$。于是在 X_3 确实影响 Y 的情况下，这种模型设定的偏误往往导致随机项中有一个重要的系统性影响因素，使其呈现序列相关性。

又如，如果真实的边际成本回归模型应为：

$$Y_t = \beta_0 + \beta_1 X_t + \beta_2 X_t^2 + \mu_t$$

其中，Y 代表边际成本，X 代表产出量。但建模时设立了如下模型：

$$Y_t = \beta_0 + \beta_1 X_t + v_t$$

那么，由于 $v_t = \beta_2 X_t^2 + \mu_t$，包含了产出的平方对随机项的系统性影响，随机项也呈现序列相关性。

3. 数据的"编造"

在实际经济问题中，有时为了满足分析需求，会基于已知数据生成新的数据。因此，新生成的数据与原始数据之间便建立了内在联系，呈现出序列相关性。例如，季度数据常常是通过月度数据的简单平均来获得的，这种平均化处理减弱了月度数据的波动性，引入了数据的匀滑性。这种匀滑性本身就能使随机干扰项中出现系统性的因素，从而出现序列相关。两个时间点之间的"内插"技术也会导致随机干扰项的序列相关性。

一般经验告诉我们，对于采用时间序列数据作样本的计量经济学模型，由于在不同样本点上解释变量以外的其他因素在时间上的连续性，它们对被解释变量的影响往往具有连续性。因此，这类模型往往存在序列相关性。

3.7.3 序列相关性的后果

计量经济学模型一旦出现序列相关性，如果仍采用普通最小二乘法估计模型参数，会产生下列不良后果。

1. 参数估计量非有效

从普通最小二乘法估计中关于参数估计量的无偏性和有效性的证明过程可以看出，当计量经济学模型出现序列相关性时，其普通最小二乘法参数估计量仍然具有无偏性，但不具有有效性，因为在有效性证明中利用了随机干扰项的同方差性和无序列相关性条件，即

$$E(\mu\mu') = \sigma^2 I$$

而且，在大样本情况下，参数估计量虽然具有一致性，但仍然不具有渐近有效性。

2. 变量的显著性检验失去意义

在变量的显著性检验中，t 统计量是建立在参数方差正确估计基础之上的，只有当随机干扰项具有同方差性和无序列相关性时，这才能成立。如果存在序列相关，估计的参数标准差出现偏误(偏大或偏小)，t 检验就失去意义。其他检验也是如此。

如对一元回归模型

$$Y_t = \beta_0 + \beta_1 X_t + \mu_t \quad (t = 1, 2, \cdots, n)$$

的普通最小二乘法估计有

$$\hat{\beta}_1 = \beta_1 + \sum k_t \mu_t = \beta_1 + \frac{\sum x_t \mu_t}{\sum x_t^2}$$

可以证明，存在式(3.7.4)所示的一阶序列相关的情况下正确的 $\hat{\beta}_1$ 的方差应为

$$\mathrm{Var}(\hat{\beta}_1) = \frac{\sigma^2}{\sum x_t^2} + \frac{2\sigma^2}{\sum x_t^2}\left[\rho\frac{\sum_{t=1}^{n-1} x_t x_{t+1}}{\sum x_t^2} + \rho^2\frac{\sum_{t=1}^{n-2} x_t x_{t+2}}{\sum x_t^2} + \cdots + \rho^{n-1}\frac{x_1 x_n}{\sum x_t^2}\right] \tag{3.7.5}$$

而普通最小二乘法仍按下式给出 $\hat{\beta}_1$ 的方差测算

$$\text{Var}(\hat{\beta}_1) = \frac{\sigma^2}{\sum x_t^2} \tag{3.7.6}$$

显然,只有序列无关性满足时,式(3.7.5)与式(3.7.6)才会相同,否则普通最小二乘法给出的估计结果就会出现偏误,在有偏误的方差基础上构造的 t 检验也就失去了意义。

3. 模型的预测失效

预测的精度与参数估计量的方差有关,在方差估计有偏误的情况下,会使得预测估计不准确,预测精度降低。所以,当模型出现序列相关性时,它的预测功能失效。

需要说明的是,模型中随机干扰项的序列相关性,只会影响参数估计量方差的计算,即只会影响参数普通最小二乘估计量的有效性,不会影响其无偏性与一致性。只要解释变量的严格外生性成立,参数估计量就具有无偏性;只要解释变量与随机干扰项在不同期相关,被解释变量与各解释变量的时间序列弱相关,在大样本下,参数估计量就具有一致性。

3.7.4 序列相关性的检验

序列相关性的检验方法有多种,如图示检验法、回归检验法、D.W.检验法等。这些检验方法的共同思路是,采用普通最小二乘法估计模型,以求得残差序列

$$e_t = Y_t - (\hat{Y}_t)_{\text{OLS}}$$

由于残差 e_t 是 μ_t 的"近似估计量",因此分析 e_t 自身的相关性可以达到判断随机误差项是否具有序列相关性的目的。下面介绍几种常用的检验方法。

1. 图示法

由于残差 e_t 可以作为 μ_t 的估计,如果 μ_t 存在序列相关,必然会由残差项 e_t 反映出来,因此,可利用 e_t 的变化图形来判断随机项的序列相关性,如图 3.3 所示。

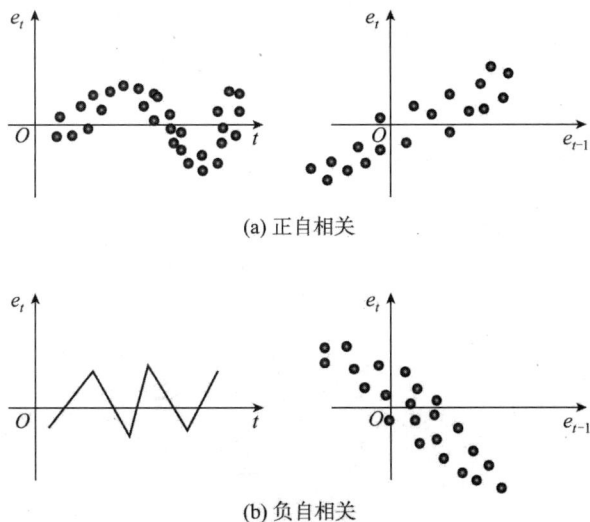

图 3.3 残差项序列相关图

2. 回归检验法

以 e_t 为解释变量，以各种可能的相关变量，如 e_{t-1}、e_t^2 等为解释变量，建立各种方程，对方程进行估计并进行显著性检验，如果存在某一种函数形式，使得方程显著成立，则说明原模型存在序列相关性。回归检验法的优点是一旦确定了模型存在序列相关性，也就同时知道了相关的形式，而且它适用于任何类型的序列相关性问题的检验。

3. D.W.检验法

D.W.检验法是杜宾和瓦森于 1951 年提出的一种检验序列自相关的方法，该方法的假定条件是：

(1) 解释变量严格外生；

(2) 随机误差项 μ_t 为一阶自回归形式：

$$\mu_t = \rho\mu_{t-1} + \varepsilon_t$$

(3) 回归模型中不应含有滞后被解释变量作为解释变量，即不应出现下列形式：

$$Y_t = \beta_0 + \beta_1 X_{t1} + \cdots + \beta_k X_{tk} + \gamma Y_{t-1} + \mu_t$$

(4) 回归模型含有截距项。

杜宾和瓦森针对原假设 H_0：$\rho = 0$，即 μ_t 不存在一阶自回归，构造如下统计量：

$$\text{D.W.} = \frac{\sum_{t=2}^{n}(e_t - e_{t-1})^2}{\sum_{t=1}^{n}e_t^2} \tag{3.7.7}$$

该统计量的分布与给定样本中的解释变量的值有复杂的关系，因此很难得到其精确的分布。通过以上假设，可导出临界值的上限 d_U 与下限 d_L，且这些上下限只与样本容量 n 和解释变量的个数 k 有关，而与解释变量的取值无关。因此，在检验时，只需要计算该统计量的值，再根据样本容量 n 和解释变量数目 k 查 D.W.分布的临界值表，得到临界值 d_L 和 d_U，然后按照下列准则考察计算得到的 D.W.值，以判断模型的自相关状态。

若 $0<\text{D.W.}<d_L$，则存在正自相关。

若 $d_L<\text{D.W.}<d_U$，则不能确定。

若 $d_U<\text{D.W.}<4-d_U$，则无自相关。

若 $4-d_U<\text{D.W.}<4-d_U$，则不能确定。

若 $4-d_L<\text{D.W.}<4$，则存在负自相关。

也就是说，当 D.W.值在 2 附近时，模型不存在一阶自相关。其证明过程如下：

展开 D.W.统计量：

$$\text{D.W.} = \frac{\sum_{t=2}^{n}e_t^2 + \sum_{t=2}^{n}e_{t-1}^2 - 2\sum_{t=2}^{n}e_t e_{t-1}}{\sum_{t=1}^{n}e_t^2} \tag{3.7.8}$$

当 n 较大时，$\sum_{t=2}^{n}e_t^2$、$\sum_{t=2}^{n}e_{t-1}^2$、$\sum_{t=1}^{n}e_t^2$ 大致相等，则式(3.7.8)可以简化为

$$D.W. = 2\left(1 - \frac{\sum\limits_{t=2}^{n} e_t e_{t-1}}{\sum\limits_{t=1}^{n} e_t^2}\right) = 2(1 - \rho)$$

式中，$\dfrac{\sum\limits_{t=2}^{n} e_t e_{t-1}}{\sum\limits_{t=1}^{n} e_t^2} \approx \dfrac{\sum\limits_{t=2}^{n} e_t e_{t-1}}{\sum\limits_{t=2}^{n} e_t^2} = \rho$ 为一阶自相关模型(3.7.4)的参数估计。

如果存在完全一阶正相关，则 $\rho \approx 1$, $D.W. \approx 0$;

如果存在完全一阶负相关，则 $\rho \approx -1$, $D.W. \approx 4$;

如果完全不相关，则 $\rho \approx -1$, $D.W. \approx 2$。

从判断准则中看到，存在一个不能确定的 D.W.值区域，这是这种检验方法的一大缺陷。D.W.检验只能检验一阶自相关，并对存在滞后被解释变量的模型无法检验。

4. 拉格朗日乘数(LM)检验法

拉格朗日乘数检验法克服了 D.W.检验法的缺陷，不要求解释变量的严格外生性，适合高阶序列相关及模型中存在滞后被解释变量的情形。它是由布劳殊与戈弗雷与 1978 年提出的，也被称为 GB 检验。

对于模型(3.7.1)，如果怀疑随机干扰项存在 p 阶序列相关：

$$\mu_t = \rho_1 \mu_{t-1} + \rho_2 \mu_{t-2} + \cdots + \rho_p \mu_{t-p} + \varepsilon_t \tag{3.7.9}$$

拉格朗日乘数检验就可用来检验如下受约束回归方程：

$$Y_t = \beta_0 + \beta_1 X_{t1} + \cdots + \beta_k X_{tk} + \rho_1 \mu_{t-1} + \cdots + \rho_p \mu_{t-p} + \varepsilon_t \tag{3.7.10}$$

约束条件为

$$H_0: \quad \rho_1 = \rho_2 = \cdots = \rho_p = 0 \tag{3.7.11}$$

如果约束条件 H_0 为真，则 LM 统计量服从大样本下自由度为 p 的渐近 χ^2 分布：

$$LM = (n - p)R^2 \stackrel{\alpha}{\sim} \chi(p) \tag{3.7.12}$$

其中，$n-p$、R^2 分别为如下辅助回归的样本容量与可决系数：

$$e_t = \beta_0 + \beta_1 X_{t1} + \cdots + \beta_k X_{tk} + \rho_1 e_{t-1} + \varepsilon_t \tag{3.7.13}$$

e_t 为原模型(3.7.1)经普通最小二乘估计的残差项。给定显著性水平 α，查自由度为 p 的 χ^2 分布的相应临界值 $\chi^2_\alpha(p)$，如果计算的 LM 统计量的值超过该临界值，则拒绝约束条件为真的原假设，表明可能存在直到 p 阶的序列相关性。在实际检验中，可从 1 阶、2 阶、……，逐次向更高阶检验，并用辅助回归式(3.7.13)中各 e_t 前参数的显著性来帮助判断序列相关的阶数。戴威森与麦金农建议，可在辅助回归式(3.7.13)中将残差各滞后项中缺失的观测值用 0 补齐，这时 $LM = nR^2$，其渐进分布仍是自由度为 p 的 χ^2 分布。大样本下两者几乎没有差异。

3.7.5 序列相关的补救

如果模型被检验证明存在序列相关性，则需要发展新的方法估计模型。与模型出现异方差的情形相类似，有两种解决途径：一是变换原模型为不存在序列相关的新模型，再采用普通最小二乘法估计，这就是所谓的广义最小二乘法和广义差分法；另一条途径是仍采用普通最小二乘法估计原模型，之后再对参数估计量的方差或标准差进行修正，称为序列相关稳健标准误法。

1. 广义最小二乘法

广义最小二乘法，顾名思义，是具有普遍意义的最小二乘法，普通最小二乘法和加权最小二乘法是它的特例。

一般情况下，对于模型

$$Y = X\beta + \mu \tag{3.7.14}$$

如果存在序列相关，同时存在异方差，即有

$$\mathrm{Var}(\mu) = E(\mu\mu') = \begin{pmatrix} \sigma_1^2 & \sigma_{12} & \cdots & \sigma_{1n} \\ \sigma_{21} & \sigma_2^2 & \cdots & \sigma_{2n} \\ \vdots & \vdots & & \vdots \\ \sigma_{n1} & \sigma_{n2} & \cdots & \sigma_n^2 \end{pmatrix} = \sigma^2 \boldsymbol{\Omega}$$

显然，$\boldsymbol{\Omega}$ 是对称正定矩阵，因此存在一可逆矩阵 $\boldsymbol{D}$，使得

$$\boldsymbol{\Omega} = \boldsymbol{DD}'$$

用 $\boldsymbol{D}^{-1}$ 左乘式(3.7.14)两边，得到一个新的模型：

$$\boldsymbol{D}^{-1}Y = \boldsymbol{D}^{-1}X\beta + \boldsymbol{D}^{-1}\mu \tag{3.7.15}$$

即

$$Y_* = X_*\beta + \mu$$

该模型具有随机干扰项的同方差性和无序列相关性。因为

$$E(\mu_*\mu_*') = E(\boldsymbol{D}^{-1}\mu\mu'\boldsymbol{D}^{-1'}) = \boldsymbol{D}^{-1}E(\mu\mu')\boldsymbol{D}^{-1'} = \boldsymbol{D}^{-1}\sigma^2\boldsymbol{\Omega}\boldsymbol{D}^{-1'} = \boldsymbol{D}^{-1}\sigma^2\boldsymbol{DD}'\boldsymbol{D}^{-1'} = \sigma^2 I$$

于是，可以用普通最小二乘估计模型(3.7.15)，记参数估计量为 $\hat{\beta}_*$，则

$$\hat{\beta}_* = (X_*'X_*)^{-1}X_*'Y_* = (X'\boldsymbol{D}^{-1'}\boldsymbol{D}^{-1}X)^{-1}X'\boldsymbol{D}^{-1'}\boldsymbol{D}^{-1}Y = (X'\boldsymbol{\Omega}^{-1}X)^{-1}X'\boldsymbol{\Omega}^{-1}Y \tag{3.7.16}$$

这就是原模型(3.7.14)的广义最小二乘估计量，是无偏的、有效的估计量。

由上面的推导过程可知，只要知道随机干扰项的方差—协方差矩阵 $\sigma^2\boldsymbol{\Omega}$，就可采用广义最小二乘法得到参数的最佳线性无偏估计量(BLUE)。然而若只有 n 个样本点，要对包括各 β_j 在内的 $\dfrac{n(n-1)}{2} + k + 2$ 个未知参数进行估计是困难的。这就需要对随机干扰项自相关的结构事先给出必要的假设。最常见的是假设随机干扰项具有一阶序列相关性：

$$\mu_t = \rho\mu_{t-1} + \varepsilon_t \quad (-1 < \rho < 1) \tag{3.7.17}$$

这时，可以证明[①]

$$\mathrm{Var}(\mu_t) = \frac{1}{1-\rho^2}\sigma_s^2 = \sigma^2$$

$$\mathrm{Cov}(\mu_t, \mu_{t-s}) = \rho^s \frac{1}{1-\rho^2}\sigma_s^2 = \rho^s \sigma^2$$

于是

$$\mathrm{Var}(\mu) = \frac{\sigma_\varepsilon^2}{1-\rho^2}\begin{pmatrix} 1 & \rho & \cdots & \rho^{n-1} \\ \rho & 1 & \cdots & \rho^{n-2} \\ \vdots & \vdots & & \vdots \\ \rho^{n-1} & \rho^{n-2} & \cdots & 1 \end{pmatrix} = \sigma^2 \boldsymbol{\Omega} \tag{3.7.18}$$

易知

$$\boldsymbol{\Omega}^{-1} = \frac{1}{1-\rho^2}\begin{pmatrix} 1 & -\rho & 0 & \cdots & 0 & 0 & 0 \\ -\rho & 1+\rho^2 & -\rho & \cdots & 0 & 0 & 0 \\ 0 & -\rho & 1+\rho^2 & \cdots & 0 & 0 & 0 \\ \vdots & \vdots & \vdots & & \vdots & \vdots & \vdots \\ 0 & 0 & 0 & \cdots & -\rho & 1+\rho^2 & -\rho \\ 0 & 0 & 0 & \cdots & 0 & -\rho & 1 \end{pmatrix}$$

从而

$$\boldsymbol{D}^{-1} = \begin{pmatrix} \sqrt{1-\rho^2} & 0 & 0 & \cdots & 0 & 0 & 0 \\ -\rho & 1 & 0 & \cdots & 0 & 0 & 0 \\ 0 & -\rho & 1 & & 0 & 0 & 0 \\ \vdots & \vdots & \vdots & & \vdots & \vdots & \vdots \\ 0 & 0 & 0 & \cdots & -\rho & 1 & 0 \\ 0 & 0 & 0 & \cdots & 0 & -\rho & 1 \end{pmatrix} \tag{3.7.19}$$

2. 广义差分法

广义差分法是一类克服序列相关性的有效方法，被广泛地采用。广义差分法是将原模型变换为满足普通最小二乘法的差分模型，再进行普通最小二乘估计。

如果原模型存在

$$\mu_t = \rho_1 \mu_{t-1} + \rho_2 \mu_{t-2} + \cdots + \rho_p \mu_{t-p} + \varepsilon_t \tag{3.7.20}$$

可以将原模型变换为

$$Y_t - \rho_1 Y_{t-1} - \cdots - \rho_p Y_{t-p} = \beta_0(1-\rho_1-\cdots-\rho_p) + \beta_1(X_{t1} - \rho_1 X_{t-1,1} - \rho_p X_{t-p,1}) $$
$$+ \cdots + \beta_k(X_{ik} - \rho_1 X_{t-1,k} - \cdots - \rho_p X_{t-p,k}) + \varepsilon_t \quad (t = 1+p, 2+p, \cdots, n) \tag{3.7.21}$$

模型(3.7.21)为广义差分模型，该模型不存在序列相关问题。采用普通最小二乘估计该模型得到的参数估计量，即为原模型参数的无偏、有效的估计量。

---

① 资料来源：潘文卿，李子奈. 计量经济学：学习指南与练习[M]. 5 版. 北京：高等教育出版社，2021.

需要指出的是，广义差分法就是实现广义最小二乘法的常用手段，但损失了部分样本观测值。在一阶序列相关的情况下，广义差分是对下面的差分模型进行普通最小二乘回归：

$$Y_t - \rho Y_{t-1} = \beta_0(1-\rho) + \beta_1(X_{t1} - \rho X_{t-1,1}) + \cdots + \beta_k(X_{tk} - \rho X_{t-1,k}) + \varepsilon \quad (t = 2,3,\cdots,n)$$

或

$$Y_t^* = \beta_0(1-\rho) + \beta_1 X_{t1}^* + \cdots + \beta_k X_{tk}^* + \varepsilon_t \quad (t = 2,3,\cdots,n)$$

这一变换相当于式(3.7.19)的 D^{-1} 去掉第一行后左乘原模型(3.7.14)，即运用了广义最小二乘法，但第一次观测值被排除了。

尽管大样本中广义差分法与广义最小二乘法的估计结果相近，但在小样本中，观测值的损失可能会对估计结果有所影响。因此，在广义差分变换中，有时需弥补这一损失。在一阶序列相关情况下，对损失的第一次观测值可进行如下的普莱斯—温斯特变换：

$$Y_1^* = \sqrt{1-\rho^2}\, Y_1, \quad X_{1j}^* = \sqrt{1-\rho^2}\, X_{1j} \quad (j = 1,2,\cdots,k)$$

这样，广义差分法的估计结果完全等同于广义最小二乘估计量。

3. 随机误差项相关系数的估计

无论应用广义最小二乘法，还是应用广义差分法，必须已知不同样本点之间随机误差项的相关系数 $\rho_1, \rho_2, \cdots, \rho_p$。实际上，人们并不知道它们的具体数值，所以必须先对它们进行估计。于是，发展了许多估计方法，但基本思路大都是采用普通最小二乘法估计原模型，得到随机误差项的"近似估计值"，然后利用该"近似估计值"求得随机误差项相关系数的估计量。不同的方法旨在使得这些估计量更加逼近实际。下面介绍常用的科克伦—奥科特迭代法。

先采用普通最小二乘法估计原模型，得到随机误差项的"近似估计值"，以它作为方程(3.7.20)的样本观测值，采用普通最小二乘法估计该方程，得到 $\hat{\rho}_1, \hat{\rho}_2, \cdots, \hat{\rho}_p$ 代入(3.7.21)；然后对它进行普通最小二乘估计并代回原模型，求出原模型随机误差项的新的"近似估计值"，并以它作为方程(3.7.20)的样本观测值，采用普通最小二乘法估计该方程，作为随机误差项的相关系数 $\rho_1, \rho_2, \cdots, \rho_p$ 的第二次估计值。重复上述过程，可得到 $\rho_1, \rho_2, \cdots, \rho_p$ 的多次迭代值。

关于迭代的次数，可根据具体的问题来定。一般是事先给出一个精度，当相邻两次的 $\rho_1, \rho_2, \cdots, \rho_p$ 的估计值之差小于这一精度时，迭代终止。实践中，有时只要迭代两次，就可得到较满意的结果。两次迭代过程也被称为科克伦—奥科特两步法。如果随机误差项存在一阶自相关，也可以将迭代过程运用到采用包含有普莱斯—温斯特变换的广义最小二乘估计上来。许多计量经济学软件都是按迭代法进行的。

需要指出的是，如果各序列相关系数是被估计出来的，则模型参数的估计结果不再是广义最小二乘估计量，而是可行的广义最小二乘估计量，该估计方法也被称为可行的广义最小二乘法。可行的广义最小二乘估计量在小样本下不再是无偏的，在大样本下却是一致的，而且具有大样本下的渐近有效性。

4. 序列相关稳健标准误法

与回归模型随机误差项出现异方差时类似，当模型随机误差项出现序列相关时，普通最小二乘法只是影响了参数估计量方差或标准差的正确估计，无法保证普通最小二乘估计量的有效性，但并不影响估计量的无偏性与一致性，因此，与解决出现异方差时的情况相似，另一种针对序列相关的修正的估计方法是：仍采用普通最小二乘估计量，但修正相应的方差。

如何修正普通最小二乘估计量相应的方差呢？尼威和韦斯特 1987 年提出了类似于怀特提出的解决模型出现异方差时的方法，即计算出参数估计量正确的标准差

$$\mathrm{Var}(\hat{\beta}_1) = \frac{\sigma^2}{\sum x_t^2} + \frac{2\sigma^2}{\sum x_t^2}\left[\rho\frac{\sum_{t=1}^{n-1}x_t x_{t+1}}{\sum x_t^2} + \rho^2\frac{\sum_{t=1}^{n-2}x_t x_{t+2}}{\sum x_t^2} + \cdots + \rho^{n-1}\frac{x_1 x_n}{\sum x_t^2}\right]$$

进行估计，而不是按普通最小二乘法中给出的 $\hat{\beta}_1$ 的方差（$\mathrm{Var}(\hat{\beta}_1) = \dfrac{\sigma^2}{\sum x_t^2}$）进行估计。当然，

尼威和韦斯特给出的计算公式要复杂得多，本教材不再列出。

尼威和韦斯特提出的修正普通最小二乘参数估计量标准误的方法，不仅能在模型随机误差项只存在序列相关时得到参数估计量的正确标准误，而且当模型随机误差项同时存在异方差与序列相关时，也能得到参数估计量的正确标准误，因此该标准误也被称为异方差—序列相关一致标准误[Heteroskedasticity and Autocorrelation Consistent (HAC) Standard Errors]，或简称为尼威—韦斯特标准误(Newey-West Standard Errors)，该估计参数的方法也称为序列相关稳健标准误法。

可以证明，大样本下尼威—韦斯特标准误是普通最小二乘参数估计量标准误的一致估计。与存在异方差时的情形相类似，序列相关稳健标准误法虽然不能得到具有最小方差特征的估计量，但是由于可以得到普通最小二乘估计量正确的方差估计，可使得以估计量方差为基础的各种统计检验不再失效、建立的预测区间也更加可信，因此序列相关稳健标准误法就成为在不能较好地实施广义最小二乘法时，消除序列相关性不良后果的主要手段。

3.7.6　虚假序列相关问题

如果随机干扰项的序列相关性是源于模型设定中遗漏了重要的解释变量或对模型的函数形式设定有误，这种情形可称为虚假序列相关，应在模型设定中排除。因此，这里有两个层次的问题需要判断，一是如果检验出模型存在序列相关现象，需判断在模型的设定中是否存在由于遗漏了重要的解释变量或对模型的函数形式设定有误而引起的虚假序列相关，这称为模型的设定偏误检验。如果经检验不存在由于模型设定偏误而导致的虚假序列相关，即模型存在的序列相关是真实的序列相关或纯序列相关，则通过相应的修正方法进行修正。第二层次的问题是如何在设定模型时就避免产生虚假序列相关问题，或者说如何避免出现模型设定偏误问题，一个基本的建模规则就是在开始时建立一个"一般"的模型，然后逐渐剔除确实不显著的变量。

本章小结

1. 多元线性回归模型的概念和理论大多与一元线性回归模型相同。由于有多个自变

量，为了模型参数可以被估计，除了对模型误差项给出必要的假设之外，还需要假设解释变量之间不存在完全共线性。

2. 在无共线性假设下，误差项的外生性假设是最基本的假设，在此假设下，OLS 估计具有一致性和渐近正态性。如果同方差假设和随机抽样假设同时成立，则 OLS 估计近似服从正态分布，参数估计的标准误采用公式(3.3.4)计算，并采用结论 8 中的统计量对参数进行 t 检验。如果误差项存在异方差，OLS 估计近似服从正态分布，但参数估计的标准误需要采用 White 方法进行计算，用于回归系数假设检验的 t 统计量计算做相应的调整。如果误差项存在异方差和序列相关，则 OLS 估计近似服从正态分布，但参数估计的标准误需要采用 Newey-West 给出 HAC 方法进行计算，并且回归系数假设检验的 t 统计量计算做相应的调整。如果外生性假设不满足，不能采用 OLS 方法进行估计模型。

3. 多元线性回归的因变量总平方和，可以分解为回归平方和与残差平方和，由此可以定义拟合优度 R^2。R^2 会随自变量的增加而增加，以此为标准会使模型包含过多的对因变量没有解释能力的自变量。对于 R^2 分子和分母中的量，可用各自的自由度调整 R^2。信息准则与调整过的 R^2 在自变量取舍上具有相同功能。信息准则包括 AIC、SC 和 HQ，使用的原则是选择使信息准则达到最小的模型。R^2 和信息准则只能用于嵌套模型的比较。

4. 多元线性回归模型误差项是否有异方差可以通过 White 方法进行检验。White 方法的做法是对辅助回归模型进行检验，辅助回归以原回归模型的 OLS 回归残差平方 $\hat{\mu}^2$ 为因变量，以原模型自变量、自变量平方和自变量的交叉相乘为解释变量，以回归的 F 检验结果决定是否存在异方差。

5. 多元线性回归模型误差项是否有序列相关可以通过布罗施—葛德福瑞 LM 检验方法进行检验。只需要在 Stata 或 EViews 结果输出界面逐级单击菜单即可实现误差项的序列相关检验。

6. 与一元线性回归模型不同，多元线性回归模型自变量之间的多重共线性会影响回归系数 OLS 估计的方差和标准误，从而影响 t 检验。方差膨胀因子 VIF 用来衡量共线性的程度。当存在严重共线性时，可以通过变量变换、增加样本量减轻影响，但不能轻易将解释变量从模型中去掉，否则会导致参数 OLS 估计的不一致性，从而带来更严重的后果。

第**4**章

线性回归模型的拓展与应用

线性回归模型在经济问题分析中有很多应用。由于经济问题和经济数据有其特殊性，所以在变量选取、变量形式、变量之间的交互作用及模型参数之间关系等方面应做具体的分析。运用适合经济实际的回归模型，是正确分析经济问题的关键。

4.1 多元线性回归分析与因素控制

4.1.1 多元线性回归与因素控制

经济数据是观测数据，研究者很难对数据产生的过程进行控制。经济数据的生成受很多因素影响，要研究所关注因素对经济过程的影响，必须对其他因素的影响进行控制。多元回归分析提供了因素控制的方法。

例 4.1 气温与冷饮消费。

在夏季，家庭的冷饮消费受气温(Whether)影响，气温上升导致冷饮消费增加。冷饮消费也受到空调用电消费(AirCd)影响，空调用电消费增加导致冷饮消费减少(替代效应)。要正确度量气温变化对冷饮消费的影响，需要控制空调用电消费的影响。采用同时包含 Whether 和 AirCd 两个自变量的线性回归模型，可以控制 Whether 的影响，即

$$\text{Coldr} = \beta_0 + \beta_1 \text{AirCd} + \beta_2 \text{Whether} + \mu \tag{4.1.1}$$

其中，Whether 称为关注变量，AirCd 称为控制变量。模型(4.1.1)的回归系数 β_1 是在空调用电消费不变的情况下，气温每上升一个单位带来的冷饮消费的平均变化(偏导数)，即

$$\frac{\partial \text{E(Coldr)}}{\partial \text{Whether}} = \beta_2$$

如果采用的是不包括 AirCd 的一元线性回归模型，则

$$\text{Coldr} = \beta_0' + \beta_2' \text{Whether} + \mu \tag{4.1.2}$$

β_2' 是气温上升一个单位带来的冷饮消费的平均变化(导数)，即

$$\frac{\partial \text{E(Coldr)}}{\partial \text{Whether}} = \beta_2'$$

显然没有"空调用电消费不变"的前提。由于空调用电受到气温的影响，而冷饮消费也受到气温影响，β_2' 不仅包含气温上升对冷饮消费的影响(增加冷饮消费)，同时包含气温上升引起空调用电消费上升对冷饮消费的影响(减少冷饮消费)，用 β_2' 衡量气温变化对冷饮消费的影响是不正确的。

要正确反映所关注的自变量(如 Whether)对因变量的影响，需要控制其他相关变量(如 AirCd)，控制的方法是将这些变量作为模型自变量引入模型进行多元线性回归分析。所谓相关变量(即控制变量)，是指与关注变量有相关关系的自变量。

丢掉相关变量会引起关注变量的内生性，引起 OLS 估计的不一致性，带来内生偏差。这种内生性称为缺失变量(dropping relevant variable)内生性。

4.1.2 缺失变量偏差

丢掉相关的自变量，相当于将该自变量放入误差项，从而导致误差项和关注变量的相关性，即内生性。缺失相关变量产生的内生性会导致 OLS 估计的不一致性，并且产生估计偏差(bias)。

设 $\hat{\theta}$ 为参数 θ 的估计，$\mathrm{Bias}(\hat{\theta}) = E(\hat{\theta}) - \theta$ 称为 $\hat{\theta}$ 的估计偏差。缺失变量导致的估计偏差大小，和缺失变量与关注变量的相关性及缺失变量与因变量的相关性有关。

以冷饮和空调的替代效应(例子 4.1)为例进行说明。(4.1.1)为完整模型，AirCd 为关注变量，Whether 为控制变量，(4.1.2)为缺失了控制变量 AirCd 的模型。设 AirCd 受 Whether 影响，二者关系可以表示为一元线性回归模型

$$\mathrm{AirCd} = \gamma_0 + \gamma_1 \mathrm{Whether} + v \tag{4.1.3}$$

设公式(4.1.3)中 γ_1 的 OLS 估计为 $\hat{\gamma}_1$，则缺失变量 AirCd 导致关注变量 Whether 回归系数 $\hat{\beta}_1$ 的估计偏误为

$$\mathrm{Bias}(\hat{\beta}_2') = E(\hat{\beta}_2') - \beta_2 = \hat{\gamma}_1 \beta_1 \tag{4.1.4}$$

从公式(4.1.4)看出，变量缺失导致的 OLS 估计偏误与两个因素有关：缺失变量与关键变量的相关程度($\hat{\gamma}_1$)和缺失变量对因变量的影响(β_1)。缺失变量与关键变量的相关程度越高($\hat{\gamma}_1$ 越大)，OLS 估计偏误越大，缺失变量对因变量的影响越大(β_1 越大)，OLS 估计偏误越大。估计偏误的符号与 $\hat{\gamma}_1$ 的符号和 β_1 的符号相关。本例中，由于替代效应 $\beta_1 < 0$ (气温不变时，空调用电消费增加将减少冷饮消费)，又由于收入效应 $\hat{\gamma}_1 > 0$ (气温增加，空调用电消费增加)，所以估计偏误 $\hat{\gamma}_1 \beta_1 < 0$。

以上分析表明，采用模型(4.1.2)估计出的 $\hat{\beta}_2'$，低估气温对冷饮消费的影响。原因在于丢掉的变量 AirCd 对 Coldr 具有负面影响，这种影响被并入变量 Whether，通过 $\hat{\beta}_2'$ 体现。

根据上面的分析结果可以推断出如下结论。

结论 1：缺失变量偏误。

设完整回归模型为 $Y = \beta_0 + \beta_1 X_1 + \cdots + \beta_k X_k + \gamma Q + \mu$，误差项 μ 满足外生性假设。丢掉变量 Q 后的模型为 $Y = \beta_0' + \beta_1' X_1 + \cdots + \beta_k' X_k + v$。$Q$ 与 $X_i (i = 1,2,\cdots,k)$ 的关系可表示为回归 $Q = \delta_0 + \delta_1 X_1 + \cdots + \delta_k X_k + \omega$，$\hat{\delta}_i$ 为 δ_i 的 OLS 估计。丢掉变量 Q 导致的 OLS 估计偏误为

$$\mathrm{Bias}(\hat{\beta}_i') - \beta_i = \gamma \times \hat{\delta}_i \quad (i = 1,2,\cdots,k) \tag{4.1.5}$$

在两种情况下，丢掉变量 Q 不会带来其他回归系数的估计偏误：一种情况是 Q 与解释变量 X_i 无关($\hat{\delta}_i = 0$)；第二种情况是 Q 对因变量 Y 没有影响($\gamma = 0$)。

例 4.2　货币需求量。

根据用途不同，货币需求可以分为短期货币需求和长期货币需求。短期货币需求体现在人们的交易动机中，与当前收入有关；长期货币需求则体现在人们的资产配置选择中，与财富和永久收入有关，为了研究货币存量的动态变化，邹至庄(Gregory Chow)建立了如下长期货币需求模型：

$$Y_t = \beta_0 + \beta_1 X_{1t} + \beta_2 X_{2t} + \beta_3 X_{3t} + \mu_t$$

其中，Y 表示货币存量的自然对数，X_1 表示永久性收入自然对数，X_2 表示当前收入自然对数，X_3 表示利率的自然对数。采用 1897—1958 年的美国年度数据，并将 1917—1919 年和 1941—1945 年战争期间的数据去掉，共 54 个样本对模型进行估计。估计结果为

$$\hat{X}_t = 0.137 + \underset{(7.22)}{1.07} X_{1t} - \underset{(-0.01)}{0.01} X_{2t} - \underset{(-14.03)}{0.75} X_{3t}$$

$$R^2 = 0.997$$

括号内为参数估计的 t 统计量值。从回归结果看，永久性收入 X_1 对货币存量有明显影响(t 值大于 2)，而当前收入 X_2 对货币存量的影响不显著(t 值绝对值小于 2)。邹至庄据此认为，作为个人资产的长期约束条件，永久性收入比当前收入更重要。

泰勒和纽豪斯(Taylor 和 Newhouse)则认为，前期货币存量对当期货币存量有很大影响，应该作为解释变量引入模型。他们认为，正确的模型应该为

$$Y_t = \beta_0 + \beta_1 X_{1t} + \beta_2 X_{2t} + \beta_3 X_{3t} + \beta_4 Y_{t-1} + \mu_t$$

其中，Y_{t-1} 表示货币存量上期值。采用与邹至庄同样的数据对模型进行估计，结果为

$$\hat{y} = 0.367 + \underset{(0.43)}{0.062} X_{1t} + \underset{(3.48)}{0.33} X_{2t} - \underset{(-5.57)}{0.33} X_{3t} + \underset{(8.79)}{0.59} Y_{t-1}$$

$$R^2 = 0.999$$

从回归结果看，永久性收入 X_1 对货币存量的影响不显著，而当前收入的影响却十分显著，并且当前收入增加会引起货币存量的增加(回归系数估计值为正)。据此，在永久性收入和当前收入对货币存量的影响上，泰勒和纽豪斯得出了与邹至庄完全相反的结论：在解释货币的长期需求时，当前收入比永久性收入更重要。

之所以得出相反的结论，是因为邹至庄的模型中丢失了变量 Y_{t-1}，从而引起模型中 X_1 和 X_2 的回归系数估计值 $\hat{\beta}_1$ 和 $\hat{\beta}_2$ 是有偏的。以 $\hat{\beta}_1$ 为例，由此产生的偏误为

$$E(\hat{\beta}_1) - \beta_1 = \beta_4 \times \hat{\delta}_1$$

其中，δ_1 为辅助回归 $Y_{t-1} = \delta_0 + \delta_1 X_1 + \delta_2 X_2 + \omega$ 中 X_1 的系数。泰勒和纽豪斯计算出 X_1 和 Y_{t-1} 的相关系数高达 0.9885，两个变量高度相关。模型中丢掉 Y_{t-1}，夸大了永久性收入的重要性。

4.1.3　分割回归、F-W 定理和影响消除

所谓分割回归，是指多元线性回归模型回归系数的 OLS 估计，可通过两个较简单的线

性回归模型 OLS 估计来得到。以三元线性回归模型为例进行说明。

设 $Y_i = \beta_0 + \beta_1 X_{1i} + \beta_2 X_{2i} + \beta_3 X_{3i} + \mu_i$。系数 β_1 的 OLS 估计可以通过以下方法得到。

第一步：对以 X_1 为因变量、X_2 和 X_3 为自变量的回归模型 $X_{1i} = \gamma_0 + \gamma_2 X_{2i} + \gamma_3 X_{3i} + v_i$ 进行 OLS 估计，得到回归残差 $\hat{v}_1$。

第二步：对以 Y 为因变量、X_2 和 X_3 为自变量的回归模型 $Y_i = \theta_0 + \theta_2 X_{2i} + \theta_3 X_{3i} + \omega_i$ 进行 OLS 估计，得到回归残差 $\hat{\omega}_1$。

第三步：以 $\hat{\omega}_1$ 为因变量、$\hat{v}_1$ 为自变量进行一元线性回归 $\hat{\omega}_1 = \pi \hat{v}_1 + \varepsilon_i$，$\pi$ 的 OLS 估计 $\hat{\pi}$ 便是 β_1 的 OLS 估计。

结论：$\hat{\pi}$ 等于回归系数 β_1 的 OLS 估计。

通过两次回归求多元线性回归模型 OLS 估计的方法是由 Frisch 和 Waugh 提出的，称为 F-W 定理。

结论 2：$\hat{\pi}$ 等于回归系数 β_1 的 OLS 估计(F-W 定理)

F-W 定理具有非常直观的意义。回归残差向量与自变量样本向量正交，表明残差中已经不再包含自变量的信息。因变量对自变量的回归称为影响因素剔除，回归残差是因变量剔除自变量影响之后剩下的部分。第一步回归剔除 X_2、X_3 对 X_1 的影响，残差 $\hat{v}_1$ 是剔除影响后的部分。第二步回归剔除 X_2、X_3 对 Y 的影响，残差 $\hat{\omega}_1$ 是剔除影响后的部分。F-W 定理表明，在 Y 对 X_1、X_2 和 X_3 的线性回归中，X_1 的回归系数的 OLS 估计，等于剔除 X_2 和 X_3 的影响后 Y 对 X_1 的一元线性回归的回归系数的 OLS 估计。

由此看出，通过线性回归模型刻画 X_1 对 Y 的影响时，将 X_2 和 X_3 作为自变量引入模型，是为了消除 X_2 和 X_3 对 Y 和 X_1 的影响(或者说控制住 X_2 和 X_3)，使得回归系数 β_1 的 OLS 估计 $\hat{\beta}_1$ 衡量的是 X_1 对 Y 的"纯"影响。

4.2 模型中变量的形式

4.2.1 对数模型和弹性

1. 边际和弹性

在线性回归模型中，除常数项之外，解释变量回归系数表示在保持其他解释变量不变的条件下，该解释变量变化一个单位引起的被解释变量的改变量，这一个改变量称为边际(margin)。边际衡量了某个解释变量变化对被解释变量变化的影响程度，是一个绝对量。例如，冷饮消费模型(4.1.1)中的 β_2 表示空调用电消费 AirCd 不变条件下气温增加一个单位(度)引起的冷饮消费(元)的增加。边际是绝对量，会给比较带来不便。例如，同样的模型，当温度(Whether)单位用摄氏度(℃)和华氏(℉)两种不同的单位时，得出的回归系数可能不一样。边际的缺陷还体现在对自变量和因变量的变化幅度衡量上，例如：在考虑自变量变化会引起多少因变量变化时，均采用变量的绝对变化量，而没有考虑百分比变化。例如 X_1 从 5 增加到 6 与从 10 增加到 11 的绝对变化量相同，但前者变化(增加 20%)显然大于后者(增加 10%)。

弹性(elasticity)可以克服边际的上述局限性。Y 对 X 的弹性，是指 X 变化 1% 引起 Y 变化的百分比。如果 $Y = g(X)$，Y 对 X 的弹性为

$$\frac{\mathrm{d}\ln Y}{\mathrm{d}\ln X} = \frac{\mathrm{d}Y \,/\, Y}{\mathrm{d}X \,/\, X}$$

弹性消除了变量的单位，并且采用变量的百分比变化。

将因变量和自变量取自然对数进行回归，回归系数是被解释变量关于解释变量的弹性。例如，在冷饮消费模型中，用冷饮消费的对数 ln(Coldr)对空调用电消费的对数 ln(AirCd)和气温对数 ln(Whether)进行回归：

$$\ln\text{Coldr} = \alpha_0 + \alpha_1 \ln\text{AirCd} + \alpha_2 \ln\text{Whether} + \mu$$

其中，回归系数 α_2 为冷饮消费的气温弹性。

有时只对 Y 取对数，X 保持不变，称

$$\frac{\mathrm{d}\ln Y}{\mathrm{d}X} = \frac{\mathrm{d}Y \,/\, Y}{\mathrm{d}X}$$

为 Y 对 X 的半弹性(semi-elasticity)，表示 X 变化一个单位(绝对量)引起 Y 变化的百分比(相对量)。

2. 对数模型

对数模型的一般形式为

$$\log Y = \beta_0 + \beta_1 \log X_1 + \cdots + \beta_m \log X_m + \beta_{m+1} \log X_{m+1} + \cdots + \beta_k X_k + \mu$$

模型中，前 m 个斜率参数为 Y 关于 X_i 的弹性，$i = 1, \cdots, m$；后 $k - m$ 个斜率参数为 Y 关于 X_i 的半弹性，$i = m+1, \cdots, k$。

取自然对数还可以大大降低数据的量级，使有关的计算更加简单和准确。对数变换能够降低变量间的共线性。由于自然对数是严格单调增函数，对变量实施对数变换不会改变变量间相关关系的方向。

是否进行对数变换没有统一的标准。一般情况下，一个变量取正值且值较大，可进行对数变换。对于可能取负值和零的变量，不能直接进行对数变换。

4.2.2　非线性自变量

1. 自变量的平方项

在经济问题中，一些自变量对因变量的影响往往呈现出一种抛物线形状。例如，年龄对工资收入的影响：从就业开始到某个年龄(最佳年龄)，在其他因素不变的情况下，工资随年龄的增长而增加，过了最佳年龄后，工资随年龄的增长而下降。工资与年龄的关系是二次函数的关系，需要在自变量中增加年龄的平方项。类似的问题还有平均成本和产量的关系、工资收入和阅历的关系等。

引入自变量的平方，模型不再是线性的，但只要将自变量的平方看作新的自变量，模型从本质上仍然是线性的，仍然可以采用线性回归的方法进行估计和推断。

例 4.3　企业规模。

从经济学理论知道，企业存在最佳生产规模，规模过小，生产能力得不到充分发挥，需要对企业实施兼并和重组；规模过大，生产效率下降，需要对企业进行拆分。最佳生产规模对应的单位成本最低。以我国发电行业为例，用总资产 Q (10 亿元)表示企业规模，企

业三项综合成本(每度电燃料费用、人力费用和折旧费用之和)作为长期平均经营成本 LAC。建立以下回归模型:

$$LAC = \beta_0 + \beta_1 Q + \beta_2 Q^2 + \varepsilon$$

采用 26 家电力上市公司的数据对模型进行估计,估计结果为

$$\underset{(724)}{LAC = 0.412} \underset{(-3.58)}{- 0.208Q} \underset{(3.22)}{+ 0.038Q^2}$$

$$R^2 = 0.45 \quad F = 7.05$$

其中,小括号内表示参数估计的 t 检验统计量值。从估计模型(如图 4.1 所示)可以得出,$Q = 26.38$ 亿元时,企业长期平均成本达到最小。如果根据现实调研的样本数据计算,电力上市公司的年度平均资产规模为 18.35 亿元,则电力行业规模过小,需要进行必要的收购和兼并。

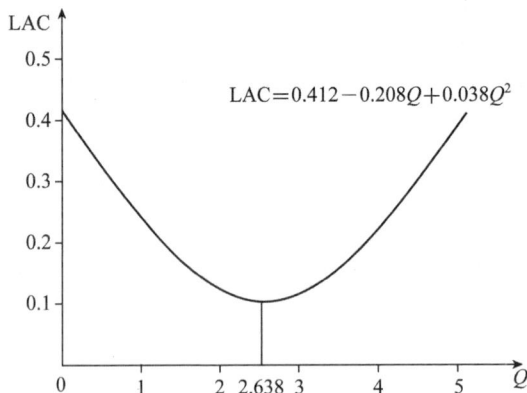

图 4.1 二次函数图形

2. 自变量的其他非线性形式

变量对数变换和增加自变量平方,都是可线性化非线性回归模型的特例。所谓可线性化模型,是指非线性模型经变量变换后转化为线性模型,可以用 OLS 进行估计的模型。除了对数模型和自变量平方项形成的非线性模型外,常用的可线性化模型还有双曲线模型、逻辑曲线模型等。

- 双曲线模型:形如 $Y = \beta_0 + \beta_1(1/X) + \varepsilon$ 的模型称为双曲线模型。令 $X^* = 1/X$,可以将双曲线模型线性化。

- 逻辑曲线模型:形如 $Y = \alpha/(1 + e^{\beta + \gamma X + \mu}) = \alpha/(1 + \delta e^{\gamma X + \mu})$,$X > 0$ 的模型称为逻辑曲线模型,其中,$\delta = e^{\beta} > 0$。图 4.2 给出了 $\gamma < 0$ 和 $\gamma > 0$ 时逻辑曲线 $y = \alpha/(1 + \delta e^{\gamma x})$ 的图形。

逻辑曲线常用来描述生物种群的生长过程,Y 为种群中生物的数量,X 为时间,α 为生物数量极限值(当 $\gamma < 0$ 时,$\lim_{X \to \infty} Y = \alpha$)。容易验证 $dY/dX = \gamma Y(1 - Y/\alpha)$。逻辑曲线描述了生物数量的动态演变过程:种群中生物数量的增长率 dY/dX 与现有生物的数量 Y 及现有生物数量与极限生物数量的差距 $1 - Y/\alpha = (\alpha - Y)/\alpha$ 有关,现有数量越大(小),增长越快(慢),越接近极限数量,增长越慢。$\gamma < 0$ 时,模型描述种群从产生到发展的过程;$\gamma > 0$ 时,描述种群从鼎盛到灭绝的过程。逻辑曲线又称生长曲线,根据图形特征也称为 S 曲线,可描述商品从产生到流行再到退出市场的过程。

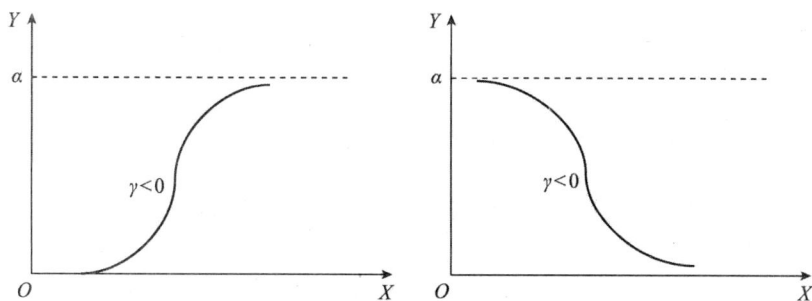

图 4.2　逻辑曲线

实际问题中 α 的值已知，逻辑模型可以变换为 $\ln(\alpha / Y - 1) = \ln\delta + \gamma Y + \mu$ 。令 $Y^* = \ln(\alpha / Y - 1)$ 、$\beta_0 = \ln\delta$ 和 $\beta_1 = \gamma$ ，模型可线性化为 $Y^* = \beta_0 + \beta_1 X + \mu$ 。

对具体的问题选择模型时，除了必要的理论分析之外，可以采用数据散点图和趋势图直观地观察数据表现出的函数关系。

4.3　虚拟变量

只取值 0 和 1 的自变量称为虚拟变量，也称为哑变量(dummy variable)或者二值变量(binary variable)。虚拟变量用来表示属性数据，属性数据本身没有数量特征，常表示类别。例如性别变量，只取 0 和 1，分别对应女性和男性，是虚拟变量。在计量经济学中，虚拟变量常用来研究两类不同对象在某个方面的差别。例如，性别对工资收入是否有显著影响，财务危机企业和正常企业的财务指标是否有显著不同，已婚男性和未婚男性的消费行为是否有差异，等等。虚拟变量取两个值，只能表示两种类别，如果属性数据具有多个类别，需要多个虚拟变量表示。例如，在季节对商品销量影响的研究中，有 4 个季节；在性别和婚姻状况对工资收入的影响研究中，有单身男性、已婚男性、单身女性和已婚女性 4 个类别，需要引入多个虚拟变量表示。

在解释变量时，称二值变量为虚拟变量，如果被解释变量是二值变量，则对应的模型称为二值因变量模型。

4.3.1　虚拟变量引入模型的方式

虚拟变量引入回归模型的方式有三种：加法方式、乘法方式和混合方式。虚拟变量的作用在于比较不同类别对象在某一方面的差异，不同方式引入的虚拟变量表示的差异不同。下面用消费函数的例子加以说明。

假设家庭消费支出受可支配收入影响，计量模型为

$$C_i = \beta_0 + \beta_1 I_i + \mu_i$$

其中，C_i 、I_i 分别表示消费、可支配收入。为研究高收入家庭和低收入家庭在消费行为上的差异，定义如下虚拟变量：

$$D = \begin{cases} 1 & \text{高收入家庭} \\ 0 & \text{低收入家庭} \end{cases}$$

1. 加法方式

引入虚拟变量后的模型为

$$C_i = \beta_0 + \beta_d^{(c)}D_i + \beta_1 I_i + \mu_i$$

对高收入家庭 $D_i = 1$，模型常数项为 $\beta_0 + \beta_d^{(c)}$；对低收入家庭 $D_i = 0$，模型常数项为 β_0。常数项代表自发消费，如果 $\beta_d^{(c)} \neq 0$，说明高收入家庭和低收入家庭的自发消费不同。由此看出，加法方式引入的虚拟变量，用于体现不同对象对应模型的常数项变化。

2. 乘法方式

引入虚拟变量后的模型为

$$C_i = \beta_0 + \beta_d^{(s)}D_i I_i + \beta_1 I_i + \mu_i$$

或者写成

$$C_i = \beta_0 + (\beta_d^{(s)}D_i + \beta_1)I_i + \mu_i$$

对高收入家庭 $D_i = 1$，边际消费倾向为 $\beta_1 + \beta_d^{(s)}$；对低收入家庭 $D_i = 0$，边际消费倾向为 β_1。如果 $\beta_d^{(s)} \neq 0$，说明高收入家庭和低收入家庭的自发消费不同。由此看出，乘法方式引入的虚拟变量，用于体现不同对象对应模型的斜率参数的变化。

如果要同时反映不同收入阶层在自发消费和边际消费倾向上的差异，需要以加法方式和乘法方式同时引入虚拟变量。

3. 混合方式

引入虚拟变量后的模型为

$$C_i = \beta_0 + \beta_d^{(c)}D_i + (\beta_1 + \beta_d^{(s)}D_i)I_i + \mu_i \tag{4.3.1}$$

高收入家庭对应的模型为

$$C_i = (\beta_0 + \beta_d^{(c)}) + (\beta_1 + \beta_d^{(s)})I_i + \mu_i$$

而低收入家庭对应的模型为

$$C_i = \beta_0 + \beta_1 I_i + \mu_i$$

如果 $\beta_d^{(c)}$ 和 $\beta_d^{(s)}$ 都不等于 0，说明不同收入阶层在自发消费和边际消费倾向上是不同的。要检验不同收入阶层的消费模型是否具有差异，需要检验 $\beta_d^{(c)}$ 和 $\beta_d^{(s)}$ 是否等于 0，即 $\beta_d^{(c)} = \beta_d^{(s)} = 0$。

4.3.2 引入多个虚拟变量

当属性分类超过两个时，需要引入多个虚拟变量来刻画不同类别对象的差异。以季节变量为例说明。例如，在研究商品(如服装)销售额与销售价格的关系时，需要考虑季节对销售额的影响。引入三个虚拟变量，即

$$D_1 = \begin{cases} 1 & \text{春季} \\ 0 & \text{其他} \end{cases}, \quad D_2 = \begin{cases} 1 & \text{夏季} \\ 0 & \text{其他} \end{cases}, \quad D_3 = \begin{cases} 1 & \text{秋季} \\ 0 & \text{其他} \end{cases}$$

如果用 S 表示销售量、P 表示销售价格，则模型设定为

$$S = \beta_0 + \beta_1 P_t + \beta_d^{(1)} D_1 + \beta_d^{(2)} D_2 + \beta_d^{(3)} D_3 + \mu_i \tag{4.3.2}$$

模型中没有引入冬季虚拟变量，而是把冬季作为基准，其他三个季节虚拟变量前的回归系数表示季节变化引起的销售额变化与冬季的不同。例如，$\beta_d^{(1)} = 0$，说明春季和冬季的销售额没有区别，如果 $\beta_d^{(1)} = \beta_d^{(2)} = \beta_d^{(3)} = 0$，则说明春、夏、秋三个季节与冬季的销售额没有差异，即销售额不受季节的影响。

当属性分类多于两个，需要同时引入多个虚拟变量时，由于模型带有常数项，虚拟变量的个数等于属性类别数减去 1。例如，季节类别数为 4，需要引进 3 个虚拟变量。如果再引进表示冬季的虚拟变量

$$D_4 = \begin{cases} 1 & \text{冬季} \\ 0 & \text{其他} \end{cases}$$

则 $D_1 + D_2 + D_3 + D_4 = 1$。常数项对应的自变量是取 1 的变量，4 个虚拟变量和常数项对应的自变量存在完全共线性，模型无法估计。

结论 3：虚拟变量的个数

对于带截距项的模型，为表示某一属性不同类别引入虚拟变量时，虚拟变量的个数等于类别个数减去 1。

例 4.4　性别、高等教育和工资收入。

为了研究工资收入是否受高等教育、工作年限(expe)的影响，以工资收入对数为因变量，是否受高等教育、工作年限(expe)为自变量建立模型，为了控制其他因素的影响，模型将包含其他相关变量，如年龄等。为了反映工资收入的性别差异，需要同时引入性别虚拟变量。设是否受高等教育虚拟变量为 D_1，受过高等教育取 1，否则取 0。性别虚拟变量为 D_2，男性取 1，女性取 0。用 X 表示其他控制变量，得到回归模型

$$Y = \beta_0 + \beta_1 D_1 + \beta_2 D_2 + \beta_3 \text{expe} + \beta X + \mu$$

如果认为不同性别的人受高等教育所得的工资收入不相同，可将 $D_1 \times D_2$ 引入模型，得出

$$Y = \beta_0 + \beta_1 D_1 + \beta_2 D_2 + \beta_3 \text{expe} + \gamma D_1 \times D_2 + \beta X + \mu \tag{4.3.3}$$

其中，γ 表示受高等教育($D_1 = 1$)的男性($D_2 = 1$)的工资收入与其他群组的差别。性别工资收入是以女性群组为基础比较的，β_2 表示男性工资收入超过女性的部分；是否受高等教育的工资收入差别是以不受高等教育群组为基础比较的，β_1 表示受高等教育群组高于未受高等教育群组的部分。综合起来，对于女性($D_2 = 0$)，受高等教育带来的工资收入增加为 β_1。由于女性为性别比较的基础群组，因此性别工资差异为 0，只有教育工资差异 β_1；对于男性($D_2 = 1$)，受高等教育带来的工资收入增加为 $\beta_1 + \beta_2 + \gamma - \beta_2 = \beta_1 + \gamma$。其中，$\beta_1$ 为教育工资收入差异，γ 为男性受高等教育和女性受高等教育比未受高等教育工资收入增加多出的

部分。注意，$\beta_1 + \beta_2 + \gamma$ 包含了性别差异带来的工资收入增加 β_2，应该从中减去。

如果认为工作年限对工资收入的影响与教育水平有关，例如受高等教育的人工作年限多一年，工资增加更多，则需要将高等教育虚拟变量和阅历变量的乘积引入模型，即

$$Y = \beta_0 + \beta_1 D_1 + \beta_2 D_2 + \beta_3 \text{expe} + \gamma D_1 \times D_2 + \delta D_1 \times \text{expe} + \beta X + \mu \quad (4.3.4)$$

其中，回归系数 δ 的含义可理解为：接受过高度教育的人，如果他们的工作年限增加一年，其工资增加的数量为 δ。

4.4　参数约束检验

在给定的经济模型中，模型参数之间的关系十分重要。例如生产函数 $P = cL^\alpha K^\beta$ 表示产出，L 表示劳动力投入，K 表示资本投入，α 为产出的劳动力弹性，β 为资本弹性。如果 $\alpha + \beta = 1$，表明产出是规模报酬不变的。检验参数是否满足约束条件 $\alpha + \beta = 1$ 等价于检验经济理论是否成立。参数约束的另外一种形式是模型中一些参数是否同时等于 0。例如，对于工资收入模型(4.3.3)，要检验高等教育是否对工资收入有影响，需要检验 $\beta_1 = \gamma = 0$，如果工资收入模型是(4.3.4)，则要检验 $\beta_1 = \gamma = \delta = 0$。

4.4.1　参数约束检验方法

参数约束检验的基本思想是对不考虑参数约束的模型和约束条件成立的模型分别进行回归，比较两个回归的残差平方和。残差平方和没有明显差别，说明参数约束是正确的(施加约束和不施加约束的回归效果相同，意味着真实参数之间本来就存在假定的约束关系)，否则表明参数约束关系不成立。不考虑约束的回归模型称为无约束模型，约束成立得出的模型称为约束模型。用 SSR_{ur} 和 SSR_r 分别表示无约束模型和约束模型回归残差平方和。设样本容量为 n，无约束模型中解释变量个数为 k(不含常数项)，约束条件个数为 q。参数约束检验的步骤为：先对无约束模型进行回归，得出 SSR_{ur}；然后对约束模型进行回归，得出 SSR_r。构造检验统计量

$$T_r \equiv \frac{(\text{SSR}_r - \text{SSR}_{ur})/q}{\text{SSR}_{ur}/[n-(k+1)]} \quad (4.4.1)$$

结论 4：参数约束检验统计量

在约束条件(原假设)成立时，统计量 T_r 服从自由度为 q 和 $[n-(k+1)]$ 的 F 分布。

由样本值计算 T_r 的值，并与显著水平 α 下的 F 分布临界值 F_α 进行比较，如果 $T_r > F_\alpha$，则拒绝原假设，认为参数约束不成立，否则不能拒绝原假设。

残差平方和的大小代表着模型拟合效果。从构造看，统计量 T_r 衡量了两个回归模型残差平方和的(相对)差别。差别越大，T_r 越大，表明约束条件对模型的影响越大，参数不满足约束条件的可能性越大，拒绝原假设的可能性越大。

4.4.2　参数约束检验应用

1. 冗余变量联合检验

在多元线性回归模型中，如果一部分自变量的回归系数为 0，其对因变量没有解释能力，称为冗余变量(redundant variable)。冗余变量检验可以归结为参数约束检验。

设无约束回归模型为

$$Y = \beta_0 + \beta_1 X_1 + \cdots + \beta_k X_k + \mu \tag{4.4.2}$$

设需要检验的冗余变量为 $X_{k-q+1}, X_{k-q+2}, \cdots, X_k$，则检验的原假设为

$$H_0 : \beta_{k-q+1} = \cdots = \beta_k = 0$$

备择假设为 $\beta_{k-q+1}, \cdots, \beta_k$ 至少一个不为 0。原假设下的模型(约束模型)为

$$Y = \beta_0 + \beta_1 X_1 + \cdots + \beta_{k-q} X_{k-q} + \mu \tag{4.4.3}$$

对模型(4.4.2)和模型(4.4.3)进行回归，得出无约束残差平方和 SSR_{ur} 和约束残差平方和 SSR_r，采用公式(4.4.1)给出的统计量对原假设进行检验。

2. 函数形式检验

前面提到，有些情况下回归模型需要包含自变量的高阶项。决定回归函数是否应该包含解释变量的高阶项，一方面可以通过经济理论来确定，另外也可以通过模型检验来确定。一种方法是直接将解释变量的平方和交叉相乘作为自变量引入模型进行回归，然后通过对高次方变量回归系数的联合显著检验确定是否应该包含解释变量的高阶项。类似的方法可以用来检验解释变量更高次方和更多个变量的交叉相乘形成的变量是否应该引入模型。这样做的缺点在于，当模型中解释变量较多时，检验模型将包含很多自变量，从而带来模型自由度的减少。有一种叫 RESET(regression equation specification error test)的检验方法可以用来解决这个问题。

以二元回归模型 $Y = \beta_0 + \beta_1 X_1 + \beta_2 X_2 + \mu$ 为例进行说明。检验分两步进行：第一步对 $Y = \beta_0 + \beta_1 X_1 + \beta_2 X_2 + \mu$ 进行回归，得出因变量拟合值 $\hat{Y} = \beta_0 + \beta_1 \hat{X}_1 + \beta_2 \hat{X}_2$；第二步对 $Y = \beta_0 + \beta_1 X_1 + \beta_2 X_2 + \gamma_1 \hat{Y}^2 + \gamma_2 \hat{Y}^3 + \varepsilon$ (可加入 $\hat{Y}$ 的更高次方)进行回归，对原假设 $H_0 : \gamma_1 = \gamma_2 = 0$ 进行检验，备择假设为 γ_1 和 γ_2 至少一个不为 0。如拒绝原假设，表明需要加入自变量的高阶项，否则说明自变量高阶项对因变量没有解释能力。

3. 线性约束检验

在经济理论模型中，参数之间的约束往往具有鲜明而重要的理论含义。这些约束在实际经济运行和经济行为中是否成立，成为验证经济理论是否成立的关键。回归系数线性约束检验可以通过参数约束检验方法来完成。

4. 参数断点检验(breakpoint test)

在一些情况下，样本数据存在个体差异性和时间差异性，它们能否用同一个模型拟合数据尚存在疑问。例如，低收入家庭和高收入家庭的消费数据是否可以用一个模型拟合，不同年份的股票价格是否符合同一个模型，等等。当样本数据可以明显分为两个子样本时，需要检验两个子样本回归模型的回归系数是否相同，即回归系数是否稳定。这种检验称为断点检验(breakpoint test)。

断点检验可归为参数约束检验。设有两组样本，样本容量分别为 n_1 和 n_2，总样本容量为 $n = n_1 + n_2$。设第一组数据的回归模型为 $Y = \beta_0^{(1)} + \beta_1^{(1)} X_1 + \cdots + \beta_k^{(1)} X_k + \mu^{(1)}$，第二组样本的回归模型为 $Y = \beta_0^{(2)} + \beta_1^{(2)} X_1 + \cdots + \beta_k^{(2)} X_k + \mu^{(2)}$，将两个数据集合合并后采用的回归模型为 $Y = \beta_0 + \beta_1 X_1 + \cdots + \beta_k X_k + \mu$。检验的原假设为

$$H_0 : \beta_i^{(1)} = \beta_i^{(2)} \quad (i = 0, 1, \cdots, k)$$

备择假设为至少有一个 i，使得 $\beta_i^{(1)} \neq \beta_i^{(2)}$。此时的约束模型为两组数合并的回归模型。检验统计量的构造分三步：第一步，用第一组数据对 $Y = \beta_0^{(1)} + \beta_1^{(1)} X_1 + \cdots + \beta_k^{(1)} X_k + \mu^{(1)}$ 进行回归，得出残差平方和 SSR_1；第二步，用第二组数据对 $Y = \beta_0^{(2)} + \beta_1^{(2)} X_1 + \cdots + \beta_k^{(2)} X_k + \mu^{(2)}$ 进行回归，回归残差为 SSR_2，无约束残差平方和为 $SSR_{ur} = SSR_1 + SSR_2$；第三步，用合并数据对 $Y = \beta_0 + \beta_1 X_1 + \cdots + \beta_k X_k + \mu$ 进行回归，回归残差平方和为约束残差平方和 SSR_r，约束条件个数 $p = k + 1$；第四步，定义检验统计量

$$T_t = \frac{[SSR_r - (SSR_1 + SSR_2)] / (k+1)}{(SSR_1 + SSR_2) / [n - 2(k+1)]} \sim F\{k+1, [n - 2(k+1)]\}$$

根据回归计算出检验统计量 F 的值，并查表得出显著水平为 α 的 F 分布临界值 F_α，如果 $F > F_\alpha$，说明无约束残差平方和与约束残差平方和有显著差别，约束条件不成立，拒绝原假设；否则，无法拒绝原假设。

如果样本是时间序列数据，断点检验按某个时间将前后样本划分为子样本，则对应的检验称为 Chow 断点检验(Chow breakpoint test)，也称邹氏检验，由华人计量经济学家邹至庄给出。

4.5　二值因变量回归模型

因变量只取 0 和 1 的模型称为二值因变量模型(binary dependent variable)。模型因变量没有明显的数量特征，而是对应于研究对象的不同属性，属于分类变量。二值变量取离散值，每个值代表一种结果。二值因变量模型也称二元选择(binary choice)模型。二值因变量模型在经济学中具有广泛用途，可用来研究人们的选择行为。例如，分析女性选择进入劳动力市场就业还是留在家中做家务的影响因素。哪些因素影响投资者决策，是风险决策(如投资股票)还是无风险投资(如投资国债)？此外，该模型还可以用来研究经济主体的状态。例如，哪些财务指标决定着上市公司财务状况，是正常还是恶化(濒临破产)？股票价格的涨跌与哪些因素相关？等等。

二值因变量模型与传统回归模型具有明显的区别。采用传统线性回归模型研究相关问题会遇到诸多困难。为了解决这个问题，计量经济学用效用理论解释二值因变量模型，并用极大似然估计方法进行估计。

4.5.1　效用理论和指标模型

以投资决策为例说明二值因变量模型和一般线性回归模型的区别。投资决策用二值变量 Y 表示，$Y=1$ 表示购买股票，$Y=0$ 表示银行存款。影响投资决策的因素有收益和风险。

设 X_1 表示投资股票的收益，X_2 表示投资风险，研究股票收益的变化如何影响投资决策。在股票市场不景气时，投资者选择银行存款投资方式，即 $Y=0$。随着股票市场行情好转(X_1 增加)，投资者购买股票的倾向增大，当持续好转的股票市场达到合适的状态(时机)时，投资者的投资策略发生变化，选择购买股票投资方式，即 $Y=1$。

需要研究的是 X_1 的变化如何影响投资决策变化，这种变化是投资倾向(或者意愿)的变化。例如 X_1 越大，投资者购买股票的意愿越强烈，只有 X_1 达到一定程度，投资者才会购买股票。研究者可以观测到 X_1 的变化(例如股票市场指数数据)，但观测不到投资者投资意愿的变化，观测到的只是最终投资结构由 $Y=0$ 变为 $Y=1$。很像一个量变到质变的过程，我们观测到自变量的"量变"过程，却只观测到因变量的"质变"结果。二值因变量模型与传统回归模型的最大区别在于，关注的因变量(这里为投资者投资股票的意愿)不可观测，只观测到因变量的另一种形式 $Y=1$ 或者 $Y=0$。因此，二值因变量模型也称为限值因变量(limited dependent variable)模型，即因变量的值受到限制，不能完全观测到。

效用函数理论可以更明确地说明不可观测的因变量和观测到的 $Y=1$ 和 $Y=0$ 的关系。设 Y^* 表示投资者的效用函数，可以理解为投资者对投资股票的收益的满意程度，显然 Y^* 与投资收益 X_1 和投资风险 X_2 有关。除了收益和风险之外，影响投资者效用的因素还有很多，因此 Y^* 与 X_1 和 X_2 的关系是回归关系。用线性回归模型表示 Y^* 与 X_1 和 X_2 之间的关系，即

$$Y^* = \alpha + \beta_1 X_1 + \beta_2 X_2 + u \tag{4.5.1}$$

其中，α 为回归误差项，假定 Y^* 大于 C 临界值时投资者购买股票，用事件表示为 $\{Y=1\} = \{Y^* > C\} = \{u > C - \alpha - \beta_1 X_1 - \beta_2 X_2\}$。投资者购买股票的意愿可表示为 $Y=1$ 的概率，即 $P(Y-1) = P\{u > C - \alpha - \beta_1 X_1 - \beta_2 X_2\}$。设 u 的分布函数为 F，并且满足 $1-F(-x)=F(x)$（设 F 为关于 0 对称的分布），则

$$\begin{aligned} P(Y=1) &= P\{u > C - \alpha - \beta_1 X_1 - \beta_2 X_2\} \\ &= 1 - F(u > C - \alpha - \beta_1 X_1 - \beta_2 X_2) \\ &= F(\beta_0 + \beta_1 X_1 + \beta_2 X_2) \end{aligned} \tag{4.5.2}$$

其中，$\beta_0 = \alpha - C_0$。公式(4.5.2)将投资意愿 $[P(Y=1)]$ 和股票市场变化(X_1 和 X_2)联系起来，用股票市场变化解释投资意愿的变化。F 称为连接函数(link function)，线性函数 $\beta_1 X_1 + \beta_2 X_2$ 称为指标函数(index)。

可以将公式(4.5.2)推广到包含多个自变量的形式。

定义：设 Y 为二值因变量，$X_1, X_2, \cdots, X_k$ 为自变量，称模型

$$p \equiv P(Y=1) = F(\beta_0 + \beta_1 X_1 + \beta_2 X_2 + \cdots + \beta_k X_k) \tag{4.5.3}$$

为二值因变量模型。其中，F 为分布函数，满足 $1-F(-x)=F(x)$。

从定义看出：①二值因变量模型不是回归模型，没有误差项。模型(4.5.3)是利用不可观测变量 Y^* 和观测变量 Y 之间的关系 $Y = Y^* I[Y^* > C]$ 从回归模型(4.5.1)得出的，异方差、内生性等问题需针对模型(4.5.1)的误差项和自变量进行讨论。②二值因变量模型中的 p 不可观测，模型不能用最小二乘估计。

二值响应模型，是因变量取值受到限制的一种计量模型。因变量受限模型(limited dependent variable model)还包括离散选择模型、审查模型(censored model)、删减模型

(truncated model)、托宾模型(tobin model)和附带删减模型(incidental truncation model)等。设 Y 表示虚拟变量，取值为 1 或者为 0，则因变量 Y 的条件期望为

$$E(Y \mid X) = 1 \times P(Y=1 \mid X) + 0 \times P(Y=0 \mid X) = P(Y=1 \mid X)$$

如果关于因变量 Y 的计量模型设置为

$$Y = \beta_0 + \beta_1 X + e$$

则称该模型为线性概率模型(linear probability model，LPM)。线性概率模型的拟合值为事件发生的概率。该模型的优点是简单易行，并且回归系数的经济含义比较明显。系数 β_1 表示变量 X 增加一个单位导致事件发生概率的增加幅度。但是，该模型 Y 的估计值或预测值会超过 1 或小于 0，这与实际不符。

可以选择不同的分布函数 F 作为二值因变量模型中的连接函数，常用的有标准正态分布函数和逻辑分布函数。下面介绍取值受到约束的 probit 模型和 logit 模型。

4.5.2 probit 模型和 logit 模型

1. probit 模型

连接函数 F 为标准正态分布函数的二值因变量模型称为 probit 模型。此时

$$F(x) = \Phi(x) \equiv \frac{1}{\sqrt{2\pi}} \int_{-\infty}^{x} e^{-t^2/2} \, dt$$

标准正态分布函数满足 $1 - \Phi(-x) = \Phi(x)$，由此得出 probit 模型为

$$p = P(y=1) = \Phi(\beta_0 + \beta_1 X_1 + \beta_2 X_2 + \cdots + \beta_k X_k) \tag{4.5.4}$$

选择标准正态分布的分布函数为连接函数，等价于公式(4.5.1)中误差项 u 服从标准正态分布，方差为 1。理论上看，任何正态分布函数都满足连接函数的要求，都可以作为二值因变量模型中的 F。把 u 的分布选为方差是 1 的标准正态分布的原因如下：对任何正数 $\delta > 0$，$\{u > -(\beta_0 + \beta_1 X_1 + \beta_2 X_2)\} = \{\delta u > -(\delta\beta_0 + \delta\beta_1 X_1 + \delta\beta_2 X_2)\}$，得出模型 $P(Y=1) = F(\delta\beta_0 + \delta\beta_1 X_1 + \delta\beta_2 X_2)$。不对 u 的方差进行约束，模型参数 β_0、β_1 和 β_2 无法唯一确定。u 的方差为 1 时，$\mathrm{Var}(u) = 1$，得出 $\delta = 1$，模型参数唯一确定。

2. logit 模型

连接函数 F 为逻辑分布函数的二值因变量模型为 logit 模型。此时

$$F(x) = \wedge(x) \equiv \frac{1}{1+e^{-x}} = \frac{e^x}{1+e^x} \tag{4.5.5}$$

其中，$\wedge(x)$ 为逻辑分布函数，满足 $1 - \wedge(-x) = \wedge(x)$，由此得出 logit 模型为

$$p = P(y=1) = \wedge(\beta_0 + \beta_1 X_1 + \beta_2 X_2 + \cdots + \beta_k X_k) \tag{4.5.6}$$

同 probit 模型类似，logit 模型中的连接函数 $\wedge(x)$ 是一种特殊的逻辑分布，目的是保证模型(4.5.5)中的参数能够唯一确定[①]。

---

① 逻辑分布函数的一般形式为 $\wedge(x) = \theta_1 e^{-[\theta_1(x-\theta_2)]} / [1 + e^{-[\theta_1(x-\theta_2)]}]$。

3. probit 模型和 logit 模型的比较

对同一问题和相同的数据，既可采用 probit 模型，也可采用 logit 模型。采用两种模型的估计结果十分接近，大多数情况下参数估计的符号也相同。两种模型的区别体现在如下两个方面。

(1) 当 $z \equiv \beta_0 + \beta_1 X_1 + \beta_2 X_2 + \cdots + \beta_k X_k$ 的值较大时，正态分布函数 $\Phi(z)$ 对 z 的敏感性较低[实际上，当 $z < -3.5$ 时，$\Phi(z)$ 已十分接近 0，当 $z > 3.5$ 时，$\Phi(z)$ 已十分接近 1]，不能很好地反映解释变量的变化对概率的影响。采用 logit 模型则可以解决这一问题，如图 4.3 所示。

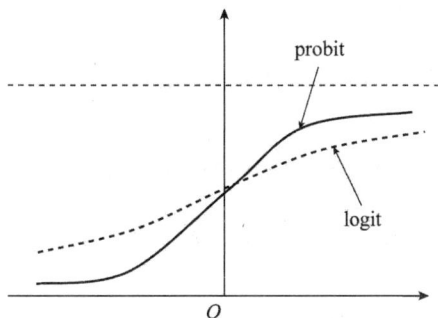

图 4.3　probit 模型和 logit 模型尾部概率比较

(2) logit 模型可变换为线性模型。从式(4.5.5)和式(4.5.6)得出

$$\frac{p}{1-p} = e^{\beta_0 + \beta_1 X_1 + \beta_2 X_2 + \cdots + \beta_k X_k}$$

两边取自然对数得出

$$\log[p/(1-p)] = \beta_0 + \beta_1 X_1 + \beta_2 X_2 + \cdots + \beta_k X_k$$

如果能得到 p 的一致估计 $\hat{p}$，可得到如下线性回归模型：

$$\log \frac{\hat{p}}{1-\hat{p}} = \beta_0 + \beta_1 X_1 + \beta_2 X_2 + \cdots + \beta_k X_k + u \tag{4.5.7}$$

采用 OLS 估计模型，可得出模型参数的一致估计。由于采用式(4.5.7)估计参数，需要先对样本进行预处理，并且只能在特殊情况下使用。对 logit 模型的参数估计一般采用极大似然估计方法。

为了符号简单，设模型有两个自变量 X_1 和 X_2，Y_i、X_{1i}、$X_{2i}(i=1, 2, \cdots, N)$ 为样本，对应式(4.5.3)的样本模型为

$$p_i \equiv P(Y_i = 1) = F(\beta_0 + \beta_1 X_{1i} + \beta_2 X_{2i}) \tag{4.5.8}$$

Y_i 取 0、1 两个值，服从 0—1 分布，概率函数为 $P(Y_i = 1) = p_i^{Y_i}(1-p_i)^{1-Y_i}$，$Y_i=0,1$。可采用极大似然估计方法对上面模型中的参数进行估计。

二值因变量模型是非线性模型，参数的含义与线性模型不同。以两个自变量模型为例，此时：

$$\frac{\partial p_i}{\partial X_{1i}} = f(\beta_0 + \beta_1 X_{1i} + \beta_2 X_{2i})\beta_1$$

$$\frac{\partial p_i}{\partial X_{2i}} = f(\beta_0 + \beta_1 X_{1i} + \beta_2 X_{2i})\beta_2$$

其中，f 为连接函数 F 的导数。X_1 的变化对概率的影响为 $f(\beta_0 + \beta_1 X_{1i} + \beta_2 X_{2i})\beta_1$，包含因子 $f(\beta_0 + \beta_1 X_{1i} + \beta_2 X_{2i})$，其大小与所有自变量取值有关。$f$ 为概率密度函数，$f(\beta_0 + \beta_1 X_{1i} + \beta_2 X_{2i}) > 0$，它会影响 $\partial p_i / \partial X_{1i}$ 的大小，但不影响符号。因此，$\beta_1 > 0 (< 0)$ 表明 X_1 的增加引起概率的增大(减小)。

如果将 $\partial p_i / \partial X_{1i}$ 作为基础，比较 X_{2i} 变化对概率的相对影响，即

$$\frac{\dfrac{\partial p_i}{\partial X_{2i}}}{\dfrac{\partial p_i}{\partial X_{1i}}} = \frac{\beta_2}{\beta_1}$$

则与自变量的取值无关。

需要注意的是，采用 probit 模型和 logit 模型得出的结果不同，以 X_1 为例，有

$$\text{probit：} \quad \frac{\partial p_i}{\partial X_{1i}} = \phi(\beta_0 + \beta_1 X_{1i})\beta_1$$

$$\text{logit：} \quad \frac{\partial p_i}{\partial X_{1i}} = \frac{e^{\beta_0 + \beta_1 X_{1i}}}{(1 + e^{\beta_0 + \beta_1 X_{1i}})^2}\beta_1$$

其中，ϕ 为标准正态分布密度函数。不同模型得出的概率关于自变量的敏感度(偏导数)是不同的。比较不同自变量对发生概率的影响时，必须在同一个模型中进行。

4.6　选择性样本计量模型

受限被解释变量(limited dependent variable)指被解释变量的观测值是连续的，但是受到某种限制，其抽样并非完全随机，得到的观测值并不完全反映被解释变量的实际状态。受限被解释变量模型(model with limited dependent variable)包括选择性样本模型(selective sample model)和持续时间被解释变量模型(model for duration data)。选择性样本(selective sample)是受限被解释变量的主要形式，其样本观测值是在某种选择性限制的情况下抽取的。利用这样的样本观测值估计总体的参数，就是选择性样本计量经济学模型要解决的问题。

选择性样本计量经济学模型的理论方法发展于 20 世纪 70 年代，赫克曼(James J. Heckman)做出了基础性的贡献，并因此获得了 2000 年诺贝尔经济学奖。近 10 多年来，选择性样本模型已经成为微观计量经济学(micro econometrics)的主要内容之一，并且得到广泛应用，特别是在劳动经济学、卫生经济学及其他社会经济学领域。

4.6.1　经济生活中的选择性样本问题

经济生活中的选择性样本问题主要表现为以下两类。

(1) "截断"(truncation)问题：只能从一部分个体中随机抽取被解释变量的样本观测值。它可以分为两种情况。一是所抽取的部分个体的观测值都大于或者小于某个确定值，即出现"掐头"或者"去尾"现象，与其他个体的观测值相比较，存在明显的"截断点"。例如，以居民收入为被解释变量建立居民收入模型。从理论上讲，居民收入样本数据应该从零到无穷大，但是由于客观条件所限，只能在收入处于某一数值(例如 1000 元)以上或者某一数

值(例如 100 000 元)以下的个体中取得样本观测值,获得的被解释变量观测值处于一个区间。二是所抽取的样本观测值来自具有某些特征的部分个体,但是样本观测值的大小与其他个体的观测值相比较,并不存在明显的“截断点”。例如,利用上市公司为样本研究企业的效率,显然上市公司是全部企业的一个选择性样本,但是上市公司的效率并不一定都大于或者小于非上市公司。上市公司是全部企业的一个子集,但是上市公司的效率数据并不显示为全部企业效率数据的一个子集。

(2) “归并”(censoring)问题:将被解释变量处于某一范围的样本观测值都用一个相同的值代替。这类问题经常出现在“检查”“调查”活动中,因此也称为“检查”问题,也被翻译为“删失”问题。例如,以居民对某一种商品的需求量为被解释变量,建立需求函数模型。需求量的观测值是无法得到的,一般用实际购买量作为需求量的观测值。如果这种商品是限量购买的,比如每户最多只能购买 100 件,那么得到的观测值将处于 0 与 100 之间,而且会有相当比例的观测值为 100。对于购买量小于 100 的个体,有理由认为这个购买量代表了他的需求量,但是对于购买量等于 100 的个体,他的需求量很可能大于 100,所以这个购买量并不代表他的需求量。也就是说,凡是实际需求量大于 100 的,都用 100作为样本观测值,即将大于 100 的观测值做“归并”。再如,为了研究农民的年贷款需求的影响因素,对农村居民户进行随机抽样调查。如果调查了 10 000 户,只有 6 000 户在一年内发生了贷款。以全部 10 000 户为样本,将其中没有发生贷款的 4 000 户的样本观测值设为 0,就发生了“归并”,是将贷款额小于等于 0 的值全部“归并”到 0。这类问题在微观经济活动调查中普遍存在。

从“受限”的意义上看,上述两类问题是有区别的。截断问题在样本的选择上受到限制,即一部分截面个体不能被选择为样本;归并问题则在被解释变量观测值的获得上受到了限制,即一部分已经被选择为样本的截面个体的被解释变量不能被准确观测。

无论是“截断数据”,还是“归并数据”,都违背了经典计量经济学模型对被解释变量样本观测值的要求。从这样的样本数据出发,如果采用经典的方法估计模型,显然是不合适的。这就需要发展专门的模型理论方法。

4.6.2　“截断”问题的计量经济学模型

对于一个单方程计量经济学模型,如果只能从“掐头”或者“去尾”的连续区间随机抽取被解释变量的样本观测值,那么很显然,抽取每一个样本观测值的概率及抽取一组样本观测值的联合概率,与被解释变量的样本观测值不受限制的情况是不同的。如果能够知道在这种情况下抽取一组样本观测值的联合概率函数,就可以通过该函数极大化求得模型的参数估计量。这就是估计这类计量经济学模型的基本思路。

1. 截断分布

所谓“截断分布”,是完整分布的一部分,指“截断随机变量”的分布。

如果一个连续随机变量 ξ 的概率密度函数为 $f(\xi)$,a 为该随机变量分布范围内的一个常数,那么有

$$f(\xi|\ \xi > a) = \frac{f(\xi)}{P(\xi > a)} \tag{4.6.1}$$

这是由条件概率的定义导出的。

例如，如果 ξ 服从均匀分布 $U(c,b)$，但是它只能在(c,b)内取得样本观测值，那么该截断分布的概率密度函数为

$$f(\xi|\ \xi > c) = \frac{f(\xi)}{P(\xi > c)} = \frac{1/(b-a)}{\int_c^b \frac{1}{b-a}d\xi} = \frac{1}{b-c}$$

请注意，原来均匀分布随机变量的概率密度函数是$1/(b-a)$，而"截断随机变量"的概率密度函数是$1/(b-c)$，即在(c,b)内取得样本观测值的概率大于在(a,b)内取得样本观测值的概率。这是截断问题的关键点。

如果 ξ 服从正态分布 $N(\mu,\sigma)$，但是它只能在大于常数 a 的范围内取得样本观测值，那么截断分布的概率密度函数为

$$\begin{aligned}
f(\xi|\ \xi > a) &= \frac{f(\xi)}{P(\xi > a)} \\
&= \frac{(2\pi\sigma^2)^{-1/2} e^{-(\xi-\mu)^2/(2\pi\sigma^2)}}{1-\Phi(\alpha)} \\
&= \frac{\frac{1}{\sigma}\phi\left(\frac{\xi-\mu}{\sigma}\right)}{1-\Phi(\alpha)}
\end{aligned} \tag{4.6.2}$$

其中，$\alpha = (a-\mu)/\sigma$，$\phi(\cdot)$ 是标准正态分布概率密度函数，$\Phi(\cdot)$ 是标准正态分布的累积分布函数，也称为分布函数。显然，$P(\xi > a) = 1-\Phi\left(\frac{a-\mu}{\sigma}\right) = 1-\Phi(\cdot)$。

2. 截断被解释变量数据计量经济学模型的最大似然估计

如果已经知道截断被解释变量的概率密度函数，自然会想到，可以采用极大似然法估计模型。对于正态线性回归模型

$$Y_i = X_i\beta + \mu_i \qquad \mu_i \sim N(0,\sigma^2) \tag{4.6.3}$$

有

$$Y_i|\ X_i \sim N(X_i\beta,\sigma^2)$$

其中，$X_i = (1, X_{i1}, X_{i2}, \cdots, X_{ik})$。

如果 Y_i 只能在大于 a 的范围内取得观测值，从式(4.6.2)可以得到 Y_i 的概率密度函数为

$$f(Y_i) = \frac{\frac{1}{\sigma}\phi[(Y_i - X_i\beta)/\sigma]}{1-\Phi[(a-X_i\beta)/\sigma]}$$

于是，式(4.6.3)的对数似然函数为

$$\ln L = -\frac{n}{2}[\ln(2\pi) + \ln\sigma^2] - \frac{1}{2\sigma^2}\sum_{i=1}^n (Y_i - X_i\beta)^2 - \sum_{i=1}^n \ln\left(1-\Phi\left(\frac{a-X_i\beta}{\sigma}\right)\right) \tag{4.6.4}$$

该对数似然函数的极大化条件为

$$\frac{\partial \ln L}{\partial \binom{\beta}{\sigma^2}} = \sum_{i=1}^{n} \left(\begin{array}{c} \left(\dfrac{y_i - X_i\beta}{\sigma^2} - \dfrac{\lambda_i}{\sigma} \right) X_i' \\ -\dfrac{1}{2\sigma^2} + \dfrac{(y_i - X_i\beta)^2}{2\sigma^4} - \dfrac{\alpha_i \lambda_i}{2\sigma^2} \end{array} \right) = \sum_{i=1}^{n} g_i = 0 \tag{4.6.5}$$

其中

$$\alpha_i = (a - X_i\beta) / \sigma$$
$$\lambda_i = \phi(\alpha_i) / (1 - \Phi(\alpha_i))$$

这里，λ_i 称为反米尔斯比率(inverse Mills ratio)。求解式(4.6.5)即可得到模型的参数估计量。由于这是一个复杂的非线性问题，需要采用迭代方法求解式(4.6.5)，例如牛顿法。当然，利用计量经济学软件可以很方便地实现模型的估计。

以上只是介绍了方法思路，了解这个思路，就可以在应用研究中正确地建立和估计模型。如果读者需要深入理解截断被解释变量数据计量经济学模型的理论方法，还需要参考其他高级计量经济学教科书。

需要说明的是，当分布函数设定正确时，极大似然估计量具有大样本下的一致性、渐进正态性与渐进有效性，这也正是极大似然估计这一方法的优势所在。

3. 截断被解释变量数据计量经济学模型不能采用普通最小二乘估计的原因

对于截断被解释变量数据计量经济学模型，如果仍然把它看作经典的线性模型，采用普通最小二乘法估计式(4.6.3)，会产生什么样的结果呢？

因为 Y_i 只能在大于 a 的范围内取得观测值，可以证明 Y_i 的条件均值为

$$\begin{aligned} E(Y_i | Y_i > a) &= \int_a^\infty Y_i \phi(Y_i | Y_i > a) \mathrm{d}Y_i \\ &= X_i\beta + \sigma \frac{\phi[(a - X_i\beta)/\sigma]}{1 - \Phi[(a - X_i\beta)/\sigma]} \end{aligned} \tag{4.6.6}$$

式(4.6.6)所示的条件均值是解释变量和待估参数的非线性函数。将式(4.6.6)记为

$$E(Y_i | Y_i > a) = X_i\beta + \sigma\lambda(\alpha_i) \tag{4.6.7}$$

其中，$\alpha_i = \dfrac{a - X_i\beta}{\sigma}$，于是有

$$\begin{aligned} \frac{\partial E(Y_i | Y_i > a)}{\partial X_i} &= \beta + \sigma \left(\frac{\partial \lambda_i}{\partial \alpha_i} \right) \frac{\partial \alpha_i}{\partial X_i} \\ &= \beta + \sigma(\lambda_i^2 - \alpha_i\lambda_i)\left(\frac{-\beta}{\sigma} \right) \\ &= \beta(1 - \lambda_i^2 + \alpha_i\lambda_i) \end{aligned} \tag{4.6.8}$$

将式(4.6.7)写成

$$Y_i | Y_i > a = E(Y_i | Y_i > a) + u_i = X_i\beta + \sigma\lambda(\alpha_i) + u_i \tag{4.6.9}$$

其中，u_i 是被解释变量观测值与条件期望值之差，根据这一构造，它具有 0 均值性，但却呈现异方差特征，其方差为

$$\text{Var}(u_i \mid X_i, Y_i > a) = \text{Var}(Y_i \mid X_i, Y_i > a) = \sigma^2(1 - \lambda_i^2 + \lambda_i \alpha_i)$$

对比式(4.6.3)与式(4.6.9)后发现，由于被解释变量数据的截断问题，使得原模型(4.6.3)变换为式(4.6.9)的模型。如果采用普通最小二乘法直接估计式(4.6.3)，实际上忽略了一个非线性项 $\sigma\lambda(\alpha_i)$，而且该非线性项是 X_i 的函数，因此一定与 X_i 同期相关，这将导致参数估计量是有偏且不一致的。这种偏误被称为"选择性偏误"(selective bias)，而且如果不了解解释变量的分布，要估计该偏误的严重性也很困难。当然，如果对式(4.6.9)直接进行非线性最小二乘估计(NLS)，在模型正确设定的情况下可以得到参数的一致估计，因为随机干扰项 u_i 实际上具有异方差性，所以会带来统计推断的问题。

4. 一点说明

以上可以看到，如果对截断被解释变量数据计量经济学模型采用极大似然估计，必须先求得"截断分布"。为此，样本选择必须存在明确的"截断点"。在实际的截断数据模型中，这个条件经常不能被满足。例如，在我国目前的应用研究中，由于上市公司的数据容易获得，人们经常利用上市公司为样本研究全部企业的行为，如企业的效率、企业的经理报酬等。这显然是一个选择性样本问题，因为上市公司只是全部企业的一个子集，但是，上市公司与非上市企业在企业的效率、企业的经理报酬等变量的数据上，并不存在明确的"截断点"。关于这类模型的估计，上述极大似然估计就存在障碍了，赫克曼于 1979 年提出了两步修正法。关于赫克曼两步修正法，读者可参考后续章节。

4.6.3 "归并"问题的计量经济学模型

1. 研究问题的思路

以一种简单的情况为例，讨论"归并"问题的计量经济学模型，即假设被解释变量服从正态分布，其样本观测值以 0 为界，凡小于 0 的都归并为 0，大于 0 的则取实际值。如果以 Y^* 表示原始被解释变量，以 Y 表示归并后的被解释变量，那么有

$$\begin{aligned} Y &= 0 \quad \text{当} Y^* \leqslant 0 \\ Y &= Y^* \quad \text{当} Y^* > 0 \end{aligned} \quad \text{且} Y^* \sim N(\mu, \sigma^2) \tag{4.6.10}$$

讨论这种简单的情况并不失一般性。如果样本观测值不是以 0 为界，而是以某一个数值 a 为界，则有

$$\begin{aligned} Y &= a \quad \text{当} Y^* \leqslant a \\ Y &= Y^* \quad \text{当} Y^* > a \end{aligned} \quad \text{且} Y^* \sim N(\mu, \sigma^2)$$

以 0 为界的单方程线性"归并"问题的计量经济学模型可表述为

$$\begin{cases} Y_i^* = X_i\beta + \mu_i \quad \mu_i \sim N(0, \sigma^2) \\ Y_i = \max(Y_i^*, 0) \end{cases} \tag{4.6.11}$$

注意，这里实际观察到的被解释变量是 Y 而不是 Y^*。如果能够得到 Y_i 的概率密度函数，那么就可以方便地采用极大似然法估计模型，这就是研究这类问题的思路。

由于该模型是由托宾(Tobin)于 1958 年最早提出的,所以也称为 Tobit 模型。

2. "归并"变量的正态分布

由式(4.6.11)知,原始被解释变量 Y^* 服从正态分布 $Y_i^* \sim N(X_i\beta, \sigma^2)$,因此有

$$P(Y=0) = P(Y^* \leqslant 0) = \Phi\left(-\frac{X_i\beta}{\sigma}\right) = 1 - \Phi\left(\frac{X_i\beta}{\sigma}\right)$$

$$P(Y) = P(Y^*) \quad \text{当 } Y^* > 0 \tag{4.6.12}$$

需要特别注意的是 $Y=0$ 的概率,它不是样本观测值取 0 的概率,而是样本观测值取小于等于 0 的值的概率。正是在这里,归并样本和非归并样本被严格区分开了。

3. 归并被解释变量数据计量经济学模型的极大似然估计

根据式(4.6.12),可以得到所有样本的联合概率,即似然函数,然后很容易得到模型(4.6.11)的对数似然函数

$$\ln L = \sum_{Y_i>0} -\frac{1}{2}\left(\ln(2\pi) + \ln\sigma^2 + \frac{(Y_i - X_i\beta)^2}{\sigma^2}\right) + \sum_{Y_i=0}\ln\left(1 - \Phi\left(\frac{X_i\beta}{\sigma}\right)\right) \tag{4.6.13}$$

显然,式(4.6.13)由两部分组成:一部分对应于没有限制的观测值,是经典回归部分;一部分对应于受到限制的观测值。这是一个非标准的似然函数,它实际上是离散分布与连续分布的混合。

对式(4.6.13)极大化,就可以求得具有良好性质的参数估计量。同样,由于这是一个复杂的非线性问题,需要采用迭代方法求解,例如牛顿法。利用计量经济学软件可以很方便地实现模型的估计。

以上讨论的是左端归并的情况,如果出现右端归并,或者左右端同时归并的情况,原理是相同的,只是似然函数和对数似然函数的表述略有不同。在利用软件进行模型估计时,只需正确地输入归并状态,估计自动完成。

4. 归并被解释变量模型极大似然估计的条件

上述似然函数的构造是以一个基本假设为条件的,即假设归并数据中不可观测的部分和可观测的部分具有相同的分布,例如都服从正态分布。如果这一条件得不到满足,就不能得到上述似然函数,极大似然估计将遇到困难。这时,赫克曼两步估计是一种合适的估计方法。

4.6.4　样本选择模型

设附带删减的计量模型(Incidental Truncation)如下:

$$y_i = x_i'\beta + u_i, \quad E(u \mid x) = 0; \quad s_i = \mathbf{1}\{z_i'\gamma + v_i > 0\} \tag{4.6.14}$$

上面第一个方程表示研究关注的计量方程;第二个方程表示个体能够被观测到的条件,或者表示总体中个体(x_i, y_i)被选择进入样本的条件。函数 $s(\cdot)$ 表示个体被选择的机制。个体 i 能够被观测,或被选择进入样本的条件表示为 $s_i=1$。$s_i=0$ 表示个体 i 未被选中进入研究样本。两个方程联合可以写为

$$s_i y_i = s_i x_i' \beta + s_i u_i \quad (i = 1, 2, \cdots, N)$$

上面方程表示样本选择后的计量方程,称为样本选择模型。如果选择机制 $s(\cdot)$ 是可观测解释变量 x 的函数,并且外生性条件能够满足,即 $E[(s_i x)(su)] = E[s_i xu] = 0$,则样本选择模型参数的最小二乘估计是无偏估计。

下面给出一类特别的样本选择模型,其选择机制 $s(\cdot)$ 是根据因变量 y 设置的。此时参数估计不能直接应用最小二乘估计方法。假设关注的计量方程表示为

$$y^* = x'\beta + \varepsilon, \quad \varepsilon | x \sim N(0, \sigma^2)$$

符号 y^* 表示变量的实际值,x 表示解释变量。设观测方程满足

$$y = \begin{cases} y^* & \text{if } z'\gamma + v > 0 \\ - & \text{otherwise} \end{cases} \tag{4.6.15}$$

符号 y 表示变量 y^* 的观测值。

设 $d = \mathbf{1}\{z'\gamma + v > 0\}$,即当 $z'\gamma + v > 0$ 时,$d = 1$;当 $z'\gamma + v \leqslant 0$ 时,$d = 0$。上面的观测方程表示,当 $d = 1$ 时,变量 y 可观测得到,可理解为个体参与项目或被选中参与。当 $d = 0$ 时,变量 y 不可观测,可理解为个体未参与项目或未被选中参与。比如在调查研究工资水平时,d 表示参加工作与否,y 表示工资水平。变量 z 表示影响 d 的解释变量。计量方程(参与方程,或选择方程)可表示为 $d = z'\gamma + v$,其中,v 表示误差项,v 服从标准正态分布。

如果对上面方程(观测方程)采用最小二乘估计,将会出现问题,因为

$$E(y | x) = E(y^* | x, d = 1) = x'\beta + E(\varepsilon | z'\gamma + v > 0)$$

只要 $E(\varepsilon | z'\gamma + v > 0) \neq 0$,上面计量方程就会出现内生性选择问题。

样本选择模型可通过两个部分表示,第一部分称为参与方程或选择方程,表示样本观测或研究个体能够被选择的可能性。第二部分称为观测方程或结果方程,表示要研究的主要方程。假设观测方程和参与方程及其误差项 ε 与 v 满足

$$\begin{cases} d = z'\gamma + v \\ y = y^* d \end{cases}, \quad \begin{pmatrix} \varepsilon \\ v \end{pmatrix} \bigg| x, z \sim N\left(\begin{bmatrix} 0 \\ 0 \end{bmatrix}, \begin{bmatrix} \sigma^2 & \rho\sigma \\ \rho\sigma & 1 \end{bmatrix} \right) \tag{4.6.16}$$

从而有 $\varepsilon = (\rho\sigma)v + e$,其中,$e$ 表示误差项,e 与 v 相互独立。在上面假设下,可采用 Tobit 模型的处理方法,利用最大似然法进行参数估计。计量方程也可写为

$$E(y | x, d = 1) = x'\beta + \rho\sigma\lambda(z'\gamma) \tag{4.6.17}$$

上面等式中 $\lambda(\cdot)$ 表示逆米尔斯比函数(inverse Mills ratio),$\lambda(\cdot) = \phi(\cdot)/\Phi(\cdot)$,其中,$\phi(\cdot)$ 和 $\Phi(\cdot)$ 分别表示标准正态分布的密度函数和分布函数。假设 $y = c + e$,其中,c 为解释变量或常数项,误差项 e 服从标准正态分布,则有 $E(y > 0) = E(e | e > -c) = \lambda(c) = \phi(c)/\Phi(c)$。

样本选择模型也可利用最小二乘估计,采用两步法进行参数估计。第一步,根据参与方程,构建 probit 计量模型,估计得到参数 γ;第二步,计算 $\lambda(z'\gamma)$ 作为控制变量,回归得到参数 β 和 $(\rho\sigma)$。这就是估计样本选择模型的海克曼两步法(Heckman 2-step estimator)。

本章小结

1. 当影响因变量的自变量有多个，并且自变量之间存在相关关系时，为正确估计所关注自变量对因变量的影响，需要将相关自变量一同引入模型。

2. 丢失相关自变量会引起估计偏差，估计偏差的大小由与关注变量和缺失的相关变量的相关程度及缺失变量对因变量的回归系数确定。如果缺失变量与关注变量不相关(无关变量)，则不会引起估计偏误；如果缺失变量对因变量没有解释能力，也不会引起估计偏误。

3. F-W 定理表明，多元线性回归系数的 OLS 估计可以采用多次线性回归的 OLS 估计得到。分割回归的原理在于先消除掉相关变量对因变量和所关注自变量的影响，采用线性回归取残差的方法消除相关变量的影响。分割回归从另一个侧面解释了多元回归的因素控制作用。

4. 在应用中，可以对回归模型中的变量进行对数变换，由此得出的回归系数为因变量关于自变量的弹性或者半弹性。根据需要，可以引入自变量的平方项和交叉相乘项，更为灵活地反映自变量对因变量的影响。一些因变量和自变量的非线性模型，可以变换为线性模型，并可以用 OLS 对模型参数进行估计。

5. 当自变量为属性变量时，需要用虚拟变量表示。根据需要，虚拟变量可以用加法方式、乘法方式和混合方式三种方式引入模型。某一属性有 k 个类别时，如果模型有截距项，为避免完全共线性，只能引入 $k-1$ 个虚拟变量。此时，虚拟变量的回归系数表示与基础类别的差异。

6. 参数约束检验用于检验回归模型的回归系数是否满足给定的约束条件，检验的思想是对约束模型和无约束模型的残差平方和进行比较，并以此为基础构造 F 检验统计量。参数约束检验可用于冗余变量检验、回归函数形式检验、回归系数线性约束检验及参数断点检验。

7. 因变量取 1 和 0 时，需要用二值因变量模型。二值因变量模型可从效用理论得到解释，用不可观测因变量 Y^* 和可观测因变量 Y 之间的关系建立模型，并可用极大似然方法进行参数估计。二值因变量模型又称为限制因变量模型。二值因变量模型中的连接函数为 F，是不可观测因变量 Y^* 回归模型误差项的分布函数。当 F 是标准正态分布函数，或逻辑分布的分布函数时，对应的二值因变量模型分别为 probit 模型和 logit 模型。当自变量很大或很小时，logit 模型更能够反映自变量对概率的影响。一般地，logit 模型具有的优点使其应用更广泛。

8. 在某些情况下，被解释变量的某些取值是无法观测到的。此时，即使被解释变量是连续的，但是受到某种限制，即观测值来源于总体的一个受限制的子集，导致其不能完全反映总体的实际特征，那么通过这样的样本观测值来推断总体的特征就需要建立受限因变量模型(limited dependent variable models)。受限因变量模型主要包括两类：删截回归模型(censored regression models)和截断回归模型(truncated regression models)。

第 **5** 章
因果关系与因果图

5.1 因果关系简介

5.1.1 相关关系与因果关系

事件或变量之间的关系，主要有相关性和因果性两种。相关性是统计学的一个概念，是指一个变量变化，另一个变量也会伴随发生变化，二者在变化趋势上存在某种程度的一致性。相关性体现了两个事物之间相互关联的程度。相关关系是指在观测到的数据分布中，如果我们观测到 X 的分布，就可以推断出 Y 的分布，变量 X 与 Y 就具有相关关系。相关性系数是对称的，而因果关系是有方向的。因果关系强调的则是一种前和后的关系，是因为某个变量发生变化而导致了另外一个变量随之发生改变，其强调的是二者之间存在某种理论逻辑上的关联。如果变量 X 是 Y 变化的原因，则可描述为，在操纵或改变 X 后，Y 随着这种操纵或改变也发生变化，变量 X 与 Y 之间具有因果关系。

因果关系和相关关系不一样。如果两个事物存在因果关系，一般来说它们存在相关关系。但有时候变量之间存在因果关系，而没有相关关系。例如，设变量 Y 和 X 之间的函数为：$Y=f(X, \varepsilon)$。设 ε 为外生的随机变量，假设为来自风的力量，会对船产生随机的推动力。X 表示舵手为控制船的方向，施加给船的动力。Y 表示船行驶的方向。为保持船的行驶航向不变，舵手控制使得变量 X 满足，$X=-\varepsilon$，则航向保持不变，Y 为常数。这样，X 和 Y 具有因果关系，但两者没有相关关系。再例如，给植物浇水的例子。假设 X 表示给某一种植物每天浇水的次数，Y 表示该种植物的生长高度。假设这种植物，缺水不能生长甚至会死亡，适量增加灌溉次数，其生长速度会加快。但过度灌溉，浇水的次数太多，则会使其生长缓慢甚至死亡。X 和 Y 具有因果关系，但没有相关关系。因为 Y 和 X 是非线性关系，这导致 Y 和 X 之间可能没有明显的线性相关性。

两个变量之间存在相关性，不一定说明两者之间存在因果关系。两个变量存在相关关系，并不意味着其中一个变量的改变是由另一个变量变化引起的。数据的相关性并不代表因果性。比如有人认为喝啤酒会导致肚子变大，但我们不能证明喝酒是导致肥胖的原因，更有可能的情况是，爱喝酒的人往往饮食不规律、不爱运动，导致他们肚子变大。公鸡打鸣与日出高度相关，但显然公鸡打鸣不是日出的原因。医院的死亡率比其他地方高，并不表示医院是一个危险的地方。又如，有统计数据表明，冰糕卖得越多，游泳溺水死亡人数越多，游泳溺水死亡人数和冰糕销售量之间存在强相关性。但我们并不能由此得出冰糕销售会增加游泳死亡风险的结论。由于天气炎热，人们渴望用雪糕消暑，雪糕销量会增加；同样地，在炎热的天气中，选择游泳的人增多，溺水人数也相应增多。溺水数量和雪糕销量并没有因果关系，只是共同受天气因素影响，从而表现出简单的统计正相关性。

相关性通常有 5 种来源：因果关系、共同原因、样本选择、共同趋势及纯属巧合。两个变量如果存在因果关系，可导致两者之间存在相关性。一个因果关联例子是天下雨地面会湿，这种关系是能够被人类所理解的，是可解释的、稳定的(无论在哪个国家或城市，天下雨地都会湿)。两个变量有共同的影响原因，可导致两者之间存在相关性，比如变量 X 是导致变量 T 和 Y 变化的共同原因，但如果不对 X 进行观察，就会发现 T 和 Y 具有相关性，但 T 和 Y 之间是没有直接因果关系的，这就产生了虚假相关。这种情况也称为混淆关联，它是由混淆偏差(confounding bias)造成的。样本选择偏差(selection bias)也会产生相关性。如果两个变量存在共同变化的趋势(趋势相同或相反)，它们很可能存在比较明显的相关关系。最后，有些完全无关的变量，也可能其观测样本之间存在显著的相关性，这可能是因为小样本数据产生的巧合造成的。

从与相关关系对比的角度来看，因果关系严格区分了"原因"变量和"结果"变量。在揭示事物发生机制和指导干预行为等方面，因果性具有相关关系不能替代的重要作用。因果关系可用于决策分析，相关性主要用途是预测分析。现有因果关系研究主要集中在因果推断及因果性学习两个方面。当前人工智能或者机器学习模型的主要工作是从大数据训练中提取统计相关性规律。未来人工智能的发展方向是机器学习技术能够识别基本的因果关系。

相关性统计分析方法虽然能够揭示政策与现实结果之间的数量变动关系，却无法为现实结果的形成究竟是不是由某一政策促成的这一问题提供可靠的答案。政策 A 与结果 B 有相关关系，并不意味着一定是 A 导致 B，因为如果存在其他一个事件 C，它同时对 A 和 B 有影响，那么在未控制 C 的情况下，我们就无法得到 A 对 B 一定有因果效应(causal effect)的结论。事件 A 导致 B 发生变化的因果关系的确立，必须满足以下三个条件：①A 和 B 相关；②A 必须发生在 B 之前；③所有其他的影响因素 C 都已经被排除。只有同时满足上述三个条件，才可以说 A 和 B 之间确实存在某种程度的因果关系。Pearl 提出了因果关系认识之阶梯论，将因果关系认识从低到高分为三个层次。

(1) 关联(association)，指研究者通过观察(seeing)，找到事件 $A(X=x)$ 与 $B(Y=y)$ 之间的关联性。通过观察性研究(observational study)，利用统计技术分析观测数据，分析条件概率 $P(Y=y \mid X=x)$，推断事件或变量之间的相关关系，但并不能得出关联的方向，不能得到事件间的因果关系。

(2) 干预(intervention)，指研究者通过行动(doing)改变事件 A，查看事件 B 是否会随之变化。研究者凭借人为控制的实验认识因果关系，即通过干预措施或人为操纵，使得原因事件 $A(X=x)$ 发生。这可用数学符号表示为 do$(X=x)$，简写为 do(x)。研究人员主动凭借实验或实施某项举措以获取实验数据，干预实验通过研究概率分布 $P(Y=y \mid \mathrm{do}(X=x))$，揭示事件或变量之间的因果关系，从而识别和计量想要获知的因果效应。

(3) 反事实(counterfactual)，指研究者通过想象(imaging)由果溯因。借助反事实推理，思考如果想让事件 $B(Y=y_2)$ 发生变化，能否通过事件 $A(X=x_2)$ 来实现。反事实分析的主要工作，是在对现实结果已观测的基础上，再对反事实的问题进行分析和解答，即想象假设当时发生了与现实不同的事件，后来会出现怎样的结果？这要求研究者对现实世界中事件间的逻辑关系和作用机制有全面深刻的理论认识。

关联、干预、反事实构成了因果思维逻辑的三个层次。因果关系认识之阶梯的第一层只涉及相关关系，第二和第三层级才涉及因果关系。故要证明事件 A 与 B 存在因果关系，就要在观察性研究得出相关性结论的基础上，构造各种"事实"(即干预组)，以及"反事实"(即对照组)场景，通过比较各种场景中事件 A 与 B 的情况，来发掘和推断因果关系。

5.1.2 因果推断的基本方法

一般观察性研究能够获得相关信息及其统计性质，实验研究可以探索因果关系。由于实验与观察的手段不同，它们得到的数据有本质差别。只有在一定条件或假定下，两者才可以相互转换。随机对照实验、自然实验与准实验是分析和研究因果关系的常见方法。

1. 随机对照实验

随机对照实验(randomized controlled trials，RCT)。随机对照实验 RCT 是研究因果关系最传统、最有效的方法之一，RCT 的随机分配策略可以控制各种变量，剔除混淆因素的影响，使得结果(outcomes)的不同只由干预变量(treatments)引起。

随机实验的基本过程包括 5 个步骤：①从总体中随机选择个体，组成实验样本；②从样本中随机选择进行实验分组，分为干预组和控制组(也称为处理组和对照组)；③开展实验干预；④收集数据；⑤对数据进行处理和分析，并得出结论。随机分组可消除不同组别之间的系统性差异，实现不同组别之间的可比性。因此干预组和控制组之间在干预实验后的差异，可以归因于干预措施。

这种方法简单易于理解，能够有效地识别因果关系。只要处理组和对照组是随机分配的，并且各组中包括的个体数量足够多，就会使得可能影响结果的混淆因素平均分配到各组，各组中个体因素的特殊异常影响也会被减少和消除，从而两组对象在所研究问题的各个相关维度不存在系统性差异。这满足了除所要研究的原因变量，研究对象其他影响因素基本相同的前提条件。由于其中一个组(干预组)受到干预，而另一个组(参照组)没有受到干预，两组在表现上的差异就应归因于实验干预。RCT 得到的估计量是一个无偏估计。但 RCT 费时费力，代价高，可能涉及伦理问题(比如很多医疗手术或用药，人为设置一些"对照组"显然是不道德的)，其结论在外部有效性方面存在局限性，应用领域有限。

下面采用线性回归模型分析随机实验的因果推断。设变量 Y_i 表示实验后个体 i 的观测结果。变量 X_i 是二元取值变量，表示个体 i 被分配到处理组或对照组。当 $X_i=1$，表示个体 i 被分配到处理组；当 $X_i=0$，表示个体 i 被分配到对照组。线性模型表示为

$$Y_i = \beta_0 + \beta_1 X_i + \varepsilon_i \quad (i = 1, 2, \cdots, n)$$

如果样本中个体被分配到处理组或对照组是随机选择的，即 X_i 是随机分配的，X_i 与影响实验的其他因素及个体的特征因素都无关，满足 $E(\varepsilon \,|\, X)=0$，则模型的 OLS 回归系数 β_1 是无偏估计量，表示实验干预的因果效应。当变量 X_i 是二元取值变量时，β_1 等于处理组的平均结果($\bar{Y}^T$)与对照组的平均结果($\bar{Y}^C$)之差，即有 $\beta_1 = \bar{Y}^T - \bar{Y}^C$。实验中处理组和对照组的两组结果样本均值之差，有时也被称为差分估计量(differences estimator)，表示实验干预的因果效应，即 $E(Y\,|\,X=1) - E(Y\,|\,X=0)$。

为了更清楚地理解，设 $Y_i(1)$ 表示个体受到干预的实验结果，$Y_i(0)$ 表示个体没有受到干

预的实验结果，则个体 i 的实验结果变量 Y_i 可表示为

$$Y_i = Y_i(1)\, X_i - Y_i(0)\, (1-X_i)$$
$$= Y_i(0) + [Y_i(1) - Y_i(0)]\, X_i$$
$$= E(Y_i(0)) + [Y_i(1) - Y_i(0)]\, X_i + [Y_i(0) - E(Y_i(0))]$$

与上面的线性回归模型进行比较可以发现，回归系数 $\beta_0 = E(Y_i(0))$。$\beta_1 = [Y_i(1) - Y_i(0)]$，表示个体处理因果效应。误差项 $\varepsilon_i = Y_i(0) - E(Y_i(0))$，显然有 $E(\varepsilon)=0$。

上面讨论的是简单情况。可以采用多元线性回归模型分析比较复杂的随机实验的因果推断问题。回归模型中增加变量 W_i 作为控制变量，表示为

$$Y_i = \beta_0 + \beta_1 X_i + \beta_2 W_i + \varepsilon_i \quad (i = 1, 2, \cdots, n)$$

模型需要增加变量 W_i 作为控制变量，可能有两个原因。①变量 W_i 与 X_i 不相关，X_i 取值是随机分配的。此时模型不包含变量 W_i，不会导致遗漏变量偏误。但模型增加变量 W_i 为控制变量，可以减少误差的方差，减小估计参数 β_1 的标准误，提高估计和预测的精度和有效性。②如果变量 W_i 取值可能对实验分组有影响，但在给定 W_i 的条件下样本是随机分组的，这时模型不包含变量 W_i，会导致遗漏变量偏误。要估计实验干预的因果效应 β_1，模型还需要变量 X_i 的分配满足 $E(\varepsilon_i|X_i, W_i) = E(\varepsilon_i|W_i)$，称为条件均值独立性(conditional mean independence)，表示 X_i 取值在给定 W_i 条件下独立于 ε_i。这时，因果效应 $\beta_1 = E(Y|X=1, W) - E(Y | X=0, W)$。一般选择实验发生之前就已确定取值的变量作为控制变量，比如，变量 W_i 表示个体的性别。而实验发生之后的相关结果变量，一般不宜作为控制变量。控制变量的系数 β_2 不反映实验的因果效应。

如果控制变量 W_i 表示个体的性别，$W_i=1$ 表示个体为男性，$W_i=0$ 表示个体为女性，回归模型可以采用交互项来估计不同组别的干预效应。模型可表示为

$$Y_i = \beta_0 + \beta_1 X_i + \beta_2 X_i W_i + \beta_3 W_i + \varepsilon_i \quad (i = 1, 2, \cdots, n)$$

需要注意的是，现实中随机实验可能由于各种原因导致实验失效。

(1) 实验随机化的失败。如果没有从总体中随机抽样，或者没有从样本中随机分组，就会导致实验结果不可靠。

(2) 不遵从实验规范。如果存在实验对象没有遵守实验设计规范，违反实验规则，会导致实验结果无效。

(3) 观测流失(attrition)。如果有些观测对象在实验过程中放弃，使得预先计划的样本失去随机性，这会导致实验结果不可信。

(4) 实验效应。其也称为霍桑效应(Hawthorne effect)，是心理学上的一种实验者效应，是指当被观察者知道自己成为被观察对象而改变行为倾向的反应。在社会科学研究中，霍桑效应的存在会影响研究结果的准确性和可靠性。现实中还可能存在其他导致随机实验失效的原因。

2. 自然实验

利用现实中发生的与随机实验类似的偶发事件，可将这些事件看成自然形成的一种随机对照试验，用来发掘因果关系。但自然实验可遇而不可求。一般只有制度变更、自然灾害等"外生冲击"才能将研究对象自然地分成受影响组(干预组)和不受影响组(对照组)。例

如，为了研究出生体重和健康之间的因果关系，可以对双胞胎中出生体重较重的婴儿(干预组)和出生体重较轻的婴儿(对照组)进行比较。

3. 准实验

通过随机对照试验得到的数据称为实验数据，但日常生产、生活和调查等获得的数据大部分是观测数据。要从这些观测数据中获得因果推断结论，就要用到准实验(quasi-experiment)方法。准实验是近似随机分配的实验，即通过观测数据和统计学方法来"模仿"随机对照实验。这些方法包括：双重差分法、工具变量法、断点回归法与匹配法等。准实验是社会科学领域中正在发展的研究因果关系的框架。要从观测数据中推断因果关系，通常需要对数据生成过程设定前提假设和识别条件。经济学家越来越多地使用准实验技术来估计现实世界的因果效应。

5.2 因果图的基本概念

因果图是由计算机科学家 Pearl 提出的，其指出因果图模型与潜在结果模型实际上是一致的，每个因果图背后都对应一个潜在结果模型，但因果图更加直观，如图 5.1 所示。

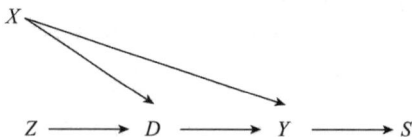

图 5.1　因果图 1

因果图的基本构成要素包括点(nodes)和箭头(edges)，点表示变量，两个变量之间如果有箭头连接，表示至少对总体中的一个个体两个变量之间有因果关系。比如图 5.1 中三个点分别代表三个变量 D、X、Y，D 和 Y 之间有箭头连接，并且由 D 指向 Y，表示 D 对 Y 有因果影响，即至少对总体中的一个个体有 D 影响 Y。受 D 直接影响的变量 Y 称为 D 的子变量，受 D 间接影响的变量 S 称为 D 的孙变量，直接影响 Y 的变量 D 称为 Y 的父变量，间接影响 Y 的变量 Z 称为 Y 的祖变量。两个变量之间如果没有箭头连接，表示总体上对于任何个体，两个变量之间均没有因果关系，是相互独立的。

由变量 X 出发，有两个箭头分别指向 D 和 Y，X 称为 D 和 Y 的共同原因(common cause)，X 称为 D 影响 Y 的混杂因素(confounder)。图中有两个箭头指向 Y，说明 Y 是 D 和 X 的共同结果(common effect)或交汇变量(collider)，D 是 X 和 Z 的交汇变量。

将两个变量连接起来即形成路径(paths)，图中连接变量 D 和 Y 有两条路径，分别是 D→Y 和 D←X→Y，前者称为因果路径(casual path)，后者称为后门路径(backdoor path)。因果路径是指由原因变量或干预变量 D 指向结果变量 Y 的路径，可以是直接指向，也可以是通过中介变量间接指向结果变量，比如，如果 D 到 Y 的因果路径上还有一个中介变量 B，那么因果路径可以表示为 D→B→Y。后门路径是指连接原因变量 D 和结果变量 Y，并且有指向原因变量 D 的箭头的非因果路径。图中路径 D←X→Y 连接原因变量 D 和结果变量 Y，并且路径上有指向原因变量 D 的箭头，因而是后门路径。

因果图中，变量通常按照发生的先后顺序排列，先发生的变量在左边，后发生的变量在右边，如图 5.1 中，X 在 D 前发生，D 在 Y 前发生。另外，因果图中不包括循环路径，即结果不可能影响原因，未来不可能影响现在。也就是说，图 5.1 中不可能出现 Y 指向 D 的路径，当然也不包括指向变量自身的路径。因而，因果图也称为因果有向无环图。

在画因果图时，凡是图中变量的共同原因，均应包括在因果图中。影响变量的扰动因素，如果独立于其他变量，可以不在因果图中显示。图 5.1 中 X 是 D 和 Y 的共同原因，因而应该显示在因果图中。另外，影响 Y 的因素还有其他未观测扰动因素 ε_Y，影响 D 的因素还有其他扰动因素 ε_D，但这些扰动因素均独立于其他变量，因而，可以不出现在因果图中，但如果某些未观测扰动因素不独立于图中的其他变量，比如，ε_Y 除影响 Y 之外，还会影响 D，那么，ε_Y 就是变量 D 和 Y 的另一个共同原因或混杂因素，应该包括在因果图中，此时因果图如图 5.2 所示。

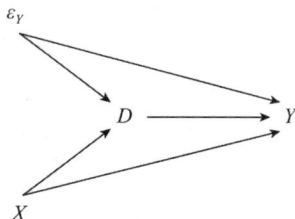

图 5.2　因果图 2

5.3　因果图和边际独立性

因果关系是潜在结果的比较，如果原因变量 D 对结果变量 Y 有因果影响，则有 $E[Y_{0i}] \neq E[Y_{1i}]$，或至少对于某些个体 i 有 $Y_{0i} \neq Y_{1i}(i=1,\cdots,N)$。相关性是观测结果的比较，如果变量 D 与 Y 相关，则有 $E[Y_i \mid D_i=1] \neq E[Y_i \mid D_i=0]$。如果变量 D 对 Y 有因果影响，则 D 和 Y 肯定相关，但两者相关，并不一定说明有因果关系。比如，利用随机化实验考察培训(D)对个人收入(Y)的影响，如果培训对个人收入有因果影响，在因果图中将有 D 指向 Y 的因果路径。但影响个人收入的还有很多其他影响因素，比如能力，其是否应该出现在因果图中呢？不用出现。因为在随机化实验中，原因变量 D 是随机分配的，从而独立于其他变量，尽管能力影响个体收入，但能力独立于原因变量，从而能力不会是混杂因素，这正是随机化实验的作用。此时，因果图非常简单，只有 D 到 Y 的一条因果路径，见图 5.3。因为 D 对 Y 有因果影响，那么，两者肯定相关。当然，反方向不一定成立，两个变量相关不一定代表二者之间有因果关系。另外，因果关系是有方向性的，总是原因影响结果或原因变量指向结果变量，而相关关系是对称的，没有方向性，如果 D 影响 Y，则 D 和 Y 相关，当然 Y 和 D 也相关。

D ————————→ Y

图 5.3　因果图和相关性

下面看第二种情况，见图 5.4。为了便于描述，我们给图中的变量赋予特定含义，变量 L 表示是否有抽烟行为，变量 D 表示是否有随身带打火机的习惯，变量 Y 表示患肺癌的风险。一般认为，抽烟行为 L 会导致患肺癌风险 Y 增加，因而，L 对 Y 有因果影响。如果个人有抽烟行为 L，则该个体随身带打火机的可能性 D 会更大，从而抽烟行为 L 直接影响个人是否随身携带打火机行为 D。是否携带打火机 D 对个体患肺癌风险 Y 没有影响，从而 D 和 Y 是独立的，但在这里两者不是不相关的。比如，现在有人想研究随身携带打火机 D 是

否对个体肺癌风险 Y 有因果影响,假设他通过抽样调查获得了 D 和 Y 的数据,并直接利用观测数据进行比较,他将发现,随身携带打火机的人,患肺癌的可能性会更高。因为随身携带打火机的人,抽烟的可能性更大,而抽烟的人,患肺癌的风险也更大。尽管两者实际上没有因果关系,但观测数据显示两者具有相关性。原因在于,变量 D 和 Y 有一个共同的原因 L,即使 D 和 Y 之间没有因果关系,共同原因 L 也会使两者表现出相关性。共同原因 L 通常称为变量 D 和 Y 的混杂因素。混杂因素造成的相关称为混杂偏差(confounding bias)。如果要得到 D 对 Y 的因果影响,必须想办法消除混杂因素 L 的影响。

图 5.4　因果图和相关性:共同原因

再看一种情况,见图 5.5。变量 D 和 Y 之间没有箭头连接,表示两者之间没有直接的因果关系,但它们共同决定变量 C,C 称为变量 D 和 Y 的共同结果或交汇变量。为了便于解释,假设变量 D 表示民族,Y 表示学习能力,C 表示是否被大学录取。不同民族的学生智力分布总体上是差不多的,学习能力也不会有太大差异,那么民族 D 和学习能力 Y 之间没有直接的因果关系。但在大学录取过程中,我国有少数民族优惠政策,少数民族学生会有一定的加分。这样,高考成绩同等的情况下,少数民族学生被录取的可能性会更大,从而 D 会影响大学的录取结果 C。当然,如果学习能力强,高考成绩高,那么被大学录取的可能性也更大。如果一个研究者获得了民族 D、学习能力 Y(比如高中三年的平均成绩)和大学录取结果 C 的信息,他能否根据民族 D 判断学生的学习能力 Y?答案显然是否定的,知道民族 D 的信息对预测学生的学习能力 Y 没有任何帮助。实际上,因果图理论告诉我们,如果两个变量有一个共同结果,在该路径上,两变量就是不相关的。

图 5.5　因果图和相关性:共同结果

小结一下,两个变量之间什么时候会表现出相关性?有两种情形:一是两个变量具有因果关系,则两者会有相关性,如图 5.3 所示;二是两个变量有一个共同的原因,这时即使两者没有因果关系,也会表现出相关性。另外,如果两个变量有一个共同的结果,但两者没有因果关系,则两者也没有相关性。

从上文可看出,即使没有因果关系,如果有共同原因(即混杂因素),变量也会表现出相关性。那么,如何才能消除相关性,将真正的因果关系揭示出来呢?下面以培训的随机化实验为例进行介绍。培训 D 对个体收入 Y 有因果影响,仔细考察影响机制,培训可以提升个人的人力资本或技能 H,而人力资本提高会增加个体收入,即培训 D 是通过影响人力资本或技能 H 间接地影响个人收入 Y,变量 H 称为中介变量(mediator),见图 5.6。

图 5.6　因果图和边际独立性:以中介变量为条件

现在我们想知道,如果以中介变量 H 为条件或根据变量 H 做数据分析(stratification),在层内 D 和 Y 是否还有相关性?答案是否定的。图 5.6 中 H 加了方框,表示以变量 H 为条件或根据 H 进行分层。培训 D 会影响个人的人力资本 H,而人力资本 H 又会影响个人收

入 Y。如果人力资本 H 相同，无论这个人是否参加了培训 D，个人收入 Y 都应该有相同的分布，培训 D 和个人收入 Y 将不再相关。中介变量 H 阻断了 D 到 Y 的因果路径，使变量 D 与结果变量 Y 相互独立，即有 $D \perp\!\!\!\perp (Y_0, Y_1) \mid H$。

再回到图 5.4，现在考虑如果以 L 为条件(即变量 L 加上方框，见图 5.7)，D 和 Y 是否还有相关性？答案是否定的。如果将考察对象限制在非抽烟者($L=1$)，这时，知道某个体是否携带打火机 D，并不能预测其得肺癌的风险 Y。因为此时，带不带打火机的两组人得肺癌的风险分布是相同的，即有 $D \perp\!\!\!\perp Y \mid L$。因而，我们得到第二个结论：当以两个变量的共同原因或混杂因素为条件时，两个变量之间的相关路径被阻断。图 5.7 中，以 L 为条件，D 和 Y 之间的相关性被阻断。

图 5.7 因果图和边际独立性：以共同原因为条件

下面再回到前面共同结果的例子，见图 5.8。D 和 Y 有一个共同结果 C，D 和 Y 之间没有直接的因果路径，则两者之间没有相关性。现在考察，如果以共同结果 C 为条件，变量 D 和 Y 是否相关？还是回到具体的例子，D 表示民族，Y 表示学习能力，C 表示是否被大学录取。如果现在以是否被大学录取为条件，民族和学习能力之间是否表现出相关性？因为民族和学习能力共同决定了是否被大学录取，因而，如果以大学录取为条件，少数民族由于国家优惠政策，其高考分数可以低一点。如果研究者仅调查已经考入大学的学生，那么，研究者可能发现两者存在负相关性，得到少数民族学生学习能力稍微差一些的错误结论。因而，如果以共同结果为条件，将打开路径 $D \to C \leftarrow Y$，使 D 和 Y 表现出相关性。事实上，如果以共同结果的结果为条件，同样也会打开相关路径，见图 5.9。以共同结果为条件造成估计结果的偏差，称为样本选择偏差(sample selection bias)，其最早由 Heckman(1979) 提出。

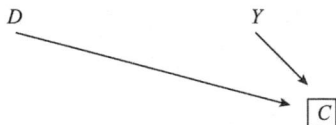

图 5.8 因果图和边际独立性：以共同结果为条件

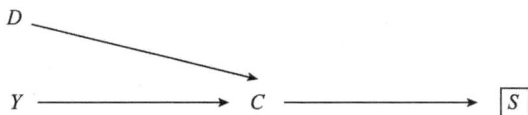

图 5.9 因果图和边际独立性：以共同结果的结果为条件

两个变量相关的情况包括：

(1) 一个变量是另一个变量的原因，$D \to Y$；

(2) 它们具有共同的原因，$D \leftarrow L \to Y$；

(3) 它们具有共同的结果(collider)并以结果为条件时，或以共同结果的结果为条件时，$D \to C \leftarrow Y$ 或 $D \to C \leftarrow Y$。
$$\downarrow$$
$$S$$

什么时候会阻断相关性使两个变量相互独立呢？

- 以中介变量(mediator)为条件时，$D \to B \to Y$；
- 以共同原因(common cause)为条件时，$D \leftarrow L \to Y$；
- 有共同结果(collider)时，$D \to L \leftarrow Y$。

5.4 选择偏差和因果效应识别

两个变量之间有因果关系一般会表现出相关性，但反过来不一定成立。从上文的内容我们知道，即使两个变量之间没有因果关系，如果它们有一个共同的原因，或者以它们的共同结果为条件，两者也会表现出相关性。因而，在利用观测数据分析变量之间的因果关系时，我们需要深入分析变量之间的相关性是真正的因果关系，还是由于共同原因或以共同结果为条件造成的相关性。由共同原因造成的相关性称为混杂偏差(confounding bias)，由以共同结果为条件造成的相关性称为样本选择偏差(sample selection bias)，这两种偏差统称为选择偏差，将真正的因果关系识别出来。

上文中提到的阻断相关性的三种情况，在因果图方法中称为后门规则(back-door criteria)。Pearl(2009)证明因果效应可以通过以一些变量的集合 $\mathbf{Z}$ 为条件进行识别，当且仅当所有的原因变量和结果变量之间的后门路径可以通过以 $\mathbf{Z}$ 为条件而阻断。其证明所有的后门路径可以被 $\mathbf{Z}$ 阻断，当且仅当每条后门路径满足：

(1) 包含一个中介路径 $A \to C \to B$，其中，中介变量 $C \in \mathbf{Z}$，或者

(2) 包含一个共同原因的路径 $A \leftarrow C \to B$，其中，$C \in \mathbf{Z}$，或者

(3) 包含一个共同结果的路径 $A \to C \leftarrow B$，但共同结果 C 及所有 C 的子孙不在 $\mathbf{Z}$ 中。

利用观测数据进行实证分析时，根据后门规则，将所有后门路径造成的相关性阻断之后，两个变量之间表现出的相关性就是两者之间的因果效应。首先考察混杂偏差，下面我们来看几个经济学的例子。

(1) 教育收益率。劳动经济学中一个经典的问题是关于教育(D)对个人收入(Y)的影响，而个人能力(A)往往会同时影响教育选择(D)和个人收入(Y)，即个人能力(A)是教育(D)和个人收入(Y)的混杂因素，用因果图表示如图 5.10 所示。

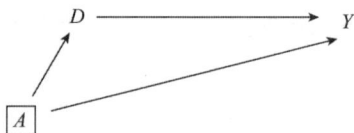

图 5.10 因果图：教育收益率

图 5.10 显示，D 和 Y 之间有两条路径，一条因果路径 $D \to Y$，一条后门路径 $D \leftarrow A \to Y$。因而，D 到 Y 的相关性包含了两部分，一部分是真正的因果关系造成的相关性，另一部分是由于混杂因素 A 造成的相关性。为了得到真正的教育(D)对收入(Y)的影响，只要想办法将后门路径造成的相关性阻断即可。利用后门规则第二条，以共同因素能力变量(A)为条件，将阻断教育和能力之间的非因果路径。

(2) 班级规模与学习效果。在教育经济学中，很多文献关注班级规模(D)对小孩学习效果(Y)的影响。学校班级规模往往是由学校所在地区政府财力(A)决定，而移民在社区中所占的比重(U)往往决定了地方政府财力水平，同时语言问题也影响移民家庭小孩的学习成绩。

因果图见 5.11。D 到 Y 同样有两条路径：因果图路径 $D{\to}Y$ 和后门路径 $D{\leftarrow}A{\leftarrow}U{\to}Y$。根据后门规则第一条或第二条，以 A 为条件或以 U 为条件均可以阻断后门路径，从而识别出 D 对 Y 的因果影响。

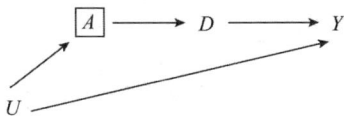

图 5.11　因果图：班级规模与学习成绩

(3) 幸福的决定因素。幸福经济学对幸福感是由哪些因素决定的非常感兴趣，因果图 5.12 描述一种可能的决定机制。教育(A)会影响个人收入(D)，个人收入会影响个人幸福感(Y)。同时，教育(A)还会影响个人的宗教信仰(U)，个人宗教信仰(U)又会影响到个人幸福感(Y)。D 到 Y 包含两条路径：因果路径 $D{\to}Y$ 和后门路径 $D{\leftarrow}A{\to}U{\to}Y$。根据后门规则第一条或第二条，可以利用变量 U 或 A 阻断后门路径的相关性。

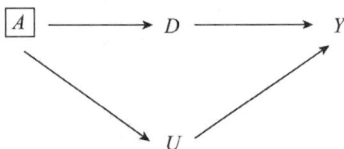

图 5.12　因果图：幸福的决定因素

在上面的例子中，混杂偏差具有相同的结构，均是由于出现了原因变量 D 和结果变量 Y 的共同原因(A 或 U)，从而产生了 D 到 Y 的后门路径。根据后门规则，如果后门路径可以被阻断，那么干预变量 D 和结果变量 Y 之间的因果效应可以识别。因而，下面两种情况下因果效应可以识别。

(1) 没有共同原因。如果变量间因果关系如图 5.3 所示，没有干预变量和结果变量的共同原因，则没有任何后门路径需要阻断，因果效应可以识别。

(2) 有共同原因，但有足够的观测变量可以阻断所有后门路径。如图 5.10、图 5.11 和图 5.12 所示，观测变量 A 可以阻断后门路径，从而识别出 D 和 Y 之间的因果效应。变量 A 可以是共同原因或是后门路径上的中介变量，即以共同原因或中介变量为条件可以阻断后门路径，消除混杂偏差。

现实中，正确地找出变量之间的因果关系非常重要。图 5.13 列出了三个主要变量 C、D、Y 之间的关系，U_1、U_2 为未观测变量。U_1 是 C、Y 的共同原因，因而 C 和 Y 相关，U_2 是 C 和 D 的共同原因，因而 C 和 D 相关。但 U_1 和 U_2 是未观测因素，如果没有正确的因果图，则可能将 C 看成 D 和 Y 的一个共同原因，从而将因果图画成如图 5.10 所示。这时，以 C 条件不但不能阻断后门路径，反而打开了后门路径。因为事实上 C 是一个交汇变量，是 U_1 和 U_2 的共同结果，根据后门标准第三条，C 本来就阻断了 D 到 Y 的后门路径，如果以 C 为条件，反而打开了该路径，使得 U_1 和 U_2 相关，从而使得 D 和 Y 相关，造成估计偏差。这种由于以共同结果为条件造成的偏差称为样本选择偏差(Heckman，1979)或内生选择偏差(Elwert and Winship，2014)。

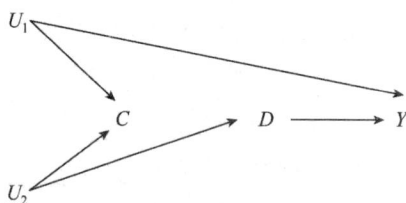

图 5.13 因果图：样本选择偏差 1

样本选择偏差(sample selection bias)是由于采用非随机样本造成的偏差，非随机样本可能来自个体的自选择行为，也可能是由于调查者的抽样规则造成的。非随机样本不能代表所关心的总体，用非随机样本估计总体信息，将造成样本选择偏差。用因果图的语言描述，样本选择偏差是由以两个变量的共同结果为条件造成的，这两个变量中一个是原因变量或与原因变量相关，另一个变量是结果变量或与结果变量相关。这一共同结果或交汇变量可以产生于结果之后，可以产生于干预变量与结果变量之间，也可以产生于干预变量之前(Elwert and Winship，2014)。下面看几个例子。

(1) 教育收益率。Hausman 和 Wise(1977)考察了教育(D)对个人收入(Y)的影响，但使用了一个仅包括低收入者的样本。图 5.14 是相应的因果图，教育 D 和其他未观测因素 U 同时决定个人收入 Y，假设 D 与 U 是独立的，因果路径 $D \to Y$ 体现了教育对收入的因果影响，但由于样本限于低收入个体，相当于以结果为条件。Y 是 D 和 U 的共同结果，是交汇变量，以 Y 为条件，将使 D 与 U 相关，图中用虚线表示。这时，D 到 Y 的相关性，除了反映因果路径 $D \to Y$ 外，还包括路径 $D \to U \to Y$ 产生的相关性，从而产生样本选择偏差。

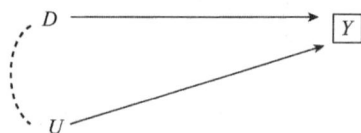

图 5.14 因果图：样本选择偏差 2

另一个例子是关于中国农村教育收益率的估计。文献发现农村教育收益率低于城市教育收益率，原因在于现有文献往往仅利用调查数据中的农村样本进行估计，农村样本是一个选择性样本。由于户籍的限制，在城市化过程中，农村中有能力的个体率先通过升学、参军等途径突破户籍限制进入城市体系，在调查样本中无法观测到这些已经成为城市居民的原农村居民，而调查数据中的个体是那些没有办法突破户籍限制的样本，它与农村总体并不完全相同，使用这一样本估计农村教育收益率将大大低估农村教育的作用(赵西亮，2016)。因果图见图 5.15，D 表示教育，Y 表示收入，H 表示户籍，利用农村调查样本估计农村教育收益率，相当于以 H 为条件，打开了非因果路径 $D \to H \leftarrow Y$，从而产生样本选择偏差。

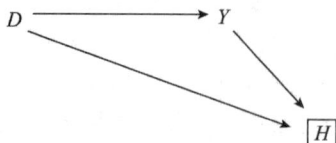

图 5.15 因果图：样本选择偏差 3

现实中有很多类似的例子，比如有一个例子讨论了去医院看病对身体健康的影响(Angrist 和 Pischke，2009)。利用调查数据进行比较分析，发现去医院的个体身体健康状况反而更差。原因在于这是一个选择性样本，只有健康状况不佳的人才会选择去医院看病。

因果图仍然可以用图 5.14 表示，D 表示是否去医院，Y 表示健康状况，U 是影响健康的其他因素。利用调查数据进行分析时，相当于以健康状况为条件，从而产生样本选择偏差。Heckman(1979)考察过已婚女性的劳动供给问题，利用调查数据考察劳动力供给函数时，存在选择性样本，因为只有进入劳动力市场的已婚女性才能让我们看到她的工作时间和市场工资，没有进入劳动力市场的已婚女性工资及工作时间都是缺失的，仅利用有工资数据的样本估计供给函数存在样本选择偏差。

(2) 研发绩效。在利用面板数据进行研究时，往往会遇到样本流失问题(attrition)。在跟踪调查中，由于各种原因，有些样本可能会流失，这也会造成样本选择偏差。比如，利用中国工业企业数据考察研发对企业绩效的影响，如果我们根据初始年份限定分析样本，在随后的年份中，由于企业生死或抽样原因，有些企业可能已不在初始限定的样本中了，这种数据流失可能会造成样本选择偏差。图 5.16 是因果图，D 表示研发，Y 表示企业绩效，C 表示是否流失，U 是影响 Y 和 C 的未观测变量。D 到 Y 是因果路径。企业研发失败，亏损严重，甚至退出市场，可能不会出现在后面的调查中，因而，D 会影响 C。U 是其他影响企业业绩的未观测因素，比如宏观经济形势，U 也会影响到企业是否流失，比如中国工业企业数据主要统计的是规模以上的工业企业，如果由于经济形势，企业的销售额达不到标准，其也可能不会出现在后面的调查样本中，因而 U 也影响 C。如果利用调查数据考察研发行为对企业绩效的影响，相当于以目前没有流失的样本为条件，即以 C 为条件。从图中可以看出，C 是交汇变量，以 C 为条件，将打开非因果路径 $D{\rightarrow}C{\leftarrow}U{\rightarrow}Y$，从而产生样本选择偏差。这里样本选择偏差出现在干预变量和结果变量之间。

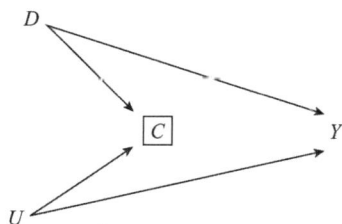

图 5.16 因果图：样本选择偏差 4

样本选择偏差也可能出现在干预变量之前，比如图 5.13，如果样本选择发生在 D 之前，相当于以 C 为条件，打开了后门路径 $D{\leftarrow}U_2{\rightarrow}C{\leftarrow}U_1{\rightarrow}Y$，从而产生样本选择偏差。一般认为，干预前的样本选择造成的偏差往往比较小(Elwert and Winship，2014)。

5.5 选择偏差的处理

对于混杂偏差，处理方法比较简单。在完全随机化实验中，由于干预是随机化分配的，不会有混杂因素出现，因而，完全随机化实验不会产生混杂偏差。在分层随机化实验中，干预是在层内随机分配的，原因变量及潜在结果与分层情况有关，用于分层的变量是对应的混杂因素，因而以分层变量为条件将消除混杂偏差。在观测研究中，如果能够识别出清晰的混杂因素，利用回归方法或匹配方法，以混杂因素为条件可以消除混杂偏差。匹配方法是以影响干预的变量为条件消除混杂偏差，回归是以影响结果变量的混杂变量为条件消除偏差。图 5.17 显示，匹配控制 S，回归控制 X，均可阻断后门路径 $D{\leftarrow}S{\rightarrow}X{\rightarrow}Y$。当然，这种区分并不是绝对的，在后面的章节中会详细讨论回归和匹配这两种方法。

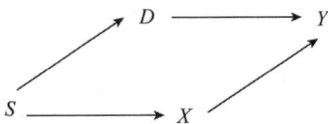

图 5.17 因果图：匹配和回归方法消除混杂偏差

样本选择偏差不但会出现在观测研究中，也会出现在随机化实验中。随机化实验中，如果存在参与个体流失(attrition)，也会产生样本选择偏差。比如用随机化实验考察培训对收入的影响，随机分配到干预组接受培训的个体没有参加培训，如果这种流失是潜在收入比较高的个体，那么利用剩余的样本进行估计会产生选择性偏差。

出现样本选择偏差时，针对不同的情况，可以采用不同的解决办法。如果数据允许，可以通过调整样本的方式消除样本选择偏差，比如赵西亮(2016)通过调整农村居民样本，将永久移民重新纳入农村样本修正样本选择偏差。如果造成选择性样本的非因果路径上存在可以观测的变量，那么，可以利用调整混杂偏差的方法调整样本选择偏差。比如图 5.18，以 C 为条件产生样本选择偏差，从而非因果路径 $D \rightarrow C \leftarrow L \leftarrow U \rightarrow Y$ 使 D 与 Y 表现出相关性。如果变量 L 或 U 是可观测的，可以通过以 L 或 U 为条件，阻断该非因果路径造成的相关性，从而识别 D 对 Y 的因果影响。另外，在正态分布假设下，Heckman(1979)提出了一种解决办法，即著名的 Heckman 两步法。

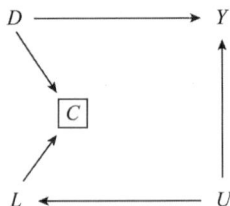

图 5.18 因果图：修正样本选择偏差

5.6 辛普森悖论

自然科学和社会科学一般都致力于探寻事物间的因果关系。因果推断希望借助计量与统计等技术工具对因果关系进行有效识别。但在没有任何理论假设的前提下，统计学不可能直接识别出因果关系。借助统计学等工具得到的回归分析结果，仅仅代表了变量之间的相关关系。所谓的统计回归仅是一种参数估计方法。而因果关系识别则需要理论和技术两方面的严谨论证。所以单纯回归分析得到的参数估计结果，充其量只能称为二者间的相关关系而非真实的因果关系。想要对因果关系进行有效识别，就要求我们在回归之前用经济理论去建立模型，分析两个变量间的内在逻辑和影响机制。或者即使无法建立数学上的理论模型，也需要我们借助现有文献的知识，推出研究变量之间存在何种内在逻辑，提出和检验研究假设。只有在理论指导下做统计分析，检验和验证我们的逻辑推演正确与否，再利用得到的回归结果去识别因果关系才可能有意义。

辛普森悖论(Simpson's Paradox)是指在某个条件下的两组数据，分别讨论时都会满足某种性质，可是一旦合并考虑，却可能导致相反的结论。同一数据集的整体趋势和分组趋势有可能完全不同。爱德华·辛普森(Edward Simpson)1951 年提到了这种现象。统计理论和工具并不能判定如何处理和分析数据，即究竟是将数据合并进行总体分析，还是将数据进行分组分析。对数据进行拆分或归总，基于统计数据的因果推断甚至会出错。遇到辛普森悖论需要做选择判断的时候，我们要思考的是"数据背后的故事"。

例：假设针对一种流行病，开发了两种治疗方案：方案 A 和方案 B。方案 B 比方案 A 价格更贵，因此接受方案 A 与方案 B 的病人大致比例为 73%/27%。接受方案 A 的 1500 人中有 1400 患有轻度疾病，其中，210 人死亡；有 100 人患有重度疾病，其中，30 人死亡。接受方案 B 的 550 人中有 50 人患有轻度疾病，其中，5 人死亡；有 500 人患有严重疾病，其中，100 人死亡。接受治疗方案 A 和方案 B 的病人总数为 2050。表 5.1 中描述了这些百分比和相应的数据。

表 5.1 病情与治疗状况

治疗方案(T)	病情状况(C)(轻度)	病情状况(C)(严重)	总体
A	15% (210/1400)	30% (30/100)	16% (240/1500)
B	10% (5/50)	20% (100/500)	19% (105/550)

表 5.1 中百分比数字表示每组的死亡率，数值越低表示相应的治疗方案越好。括号中数字是相应的计数。统计悖论来源于：在检查整体人群时，治疗方案 A 看起来更好；但在两个分组(轻度与严重两列)中，方案 B 看起来更好。表中收集了两种治疗方案下死于这种疾病的百分比数据(死亡率 Y)，并给出了感染者被分配的治疗方案，以及他们在治疗时的病情状况。病人的病情状况是一个二元变量：轻度($C=0$)或严重($C=1$)。在该数据中，接受方案 A($T=A$)的人中有 16% 死亡，而接受方案 B($T=B$)的人中有 19% 死亡。故方案 A 的治疗效果好于方案 B。上述 A 和 B 两个治疗方案死亡率的计算方式为

$$\frac{1400}{1500} \times 0.15 + \frac{100}{1500} \times 0.30 \approx 0.16; \quad \frac{50}{550} \times 0.10 + \frac{500}{550} \times 0.20 \approx 0.19$$

但当将病情较轻的人与病情严重的人分组检查时，数字暗示的结论恰好相反。在病情轻度分组中，接受方案 A 的人中有 15% 死亡，而接受方案 B 的人中有 10% 死亡，方案 B 的治疗效果好于方案 A。在病情严重分组中，接受方案 A 的人中有 30% 死亡，而接受方案 B 的人中有 20% 死亡，方案 B 的治疗效果也好于方案 A。两个分组中，方案 B 的治疗效果都好于方案 A。这一结论与前面分析的结果相反。

为便于运用数学分析，将治疗效果记作变量 Y(死亡率)；T 表示治疗方案；C 表示病情状况。上面图中给出了治疗方案 T 与治疗效果 Y 的两种因果关系影响机制。图中 5.19(a)部分表示方案 T 对效果 Y 有两个作用渠道，分别为直接作用和间接作用。这种情况下，方案 A 的治疗效果好于方案 B。如果事件中真实的因果关系是按照图 5.19(b)所描述的情况，病情状况 C 是影响治疗方案 T 和治疗效果 Y 的共同原因，则方案的治疗效果应表示为

$$E[Y|T] = E[Y|T, C=0] + E[Y|T, C=1]$$

为控制混淆因素，方案 A 和 B 的治疗效果应该分组计算：

$$\frac{1450}{2050} \times 0.15 + \frac{600}{2050} \times 0.30 \approx 0.194; \quad \frac{1450}{2050} \times 0.10 + \frac{600}{2050} \times 0.20 \approx 0.129$$

这种情况下，方案 B 的治疗效果好于方案 A。

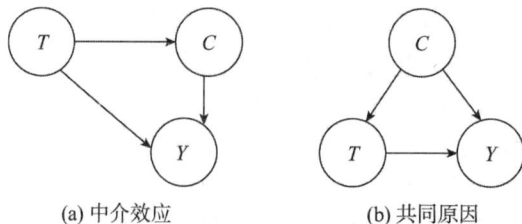

(a) 中介效应 (b) 共同原因

图 5.19　两种因果关系

上述例子中的计算过程和结果，完全取决于对现实中事物发生和作用机制的理论认识。图 5.20 给出了辛普森悖论的直观表示。对图中三组数据，如果分组回归，变量 X 和 Y 的相关关系为负相关。但如果将三组数据合并再进行回归分析，则 X 和 Y 的相关关系为正相关。究竟采用什么分析方法，取决于变量 X 和 Y 之间关系的理论认定。只有在正确的因果关系理论指导下，统计计算和推断才能给出有意义的研究结论。

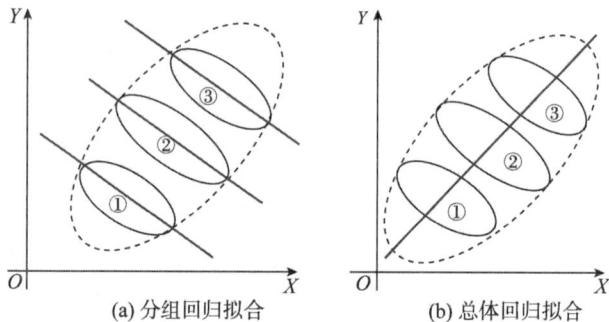

(a) 分组回归拟合 (b) 总体回归拟合

图 5.20　回归拟合

5.7　样本选择相关问题[①]

5.7.1　样本选择性偏差

所谓选择性偏差(selection bias)，又称选择效应，是指这样一种认知倾向：人们喜欢把事物分为某种典型的类别，对事件进行概率估计时往往过分强调这一类别的重要性，而不顾或忽略其他潜在的可能性。选择性偏差的本质在于研究样本的选择，当所选取的案例或样本无法体现出对总体的代表性时，被选样本则不能准确反映总体特征，进而导致相关性度量的失真。样本选择性偏差(sample selection bias)指的是在研究或调查过程中，由于样本的选择不是随机进行的，而是受到某些特定因素的影响，使得某些个体或群体更有可能被选入样本。这种偏差会导致所得结论与整体总体之间存在不一致性或错误的结论。

一个著名的例子是伯克森悖论(Berkson's Paradox)。伯克森悖论是由美国医生和统计学家约瑟夫·伯克森(Joseph Berkson)于 1946 年提出的。它指的是在特定条件下，两个原本独立或相关性不显著的变量，在特定的样本选择下会表现出显著的相关性。伯克森在研究糖尿病和胆囊炎的关系时，由于只有在医院中的病人才会被纳入研究，因此可能会错误地观察到糖尿病和胆囊炎之间的负相关性。但实际上在总体人群中这两者可能并无显著关系。

① 程开明，于静涵. 选择性偏差：不可忽视的统计现象[J]. 中国统计，2022，(08)：46-49.

自伯克森悖论提出后，选择性偏差对研究结果的影响一直是人口学、公共卫生等领域的焦点，也受到经济学、社会学等领域的广泛关注。

一个有趣的例子：选择性偏差会加剧"帅哥都是渣男"的刻板印象。假定罗丝只愿意和一个善良或帅气超过某一阈值的男人约会，这意味着：如果一个男生很好很帅，罗丝会和他约会；如果一个男生很帅气但不太善良，罗丝会和他约会；同样，如果一个男生很善良，罗丝也会和他约会，即使他在长相方面有所欠缺。结果是，与罗丝约会的大多英俊男人并不怎么善良，或者是很多善良男人并不怎么好看。罗丝的筛选条件导致了约会对象的非随机性，加剧了"帅哥都是渣男"这一刻板印象。难道帅哥真的都是"渣男"吗？其实，这一表象是选择性偏差所致，毕竟既善良又英俊的男人与前两种男人相比数量少之又少。

另一典型案例来自珀尔所著的《因果关系：模型、推理和推论》一书。大学招生办公室通常根据 GPA(平均学分绩点)和 SAT(学术能力评估测试)成绩来录取符合条件的学生，希望录取既有高 GPA 成绩，又有高 SAT 成绩的学生。但这样的学生通常会被更高层次的学校录取，那么只能退而求其次，录取那些有很高 GPA 成绩，或者很高 SAT 成绩的学生。如此，若一个学生的 SAT 成绩很高，学校大概率会录取他，即使他的 GPA 成绩很差；同样，如果一个学生 GPA 成绩很高但 SAT 成绩很低，学校也通常会录取他。正是因为存在选择性偏差，导致录取学生群体中 GPA 成绩和 SAT 成绩之间呈现出负相关性，选择性偏差导致虚假相关。

选择性偏差不仅容易误导人们得出虚假的相关关系，甚至可能让人们在错误的认知上越走越远，得出离谱的结论！第二次世界大战期间，统计学家瓦尔德受聘帮助军方评估飞机在遇到敌军射击时应添加钢板的位置，现有资料显示机身某些部位的弹孔特别多，军方人员认为这些弹孔多的地方应加强保护；然而，瓦尔德却给出相反的结论：弹孔最少的地方应添加钢板以增强防护。瓦尔德的建议反映了其对选择性偏差的洞悉，因为军方手上只有归航飞机的受损资料，仅将归航飞机作为样本显然易得出应加强防护弹孔多的地方的结论。若将被击落的飞机一同纳入研究样本，就可以推断出很多飞机一去不返是因为被击中了要害部位，那么相对来说返航飞机被击中的地方反而不那么关键。所以，应加强防护返航飞机弹孔最少之处，这是大家都熟悉的幸存者偏差，也是选择性偏差的一种。

图 5.21 给出了样本有偏选择可能导致变量之间呈现伪相关关系的示意图。图 5.21 中椭圆部分，描述了变量 X 和 Y 观测值的散点图。变量 X 和 Y 可能没有相关关系，或者具有正相关关系。但如果样本选择有偏，使得图中右上角部分的观测值形成研究样本。则根据此种样本进行推测，变量 X 和 Y 可能呈现负相关关系。

为便于理解伯克森悖论，让我们利用因果图进行分析(见图 5.22)。如图 5.22 所示，假设变量 X 和 Y 可能联合或者分别导致结果 Z。此时如果控制了变量 Z，变量 X 和 Y 可能呈现伪相关关系。不妨先设想一种非常极端的可能情况：无论是疾病 1 还是疾病 2，都没有严重到足以让患者必须住院的地步，但两者的结合，会导致患者必须住院。在这种情况下，我们的预测结果是，在住院病人这个总体中，疾病 1 与疾病 2 高度相关。在此前提下，在针对住院病人进行研究时，就相当于控制了"住院"这个因子。根据前面因果关系图的相关知识，以对撞因子为条件，这一操作制造了"疾病 1"和"疾病 2"之间的伪相关。因果关系是"疾病 1→住院←疾病 2"，悖论中控制了"住院"这个对撞因子，造成了两种疾病之间呈现伪相关。在我们以往提到的许多例子中，这种伪相关多呈负相关，但在这个例子中，这种伪相关是正向的，因为患者住院的前提就是同时患有两种疾病(而不是只患有一种疾病)。

所以，如果变量 X 和 Y 一起导致了结果 Z，则控制结果 Z，可能推测出变量 X 和 Y 正相关；如果变量 X 和 Y 分别都可能导致结果 Z，则控制结果 Z，可能推测出变量 X 和 Y 负相关。

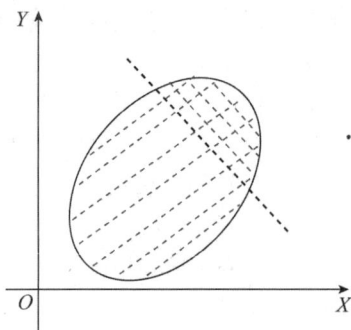

图 5.21　样本有偏选择　　　　　图 5.22　共同结果的因果关系

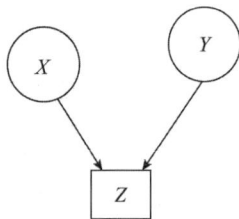

5.7.2　选择性偏差产生的原因

为什么人们的直观判断容易出现选择性偏差？这一现象背后的原因与机制是什么？不同领域的学者给出了不一样的解释，为准确地识别选择性偏差，本书将其中具有代表性的原因概括为以下几类。

1. 样本选择偏差

当研究总体的某些子样本不可观测时，可得样本存在非随机性，无法代表总体，导致推断结论存在偏差。对样本选择偏差的研究工作始于诺贝尔奖得主赫克曼，最典型的例子是探究女性受教育程度对工资的影响。考察二者关系需要随机收集女性工资、受教育程度及其他特征数据例如年龄、毕业院校等；然而愿意登记工资信息的女性都是有工作的，那些没有工作的女性的工资情况往往无法获得，即使她的受教育程度很高。这使得大量没有工作的女性未包含在研究样本中，样本失去随机性，不能反映总体的真实情况，据其做出判断容易得到有偏差的结论。

产生样本选择偏差的原因如下。

(1) 方便性抽样：研究者倾向于选择容易获取的样本，而非全面代表总体的样本。这种基于方便的抽样方法可能会导致样本不具有代表性，从而产生偏差。

(2) 特定群体偏好：有时研究者可能对某些群体特别感兴趣，导致在选择样本时偏向这些群体，从而忽略了其他重要的群体。

(3) 研究条件限制：在某些情况下，研究条件可能限制了样本的选择范围，使得样本无法全面反映总体情况。

2. 自选择偏差

考察事物之间的关系，因个体的主动选择导致不同组别的样本不随机，即实验组和对照组初始条件不完全相同，人们对所检验的结果容易产生偏差性认识。许多更年期之后的女性曾被怂恿去尝试激素替代疗法(HRT)，因为有报道说这一疗法可以降低患心脏疾病的概率，得出这一关联性结论的早期研究仅对一组选择 HRT 和一组没有选择 HTR 的女性开展对比分析。然而，将研究样本进行随机分配的实验发现，HRT 根本不能降低患心脏病的概率，出现上述结论只是因为自主选择 HRT 的女性比没有选择 HRT 的女性本来更重视身体健康，更加积极地进行锻炼，不那么肥胖。正是由于自选择效应的存在，故而不能简单地说 HRT 是降低患心脏疾病概率的原因。两个变量之间存在相关性并不能保证一个变量的变化会导致另一变量的变动，也不意味着它们之间存在直接的因果路径，很可能是因为两个变量都与未被观测的第三变量有关。确保自选择偏差不来捣乱的有效方法，是在操纵所有变量的情况下开展大规模随机对照实验。

3. 幸存者偏差

幸存者偏差也是一种典型的选择性偏差，通常是指只看到经过某种筛选而产生的结果，而没有意识到筛选的过程，因而忽略了被筛选掉的关键信息。许多著名的绩效管理理论就充斥着大量的幸存者偏差，《从核心扩张》一书指出，78%的高绩效企业专注于单一核心事业，而只有22%的低绩效企业这么做。此项研究涵盖了1854家公司，其根据股价报酬、营业额、利润率等来衡量绩效，但只考察了研究期间内存活于市场的企业，并未考虑任何一家采用专注策略却破产的公司。如果将那些失败倒闭的公司包含进来，研究结论将会改变。根据两位作者的说法，所有公司中的13%创造了高绩效，而高绩效公司中的78%(188家)专注于核心事业；假设当时另有200家公司采取专注策略却倒闭了，将这一数字纳入样本后，"专注"与"绩效"的真正关系就跟如克和艾伦的推论正好相反。避免幸存者偏差，意识到"沉默证据"的存在，如此才能获得全面认识。

4. 易得性偏差

人们进行决策时往往依赖于容易获取的信息，并对这些信息过度使用，但这些信息对于决策判断可能不重要或不全面。许多投资者沉迷于K线图等技术分析，一方面是因为K线图以价格、成交量等历史数据为基础且由软件自动生成，很容易演绎出非常复杂的各类趋势线和指标，技术分析"专家"通常参考这种容易得到的信息而忽略对市场、股价有影响的其他重要因素；另一方面是投资者最先接触的往往就是行情软件，K线图和技术指标是其容易获得的信息且直接关系到股价。然而，企业的估值需要综合考虑所处行业、竞争优势、财务指标等因素，并认清企业的发展阶段，是非常复杂且没有定式的综合性过程。简单的财务数据容易获取，但仅基于财务指标进行估值，投资决策难免受到选择性偏差的影响。正如芒格那句广为流传的经典格言："对于只有锤子的人而言，每个问题都像一颗钉子。"

5. 确认性偏差

确认性偏差是指个人选择性地回忆、搜集有利细节，而忽略不利或与预期相矛盾的信息，以支持已有的想法。这种偏见尤其显见于感情问题和传统观念，人们常偏好支持自己原先立场的观点，也倾向于将模棱两可的事实做出有利于自己观点的解释。在投资领域，这类问题非常严重，当投资者买入某公司股票后，特别是投入大量心血研究分析后，往往对该公司股票产生确认性偏误，后期在收集信息时更倾向于选择和相信"利好的信息"，拒绝和反感"利空的信息"，影响投资决策的科学性。以特维斯基和卡尼曼为代表的经济学家将之归纳为：投资者由于认知容量的局限性，在某一时点不能处理所有信息，总是选择少数事物作为认知对象，以使被认知的对象从环境中凸显出来，这是选择性偏差的典型特征之一。

5.7.3 如何避免选择性偏差

当人们做出决策判断时，某些信息过于引起关注，让人们误以为它代表了目标整体，从而陷入选择性偏差的"陷阱"。选择性偏差势必使人们倾向于"洞察"到某种模式，极易造成虚假的相关关系，高估或低估因果关系甚至得到与真实关系完全相反的结论。充满诱惑的相关性证据加上固有的偏见，能够欺骗最聪明的头脑，那么怎样才能使聪明的头脑免受选择性偏差的欺骗呢？

(1) 重视样本对总体的代表性。前述案例提供了大量的"反面教材"，无一不在提醒人们：不论何种原因，只要研究样本不能代表总体，就会导致对问题的认识产生选择性偏差。提高样本对总体的代表性，是显而易见的统计学要求，但也最易被忽视。一旦样本存在选择性偏差，据其得到的结论必然导致错误的决策。

(2) 利用辩证思维约束直觉。卡尼曼指出："我们在任何时候，都对周围的世界持有一种单一的解释，并将其视为真实的经验，通常很少投入精力去寻找其他可能的解释。"显然，全面认识事物需要辩证思维，深入洞悉所研究问题的本质，避免过分拘泥于已有信息。实际上，应把定性分析和定量研究、总体特征和局部特征相结合，在同质性的基础上研究差异性，在差异性中归纳同质性；在透过偶然性去发现必然性的同时，基于必然性来认识偶然性，采用辩证思维去分析问题，是警惕选择性偏差的重要一环。

(3) 善于利用工具修正选择性偏差。在许多场合，即使费尽心思也难以确保搜集到的资料没有偏差，如同研究女性受教育程度对工资影响的案例，由于无法调查到那些没有工作的女性的工资，导致研究样本难以包含未工作的女性。为此，统计学家和经济学家发明了许多有针对性的解决方法，譬如鲁宾因果模型、断点回归、倾向得分匹配及 Heckman 两阶段模型等，用以帮助修正选择性偏差，开展可信的因果效应评估。从本质上来讲，这类因果推断行为很像从冰山尖端有效推测冰山全貌。学者们逐步利用这些方法来修正自己研究中可能存在的选择性偏差，并倡导将其应用于更广泛的领域。

本章小结

1. 相关关系不意味着因果关系。相关性通常有 5 种来源：因果关系、共同原因、样本选择、共同趋势及纯属巧合。随机实验是因果推断的黄金标准，它随机地将个体分配到实验组与对照组中，通过随机分组的方式消除了其他混杂变量的影响，使得我们可以直接比较不同策略对实验结果的影响，得到因果效应的无偏估计。

2. 因果图是与潜在结果框架等价的一种描述语言，但更加直观。我们介绍了三种路径结构：因果路径、共同原因和共同结果。三种情况下两个变量之间表现出相关性：有因果关系、有共同原因或以共同结果为条件。

3. 因果推断的目的就是排除以共同原因和共同结果为条件造成的相关性，从而将由因果路径造成的相关性分离出来，因果路径体现的相关性就是因果效应。后门规则提供了三种基本的识别策略，以中间变量、共同原因为条件可以阻断后门路径产生的相关性，如果有共同结果，不以共同结果为条件，就不会产生非因果路径的相关性。由共同原因造成的偏差称为混杂偏差，以共同结果为条件造成的偏差称为样本选择偏差，实证分析的主要目的是消除这两种偏差，将因果效应识别出来。

4. 辛普森悖论是指总体数据的统计相关性，可能与部分数据的统计相关性相反。辛普森悖论说明只有在正确理论指导下，统计计算才可能正确且有意义。

5. 样本选择性偏差指的是在研究或调查过程中，由于样本的选择不是随机进行的，而是受到某些特定原因的影响，使得某些个体或群体更有可能被选入样本。这种偏差会导致所得结论与总体之间存在不一致性或错误的结论。伯克森悖论是样本选择性偏差的典型例子。

第6章

工具变量估计方法

线性回归模型中解释变量的外生性假设是最为基本的假设，保证了 OLS 估计的一致性和渐近正态性，在其他假设都放松的情况下，外生性假设却没能得到放松。经济问题的复杂性会导致线性回归模型的自变量产生内生性。例如，在考察教育水平对工资影响的收入模型中，即使知道能力对工资收入有影响，并且与教育水平有关，但由于其不可观测而不得不丢掉，由此导致教育水平变量的内生性。

对于存在内生性自变量的线性回归模型，OLS 估计不再具有一致性，因此不能用最小二乘法进行估计，需要采用工具变量方法进行估计。

6.1 内生性

6.1.1 OLS 估计的不一致性

当线性回归模型的自变量与模型误差项不相关时，称该自变量为外生自变量，否则称为内生自变量。用公式表达如下：设回归模型 $Y = \beta_0 + \beta_1 X_1 + \beta_2 X_2 + \cdots + \beta_k X_k + u$，如果解释变量 X_r 满足

$$\mathrm{Cov}(X_r, u) \neq 0 \tag{6.1.1}$$

则 X_r 为内生(endogenous)自变量，否则为外生(exogenous)自变量。

存在内生的自变量时，线性回归模型的 OLS 估计不再具有一致性。以一元线性回归模型 $Y = \beta_0 + \beta_1 X + u$ 为例进行说明。设解释变量 X 具有内生性 $\mathrm{Cov}(X_r, u) \neq 0$。设样本容量为 n。由前文可知

$$\hat{\beta}_1 - \beta_1 = \frac{\sum_{i=1}^{n}(X_i - \bar{X})u_i}{\sum_{i=1}^{n}(X_i - \bar{X})^2} = \frac{n^{-1}\sum_{i=1}^{n}(X_i - \bar{X})u_i}{n^{-1}\sum_{i=1}^{n}(X_i - \bar{X})^2}$$

对序列 $\{(X_i - \bar{X})u_i\}_i^n$ 和 $\{(X_i - \bar{X})^2\}_i^n$ 应用大数定律得出

$$n^{-1}\sum_{i=1}^{n}(X_i - X)u_i \to \mathrm{Cov}(X, u) \neq 0, \quad n^{-1}\sum_{i=1}^{n}(X_i - \bar{X})^2 \to \mathrm{Var}(X) \neq 0$$

因此

$$\hat{\beta}_1 \to \beta_1 + \frac{\mathrm{Cov}(X,u)}{\mathrm{Var}(X)} \neq \beta_1$$

即 $\hat{\beta}_1$ 不是 β_1 的一致估计。以上收敛均为以概率收敛。

利用多元线性回归模型可以得到类似的结果。值得注意的是，在多元回归模型中，内生解释变量回归系数的 OLS 估计不是一致估计，外生解释变量回归系数的 OLS 估计也可能不一致。以二元线性回归模型为例。为简单起见，假定模型不带常数项，即 $Y = \beta_1 X_1 + \beta_2 X_2 + u$，$X_1$ 为内生变量 $\mathrm{Cov}(X_1,u) \neq 0$，$X_2$ 为外生变量 $\mathrm{Cov}(X_2,u) \neq 0$。设有容量为 n 的独立同分布样本。将 $Y_i = \beta_1 X_{1i} + \beta_2 X_{2i} + u_i$ 代入式(3.2.3)整理得

$$\hat{\beta}_2 - \beta_2 = \frac{S_{X_1}^2 S_{X_2,u}^2 - \hat{\rho}_{X_1,X_2} S_{X_1,u}^2}{S_{X_1} S_{X_2}(1 - \hat{\rho}_{X_1,X_2}^2)}$$

其中

$$S_{X_j}^2 = n^{-1}\sum_{i=1}^n (X_{ji} - \bar{X}_j)^2 \quad (j=1,2)$$

$$S_{X_j,u}^2 = n^{-1}\sum_{i=1}^n (X_{ji} - \bar{X}_j)u_i \quad (j=1,2)$$

$$S_{X_1,X_2}^2 = n^{-1}\sum_{i=1}^n (X_{1i} - \bar{X}_1)(X_{2i} - \bar{X}_2)$$

由大数定律得

$$\hat{\beta}_2 - \beta_2 \to \frac{\sigma_{X_1}^2 \mathrm{Cov}(X_2,u) - \rho_{X_2,X_1}\mathrm{Cov}(X_1,u)}{[\sigma_{X_1}\sigma_{X_2}(1-\rho_{X_1,X_2}^2)]}$$

其中，$\sigma_{X_1}^2$、$\sigma_{X_2}^2$ 为 X_1、X_2 的方差，ρ_{X_1,X_2} 为 X_1、X_2 的相关系数。X_2 为外生变量，$\mathrm{Cov}(X_2,u) = 0$，X_1 为内生变量，$\mathrm{Cov}(X_1,u) \neq 0$。只要 $\rho_{X_1,X_2} = 0$，$\hat{\beta}_2$ 不以概率收敛到 β_2。如果 X_1，X_2 不相关 ($\rho_{X_1,X_2} \neq 0$)，$\hat{\beta}_2 \to \beta_2$，$\hat{\beta}_2$ 为 β_2 的一致估计。显然，X_1、X_2 之间的相关性导致 $\hat{\beta}_2$ 的不一致。

结论 1

OLS 估计的不一致性：

(1) 线性回归模型内生自变量回归系数的 OLS 估计不是一致估计；

(2) 如果和内生自变量相关，外生自变量回归系数的 OLS 估计不是一致估计。

这里以一元线性模型 $Y = \beta X + u$ 为例，对内生性引起 OLS 估计不一致性的原因进行直观解释。当 X 为外生变量时，X 和 u 不相关，X 变化通过影响 βX 引起 Y 的变化。X 的变化不会引起 u 的变化，X 和 u 独立地对 Y 产生影响，如图 6.1 所示。

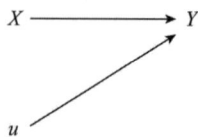

图 6.1　外生自变量和误差项对因变量的影响

当 X 为内生变量时，X 和 u 相关，X 的变化会引起 u 的变化。X 对 Y 的影响有两种：一种为直接对 Y 的影响；另一种是通过影响 u 间接影响 Y，如图 6.2 所示。

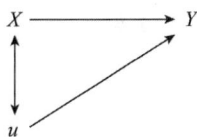

图 6.2　内生性自变量和误差项对因变量的影响

不存在内生性时，回归系数 β 衡量了 X 对 Y 的影响 $\mathrm{d}Y/\mathrm{d}X=\beta$，样本数据提供的信息也只反映了这种直接影响，$\hat{\beta}$ 也只包含了这种影响，因此是 β 的一致估计。存在内生性时，u 受 X 的影响，为 X 的函数。X 对 Y 的影响为 $\mathrm{d}Y/\mathrm{d}X=\beta+\mathrm{d}u/\mathrm{d}X$，用样本数据估计出的 $\hat{\beta}$ 是 $\beta+\mathrm{d}u/\mathrm{d}X$ 的估计，不是 β 的估计，不具有无偏估计和一致性。

6.1.2　内生性产生的原因

导致回归模型解释变量内生性的主要原因有三个：模型设定错误、测量误差和联立性。这里只对模型设定造成的内生性进行讨论。

模型设定错误是导致内生性最常见的原因之一。模型设定错误往往表现为相关变量的缺失，缺失变量成为错误设定模型误差项的一部分，当缺失变量和模型中其他变量相关时，就会导致这些变量的内生性。

例如，工资模型 $\log(\text{wage})=\beta_0+\beta_1\text{exper}+\beta_2\text{exper}^2+\beta_3\text{edu}+\gamma\text{abl}+u$，被解释变量为工资(wage)的对数，解释变量分别为工作年限(exper)、工作年限平方(exper^2)、受教育年限(edu)和能力(abl)。但能力不可观测，变量 abl 不得不丢掉，由于能力 abl 和受教育年限 edu 存在正相关性(受教育年限越长，能力越强)，缺失 abl 的模型为

$$\log(\text{wage})=\beta_0+\beta_1\text{exper}+\beta_2\text{exper}^2+\beta_3\text{edu}+u'$$

其中，误差项为 $u'=u+\gamma\text{abl}$，与解释变量 edu 相关，引起内生性。根据前面分析可知，abl 和 edu 正相关引起的内生性，以及能力对工资收入的正向影响 $(\gamma>0)$，导致错误设定模型中变量 edu 回归系数 β_4 的 OLS 估计量 $\hat{\beta}_4$ 产生正偏误，从而高估教育水平对工资的影响。

不相干变量：与变量缺失相反的问题是模型中存在不相干变量(irrelevant variable)。所谓不相干变量是指对因变量没有解释能力的变量。例如，正确的模型为 $Y=\beta_0+\beta_1X_1+u$，而将模型设定为 $Y=\beta_0+\beta_1X_1+\beta_2X_2+u$，$X_2$ 为不相干变量。将不相干变量引入模型是另一种形式的模型错误设定。可以证明，不相干变量引入模型不会影响模型其他参数 OLS 估计的无偏性和一致性，但会增大参数估计的方差，降低估计精确度。在模型设定环节，应该尽量通过经济学分析避免引入不相干变量。当难以确定是否为不相干变量时，如果样本量较大，应该将该变量放入模型。

6.2　工具变量估计方法

6.2.1　工具变量估计法

当模型的解释变量存在内生性时，可以引入工具变量(IV:instrumental variable)，借助工具变量提供的信息得出模型回归系数的一致估计，这种估计方法称为工具变量估计法。

1. 工具变量估计法——一元线性回归模型

先讨论一元线性回归模型的工具变量估计方法。设要估计的模型为 $Y = \beta_0 + \beta_1 X + u$。

定义 1：如果存在变量 Z，满足：

(1) 与 u 不相关 Cov(Z,u)=0；

(2) 与 X 相关 Cov(Z,u)≠0；

则称 Z 为 X 的工具变量，也称工具(instrument)。

工具变量 Z 为参数估计提供了矩条件，加上误差项零均值假设得出总体矩条件：

$$\mathrm{Cov}(Z,u) = E(Zu) = E[(Y - \beta_0 - \beta_1 X)Z] = 0$$
$$E(u) = E(Y - \beta_0 - \beta_1 X) = 0$$

设 (Y_i, X_i, Z_i)，$i = 1,2,\cdots,n$ 为样本，根据类比原则得出样本矩条件：

$$n^{-1}\sum_{i=1}^{n}(Y_i - \hat{\beta}_0 - \hat{\beta}_1 X_i)Z_i = 0$$

$$n^{-1}\sum_{i=1}^{n}(Y_i - \hat{\beta}_0 - \hat{\beta}_1 X_i) = 0 \tag{6.2.1}$$

从中解出参数估计：

$$\hat{\beta}_{0\mathrm{IV}} = \overline{Y} - \hat{\beta}_{1\mathrm{IV}}$$

$$\hat{\beta}_{1\mathrm{IV}} = \frac{\sum_{i=1}^{n}(Z_i - \overline{Z})(Y_i - \overline{Y})}{\sum_{i=1}^{n}(Z_i - \overline{Z})(X_i - \overline{X})} \tag{6.2.2}$$

称 $\hat{\beta}_{0\mathrm{IV}}$ 和 $\hat{\beta}_{1\mathrm{IV}}$ 为 β_0 和 β 的工具变量估计。

工具变量估计为矩估计，具有一致性和渐近正态性。

结论 2

工具变量估计的性质：

(1) 工具变量估计是一致估计；

(2) 工具变量估计具有渐近正态分布。

这里对工具变量估计法原理进行直观解释。内生性导致 OLS 估计不一致，原因是自变量 X 和误差项 u 的相关性，X 的变化会引起 u 的变化。如何实现 X 的变化不引起 u 的变化呢？工具变量 Z 起到了作用：Z 的变化引起 X 的变化(Z 与 X 相关)，但不引起 u 的变化(Z 与 u 不相关)。工具变量 Z 的引入，切断了 X 变化引起 u 变化的传导路径，将 X 变化对 Y 的影响离析出来，如图 6.3 所示。

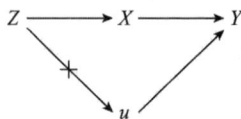

图 6.3　工具变量的作用

将工具变量估计式(6.2.2)与 OLS 估计式比较可以看出，工具变量估计中的工具变量 Z 换为 X 后，工具变量估计与 OLS 估计相同。由此看出，当 X 为外生变量并以 X 作为自身的工具变量时，工具变量估计就是 OLS 估计。

结论 3

OLS 估计和工具变量估计：一元线性回归模型的自变量为外生时，OLS 估计可看作以自变量本身为工具的工具变量估计。

工具变量估计的一致性，依赖于工具变量与误差项不相关并且与对应的内生解释变量相关。完全不相关的经济变量在实际中很难找到，好的工具变量应尽量与模型误差项不相关而与内生变量高度相关。

例 6.1　气温与冷饮消费

研究空调用电消费和冷饮消费的替代效应时，采用了不包含气温变量的一元线性回归模型：

$$Coldr = \beta_0 + \beta_1 AirCd + u$$

这相当于把自变量中的 $\beta_2 Whether$ 并入误差项 u。气温 Whether 和空调用电消费 AirCd 相关，导致自变量 AirCd 与误差项相关。为了正确估计参数 β_1，需要寻找工具变量。工具变量要与 AirCd 相关而与 Whether 不相关。住房面积(House)满足这两个条件：住房面积与空调用电消费正相关，与气温不相关。House 是 AirCd 的合适工具变量。

同 OLS 估计一样，参数估计后，需要用估计结果对模型回归系数进行检验。这里以斜率系数检验为例进行说明。检验的原假设为 $H_0: \beta_1 = 0$，检验统计量的构造采用结论：$\hat{\beta}_{1IV}$ 渐近服从正态分布。要构造检验统计量，需要知道 $\hat{\beta}_{1IV}$ 的方差。为简单起见，假设模型误差项满足同方差条件：

$$Var(u|Z) = E(u^2|Z) = \sigma^2 \tag{6.2.3}$$

在同方差条件下，$\hat{\beta}_{1IV}$ 的方差可以近似计算为

$$S^2_{\beta_{1T}} = \frac{\hat{\sigma}^2}{\sum_{i=1}^{n}(X_i - \bar{X})^2 \hat{\rho}^2_{Z,X}} \tag{6.2.4}$$

其中，$\hat{\sigma}^2$ 为回归标准误，$\hat{\rho}_{Z,X}$ 为 Z 和 X 的样本相关系数，即

$$\hat{\sigma}^2 = \frac{1}{n-2}\sum_{i=1}^{n}\hat{u}_i^2$$

$$\hat{\rho}_{Z,X} = \frac{\sum_{i=1}^{n}(X_i - \bar{X})(Z_i - \bar{Z})}{\sqrt{\sum_{i=1}^{n}(X_i - \bar{X})^2}\sqrt{\sum_{i=1}^{n}(Z_i - \bar{Z})^2}}$$

$\hat{u}_i = Y_i - \hat{\beta}_{0IV} - \hat{\beta}_{1IV}X_i$ 为回归残差。

在原假设下，构造统计量

$$t_{\beta_1} \equiv \frac{\hat{\beta}_{1TV}}{S_{1TV}} \tag{6.2.5}$$

如果模型误差项服从正态分布，则 t_{β_1} 服从自由度为 $(n-2)$ 的 t 分布。如果不知道误差项分布，则 t_{β_1} 近似服从标准正态分布。对于计算出的 t_{β_1} 值，给定显著水平，查 t 分布表或者标

准正态分布表得出临界值，t_{β_1} 大于临界值，则拒绝原假设，可以认为 X 对 Y 有解释能力。

例 6.2　已婚女性小时工资：工具变量估计——一元线性回归模型

为研究已婚在职女性受教育水平与小时工资的关系，进行如下的一元线性回归：

$$\ln(wage) = \beta_0 + \beta_1 educ + u$$

wage 表示小时工资，educ 表示受教育水平(上学的年数)。采用 325 个已婚在职女性数据进行 OLS 估计，得出如下结果：

$$\ln(wage) = \underset{(-1.000)}{-0.185} + \underset{(785)}{0.109\,educ}$$

其中，educ 的回归系数的 OLS 估计为 0.109，小括号内为 t 统计量值。估计结果表明，多上一年学，小时工资增加 11%(注意，0.109 为半弹性)。

由于工资收入受能力(abl)影响，而能力又与教育水平(educ)有关。但能力是一个不可观测的变量，不能作为自变量放入模型。采用不包含能力变量的一元线性回归模型，这种模型的误差项中实际上包含了能力变量的影响。这引起误差项和自变量 educ 的相关性，educ 的内生性使回归系数的 OLS 不具有一致性。

为得到回归系数 β_1 的一致估计，采用工具变量估计方法。选择父亲受教育程度(fatheduc)作为 educ 的工具变量。前提 fatheduc 与 educ 相关，与 abl 不相关。fatheduc 与 educ 均为可观测变量，可计算其样本相关系数衡量其相关性。经计算，fatheduc 与 educ 的相关系数为 0.44。相关性表明了 fatheduc 满足工具变量的第二个条件。作为工具变量的第一个条件，要求 fatheduc 与 abl 不相关，但 abl 不客观则无法验证，只能从理论上进行判断。以 fatheduc 为工具变量的估计结果为

$$\ln(wage) = \underset{(0.989)}{-0.441} + \underset{(1.686)}{0.059\,educ}$$

小括号内为 t 统计量值。工具变量估计结果表明，多上一年学，每小时工资金额增加 5.9%。工具变量估计的结果远小于 OLS 估计结果，表明由于 educ 和 abl(正)相关引起的内生性，使 OLS 方法过高地估计了教育带来的工资增加的效果。

2. 工具变量估计法——多元线性回归模型

设要估计的模型为 $Y = \beta_0 + \beta_1 X_1 + \cdots + \beta_r X_r + \beta_{r+1} X_{r+1} + \cdots + \beta_k X_k + u$。其中，$X_1, \cdots, X_r$ 为内生变量，$X_{r+1}, \cdots, X_k$ 为外生变量。

定义 2：如果存在变量 Z_l，满足：

(1) 与 u 不相关 $\mathrm{Cov}(Z_l, u) = 0$；

(2) 与 X_l 相关 $\mathrm{Cov}(Z, X_l) \neq 0$，

则称 Z_l 为 X_l 的工具变量，也称工具，$l = 1, \cdots, r$。

外生变量与误差项的相关系数为 0，得出矩条件。$Z_1, \cdots, Z_r$ 和 $X_{r+1}, \cdots, X_k$ 与误差项不相关，得出矩条件：

$$\mathrm{Cov}(Z_l, u) = E(Z_l u) = E[Z_l(Y - \beta_0 - \beta_1 X_1 - \cdots - \beta_k X_k)] = 0 \quad (l = 1, \cdots, r)$$

$$\mathrm{Cov}(X_m, u) = E(X_{ml} u) = E[X_m(Y - \beta_0 - \beta_1 X_1 - \cdots - \beta_k X_k)] = 0 \quad (m = r+1, \cdots, k)$$

给定样本 $(X_{1i}, \cdots, X_k, Z_{1i}, \cdots, Z_{ri}), i = 1, 2, \cdots, n$。根据类比原则得出样本矩条件：

$$n^{-1}\sum_{i=1}^{n}[Z_{li}(Y_i - \hat{\beta}_0 - \hat{\beta}_1 X_{1i} - \cdots - \hat{\beta}_k X_{1i})] = 0 \quad (l = 1, \cdots, r)$$

$$n^{-1}\sum_{i=1}^{n}[X_{mi}(Y_i - \hat{\beta}_0 - \hat{\beta}_1 X_{1i} - \cdots - \hat{\beta}_k X_{ki})] = 0 \quad (m = r+1, \cdots, k) \tag{6.2.6}$$

从公式(6.2.6)中解出 $\hat{\beta}_0, \cdots, \hat{\beta}_k$ 未知参数，称为工具变量估计，表示为 $\hat{\beta}_{0\text{IV}}, \cdots, \hat{\beta}_{k\text{IV}}$。$Z_l$ 与 X_l 的相关性保证了公式(6.7)有唯一解。

从公式(6.2.6)看出，外生变量 $X_{r+1}, \cdots, X_k$ 是用自身作为工具形成矩条件，在工具变量估计中，自变量为 $X \equiv (X_1, \cdots, X_k)$，工具变量为 $Z \equiv (Z_1, \cdots, Z_r, X_{r+1}, \cdots, X_k)$，工具变量个数和自变量个数相等。此外，可以看出，如果把 $Z_1, \cdots, Z_r$ 换成 $X_1, \cdots, X_r$，工具变量估计采用的矩条件与 OLS 相同，工具变量估计等同于 OLS 估计，OLS 估计是工具变量估计的特例。

工具变量估计为矩估计，具有一致性和渐近正态性。

结论 4

工具变量估计的性质：

(1) $\hat{\beta}_{j\text{IV}} \xrightarrow{p} \beta_{j\text{IV}}$；

(2) $\sqrt{n}(\hat{\beta}_{j\text{IV}} - \beta_{j\text{IV}}) \sim_{(a)} N(0, \sigma^2_{\hat{\beta}_{jV}})$。

其中，$\sigma^2_{\hat{\beta}_{jIV}}$ 为 $\hat{\beta}_{j\text{IV}}$ 的方差，$j = 0, 1, \cdots, k$。

在参数估计渐近正态分布基础上，构造统计量对多元线性回归模型系数进行 t 检验。要计算 t 检验值，需要求出参数估计方差 $\sigma^2_{\hat{\beta}_{jIV}}$，有关计算可以在 EViews 中完成。

例 6.3　在职男性工资

为了说明工具变量的应用，Kling 采用如下模型解释教育水平对在职男性工资收入的影响：

$$\log(\text{wage}) = \beta_0 + \beta_1 \text{exper} + \beta_2 \text{exper}^2 + \beta_3 \text{edu} + \beta X + \varepsilon$$

其中，wage 表示小时工资；exper 表示工作阅历，用年龄减去上学年数再减去 6 计算；edu 为教育水平，用上学年数表示；X 表示其他 26 个外生变量，均为控制变量。采用 1976 年 24～34 岁 3010 个在职男性的样本数据，OLS 估计结果为

$$\log(\text{wage}) = \hat{\beta}_0 + \hat{\beta}_1 \text{exper} + \hat{\beta}_2 \text{exper}^2 + \underset{(18.25)}{0.073} \text{edu} + \hat{\beta} X$$

由于误差项包含能力变量 abl 引起教育变量 edu 和阅历变量 exper 及 exper^2 的内生性，需要采用工具变量估计方法得到 β_3 的一致估计。为此，Kling 选择居住地附近是否有四年制大学(虚拟变量)作为 edu 的工具变量，以年龄和年龄的平方作为 expe 和 exper^2 的工具变量，工具变量的估计结果为

$$\log(\text{wage}) = \hat{\beta}_{0\text{IV}} + \hat{\beta}_{1\text{IV}} \text{exper} + \hat{\beta}_{2\text{IV}} \text{exper}^2 + \underset{(2.69)}{0.132} \text{edu} + \hat{\beta}_{\text{IV}} X$$

OLS 估计的教育回归系数为 0.073，工具变量的估计结果为 0.132，近似于 OLS 估计的 2 倍。这表明，edu 的内生性和 exper、exper^2 的内生性，导致 OLS 估计低估了教育对收入的影响。

6.2.2　两阶段最小二乘法：TSLS

当工具变量个数多于内生自变量个数时，需要采用两阶段最小二乘法(two-stage least squares estimation method)。

1. 两阶段最小二乘法——一个内生自变量

以三元线性回归模型 $Y = \beta_0 + \beta_1 X_1 + \beta_2 X_2 + \beta_3 X_3 + u$ 为例进行说明。设 X_1 为内生变量，X_2 和 X_3 为外生变量。设变量 Z_1 和 Z_2 为 X_1 的工具变量，与 X_1 相关，与模型误差项 u 不相关。进行工具变量估计只需要一个工具变量，两阶段最小二乘法的思想是将多个工具变量 (Z_1 和 Z_2) 线性组合为一个工具变量 ($Z = \alpha_0 + \alpha_1 X_1 + \alpha_2 X_2$)，然后进行工具变量估计 ($Z$ 作为 X_1 的工具变量)。

如何将多个工具变量进行线性组合呢？由于工具变量 (Z) 要尽量和内生变量 (X_1) 相关，工具变量的最优组合，应该与 X_1 的相关系数达到最大。寻找工具变量最优线性组合的具体做法是：以 X_1 为因变量，以工具变量 Z_1 和 Z_2 为自变量进行线性回归，以回归模型相应的估计参数对变量 Z_1 和 Z_2 进行线性组合。由于自变量 X_2 和 X_3 为外生变量，与误差项不相关，参与到最优工具变量 Z 的线性组合中不会引起内生性，并且有可能提高 Z 与 X_1 的相关性(事实上，形成 Z 的线性组合中必须包含所有外生变量，否则会引起第二阶段回归中自变量的内生性)。因此，第一阶段的回归是以 X_1 为因变量，以所有外生变量(工具变量 Z_1 和 Z_2 及外生自变量 X_2 和 X_3)为自变量的回归。由此得出两阶段最小二乘的步骤。

第一阶段(**first stage**)：

以内生变量 X_1 为因变量，以所有外生变量 Z_1、Z_2、X_2 和 X_3 为自变量进行回归，即

$$X_1 = \alpha_0 + \alpha_1 Z_1 + \alpha_2 Z_2 + \alpha_3 X_2 + \alpha_4 X_3 + v \tag{6.2.7}$$

对式(6.2.7)进行 OLS 估计，并得出回归拟合值

$$\hat{X}_1 = \hat{\alpha}_0 + \hat{\alpha}_1 Z_1 + \hat{\alpha}_2 Z_2 + \hat{\alpha}_3 X_2 + \hat{\alpha}_4 X_3$$

第二阶段(**second stage**)：

将 $\hat{X}_1$ 作为 X_1 的工具变量，对模型 $Y = \beta_0 + \beta_1 X_1 + \beta_2 X_2 + \beta_3 X_3 + u$ 实施工具变量估计。可以证明，第二阶段的工具变量估计等价于对模型

$$Y = \beta_0 + \beta_1 \hat{X}_1 + \beta_2 X_2 + \beta_3 X_3 + u \tag{6.2.8}$$

的最小二乘估计。因此，当工具变量多于内生变量时，可以通过两步最小二乘完成模型估计：第一步，将内生变量对所有外生变量进行 OLS 回归，得出回归拟合值；第二步，以第一步得出的拟合值代替内生变量对原模型进行 OLS 估计。两步都采用 OLS 估计(未采用工具变量估计)，故称为两阶段最小二乘估计。

在第一阶段最小二乘估计中，可以通过对式(6.2.7)的参数约束检验验证工具变量 Z 的优良性。$\alpha_1 = \alpha_2 = 0$，表明工具变量 Z_1 和 Z_2 对内生变量 X_1 没有解释能力，即其线性组合与 X_1 没有相关性，不满足工具变量的第二个条件，不能作为工具变量。因此可对原假设

$$H_0 : \alpha_1 = \alpha_2 = 0$$

进行参数约束检验。检验采用 T_r 统计量进行 F 检验。如果 T_r 值大于 10，Z_1 和 Z_2 与 X_1 的相关性足够强，可以作为工具变量。如果 T_r 值小于 10，Z_1 和 Z_2 与 X_1 的相关性太弱，不宜作为 X_1 的工具变量，此时称 Z_1 和 Z_2 为弱工具变量(weak instrument)。

例6.4 *中国女性劳动参与率与家庭结构*

为了从家庭结构的角度研究 1990—2010 年中国女性劳动参与率的下降现象，沈可等

(2012)采用 2002 年中国东部 9 省的家庭调查数据进行实证研究，并得出结论：多代同堂的家庭结构明显改善了女性的工作时间。他们提出的假设为：在多代同堂的家庭中，老年父母会协助女性照料家务，减轻她们的家务负担，从而有助于提高她们的劳动参与率和增加工作时间。以周工作小时数(Hours)为因变量，以是否与父母同住(withP，同住取 1，否则取0)、年龄(age)、子女个数(kids)等 7 个自身特征变量，以及是否有养老保险(Pensn，有为 1，否则为 0)、年龄(P_age)、认知是否完好(Recp，完好为 1，否则为 0)几个老年父母特征变量为自变量进行回归。采用 971 个样本的 OLS 回归结果如下：

$$Hours = \hat{\beta}_0 + \underset{(1.374)}{3.272}\,withP - \underset{(-3.675)}{0.724}\,age + \underset{(0.590)}{0.559}\,kids$$
$$- \underset{(-0.350)}{0.048}\,P\_age - \underset{(-2.607)}{4.98}\,Pensn + \underset{(2.178)}{5.74}\,Recp + \hat{\beta}X$$

小括号内为 t 统计值，$\hat{\beta}_0$ 表示参数项估计，X 表示其他控制变量。从估计结果可以看出，是否与父母同住对工作时间的影响不显著。

家庭结构与劳动供给决策可能同时做出并相互影响。例如，当老年父母健康状况欠佳时，女性会更倾向于与父母同住，而同时可能会减少工作时间以便更好地照顾父母。或者，工作繁忙的女性更愿意与父母同住以帮助自己照顾家庭。因此，工作小时数也会影响是否与父母同住，Hours 中不能被自变量解释的部分会与 withP 相关，导致 withP 的内生性。为了得到所关注参数的一致估计，需要寻找 withP 的工具变量。沈可等选择了两个工具变量：第一个(Z_1)为女性是否有存活的兄弟；第二个(Z_2)为该女性在家中是否最小。选择 Z_1 的理由是，根据中国养儿防老的传统习惯，有儿子的家庭，女儿与父母同住的概率明显下降，Z_1 和 withP 负相关，而兄弟的存在不会影响该女性的工作时间。选择 Z_2 的理由是，在中国家庭结构演变中，最小的孩子离开父母独立生活的时间通常是最晚的，与父母同住的可能性更高，Z_2 与 withP 正相关，而出生次序对女性就业和工作时间没有影响。

以 Z_1 和 Z_2 为工具变量对模型进行两阶段最小二乘估计，结果如下：

$$Hours = \hat{\beta}_{0IV} + \underset{(2.39)}{18.73}\,withP - \underset{(-3.77)}{0.765}\,age + \underset{(1.128)}{1.135}\,kids$$
$$- \underset{(-0.952)}{0.14}\,Page - \underset{(-2.73)}{5.34}\,Pensn + \underset{(2.104)}{5.795}\,Recp + \hat{\beta}_{IV}X$$

估计结果表明，与父母同住，对女子工作时间有明显影响。

2. 两阶段最小二乘法——多个内生自变量

如果内生解释变量个数多于一个，两阶段最小二乘法将在第一阶段将每个内生变量对所有外生变量进行回归，得出回归拟合值，在第二阶段用回归拟合值作为内生变量的工具变量进行工具变量估计。以三元回归模型 $Y = \beta_0 + \beta_1 X_1 + \beta_2 X_2 + \beta_3 X_3 + u$ 为例进行说明。设 X_1、X_2 为内生变量，X_3 为外生变量。变量 Z_1 和 Z_2 为 X_1 的工具变量，W 为 X_2 的工具变量。两阶段最小二乘估计的步骤具体如下。

第一阶段(first stage)：

分别以内生变量 X_1 和 X_2 为因变量，以所有外生变量 Z_1、Z_2、W 和 X_3 为自变量进行回归，即

$$\begin{aligned} X_1 &= \alpha_0 + \alpha_1 Z_1 + \alpha_2 Z_2 + \alpha_3 W + \alpha_4 X_3 + v \\ X_2 &= \gamma_0 + \gamma_1 Z_1 + \gamma_2 Z_2 + \gamma_3 W + \gamma_4 X_3 + \varepsilon \end{aligned} \tag{6.2.9}$$

对模型(6.2.9)进行 OLS 估计，得出回归拟合值为

$$\hat{X}_1 = \hat{\alpha}_0 + \hat{\alpha}_1 Z_1 + \hat{\alpha}_2 Z_2 + \hat{\alpha}_3 W + \hat{\alpha}_4 X_3$$

$$\hat{X}_2 = \hat{\gamma}_0 + \hat{\gamma}_1 Z_1 + \hat{\gamma}_2 Z_2 + \hat{\gamma}_3 W + \hat{\gamma}_4 X_3$$

第二阶段(second stage):

以 $\hat{X}_1$ 和 $\hat{X}_2$ 代替 X_1 和 X_2 对原模型进行 OLS 估计，即对模型

$$Y = \beta_0 + \beta_1 \hat{X}_1 + \hat{\beta}_2 X_2 + \beta_3 X_3 + u \tag{6.2.10}$$

进行 OLS 估计，得出回归系数的一致估计。

6.3 内生性检验

内生性造成 OLS 估计的不一致性，因此需要使用工具变量估计方法。如果解释变量是外生的，采用工具变量估计模型会降低估计的精确度。因此，需要对自变量是否内生进行检验。这里介绍基于回归分析的内生性检验方法。

以三元线性回归模型 $Y = \beta_0 + \beta_1 X_1 + \beta_2 X_2 + \beta_3 X_3 + u$ 为例进行说明，其中，X_1 和 X_2 为外生变量，对 X_3 的内生性进行检验。设 Z 为 X_3 的工具变量，将 X_3 对 X_1、X_2 和 Z(即所有外生变量)进行回归，回归模型为

$$X_3 = \gamma_0 + \gamma_1 X_1 + \gamma_2 X_2 + \gamma_3 Z + v \tag{6.3.1}$$

v 为模型误差项，X_1、X_2 和 Z 与 v 不相关。X_1、X_2 和 Z 为外生变量，与 u 不相关，X_3 是否内生取决于 v 是否和 u 相关。设 u 和 v 具有线性回归关系(模型误差项均值为 0，回归不带常数项)，则

$$u = \rho v + \varepsilon \tag{6.3.2}$$

如果 $\rho = 0$，则 u 和 v 相关，X_3 为外生自变量，否则为内生自变量。为此提出检验假设

$$H_0 : \rho = 0 ; \quad H_1 : \rho \neq 0$$

将公式(6.3.2)代入原模型得

$$Y = \beta_0 + \beta_1 X_1 + \beta_2 X_2 + \beta_3 X_3 + \rho v + \varepsilon \tag{6.3.3}$$

X_1、X_2 和 u 不相关，在原假设下与 ε 不相关(原假设下 $u = \varepsilon$)，v 与 ε 也不相关，因此 X_3 与 ε 不相关。回归模型(6.3.3)在原假设下不存在内生性，OLS 估计是一致估计。对模型(6.3.3)进行 OLS 回归并进行 t 检验，以 v 的回归系数 ρ 是否显著不为 0 对原假设做出选择。v 是回归模型(6.3.1)的误差项，不可观测。先对模型(6.3.1)进行 OLS 回归，得出回归残差 $\hat{v}$。模型(6.3.1)不存在内生性，$\hat{v}$ 是 v 的一致估计。用 $\hat{v}$ 代替模型(6.3.3)中的 v，得出检验模型:

$$Y = \beta_0 + \beta_1 X_1 + \beta_2 X_2 + \beta_3 X_3 + \rho \hat{v} + \varepsilon \tag{6.3.4}$$

对模型(6.3.4)进行 OLS 回归，并对 $H_0 : \rho = 0$ 进行 t 检验，对原假设做出判断。

6.4　异质性效应下的工具变量法

异质性因果效应下的回归模型为

$$Y_i = \beta_0 + \beta_{1i}X_i + u_i \qquad (i = 1,\cdots,n)$$

假设满足条件 $E(u_i|X_i) = 0$。上面模型中 β_{1i} 表示处理效应，它随个体而变化，是异质性的。令 $\beta_1 = E(\beta_{1i})$，β_1 表示平均处理效应(average treatment effect, ATE)。通过推导得到的模型为

$$Y_i = \beta_0 + \beta_{1i}X_i + u_i = \beta_0 + \beta_1 X_i + (\beta_{1i}-\beta_1)X_i + u_i = \beta_0 + \beta_1 X_i + v_i$$

这里 $v_i = (\beta_{1i}-\beta_1)X_i + u_i$。容易证明条件 $E(v_i|X_i) = 0$ 成立，则 $E(\hat{\beta}_1) = \beta_1$，即线性回归模型的 OLS 估计可以得到异质性因果效应下的无偏估计。

下面考虑异质性因果效应下工具变量估计方法的问题。设两阶段最小二乘估计(TSLS)为

$$Y_i = \beta_0 + \beta_{1i}X_i + u_i \qquad (关注方程)$$
$$X_i = \pi_0 + \pi_{1i}Z_i + v_i \qquad (TSLS\ 第一阶段)$$

可以证明两阶段最小二乘估计满足条件

$$\hat{\beta}_1^{\text{TSLS}} \xrightarrow{p} \frac{E(\beta_{1i}\pi_{1i})}{E(\pi_{1i})}$$

这里将估计量 $\dfrac{E(\beta_{1i}\pi_{1i})}{E(\pi_{1i})}$ 称为局部平均处理效应(local average treatment effect, LATE)，即

$$\text{LATE} = \frac{E(\beta_{1i}\pi_{1i})}{E(\pi_{1i})}$$

因为 $E(\beta_{1i}\pi_{1i}) = E(\beta_{1i})E(\pi_{1i}) + \text{cov}(\beta_{1i},\pi_{1i})$，$\dfrac{E(\beta_{1i}\pi_{1i})}{E(\pi_{1i})} = E(\beta_{1i}) + \dfrac{\text{cov}(\beta_{1i},\pi_{1i})}{E(\pi_{1i})}$，

平均处理效应 ATE$= E(\beta_{1i})$，根据上面的分析有 $\text{LATE} = E(\beta_{1i}) + \dfrac{\text{cov}(\beta_{1i},\pi_{1i})}{E(\pi_{1i})}$，即

$$\text{LATE} = \text{ATE}(\beta_{1i}) + \frac{\text{cov}(\beta_{1i},\pi_{1i})}{E(\pi_{1i})}$$

如果 $\text{Cov}(\beta_{1i},\pi_{1i}) > 0$，$E(\pi_{1i}) > 0$，则有 LATE > ATE，即局部平均处理效应大于平均处理效应。如果要求局部平均处理效应等于平均处理效应，即要求 LATE = ATE，则要求下面三个条件中至少有一个成立：

(1) $\beta_{1i} = \beta_1$，关注方程中没有异质性效应；

(2) $\pi_{1i} = \pi_1$，TSLS 第一阶段方程中没有异质性；

(3) β_{1i} 和 π_{1i} 之间是独立的。

一般情况下，工具变量法估计得到的局部平均处理效应不会等于平均处理效应。不同的工具变量可能得到不同的局部平均处理效应。不同的工具变量可能提取或反映了不同的信息，部分实验个体的 X_i 可能受到工具变量的影响，且影响比较显著，这些实验个体的因果效应被估计并代替了总体样本的平均处理效应。

6.5 案例：工具变量的历史起点

工具变量这一概念最先由 Wright(1928)在估计黄油需求弹性的过程中所提出。考虑如下供给需求(结构)模型：

$$\begin{cases} Q^d = \alpha_0 + \alpha_1 P + \varepsilon & \text{(需求方程)} \\ Q^s = \beta_0 + \beta_1 P + \xi & \text{(供给方程)} \\ Q^d = Q^s = Q & \text{(市场均衡)} \end{cases} \qquad (6.5.1)$$

其中，第一个方程为需求方程，Q^d 为黄油的市场需求量，P 为黄油的市场价格，ε 为除了 P 之外所有影响黄油需求的因素，包括偏好、预期及黄油的品质等，是结构误差项，因此 α_1 表示价格变化对需求的因果影响(当产量和价格都用对数表示时，α_1 为黄油的需求弹性)；第二个方程为供给曲线，类似地，Q^s 为黄油的市场供给量，P 为黄油的市场价格，ξ 为除了 P 之外所有影响黄油供给的因素，包括技术水平、天气及预期等，是结构误差项，因此 β_1 表示价格变化对供给的因果影响(当产量和价格都用对数表示时，β_1 为黄油的供给弹性)。Wright(1928)所关注的是需求弹性 α_1。

对于式(6.2.3)所刻画的供给需求模型，从概念上有以下几点需要特别注意：第一，供给曲线和需求曲线是存在于经济学家头脑中的概念，这些在现实中一般无法被观测到；第二，观测数据是供给和需求共同作用的均衡结果；第三，在使用二维图形来展示供给曲线和需求曲线的情形下，结构误差项的变动体现在曲线的平移上。

图 6.4 直观地展示了需求弹性的识别过程。其中，图 6.4(a)给出了需求曲线的变化，价格 P 变动体现为需求曲线上点的移动，结构误差项 ε 变动体现为整个需求曲线平移，即从 D^1 移动到 D^2。图 6.4(b)给出了一个均衡状态，无论是供给曲线还是需求曲线均无法被观测到，能够被观测的是二者共同作用所形成的均衡状态——数据。图 6.4(c)绘制的是不同时期的数据(对应不同的均衡状态)及基于这些数据所得到的拟合线。显然，这个拟合线既不是供给曲线也不是需求曲线，它同时包含了供给和需求的信息。图 6.4(d)则展示了如何通过工具变量来识别需求曲线。具体而言，Wright(1928)利用天气作为价格的工具变量，天气通过影响植物的生长来影响黄油的供给，但是天气一般不会影响人们对黄油的需求，因此天气变量在 ξ 之中而不在 ε 之中，从而天气的变化在图形中体现为供给曲线的移动，而需求曲线则不移动，这样均衡点由 E^1 移动到 E^2。对于需求曲线而言，均衡点由 E^1 移动到 E^2 意味着，黄油需求量的变化只是价格变化所引起的(除价格之外，其他影响需求的因素 ε 不变)，从而识别了需求曲线。利用联立方程组的术语来表述，识别需求方程需要一个在供给方程但是不在需求方程中的变量(在本例中这个变量为天气)。不难发现，这就是识别联立方程组模型参数的排除性约束(Exclusion Restrictions)。

可以看出，Wright(1928)利用天气作为价格的工具变量来识别需求曲线(弹性)，较好地满足工具变量的相关性假设与外生性假设。一方面，天气通过影响黄油的市场供给来影响黄油市场价格，从而满足了相关性假设；另一方面，人们一般不会因天气的变化而改变对黄油的需求，从而满足了外生性假设。换言之，天气只通过影响供给来改变黄油市场价格，但它并不会影响黄油的市场需求。这个假设是 Wright(1928)识别需求曲线(弹性)的关键(不过，严格来讲，如果天气影响黄油的品质，或者影响了人们对黄油的偏好，又或者影响了其他需求因素，那么利用天气作为价格的工具变量则无法识别需求弹性)。

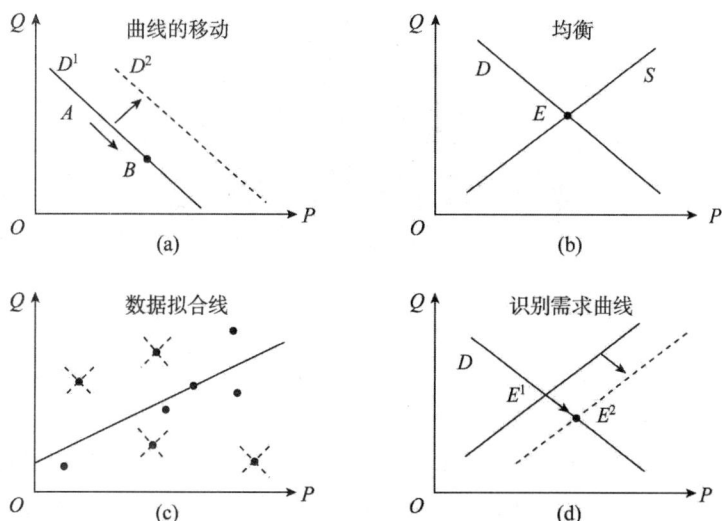

图 6.4　需求弹性的识别过程

本章小结

1. 与模型误差项相关的自变量具有内生性。内生性导致回归系数 OLS 估计的不一致性。只要与内生自变量相关，外生解释变量回归系数的 OLS 估计也是不一致估计。丢失相关变量是产生内生性的一个重要原因。具有内生自变量的模型需要用工具变量估计方法进行估计。

2. 工具变量需要满足两个条件：第一，与模型误差项不相关(外生性)；第二，要与工具的内生变量相关(相关性)。

3. 工具变量估计是矩估计，具有一致性和渐近正态性。计算出估计量的方差后，可以构造 t 统计量，对模型参数显著性进行检验。

4. OLS 估计是一种特殊的工具变量估计。当模型不存在内生自变量时，OLS 估计的方差小于工具变量估计。

5. 当工具变量的个数大于被处理的内生变量个数时，需要采用两阶段最小二乘法估计模型。两阶段最小二乘法采用所有外生变量合适的线性组合作为内生变量的工具变量，并在第一阶段通过内生变量对外生变量的回归拟合值得到工具变量。第一阶段，通过回归的参数约束检验，可以确定工具变量的有效性；如果检验统计量 $T_r > 10$，认为工具变量与被处理的内生变量充分相关，则工具变量可行。第二阶段，直接用第一阶段得到的回归拟合值代替内生变量，对原模型进行 OLS 回归。

6. 自变量是否存在内生变量决定是否用 OLS 估计模型。在找到合适工具变量的条件下，通过回归，可以对模型自变量的内生性进行检验。

第**7**章
样本选择模型

因果关系实证分析依赖于通过样本去推断总体的因果关系。如果样本是通过随机抽样产生的，样本就代表着总体，如果样本不是随机抽样产生的，而是个体自行选择产生的，那么样本就有可能不代表总体，以通过样本估计得到的结果去推断总体的因果关系可能就会存在偏差。本章内容主要目的在于理解样本选择偏差产生的原因及其解决方法。

7.1 样本自选择偏差产生的原因

在经济学领域，样本选择偏差的典型例子是研究女性的受教育情况对女性工资的影响。按照这个思路，通过问卷收集和网站下载得到的部分女性的受教育情况、工资及其他特征数据，例如，年龄、毕业院校等级等个人特征，然后做回归。不过这样做有一个问题，就是登记的女性都是有工作的，但是许多受教育程度高的女性不工作，选择做家庭主妇，这部分样本就没有统计在内，样本失去了随机性。这就导致模型只是用到了有工作的女性的样本，得出的结论是有偏的。在管理学领域，一个典型的问题是企业的某个特征或者公司CEO 的某个特征，对企业研发投入有影响。同样的问题，企业的研发信息是企业自愿披露的内容，有的企业不披露，这样回归时就不能包括这部分样本，也会造成样本选择偏差，结果有偏。

上述问题可以归结为样本的自我选择问题，例如，如果想研究哪些因素会影响人们对健身房的需求，研究者选择在健身房门口蹲点，对走进来的人进行问卷调查。那么，通过这种方式获取的数据就会出现样本选择问题，因为在健身房门口采访到的都是来健身房的人，可能没有收集到那些对健身房没有需求的样本信息，从而导致估计是有偏的。样本自选择可以归纳为如下两类：其一，被解释变量(Y)中经常包含缺漏值，即样本的选择不是随机的，某些关键样本被遗漏，导致样本不具有全面代表性。其二，样本中的处理效应问题。首先，以公司研发支出为例，由于上市公司披露的会计信息具有公共产品的特性，存在着"搭便车"的现象，一个信息使用者对会计信息的使用并不会减少另外的使用者对会计信息的使用，企业在披露了研发信息后，其竞争对手可以通过"搭便车"了解上市公司的研发情况，从而制定应对措施，使上市公司处于竞争中的不利地位。其次，研发活动具有较大的不确定性和较高的风险。有关企业研发活动的信息会直接关系到投资者的利益，对投资决策行为产生重要影响，尤其是关于不利于研发活动的信息和研发活动失败的信息，如果披露会导致股价波动，给公司带来不利影响，那么企业宁愿放弃披露研发信息。总之，并非所有上市公司都披露研发信息，而研发支出越高的公司通常不愿披露财务数据(即数据的非随机缺失)，其背后的逻辑在于企业研发项目、研发投入、研发进展情况等信息是竞争对手密切关注的，许多企业因为担心泄露商业秘密而不披露研发信息，由于样本数据本身不符合随机性原则，导致样本可能存在选择性偏误。

我们通过一个简单的例子来直观地理解样本自选择偏差产生的原因。假设我们研究人的智商对其大学学习成绩的影响，如果我们可以对总体随机抽样，这些随机抽样的样本代表了总体，我们让这些抽到的人都上大学。换言之，上大学是随机分配的，并不是个体自己选择的。我们称该样本为随机分配样本。随机分配上大学的样本特征分布和总体特征分布是一样的。观测随机分配上大学的人的智商和大学成绩，然后估计结果方程：

$$\text{Score}_i = \alpha + \beta \text{IQ}_i + e_i \text{Score}_i \tag{7.1.1}$$

其中，Score_i 是成绩，IQ_i 是智商，干扰项 e_i 是个体不可观测特征。为方便讨论，假设不可观测特征 e_i 是个体的学习动机(Motivation_i)，并且 Motivation_i 和 IQ_i 在总体中是不相关的。由于随机分配的样本代表了总体，因此在随机分配的样本里，Motivation_i 和 IQ_i 也不相关。

随机分配上大学的样本估计模型(7.1.1)如图 7.1 所示。IQ_i 和 Score_i 之间只有一条因果路径 IQ→Score。因此，通过回归方程得到的系数 β 不受混淆路径的影响，反映了二者的因果关系。

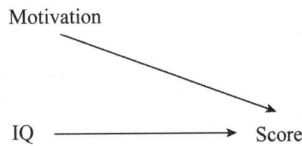

图 7.1　变量因果

为方便进一步理解，我们用一个具体的数据例子进行讲解。如表 7.1 所示的是随机分配上大学的个体情况。我们简称为随机分配样本数据。其中，变量路径随机：随机分配上大学的样本 IQ 和 Score 的值是可观测到的，Motivation 的值是观测不到的。

表 7.1　随机分配上大学的个体情况

成绩(Score)	智商(IQ)	学习动机(Motivation)
73	90	−5
78	90	0
83	90	−5
75	100	−5
80	100	0
85	100	5
77	110	−5
82	110	0
87	110	5

表 7.2 总结了个体特征的分布情况。第 2、3、4 列显示的是不同 IQ 和 Motivation 的个体对应的学习成绩。第 5、6、7 列显示的是对应的人数。从表 7.2 中可以看到，对于任何 IQ 水平组，平均学习动机为 0[(−5+0+5)/3=0]，即 $E(\text{Motivation}_i | \text{IQ}_i) = 0$。这说明，在

随机分配数据里，Motivation$_i$ 期望值并不随着 IQ$_i$ 的值而改变，即 IQ$_i$ 和 Motivation$_i$ 是不相关的。第 8 列是不同智商样本对应的平均成绩，可见随着智商每增加 10，平均成绩增加 2 分。

表 7.2 随机分配上大学的个体特征分布

智商(IQ)	成绩			人数分布			平均成绩
	学习动机(Motivation)			学习动机(Motivation)			
	1	2	3	4	5	6	7
	-5	0	5	-5	0	5	-
90	73	78	83	1	1	1	78
100	75	80	85	1	1	1	80
110	77	82	87	1	1	1	82

用随机分配上大学的数据去估计结果方程 Score$_i = \alpha + \beta$IQ$_i + e_i$，变量 e_i 是不可观测的，属于回归的干扰项。由于 $E(e_i | \text{IQ}_i) = E(\text{Motivation}_i | \text{IQ}_i) = 0$ 用 OSL 估计模型得到的 β 不会受到干扰项的影响，它反映了 IQ 对 Score 的因果影响。

利用表 7.1 所示的随机分配的 9 个观测值进行回归，结果显示，Score$_i = 60 + 0.2$IQ$_i + e_i$，即当 IQ 每增加 10，学习成绩平均增加 2 分。这个结果与表 7.2 所示的数据一致。虽然我们无法观察到 Motivation，但由于样本是随机分布的，其中 Motivation$_i$ 与 IQ$_i$ 不相关，把它放入回归方程的干扰项，干扰项与解释变量不相关，因此回归结果得到准确的 IQ 对 Score 的因果影响。

如果上大学与否并非随机分配，而是由个体自己选择决定上大学与否，那么上大学里的个体特征(IQ 与 Motivation)的分布就会与总体不一致。在这种情况下，样本成为自选择样本。样本的自选择有两种情况。

第一种情况为个体选择是否上大学只受可观测特征的影响，造成样本中可观测特征分布与总体不同，这类样本的选择成为 "基于可观测变量的选择"。这类样本的选择并不会导致估计结果偏差。在本例中，假设个体 i 上大学的效用函数取决于个体观测特征智商 IQ$_i$，可以用公式表达为

$$U_i = \text{IQ}_i - 100$$

假设上大学的效用函数 $U_i \geqslant 0$，个体会选择上大学；否则，个体不会上大学。在这种情况下，只有 IQ 等于或大于 100 的人才会上大学；而低于 100 的人因为效用小于 0 而放弃上大学。表 7.3 所示的是基于可观测变量 IQ 选择上大学的样本，智商为 90 的三个人没有大学成绩。体现在数据里为 "."，代表空值。当 IQ = 90，Score 变量缺失了三个观测值。

表 7.3 基于可观测变量 IQ 选择上大学的样本

成绩(Score)	智商(IQ)	学习动机(Motivation)
.	90	-5
.	90	0
.	90	-5
75	100	-5
80	100	0

成绩(Score)	智商(IQ)	学习动机(Motivation)
85	100	5
77	110	−5
82	110	0
87	110	5

注:"."代表空缺值,下同。

用回归方程(7.1.1)对表 7.3 所示的可观测变量 IQ 选择上大学的样本数据进行回归,结果显示,$\text{Score}_i = 60 + 0.2\text{IQ}_i + e_i$,即当 IQ 每增加 10,学习成绩平均增加 2 分,与随机分配上大学的样本估计结果一致。表 7.3 显示了缺失 IQ = 90 的三个观测值,但回归方程的斜率并没有改变。这类样本的选择通常被误认为是样本选择偏差。事实上,虽然它造成了样本与总体不一致,但由于其是可观测变量造成的,在结果方程里通过控制可观测变量就避免了偏差。在本例中,由于结果方程里已经控制了可观测变量 IQ,因此基于 IQ 进行自我选择而造成样本与总体的差异就不会导致估计偏差。

图 7.2 所示的是使用可观测变量自选择样本的变量路径。上大学效用 U 变量和智商 IQ 变量之间有一条因果路径 IQ→U,如果使用只选择上大学的样本,就等同于给定了 $U > 0$。给定了 $U > 0$ 并不会产生混淆路径。IQ 与 Score 之间仍然只有一条因果路径 IQ→U。因此,使用可观测变量自选择产生的样本进行回归,仍然可以正确估计 IQ 与 Score 的因果影响。

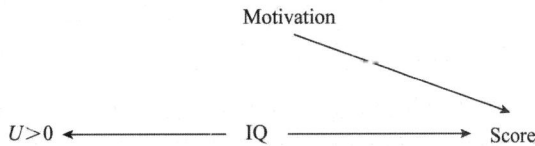

图 7.2 基于可观测变量自选择样本的变量路径

第二种情况为个体选择是否上大学不仅受到可观测特征影响,还受到不可观测特征影响,造成样本中可观测特征分布与不可观测特征分布与总体不同,这类样本选择成为"基于不可观测变量选择"。由于我们无法在结果方程中控制不可观测特征,而只能将其包括在干扰项里,因此会造成干扰项与其他解释变量相关。在本例中,如果个体 i 上大学的效用不仅取决于个体的智商 IQ,还取决于个体学习动机 Motivation,假设效用函数为

$$U_i = -9 + 0.1\text{IQ}_i - \text{Motivation}_i$$

当 $U_i > 0$,个体才会选择上大学。如果智商相对较低的人选择了上大学,他们必然是学习动机较强的;同样,如果是学习动机较弱的人选择上大学,他们必然是智商较高的。因此,在自选择情况下的大学生样本里,有些人是相对低智商、高动机的,有些人则是相对高智商、低动机的,即智商与学习动机在样本里存在负相关关系,从而导致结果方程(7.1.1)中的 IQ 与干扰项 e 在样本里是相关的,虽然它们在总体中是不相关的。

图 7.3 所示的是使用不可观测变量自选择样本的变量路径。由于上大学是个体的自我选择,并且 IQ_i 和 Motivation_i 都会影响是否上大学的决定,因此变量 U_i 是一个对撞变量。当样本只包含选择上大学的个体,也就意味着给定对撞变量 $U_i > 0$,就造成衍生路径

$IQ_i \rightarrow Motivation_i$，因此，$IQ_i$ 和 $Motivation_i$ 在样本中产生了相关性。这种情况下，IQ_i 和 $Score_i$ 之间存在因果路径 $IQ_i \rightarrow Score_i$ 和衍生路径 $Motivation_i \rightarrow IQ_i$，因此二者之间的相关性不再反映因果关系。

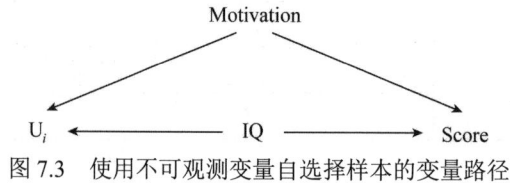

图 7.3　使用不可观测变量自选择样本的变量路径

假设观测到的样本如表 7.4 所示。样本中包含了 4 个缺失的大学成绩样本，其中，IQ = 90 的个体中有两人选择不上大学，因此没有大学成绩。IQ = 100 和 IQ = 110 的个体中分别有一人选择不上大学。表 7.4 和 7.3 的数据缺失方式明显不同。表 7.3 中缺失大学成绩完全取决于 IQ，表 7.4 中缺失的数据并不完全取决于 IQ，而是受到不可观测因素 Motivation 的影响。

表 7.4　自选择的大学生样本

成绩(Score)	智商(IQ)	成绩(Score)	智商(IQ)
.	90	85	100
.	90	.	110
83	90	82	110
.	100	87	110
80	100		

利用表 7.4 中的数据估计结果方程，结果显示，$Score_i = 73 + 0.092IQ_i + e_i$，$Q_i$ 的系数比使用随机分配样本回归得到的系数 0.2 下降了很多。但在实际研究中，我们往往不知道真实情况如何，因此单凭样本的信息，我们无法知道样本回归系数偏差的方向和大小。

如果要通过自选择样本去"倒推"总体的因果关系，我们必须知道另一个信息：个体如何自选择进入样本？这个信息让我们有可能"还原"总体的因果关系。在上例中，样本只包含了自己选择读大学的人。假如理论告诉我们，上大学与否是由个体的效用函数决定的，即

$$Score_i = -9 + 0.1IQ_i + Motivation_i$$

当 $U_i > 0$，选择上大学(进入样本)；当 $U_i \leq 0$，选择不上大学(不在样本中)。因此，这个方程也称为选择方程。从效用函数中，我们看到智商 IQ 和学习动机 Motivation 与上大学的效用 U 是正相关的。

虽然我们观测不到每个个体的 $Motivation_i$，但我们知道 Motivation 的分布，即 Motivation 有三个可能值($-5,0,5$)。同时通过选择方程，我们知道选择上大学的个体的 $U_i > 0$，即 $Motivation_i \geq -9 + 0.1IQ_i$。这个条件提供给我们关于不可观测变量 $Motivation_i$ 与可观测变量 IQ_i 之间关系的新信息：如果 IQ_i 较低的人上大学，他们通常需要较高的学习动机。具体而言，从选择方程我们可以推断：

对于 IQ = 90 的人，需要 $Motivation_i > (9 - 0.1 \times 90) = 0$ 才会去上大学，这就意味着

$(IQ_i = 90, Motivation_i = 5)$ 的人和 $(IQ_i = 90, Motivation_i = 0)$ 的人不上大学。

对于 $IQ = 100$ 的人，需要 $Motivation_i > (9 - 0.1 \times 90) = -1$ 才会去上大学，这就意味着 $(IQ_i = 100, Motivation_i = -5)$ 的人不上大学。

对于 $IQ_i = 90$ 的人，需要 $Motivation_i > (9 - 0.1 \times 90) = -2$ 才会去上大学，这就意味着 $(IQ_i = 110, Motivation_i = -5)$ 的人不上大学。

因此，我们推断选择不上大学的人中，智商为 90 的有两个人，他们的学习动机分别为 -5 和 0；智商为 100 的有一个人，他的学习动机为 -5；智商为 110 的有一个人，他的学习动机为 5。由于缺少这 4 个人，IQ 和 Motivation 的分布与总体的不一样。表 7.5 所示的是学习成绩与人数分布信息。

表 7.5　学习成绩与人数分布信息

智商(IQ)	成绩			人数分布		
	学习动机(Motivation)			学习动机(Motivation)		
	1	2	3	4	5	6
	-5	0	5	-5	0	5
90	.	.	83	0	0	1
100	.	80	85	0	1	1
110	.	82	87	0	1	1

根据表 7.5 的信息，我们可以计算样本中不同 IQ 的人的平均学习动机：

$$E(Motivation_i \mid IQ_i = 90, 样本) = 5 \times 1 = 5$$

$$E(Motivation_i \mid IQ_i = 100, 样本) = 0 \times \frac{1}{2} + 5 \times \frac{1}{2} = 2.5$$

$$E(Motivation_i \mid IQ_i = 110, 样本) = 0 \times \frac{1}{2} + 5 \times \frac{1}{2} = 2.5$$

我们看到，样本中，低 IQ 个体的平均学习动机较高，即智商与学习动机之间产生了负相关关系。用一个简单的方程表示为：$E(Motivation_i \mid IQ_i, 样本) = f(IQ_i)$。

IQ_i 与 $Motivation_i$ 不再不相关的后果是：使用方程 $Score = \alpha + \beta IQ_i + e_i$，结果会由于解释变量 IQ_i 与干扰项 e_i（包含不可观测变量 $Motivation_i$）相关而造成 β 估计值发生偏差。

由于我们知道干扰项与解释变量 IQ_i 的方程，$E(Motivation_i \mid IQ_i, 样本) = f(IQ_i)$，如果在结果回归方程中将其"控制"掉，那么剩下的干扰项 v_i 就与自变量不相关了。要达到这个目的，我们需要对估计的结果方程调整如下：

$$Score = \alpha + \beta IQ_i + E(Motivation_i \mid IQ_i, 样本) + v_i \tag{7.1.2}$$

我们把 $E(Motivation_i \mid IQ_i, 样本)$ 称为调整项(Adjust)，控制了调整项，这个方程的干扰项 v_i 与解释变量 IQ_i 无关，就可以估计出正确的 β。

问题的关键在于，如何控制 $E(Motivation_i \mid IQ_i, 样本)$？如果我们要控制它，就必须知道它的值。通过方程可知，$E(Motivation_i \mid IQ_i = 90, 样本) = 5$，$E(Motivation_i \mid IQ_i = 100, 样本) = 2.5$。把这些值添加到样本数据里，得到的数据如表 7.6 所示。

表 7.6 增加调整项的自选择样本数据

成绩(Score)	智商(IQ)	$\text{Adjust}_i = E(\text{Motivation}_i \mid \text{IQ}_i)$
.	90	.
.	90	.
83	90	−5.0
.	100	.
80	100	2.5
85	100	2.5
.	110	.
82	110	2.5
87	110	2.5

用添加调整项的表 7.6 所示的样本数据回归调整的结果方程为

$$\text{Score} = \alpha + \beta \text{IQ}_i + \text{Adjust}_i + v_i$$

其中，$\text{Adjust}_i = E(\text{Motivation}_i \mid \text{IQ}_i)$。

由上述例子可知,用新的方程对样本进行回归得到的 IQ 系数与原方程对随机分配的样本回归得到的 IQ 系数是一样的,都是 0.2。我们通过样本选择方程提供的信息"复原"了总体的因果关系。这个例子也告诉我们,样本选择偏差对回归结果影响的本质是：由于不可观测变量造成的样本选择,导致了解释变量和干扰项在样本中是相关的,即使它们在总体中并不相关。解决方案是：通过样本选择方程计算出每个个体干扰项的平均偏差,并把它作为控制变量添加到结果方程中。

总之,如果估计偏差是由于不可观测变量自选择造成的,那么我们无法通过增加控制变量的方法来解决。要解决这个问题,必须依赖其他新的信息。下面我们通过具体步骤来分析,如何解决不可观测变量造成的样本选择偏差。这里所指的样本自选择问题,通常是由不可观测变量造成的样本选择问题。

7.2 传统 Heckman 样本选择模型

Heckman 两阶段模型适用于解决由样本选择偏差造成的内生性问题。

7.2.1 模型设计

Heckman 模型有不同的变种。这节主要讨论传统 Heckman 选择模型。其模型设定如下。

结果方程：$Y_i^* = \alpha + X_i'\beta + e_{1i}$。

选择方程：$D_i^* = Z_i'\gamma + e_{2i}$。

其中，$\begin{cases} D_i = 1, & \text{如果} D_i^* > 0 \\ D_i = 0, & \text{如果} D_i^* \leqslant 0 \end{cases}$。

样本中观测到的结果为

$$\begin{cases} Y_i = Y_i^*, & \text{如果} D_i = 1 \\ Y_i \text{ 缺失}, & \text{如果} D = 0 \end{cases}$$

其中，X_i 是决定结果的解释变量；Z_i 是决定样本选择的解释变量；e_{1i} 是结果方程的干扰项，它包含不可观测但会影响结果的变量；e_{2i} 是样本选择方程的干扰项，它包含不可观测但会影响选择的变量；X_i 和 Z_i 是外生变量，即 X_i 和 Z_i 独立于 e_{1i} 和 e_{2i}；Z_i 包含了 X_i 的所有变量，并有至少一个变量不在 X_i 里。

如果我们用上述模型描绘前一节的例子，具体如下。

结果方程：$\text{Score}_i^* = \alpha + \beta \text{IQ}_i + e_{1i}$。

选择方程：$U_i^* = \gamma_0 + \gamma_1 \text{IQ}_i + \gamma_2 P\text{Education}_i + e_{2i}$。

其中，$\begin{cases} D_i = 1, \text{ 如果} U_i^* > 0 \\ D_i = 0, \text{ 如果} U_i^* \leqslant 0 \end{cases}$。

假设 X_i 和 Z_i 都是 IQ_i。这里选择方程多了一个解释变量 $P\text{Education}$(父母教育程度)，因为子女是否上大学受到父母受教育程度的影响，但父母受教育程度不会直接影响子女学习成绩，因此这个变量不在结果方程里。

样本可观测到的结果为

$$\begin{cases} \text{Score}_i = \text{Score}_i^*, & \text{如果} D_i = 1 \\ \text{Score}_i \text{缺失}, & \text{如果} D_i = 0 \end{cases}$$

如果结果方程和选择方程的干扰项 e_{1i} 和 e_{2i} 包含相同的不可观测变量(如 Motivation)，则 e_{1i} 和 e_{2i} 是相关的。

Heckman 选择模型直接假设二者的相关关系如下：

$$\begin{pmatrix} e^{1i} \\ e^{2i} \end{pmatrix} \sim N\left(\begin{pmatrix} 0 \\ 0 \end{pmatrix}, \begin{pmatrix} \sigma^2 & \rho\sigma \\ \rho\sigma & 1 \end{pmatrix} \right) \tag{7.2.1}$$

即 e_{1i} 和 e_{2i} 服从均值为 0 的二元正态分布。e_{1i} 的方差为 σ^2，e_{2i} 的方差为 1，二者相关系数为 σ。

7.2.2　Heckman 模型如何解决样本选择偏差

为了理解该模型设置是如何解决样本选择偏差的，我们先看自选择样本观测结果的条件期望函数，即

$$\begin{aligned} E(Y_i | \text{样本}, X_i) &= E(Y_i | D_i = 1, X_i) = E(Y_i^* | D_i^* > 0, X_i) \\ &= E(\alpha + X_i'\beta + e_{1i} | Z_i'\gamma + e_{2i} > 0, X_i) \\ &= \alpha + X_i'\beta + E(e_{1i} | e_{2i} > -Z_i'\gamma, X_i) \\ &= \alpha + X_i'\beta + E(e_{1i} | e_{2i} > -Z_i'\gamma) \end{aligned}$$

由此可见，自选择样本结果条件期望函数多出一项 $E(e_{1i} | e_{2i} > -Z_i'\gamma)$。由于 e_{1i} 和 e_{2i} 是相关的，所以 $E(e_{1i} | e_{2i} > -Z_i'\gamma) \neq 0$。如果 Z_i' 和 X_i' 是相关的(两个变量都包含了 IQ)，$E(e_{1i} | e_{2i} > -Z_i'\gamma)$ 会和 X_i' 相关。因此，如果要精确地估计 β，就必须把多出来的这个偏差项"控制"好。增加控制变量后样本结果回归方程为

$$Y_i = \alpha + X_i'\beta + E(e_{1i} | e_{2i} > -Z_i'\gamma) + v_i \tag{7.2.2}$$

其中，v_i 是样本结果回归模型的干扰项，在增加了控制项后，$E(v_i | \text{样本}, X_i') = 0$。估计方

程(7.2.2)的关键是，要知道新增控制项 $E(e_{1i}|e_{2i} > -Z_i'\gamma)$ 的值是多少。事实上，我们不需要具体地观测 e_{1i} 和 e_{2i}，只需要知道二者分布的关系，就可以推断出给定 Z_i' 值对应的 e_{1i} 的平均值。通过 e_{1i} 和 e_{2i} 是二元正态分布的假设，我们可以推导出

$$E(e_{1i}|\ e_{2i} > -Z_i'\gamma) = \rho\sigma\lambda(Z_i'\gamma) = \rho\sigma \frac{\phi\left[\dfrac{-Z_i\gamma}{\sigma}\right]}{1 - \Phi\left[\dfrac{-Z_i\gamma}{\sigma}\right]}$$

其中，$\lambda_i = \lambda(Z_i'\gamma) = \dfrac{\phi\left[\dfrac{-Z_i'\gamma}{\sigma}\right]}{1 - \Phi\left[\dfrac{-Z_i'\gamma}{\sigma}\right]}$，称为逆米尔斯比例(inverse mills ratio，IMR)，ϕ 是正态分布的概率密度函数，Φ 是正态分布的累积概率函数。

增加逆米尔斯比例项 λ_i 的样本结果回归方程(7.2.2)变为

$$Y_i = \alpha + X_i'\beta + \rho\sigma\lambda_t + v_i \tag{7.2.3}$$

式(7.2.3)可以通过两阶段估计法来估计。

在第一阶段，可使用 Probit 模型估计样本选择方程: $\Pr(D_i = 1|\ Z_i) = \Pr(e_{2i} > -Z_i'\gamma|\ Z_i) = \Phi(Z_i'\gamma)$，得到 γ 的估计值 $\hat{\gamma}$，然后把 $\hat{\gamma}$ 代入 IMR 公式，算出每个个体的 IMR，即

$$\lambda_i = \lambda(Z_i'\gamma) = \frac{\phi\left[\dfrac{-Z_i'\gamma}{\sigma}\right]}{1 - \Phi\left[\dfrac{-Z_i'\gamma}{\sigma}\right]}$$

在第二阶段，可使用样本数据，将 Y_i 对 $X_i'\beta$ 和 λ_i 进行回归: $Y_i = \alpha + X_i'\beta + \rho\sigma\lambda_i + v_i$。两阶段法通过在回归方程中加入 IMR，修正了样本选择偏差，得到 $\hat{\beta}$ 是总体 β 的一致估计值。

总之，样本选择偏差也可以理解为一个缺失变量偏差问题。如果不存在样本自选择问题，我们只需要通过 Y 对 X 的回归，就可以得到系数 β 的一致估计量。然而在自选择样本中，还需要加上一个调整变量 $\text{IMR}_i = \lambda_i = \lambda(Z_i'\gamma)$，否则干扰项里包含 λ，就会与解释变量相关。因此，样本选择偏差的校正可以看作加入了被遗漏的变量。但这种样本选择造成的内生性与一般的缺失变量内生性有所不同。一般的缺失变量内生性是指模型里缺失了应当控制的变量，造成干扰项包含缺失变量，导致即使使用总体或随机抽样数据，解释变量与干扰项也依然相关。样本选择偏差造成的内生性并非由于模型本身缺失变量，而是由于样本选择造成解释变量和干扰项在样本内存在相关性，产生了与缺失变量一样的后果。由此可见，二者结果虽然都会造成内生性，但形成的原因并不相同。

7.3 Heckman 样本选择模型的应用案例

本节讲解 Heckman 模型的实际运用。

本案例是研究教育程度对女性工资水平的影响。为方便讨论,对模型进行简化。
结果方程为

$$\text{Wage}_i^* = \alpha + \beta_1\text{Edu}_i + \beta_2\text{Age}_i + e_{1i} \tag{7.3.1}$$

其中,Wage_i^* 为工资水平,Edu_i 为教育程度,Age_i 为年龄,干扰项 e_{1i} 包括不可观测但会影响工资水平的变量(如个体性格、能力等)。对于总体或随机分配样本来说,干扰项与解释变量不相关,即 $E(e_{1i}|\text{Edu}_i,\text{Age}_i)=0$。

只有存在参加工作的人,我们才能观察到工资水平,但是否参加工作是个人自我选择的结果。选择方程为

$$U_i^* = \gamma_0 + \gamma_1\text{Edu}_i + \gamma_2\text{Age}_i + \gamma_3\text{Children}_i + e_{2i}$$

$$\begin{cases} \text{Work}_i = 1, & \text{如果} U_i^* > 0 \\ \text{Work}_i = 0, & \text{如果} U_i^* \leqslant 0 \end{cases}$$

选择方程里除了 Edu_i 和 Age_i,又多了一个 Children_i,即小孩的数量。由于小孩可能会限制妇女参加工作的能力,也可能增强妇女参加工作以增加收入的愿望,因此 γ_3 可能是正值,也可能是负值。但小孩的数量不会影响工资水平,因此只体现在选择方程中,而不体现在结果方程中。干扰项 e_{2i} 包括了不可观测但会影响参加工作效应的变量(如个人能力、性格等)。由于 e_{1i} 和 e_{2i} 都包含了一些相同的不可观测的变量,二者是相互独立的。Heckman 模型假设二者的分布是相关系数为 ρ 的二元正态分布。

由于只有参加工作的效应足够大,妇女才能参加工作,我们才能观测到她们的工资水平,因此样本中观测到的工资为

$$\begin{cases} \text{Wage}_i = \text{Wage}_i^*, & \text{如果}\text{Work}_i = 1 \\ \text{Work}_i \text{缺失}, & \text{如果}\text{Work}_i = 0 \end{cases}$$

在参加工作的自选择样本里,受教育程度与干扰项是相关的。我们可以通过图 7.4 来直观理解产生相关性的原因。

图 7.4 所示的结果方程与干扰项 e_{1i} 和选择方程干扰项 e_{2i} 受一个共同因素 C 的影响,因此就产生了相关性。Age 和 Children 是给定变量,由于样本只包含有工作的妇女,因此 U 也是给定变量($U>0$)。由于 U 是一个对撞变量,它同时由 e_{2i} 和 Edu 决定,因此当给定对撞变量 U,产生了衍生路径 $\text{Edu}\to e_2$ 时,Edu 到 Wage 有两条路径:一条是因果路径 $\text{Edu}\to\text{Wage}$;

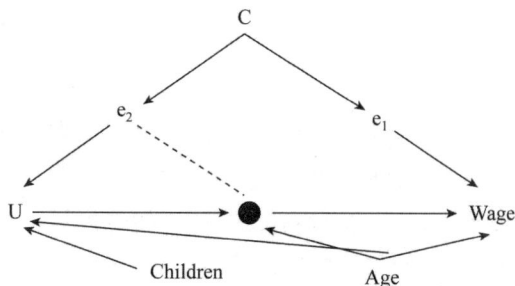

图 7.4 自选择参加工作的因果路径

另一条是混淆路径 Edu←e_2←C→e_1→Wage。换言之，e_{1i} 和 Edu 在样本中产生了相关关系。因此用样本直接估计结果方程(7.6)，无法实现系数的正确估计。

可见，如果用自选择参加工作的样本对结果方程(7.3.1)进行回归，受教育程度的系数是有偏的估计量。要"控制"好自选择偏差，我们需要在结果方程里加入逆米尔斯比例作为调整项。调整后的回归模型为

$$\text{Wage}_i^* = \alpha + \beta_1 \text{Edu}_i + \beta_2 \text{Age}_i + \rho\sigma\lambda_1 + v_i$$

其中，逆米尔斯比例为

$$\lambda_i = \frac{\phi(\gamma_0 + \gamma_1 \text{Edu}_i + \gamma_2 \text{Age}_i + \gamma_3 \text{Children}_i)}{1 - \Phi(\gamma_0 + \gamma_1 \text{Edu}_i + \gamma_2 \text{Age}_i + \gamma_3 \text{Children}_i)}$$

接下来在 Stata 的操作中手动实现对样本结果方程的 Heckman 两阶段估计。

第一阶段：估计逆米尔斯比例，即 $\lambda_i = \lambda(\gamma_0 + \gamma_1 \text{Edu}_i + \gamma_2 \text{Age}_i + \gamma_3 \text{Children}_i)$。

第二阶段：用逆米尔斯比例 λ_i 估计方程 $\text{Wage}_i^* = \alpha + \beta_1 \text{Edu}_i + \beta_2 \text{Age}_i + \rho\sigma\hat{\lambda}_i + v_i$

7.4 内生选择变量处理效应模型

自选择样本偏差的原理及其处理方法的另一个应用，是估计内生二元选择变量的处理效应。例如，考虑股权激励是否会提高公司的财务绩效，我们可以令 Y=ROA，D=是否实施股权激励(Yes=1，No=0)；或者考虑大学教育是否提高工人的工资水平，我们可以令 Y=Wage，D=是否大学毕业(Yes=1，No=0)。虽然模型中不存在被解释变量的缺失问题，但是计量模型可能带来一个内生性问题，即业绩好的公司更倾向于实施股权激励或能力强的人更可能顺利读完大学。本节主要讲述模型中的内生二元自选择变量模型。

7.4.1 模型设置

常见的内生二元自选择变量的模型为

$$Y_i = \alpha_0 + \alpha_1 D_i + X_i'\beta + e_{1i} \tag{7.4.1}$$

其中，D_i 是二元选择变量。如果个体选择接受干预，$D_i = 1$；反之，则 $D_i = 0$。X_i' 是控制变量。

是否接受干预是自我选择，选择公式为

$$U_i = Z_i'\gamma + e_{2i}$$

其中，Z_i' 是影响效用函数的变量。只有当效用函数 $U_i > 0$，个体才接受干预，此时二元选择变量为

$$\begin{cases} D_i = 1, & \text{如果} U_i^* > 0 \\ D_i = 0, & \text{如果} U_i^* \leqslant 0 \end{cases}$$

与传统的 Heckman 模型一样，该模型有以下两个假设：

(1) Z_i 与 X_i 为外生变量，它们与干扰项无关；

(2) $\begin{pmatrix} e_{1i} \\ e_{2i} \end{pmatrix} \sim N\left(\begin{pmatrix} 0 \\ 0 \end{pmatrix}, \begin{pmatrix} \sigma^2 & \rho\sigma \\ \rho\sigma & 1 \end{pmatrix} \right)$，即 e_{1i} 与 e_{2i} 服从二元正态分布，相关系数为 ρ。对模型(7.4.1)，我们不能简单地直接进行回归，原因为 D_i 是由 U_i 决定的，U_i 又是由 e_{2i} 决定的，因此 D_i 和 e_{2i} 是相关的，但是 e_{2i} 又与 e_{1i} 相关，从而导致 D_i 与 e_{1i} 是相关的。由于解释变量 D_i 与干扰项 e_{1i} 是相关的，简单回归得到的 D_i 系数就不能反映因果关系，因此 D_i 被称作二元内生选择模型。

总之，有些不可观测的变量(包含在 e_{2i} 中)会影响选择 D_i；这些不可观测的变量(也包含在 e_{1i} 中)也会影响结果 Y_i，造成 D_i 与 e_{2i} 相关。

图 7.5 所示的是二元内生选择变量处理效应模型的路径。不可观测变量 e_{1i} 与 e_{2i} 存在相关性，是由于它们同时受到一个不可观测变量 C_i 的影响。在控制了 X_i 后，D_i 和 Y_i 之间的相关性并不反映它们的因果关系。

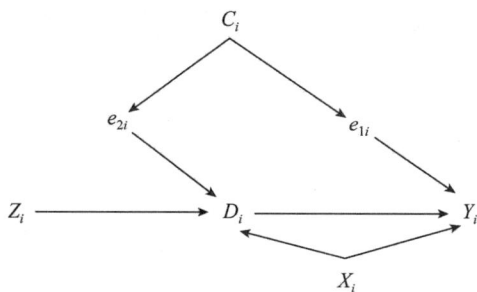

图 7.5 内生选择变量处理效应模型的路径

要得到选择变量 D_i 与干扰项 e_{2i} 相关，可能造成具体偏差，我们还是通过条件期望方程求解。

当 $D_i = 1$，即决定选择干预，期望结果为

$$\begin{aligned} E(Y_i | X_i, D_i = 1) &= \alpha_0 + \alpha_1 + X_i'\beta + E(e_{1i} | D_i = 1, X_i) \\ &= \alpha_0 + \alpha_1 + X_i'\beta + E(e_{1i} | e_{2i} > -Z_i'\gamma) \\ &= \alpha_0 + \alpha_1 + X_i'\beta + \rho\sigma \frac{\phi(-Z_i'\gamma)}{1 - \Phi(-Z_i'\gamma)} \end{aligned}$$

当 $D_i = 0$，即决定选择不接受干预，期望结果为

$$\begin{aligned} E(Y_i | X_i, D_i = 0) &= \alpha_0 + X_i'\beta + E(e_{1i} | D_i = 0, X_i) \\ &= \alpha_0 + \alpha_1 + X_i'\beta + E(e_{1i} | e_{2i} < -Z_i'\gamma) \\ &= \alpha_0 + X_i'\beta + \rho\sigma \frac{-\phi(-Z_i'\gamma)}{\Phi(-Z_i'\gamma)} \end{aligned}$$

自选择变量模型事实上包含了两个样本选择偏差。对于选择了 $D_i = 1$ 的样本，偏差项为逆米尔斯比例 $\lambda_i(D_i = 1) = \rho\sigma \dfrac{\phi(-Z_i'\gamma)}{1 - \Phi(-Z_i'\gamma)}$；对于 $D_i = 0$ 的样本，偏差项为逆米尔斯比例 $\lambda_i(D_i = 0) = \rho\sigma \dfrac{-\phi(-Z_i'\gamma)}{\Phi(-Z_i'\gamma)}$。

7.4.2 估计方法

要得到自选择变量的处理效应系数，我们有两种估计方法。

1. 使用传统 Heckman 样本选择模型分别估计

对 $D_i = 1$ 的样本，回归估计模型为

$$Y_i = \alpha_0 + \alpha_1 + X_i'\beta + \rho\sigma\frac{\phi(-Z_i'\gamma)}{1-\Phi(-Z_i'\gamma)} + v_{1i} \tag{7.4.2}$$

对 $D_i = 0$ 的样本，回归估计模型为

$$Y_i = \alpha_0 + X_i'\beta + \rho\sigma\frac{-\phi(-Z_i'\gamma)}{\Phi(-Z_i'\gamma)} + v_{2i} \tag{7.4.3}$$

然后将模型(7.4.2)得到的截距项值 $\alpha_0 + \alpha_1$ 减去模型(7.4.3)得到的截距项值 α_0，得到 D_i 的系数 α_1，并检验差值的显著性。

2. 将两个公式整合到一起

将公式(7.4.2)和(7.4.3)整合到一起，可表示为

$$Y_i = \alpha_0 + \alpha_1 D_i + XX_i'\beta + \rho\sigma\left[\frac{\phi(-Z_i'\gamma)}{1-\Phi(-Z_i'\gamma)}D_i + \frac{\phi(-Z_i'\gamma)}{\Phi(-Z_i'\gamma)}(1-D_i)\right] + \mu_i \tag{7.4.4}$$

可以看到，当 $D_i = 1$ 时，方程(7.4.4)=方程(7.4.2)；当 $D_i = 0$ 时，方程(7.4.4)=方程(7.4.3)，第二种方法比第一种更加便捷，它一次性得到了 D_i 的系数值和它的统计显著性。

7.5 样本自选择模型运用中常见问题

7.5.1 解释变量的选择

前面提到，虽然 Heckman 模型没有强制要求结果方程的解释变量 X_i 和 Z_i 是不一样的，但在实际运用中要求 Z_i 至少包含一个与 X_i 不同的变量。这是因为，如果 Z_i 与 X_i 完全一样，那么 Heckman 模型的第二阶段就容易出现共线性问题。

假设 $Z_i = X_i$，即样本回归方程变为 $Y_i = \alpha + X_i'\beta + \lambda(X_i'\hat{\gamma}) + e_i$。表面看起来，由于 X_i 同时以线性形式和非线性形式 $X_i'\beta$ 和 $\lambda(X_i'\hat{\gamma})$ 进入模型，似乎不会有完美的共线性问题。但是 $\lambda(X_i'\hat{\gamma})$ 在定义域的大部分范围内是近似线性的，因而实际上会导致严重的共线性问题。要解决这一问题，就必须加入额外的解释变量 Z_i，即需要有一个工具变量影响选择，但不会影响结果，这个条件也称为排他性约束条件。虽然满足这个变量的条件不容易找，但这是必须满足的一个条件。在 Z_i 加入了额外的工具变量并不必然解决问题，工具变量的质量同样重要。当 Z_i 中额外的工具变量偏弱且解释力有限时，这种近似多重共线性仍然可能出现。

7.5.2 二元正态分布假设

Heckman 模型假设，结果方程和选择方程的干扰项服从二元正态分布，如果这一假设得不到满足，调整项 $\lambda(X_i'\hat{\gamma})$ 就可能是错误的，从而可能导致估计的严重偏差。如果无法满

足正态性假设，一种替代方案是，假定干扰项服从一些特定的非正态分布。但是，现有的理论很少指出应该使用何种特定的分布来替代正态分布，这也是使用 Heckman 模型的一个弱点。

7.5.3 选择模型必须为 Probit 模型

在一些使用 Heckman 模型的研究中，研究者在第一阶段估计选择方程用的模型是 Logit 模型而不是 Probit 模型，这是不合理的。原因是，Heckman 模型假设干扰项是正态分布的，Probit 模型也假设干扰项是正态分布的，而 Logit 模型不具备干扰项正态分布假设，因此，Probit 模型和 Heckman 模型吻合。

Probit 模型是用来估计被解释变量是一个二元 0/1 变量的模型，二元变量 $D_i = 1$ 或 0 取决于如下方程：

$$D_i^* = Z_i'\gamma + e_i$$

其中，$\begin{cases} D_i = 1, & \text{如果} D_i^* > 0 \\ D_i = 0, & \text{如果} D_i^* \leqslant 0 \end{cases}$。

假设 e_i 是标准正态分布，则 $D_i = 1$ 的概率为

$$\Pr(D_i = 1 | Z_i) = \Pr(D_i > 0 | Z_i) = \Pr(e_i > -Z_i'\gamma | Z_i) = \Phi(Z_i'\gamma)$$

要估计模型的参数，我们使用最大似然估计。

7.5.4 检查相关系数 ρ

之所以在样本结果方程 $Y_i = \alpha + X_i'\beta + \rho\sigma\lambda(Z_i'\gamma) + v_i$ 中加入 $\lambda(Z_i'\gamma)$，是因为 $\lambda(Z_i'\gamma)$ 与 X_i' 可能相关。但当 $\rho = 0$ 时，是否加入 $\lambda(Z_i'\gamma)$ 并不影响结果。换言之，当影响选择的不可观测变量 e_{2i} 与影响结果的不可观测变量 e_{1i} 不相关时，样本自选择并不会造成估计偏差，这种情况也称为外生样本选择。因此，在结果报告中应该提供 ρ 的估计值和方差，以确定存在内生样本选择问题。

本章小结

1. 样本选择偏差(sample selection bias)与自选择偏差(self-selection bias)有区别。样本选择问题指的是我们所使用的数据无法获得全样本，得到的观测样本不是随机的，不能反映和代表总体，比如：失业者的工资数据是缺失的(不参与劳动力市场有时候并不是失业者的主动选择)。样本选择偏差指在回归方程中估计出的参数是基于那些被选择进了样本的数据点(或者能够观测得到的数据点)而得出的。

自选择是指由于经济个体(个人、家庭或厂商)本身具有选择判断能力，因此很可能会采取一些影响抽样过程的行动，从而使抽样失去随机性，造成所收集到的样本不能代表总体。自选择问题一般出现在政策或项目评估领域。比如在研究培训对求职的帮助时，求职者可以自主选择是否参加培训，从而造成样本的自选择问题。

2. 内生性问题会导致计量结果偏误。内生性是指回归模型中的一个或多个解释变量与随机扰动项相关。内生性常见来源如下。

(1) 双向因果：核心解释变量 A 和被解释变量 B 互相影响。

(2) 遗漏变量：可能与解释变量相关的变量，本来应该加以控制，但是没有控制。此时该变量会跑到扰动项中，造成扰动项与解释变量相关。

(3) 测量误差：被解释变量存在度量误差或解释变量存在度量误差。

(4) 选择偏差：自选择偏差和样本选择偏差是选择偏差的两面，自选择偏差常常会导致样本选择偏差。具体而言，样本选择偏差包括两种，一种为不是随机性导致的样本偏差，一种为由于样本自选择导致的偏差。

3. Heckman 两步法主要解决样本选择问题。第一阶段是建立 Probit 选择模型，用以估计存在选择偏差变量的可能性，并计算逆米尔斯比率；第二阶段是利用选择性样本观测值，将第一阶段估计的逆米尔斯比率与其他变量一起放入第二阶段的回归模型中，进行回归分析。

第8章

潜在结果分析框架

前面章节给出了内生性问题产生的各种原因。我们知道，内生性问题使变量间的回归关系不再有因果解释。然而迄今为止，我们并未正式讨论怎样处理内生性问题。本章引入潜在结果框架(potential outcome framework)，并在此基础上介绍随机化实验(randomized experiment)、匹配方法(matching method)及异质性因果效应下工具变量法等内容，进一步探讨内生性问题的解决办法。断点回归设计(regression discontinuity design，RDD)及双重差分法(difference-in-difference，DID)，分别在接下来的第 9 章及第 10 章中进行介绍。

8.1 潜在结果框架的基本内容

潜在结果框架(potential outcome framework)由 Rubin(1974)正式提出，通常也称作"反事实"框架(counterfactual framework)或者鲁宾因果模型(Rubin causal model，RCM)。潜在结果框架是现代计量经济分析的流行范式，本小节主要介绍潜在结果框架所涉及的基本内容：项目效应评估的概念、潜在结果框架的基本要素、因果效应参数及收益偏差与选择偏差。一般而言，潜在结果框架是基于项目效应评估(program evaluation)来表述的。因此，在介绍其他内容之前，先来看项目效应评估的概念。

8.1.1 项目效应评估的概念

我们通常对某一特定项目(program)实施的效果感兴趣。比如，就业培训项目对工人工资的影响，扶贫项目对收入水平的影响，医疗保险制度对人们健康的影响，税收减免政策对企业盈利能力的影响，以及财政刺激计划对经济增长率的影响等。在计量经济学中，此类研究称为项目效应评估(program evaluation)。其中，用来表示个体是否参与项目的变量称为处理变量(treatment variable)或干预变量(intervention variable)。项目效果称为处理效应(treatment effect)或因果效应(causal effect)。参与项目个体所构成的组别被称为处理组(treatment group)或实验组(experimental group)，而未参与项目个体所构成的组别则被称为控制组(control group)或对照组(comparison group)。这里的项目是一个非常宽泛的概念，除了上面提及的例子之外，在考察接受大学教育对收入影响的过程中，大学教育本身就构成了一个"项目"；与此类似，在考察去医院看病对健康状况影响的过程中，医院本身就构成了一个"项目"。

8.1.2 潜在结果框架的基本要素

潜在结果框架具有三个基本要素：第一，潜在结果(potential outcome)；第二，分配机制(assignment mechanism)；第三，稳定个体干预值假设(stable unit treatment value assumption，SUTVA)，该假设又被称为稳定性假设。

1. 潜在结果

潜在结果是潜在结果框架的第一个要素。它是基于处理变量定义的。在项目效应评估中，习惯用字母 D_i 来表示个体 i 的处理变量。遵循现有文献的做法，本教材主要关注的是 D_i 只取(1 和 0)两个值的情形，此时 D_i 就是一个虚拟变量。习惯上，采用 $D_i = 1$ 来表示个体 i 参与项目，采用 $D_i = 0$ 来表示个体 i 未参与项目。比如，在就业培训项目对工人工资影响的例子中，$D_i = 1$ 表示个体 i 参加就业培训，$D_i = 0$ 则表示个体 i 未参加就业培训。正式地，D_i 可以表示为

$$D_i = \begin{cases} 1, & \text{若个体 } i \text{ 参与项目} \\ 0, & \text{个体 } i \text{ 未参与项目} \end{cases} \tag{8.1.1}$$

可以发现，对于任意个体 i 均存在两种可能的状态：参与项目($D_i = 1$)或者未参与项目($D_i = 0$)。每一个状态对应一个潜在结果(potential outcome)。具体来说，用符号 Y_{1i} 表示个体 i 参加项目($D_i = 1$)状态下的潜在结果，Y_{0i} 表示个体 i 未参加项目($D_i = 0$)状态下的潜在结果。比如，在考察就业培训项目对工资影响的例子中，Y_{1i} 表示个体 i 参加就业培训项目的潜在工资，Y_{0i} 表示个体 i 未参加就业培训项目的潜在工资。若采用 Y_i 表示个体 i 的观测结果，则有

$$Y_i = \begin{cases} Y_{1i}, & \text{若 } D_i = 1 \\ Y_{0i}, & \text{若 } D_i = 0 \end{cases} \tag{8.1.2}$$

值得指出的是，对于任意个体 i 而言，均同时存在两个潜在结果 Y_{0i} 与 Y_{1i}，但是我们只能观测到这两种潜在结果中的一种，永远无法同时观测到它们。对于参加项目的个体 i 而言，只能够观测到结果 Y_{1i}，无法观测到潜在结果 Y_{0i}，该情形下，Y_{0i} 是"反事实"(counterfactual)结果，这也是潜在结果框架又称为"反事实"框架的原因；而对于未参加项目的个体 i，只能观测到潜在结果 Y_{0i}，无法观测到潜在结果 Y_{1i}，该情形下，Y_{1i} 就是"反事实"结果。

式(8.1.2)还可以进一步简洁地表示为

$$Y_i = Y_{0i} + D_i(Y_{1i} - Y_{0i}) \tag{8.1.3}$$

区分观测结果 Y_i 与潜在结果(Y_{0i}, Y_{1i})具有重要的意义。借助于潜在结果，因果效应能够得到更加清晰和自然的表述。事实上，区分观测结果与潜在结果是现代统计学和现代计量经济分析的标志(Imbens and Wooldridge，2009)。

2. 分配机制

潜在结果框架的第二个要素是分配机制。分配机制描述了为什么有些个体参与项目(在处理组中)，有些个体未参与项目(在控制组中)，换言之，分配机制描述了处理变量 D_i 的决定规则。接下来，我们基于经济学中的罗伊模型(Roy model)来介绍分配机制。在罗伊模型中，个体根据自身所获取效用(utility)的大小来做出选择或决策。正式地，将个体 i 参与项目

所获取的效用表示为

$$U_i = g(X_i, v_i) \tag{8.1.4}$$

其中，X_i 表示个体 i 的可观测特征，v_i 表示个体的不可观测特征。若进一步假设未参与项目个体所获取的效用均为 0，那么式(8.1.1)可以进一步表示为

$$D_i = \begin{cases} 1, & \text{若} g(X_i, v_i) > 0 \\ 0, & \text{若} g(X_i, v_i) \leqslant 0 \end{cases} \tag{8.1.5}$$

即当参与项目的收益 $g(X_i, v_i)$ 大于不参加项目的收益 0 时，个体参与项目，反之则相反。

根据处理变量 D_i 与潜在结果(Y_{1i}, Y_{0i})之间的不同关系，可以将分配机制划分为随机分配(Random Assignment)与非随机分配(Non-random Assignment)。

在随机分配中，个体是否参与项目(在处理组中还是控制组中)与其潜在结果相互独立，即 D_i 与(Y_{1i}, Y_{0i})相互独立，记为

$$(Y_{1i}, Y_{0i}) \perp D_i \tag{8.1.6}$$

基于式(8.1.6)可以得到均值独立(mean independence，MI)，表达式为

$$E(Y_{0i}|D_i = 1) = E(Y_{0i}|D_i = 0) \tag{8.1.7}$$

$$E(Y_{1i}|D_i = 1) = E(Y_{1i}|D_i = 0) \tag{8.1.8}$$

$$E(Y_{1i} - Y_{0i}|D_i = 1) = E(Y_{1i} - Y_{0i}|D_i = 0) \tag{8.1.9}$$

其中，式(8.1.7)与式(8.1.8)意味着处理组与控制组的平均潜在结果相同。式(8.1.9)表明处理组与控制组参与项目的平均收益相同。

与随机分配不同，在非随机分配中，个体是否参与项目(在处理组中还是在控制组中)则依赖于其潜在结果，也就是说，D_i 与(Y_{1i}, Y_{0i})存在相关性，数学上记为

$$(Y_{1i}, Y_{0i}) \not\perp D_i \tag{8.1.10}$$

根据式(8.1.5)可以发现，在非随机分配中，D_i 与(Y_{1i}, Y_{0i})的相关性可以由可观测变量 X_i 或者不可观测变量 v_i 引起。D_i 与(Y_{1i}, Y_{0i})的相关性由可观测变量 X_i 引起，被称为基于可观测变量的非随机分配。处理变量 D_i 与潜在结果(Y_{1i}, Y_{0i})的相关性由不可观测变量 v_i 引起，被称为基于不可观测变量的非随机分配。

在基于可观测变量的非随机分配情形下，若给定 X_i，那么 D_i 与(Y_{1i}, Y_{0i})互相独立。换言之，在控制可观测变量 X_i 后，D_i 是随机分配的，即个体是否参与项目(在处理组中，还是在控制组中)不依赖于潜在结果，其数学表达为

$$(Y_{1i}, Y_{0i}) \perp D_i \mid X_i \tag{8.1.11}$$

在计量经济分析中，式(8.1.11)通常被称为条件独立假设(conditional independence assumption，CIA)，或者非混杂性假设(unconfoundedness assumption)。基于条件独立假设式(8.1.11)可以得到条件均值独立(conditional mean independence，CMI)为

$$E(Y_{0i}|D_i = 1, X_i) = E(Y_{0i}|D_i = 0, X_i) \tag{8.1.12}$$

$$E(Y_{1i}|D_i = 1, X_i) = E(Y_{1i}|D_i = 0, X_i) \tag{8.1.13}$$

$$E(Y_{1i} - Y_{0i}|D_i = 1, X_i) = E(Y_{1i} - Y_{0i}|D_i = 0, X_i) \tag{8.1.14}$$

3. 稳定个体干预值假设

除了潜在结果与分配机制这两个要素，潜在结果框架的第三个要素是稳定个体干预值假设(stable unit treatment value assumption，SUTVA)，简称为稳定性假设。稳定性假设是指假设不同个体之间的潜在结果不存在相互影响，或每一个体的潜在结果不依赖于其他个体是否参与项目。

在考察就业培训项目对工人工资影响过程中，稳定性假设意味着，一部分工人是否参加就业培训项目对其他工人的工资不产生影响。如果就业培训项目的规模比较小，不会对整个就业市场产生影响，稳定性假设是一个合理的假设；如果就业培训项目的规模非常大，以至于对整个就业市场产生影响，那么稳定性假设就不是一个合理的假设。因为就业培训项目可以通过改变整个市场的劳动力供给来影响市场均衡工资。此外，如果工人之间存在技能学习效应、互补效应及竞争效应等，稳定性假设也有可能被违背。尽管稳定性假设有可能不成立，考虑到分析的简便性，在本书中，我们始终维持稳定性假设成立。

8.1.3 因果效应参数

基于前述潜在结果框架，可以很自然地定义项目实施的因果效应。其中，个体因果效应或个体处理效应可以表示为

$$\tau_i = Y_{1i} - Y_{0i} \tag{8.1.15}$$

可以看出，个体因果效应 τ_i 可以直接通过比较两种潜在结果得出。在就业培训对工人工资影响的例子中，τ_i 表示参加(或者如果参加)就业培训项目对个体 i 工资的因果效应。当 τ_i 不随个体 i 的变化而变化时，我们说个体因果效应是同质的(homogeneous)；当 τ_i 随个体 i 的变化而变化时，我们则说个体因果效应是异质的(heterogeneous)。识别(估计) τ_i 所面临的难题是，无法同时观测到 Y_{0i} 与 Y_{1i}。如前所述，若个体 i 参与项目，Y_{1i} 能够被观测到，而 Y_{0i} 无法被观测到；若个体 i 不参与项目，Y_{0i} 能够被观测到，而 Y_{1i} 无法被观测到。事实上，在计量经济学中，无法同时观测到 Y_{0i} 与 Y_{1i} 是项目效应评估的基本问题(fundamental issue of program evaluation)。通常而言，在项目效应评估过程中，解决这一问题的核心做法是，通过施加特定假设(比如独立性或者条件独立性假设)基于已知数据来构造未观测到的潜在结果("反事实")。

除了项目实施对特定个体的因果效应之外，我们往往还关注项目实施的平均效应。这就涉及了参与项目的平均因果效应(average treatment effect，ATE)。在数学上，平均因果效应被表示为个体因果效应的期望值，其表达式为

$$\tau_{\text{ATE}} = E(Y_{1i} - Y_{0i}) \tag{8.1.16}$$

值得注意的是，式(8.1.16)中的平均因果效应是同时对于参与项目的个体与未参与项目的个体而言的，因此又被称为总体因果效应。那些参与项目个体的平均因果效应被称为处理组因果效应(average treatment effect on the treated，ATT)，其表达式为

$$\tau_{\text{ATT}} = E(Y_{1i} - Y_{0i} \mid D_i = 1) = E(Y_{1i} \mid D_i = 1) - E(Y_{0i} \mid D_i = 1) \tag{8.1.17}$$

在式(8.1.17)中，项目效应评估的基本问题体现在，我们只能观测到 $E(Y_{1i}\,|\,D_i=1)$，而无法观测到 $E(Y_{0i}\,|\,D_i=1)$。

那些未参与项目个体的平均因果效应被称为控制组因果效应(average treatment effect on the untreated，ATU)，其表达式为

$$\tau_{ATU} = E(Y_{1i}-Y_{0i}\,|\,D_i=0) = E(Y_{1i}\,|\,D_i=0)-E(Y_{0i}\,|\,D_i=0) \tag{8.1.18}$$

在式(8.1.18)中，项目效应评估的基本问题体现在，只能观测到 $E(Y_{0i}\,|\,D_i=0)$，而无法观测到 $E(Y_{1i}\,|\,D_i=0)$。我们知道期望值与分位数均是描述随机变量的重要特征值，类似于平均因果效应 τ_{ATE} 借助于期望值来表示，因果效应的分位数可以借助于分位数表示为

$$Q_\alpha(Y_{1i}-Y_{0i}) \tag{8.1.19}$$

其中，$Q_\alpha(Y_{1i}-Y_{0i})$ 读作"个体因果效应的 α 分位数"。当 $\alpha=0.5$ 时，$Q_\alpha(Y_{1i}-Y_{0i})$ 可以表示为 $\mathrm{Med}(Y_{1i}-Y_{0i})$，$\mathrm{Med}$ 表示中位数。

另外，分位数因果效应可以表示为

$$Q_\alpha(Y_{1i})-Q_\alpha(Y_{0i}) \tag{8.1.20}$$

其中，当 $\alpha=0.5$ 时，$Q_\alpha(Y_{1i})-Q_\alpha(Y_{0i})$ 可以表示为 $\mathrm{Med}(Y_{1i})-\mathrm{Med}(Y_{0i})$。根据期望值的性质，$E(Y_{1i}-Y_{0i})$ 等于 $E(Y_{1i})-E(Y_{0i})$，然而由分位数的性质可知，$Q_\alpha(Y_{1i}-Y_{0i})$ 一般不等于 $Q_\alpha(Y_{1i})-Q_\alpha(Y_{0i})$。

以上介绍了不同类型的因果效应，在同质性因果效应的情形下，不同类型因果效应均相同，其表达式为

$$\tau_i = \tau_{ATE} = \tau_{ATT} = \tau_{ATU} = Q_\alpha(Y_{1i})-Q_\alpha(Y_{0i}) = Q_\alpha(Y_{1i}-Y_{0i}) = \tau \tag{8.1.21}$$

而在异质性因果效应的情形下，不同类型因果效应存在差异，其表达式为

$$\tau_i \neq \tau_{ATE} \neq \tau_{ATT} \neq \tau_{ATU} \neq Q_\alpha(Y_{1i})-Q_\alpha(Y_{0i}) \neq Q_\alpha(Y_{1i}-Y_{0i}) \tag{8.1.22}$$

接下来，表 8.1 通过构造一个假想的例子来对上述因果效应进行演示说明。从表 8.1 中可以看出，我们所关注的是一个含有 10 个个体的总体。其中，前 5 个($i \leqslant 5$)个体参加项目($D_i=1$)，对这 5 个个体而言，只能观测到他们参加项目的结果 $Y_{1i}(Y_i=Y_{1i})$，无法观测到他们未参与项目的结果 Y_{0i}。此外，后 5 个($i>5$)个体未参加项目($D_i=0$)，对这 5 个个体而言，只能观测到他们未参加项目的结果 $Y_{0i}(Y_i=Y_{0i})$，无法观测到他们参与项目的结果 Y_i。

表 8.1　关于因果效应参数一个演示性的例子

i	Y_{1i}	Y_{0i}	D_i	Y_i	$\tau_i = Y_{1i}-Y_{0i}$
1	4	—	1	4	—
2	3	—	1	3	—
3	0	—	1	0	—
4	1	—	1	1	—
5	2	—	1	2	—
6	—	2	0	2	—

续表

i	Y_{1i}	Y_{0i}	D_i	Y_i	$\tau_i = Y_{1i} - Y_{0i}$
7	—	2	0	2	—
8	—	1	0	1	—
9	—	0	0	0	—
10	—	0	0	0	—

注：表中的"—"表示无法观测的结果

为计算项目实施的因果效应，在表 8.1 的基础上，表 8.2 假设对于每一个体都可以同时观测到两种潜在结果 Y_{1i} 与 Y_{0i}。基于表 8.2 所汇报的数据，我们可以计算前述因果效应。先来看平均因果效应 τ_{ATE}，它等于所有个体因果效应的平均值，表达式为

$$\tau_{\text{ATE}} = E(Y_{1i} - Y_{0i}) = \frac{1}{10}\sum_{i=1}^{10}(Y_{1i} - Y_{0i}) = 0.8$$

处理组因果效应 τ_{ATT} 等于处理组所有个体因果效应的平均值，表达式为

$$\tau_{\text{ATT}} = E(Y_{1i} - Y_{0i} \mid D_i = 1) = \frac{1}{5}\sum_{i=1}^{5}(Y_{1i} - Y_{0i}) = 1$$

控制组因果效应 τ_{ATT} 等于控制组所有个体因果效应的平均值，表达式为

$$\tau_{\text{ATU}} = E(Y_{1i} - Y_{0i} \mid D_i = 0) = \frac{1}{5}\sum_{i=6}^{10}(Y_{1i} - Y_{0i}) = 0.6$$

假设我们对因果效应的 90%分位数 $Q_{90\%}(Y_{1i} - Y_{0i})$ 感兴趣，为计算这一因果效应，需要将表 8.2 中最后一列 τ_i 按从小到大的顺序排列，排在第 9 位的数值就是 $Q_{90\%}(Y_{1i} - Y_{0i})$，即

$$Q_{90\%}(Y_{1i} - Y_{0i}) = 2$$

此外，假设我们对 90%分位数因果效应 $Q_{90\%}(Y_{1i}) - Q_{90\%}(Y_{0i})$ 感兴趣，为计算这一因果效应，需要将潜在结果 Y_{1i} 与 Y_{0i} 按从小到大的顺序排列，并找出各自的 90%分位数 $Q_{90\%}(Y_{1i})$ 与 $Q_{90\%}(Y_{0i})$，二者之差就是 $Q_{90\%}(Y_{1i}) - Q_{90\%}(Y_{0i})$，即

$$Q_{90\%}(Y_{1i}) - Q_{90\%}(Y_{0i}) = 3 - 2 = 1$$

表 8.2　关于因果效应参数一个演示性的例子

i	Y_{1i}	Y_{0i}	D_i	Y_i	$\tau_i = Y_{1i} - Y_{0i}$
1	4	1	1	4	3
2	3	1	1	3	2
3	0	0	1	0	0
4	1	3	1	1	-2
5	2	0	1	2	2
6	3	2	0	2	1
7	2	2	0	2	0

续表

i	Y_{1i}	Y_{0i}	D_i	Y_i	$\tau_i = Y_{1i} - Y_{0i}$
8	0	1	0	1	−1
9	1	0	0	0	1
10	2	0	0	0	2

8.1.4　收益偏差与选择偏差

在表 8.2 中，我们假设对于每一个体都可以同时观测到两种潜在结果 Y_{1i} 与 Y_{0i}，从而可以计算出所有我们感兴趣的因果效应。然而，潜在结果 Y_{1i} 与 Y_{0i} 永远无法同时被观测到，这意味着很难估计出个体因果效应 τ_i。[①] 再来看总体平均因果效应 τ_{ATE}。计算 τ_{ATE} 的一个非常直观的做法是，用处理组观测结果的期望值 $E(Y_i \mid D_i = 1)$ 减去控制组观测结果的期望值 $E(Y_i \mid D_i = 0)$。在就业培训对工人工资影响的例子中，就业培训项目对个体收入的平均影响 τ_{ATE} 可以通过参与项目工人的平均工资减去未参与项目工人的平均工资来计算得到。为了考察这一做法的合理性，我们需要比较 $E(Y_i \mid D_i = 1) - E(Y_i \mid D_i = 0)$ 这一观测结果与平均因果效应 τ_{ATE} 是否相等。

$$
\begin{aligned}
&\underbrace{E(Y_i \mid D_i = 1) - E(Y_i \mid D_i = 0)}_{\text{观测结果}} \\
&= E(Y_{0i} + D_i(Y_{1i} - Y_{0i}) \mid D_i = 1) - E(Y_{0i} + D_i(Y_{1i} - Y_{0i}) \mid D_i = 0) \\
&= E(Y_{1i} \mid D_i = 1) - E(Y_{0i} \mid D_i = 0) \\
&= \underbrace{E(Y_{1i} - Y_{0i})}_{\tau_{\text{ATE}}} + \underbrace{E(Y_{1i} - Y_{0i} \mid D_i = 1) - E(Y_{1i} - Y_{0i})}_{\text{收益偏差}} + \underbrace{E(Y_{0i} \mid D_i = 1) - E(Y_{0i} \mid D_i = 0)}_{\text{选择偏差}}
\end{aligned} \tag{8.1.23}
$$

其中，第一个等号利用到了式(8.1.3)，第二个与第三个等号利用了代数上的恒等变换。从式(8.1.23)中可以看出，$(Y_{1i} \mid D_i = 1) - E(Y_{0i} \mid D_i = 0)$ 与 τ_{ATE} 之间存在两个差异：收益偏差和收益偏差。收益偏差是指处理组因果效应与总体平均因果效应的差异，选择偏差是指处理组潜在结果 Y_{0i} 与控制组潜在结果 Y_{0i} 的差异。在现实中，收益偏差与选择偏差是普遍存在的。比如，在就业培训项目对工人工资影响的例子中，就业培训收益大的工人往往倾向于参加就业培训，因而产生了收益偏差；此外，与高工资工人相比，低工资工人更加倾向于参加就业项目，因而产生了选择偏差。

进一步观察式(8.1.23)可以发现，计算收益偏差与选择偏差所面临的难点由项目效应评估基本问题所引起，即对于同一个体 i 而言，我们无法同时观测到参与项目与不参与项目这两种状态下的潜在结果 Y_{1i} 与 Y_{0i}。若能同时观测到 Y_{1i} 与 Y_{0i}，那么则可以计算得出收益偏差与选择偏差的具体数值，进而得到平均因果效应 τ_{ATE}。此外，值得指出的是，无论是收益偏差还是选择偏差，本质上都是内生性问题，这一点可以在接下来潜在结果框架与回归框架的比较中更清晰地看出来。

对于表 8.2 的数据而言，收益偏差为

$$
E(Y_{1i} - Y_{0i} \mid D_i = 1) - E(Y_{1i} - Y_{0i}) = 0.2
$$

---

① 严格来讲，除非能够找到除了是否参与项目之外，其他所有特征都完全相同的个体，否则无法计算出个体因果效应。

选择偏差为

$$E(Y_{0i} \mid D_i = 1) - E(Y_{0i} \mid D_i = 0) = 0$$

若我们对处理组因果效应 τ_{ATT} 而非总体平均因果效应 τ_{ATE} 感兴趣，那么进一步整理式(8.1.23)，可得

$$\underbrace{E(Y_i \mid D_i = 1) - E(Y_i \mid D_i = 0)}_{\text{观测结果}} = \underbrace{E(Y_{1i} - Y_{0i} \mid D_i = 1)}_{\tau_{\text{ATT}}} + \underbrace{E(Y_{0i} \mid D_i = 1) - E(Y_{0i} \mid D_i = 0)}_{\text{选择偏差}} \quad (8.1.24)$$

根据式(8.1.24)可知，当采用 $E(Y_i \mid D_i = 1) - E(Y_i \mid D_i = 0)$ 来估计 τ_{ATT} 时，只存在选择偏差。

8.2 潜在结果框架与回归框架

8.2.1 基于回归表述的潜在结果框架

以上介绍了潜在结果框架，前面的章节介绍了 OLS 回归框架。那么，二者之间存在怎样的内在联系呢？一般而言，基于潜在结果框架所表述的因果识别问题可以采用回归框架的方式表达出来。与潜在结果框架相对应，回归框架又被称为可观测结果框架(observed outcome framework)。令个体 i 不参与项目的潜在结果 Y_{0i} 表示为

$$Y_{0i} = \alpha + \varepsilon_i \quad (8.2.1)$$

其中，参数 α 等于 Y_{0i} 的期望值 $E(Y_{0i})$，对于每一个体都相同；ε_i 等于 $Y_{0i} - E(Y_{0i})$，在个体间存在差异，从而刻画了个体异质特征。根据式(8.1.15)与式(8.2.1)，个体 i 参与项目的潜在结果 Y_{1i} 则可以表示为

$$Y_{1i} = \alpha + \tau_i + \varepsilon_i \quad (8.2.2)$$

其中，与前文类似，τ_i 表示个体(如果)参与项目的因果效应。根据式(8.1.3)、式(8.2.1)与式(8.2.2)，个体 i 的观测结果 Y_i 可以表示为

$$Y_i = \alpha + \tau_i D_i + \varepsilon_i \quad (8.2.3)$$

可知式(8.2.3)是结构方程。其中，Y_i 是被解释变量，D_i 是核心解释变量；ε_i 是结果误差项，表示除了 D_i 之外其他影响 Y_i 的因素；τ_i 是我们所感兴趣的因果效应参数。进一步整理式(8.2.3)，可得

$$Y_i = \alpha + \tau_{\text{ATE}} D_i + [\varepsilon_i + D_i(\tau_i - \tau_{\text{ATE}})] \quad (8.2.4)$$

为了估计式(8.2.4)中的总体平均因果效应 τ_{ATE}，考虑如下方程：

$$Y_i = \alpha + \tau_{\text{OLS}} D_i + \mu_i \quad (8.2.5)$$

其中，μ_i 为回归残差，τ_{OLS} 是 D_i 的 OLS 回归系数，τ_{OLS} 是 τ_{ATE} 的估计量，其表达式为

$$\tau_{\text{OLS}} = \frac{\text{Cov}(Y_i, D_i)}{\text{Var}(D_i)} \quad (8.2.6)$$

回忆 OLS 回归的定义可知，$\mathrm{Cov}(D_i, \mu_i) = 0$，以及 $E(\mu_i) = 0$。

有了式(8.2.4)与式(8.2.6)，我们现在可以讨论潜在结果框架与回归框架之间的关联。基于潜在结果框架所表述的因果识别问题可以采用回归框架的方式表达出来，原因有三个：第一，潜在结果框架中两组(处理组和控制组)观测结果期望值之差，可以通过观测结果 Y_i 对处理变量 D_i 进行回归得到；第二，潜在结果框架中所定义的选择偏差，在回归框架中体现为内生性问题；第三，潜在结果框架中所定义的收益偏差，在回归框架中同样也体现为内生性问题。接下来，我们分别介绍这三点内容。

1. 观测结果期望值之差与 OLS 回归系数

潜在结果框架中两组(处理组和控制组)观测结果期望值之差，可以通过观测结果 Y_i 对处理变量 D_i 进行回归得到，即

$$E(Y_i \mid D_i = 1) - E(Y_i \mid D_i = 0) = \tau_{\mathrm{OLS}} \tag{8.2.7}$$

证明：令 p 表示个体 i 参与项目的概率($D_i = 1$ 的概率为 p)，$1-p$ 表示个体 i 未参与项目的概率($D_i = 1$ 的概率为 $1-p$)，即 D_i 服从参数为 p 的伯努利分布，则有

$$\begin{aligned}
\mathrm{Cov}(D_i, \mu_i) &= E\{[D_i - E(D_i)][\mu_i - E(\mu_i)]\} \\
&= E[(D_i - p)\mu_i] \\
&= E[E(D_i - p)\mu_i \mid D_i] \\
&= p\, E[(D_i - p)\mu_i \mid D_i = 1] + (1-p)E[(D_i - p)\mu_i \mid D_i = 0] \\
&= p\, E[(1-p)\mu_i \mid D_i = 1] + (1-p)E[(0 - p)\mu_i \mid D_i = 0] \\
&= p(1-p)[E(\mu_i \mid D_i = 1) - E(\mu_i \mid D_i = 0)]
\end{aligned} \tag{8.2.8}$$

其中，第一个等号利用协方差的定义；第二个等号利用到 $E(D_i) = p$ 与 $E(\mu_i) = 0$；第三个等号成立是因为迭代期望定律。由于 $\mathrm{Cov}(D_i, \mu_i) = 0$，根据式(8.2.8)可知

$$E(\mu_i \mid D_i = 1) = E(\mu_i \mid D_i = 0) \tag{8.2.9}$$

此外，根据 $E(\mu_i) = 0$ 并结合迭代期望定律可得

$$E(\mu_i) = E[E(\mu_i \mid D_i)] = pE(\mu_i \mid D_i = 1) = 0 \tag{8.2.10}$$

式(8.2.9)与式(8.2.10)意味着

$$E(\mu_i \mid D_i = 1) = E(\mu_i \mid D_i = 0) = 0 \tag{8.2.11}$$

对式(8.2.5)分别取给定 $D_i = 1$ 与 $D_i = 0$ 的条件期望，并结合式(8.2.11)即可很容易得到式(8.2.7)成立。

2. 选择偏差与内生性问题

基于潜在结果框架中所定义的选择偏差，在回归框架中体现为内生性问题，即

$$E(Y_{0i} \mid D_i = 1) - E(Y_{0i} \mid D_i = 0) = \frac{\mathrm{Cov}(D_i, \varepsilon_i)}{\mathrm{Var}(D_i)} \tag{8.2.12}$$

证明：

根据式(8.2.8)可知

$$\text{Cov}(D_i, \varepsilon_i) = p(1-p)[E(\varepsilon_i | D_i = 1) - E(\varepsilon_i | D_i = 0)] \tag{8.2.13}$$

又因为 D_i 服从参数 p 的伯努利分布，所以 $\text{Var}(D_i) = p(1-p)$，结合 $\varepsilon_i = Y_{0i} - E(Y_{0i})$ 及式(8.2.8)，可得式(8.2.12)成立。

3. 收益偏差与内生性问题

基于潜在结果框架中所定义的收益偏差，其在回归框架中也体现为内生性问题，即

$$E(Y_{1i} - Y_{0i} | D_i = 1) - E(Y_{1i} - Y_{0i}) = \frac{\text{Cov}(D_i, D_i(\tau_i - \tau_{\text{ATE}}))}{\text{Var}(D_i)} \tag{8.2.14}$$

式(8.2.14)的证明与式(8.2.12)类似，这里不再给出具体证明。

8.2.2 潜在结果框架与回归(可观测结果)框架比较

需要指出的是，虽然潜在结果框架中的因果效应估计可以通过回归(可观测结果)的方式表达出来，但是与回归(可观测结果)框架相比，潜在结果框架具有较大的优势，这主要体现在基于潜在结果框架能够非常直观和自然地定义因果效应。比如，对于个体 i 而言，项目实施的因果效应 τ_i 等于参与项目与不参与项目这两种状态下潜在结果之差 $Y_{1i} - Y_{0i}$。可见，借助于潜在结果概念来定义因果效应，既不需要对函数形式做出任何假设，也不需要对分配机制与结果误差项之间的具体关系做出任何假设。而根据式(8.2.5)，回归框架实际上假设了可观测结果 Y_i 的具体函数形式，且回归系数 τ_{OLS} 是否具有因果解释依赖于 D_i 与式(8.2.3)中的结果误差项 ε_i 是否相关。

8.3 随机化实验

8.3.1 随机化实验与因果效应

根据前述内容，由于收益偏差与选择偏差的存在，或者内生性问题的存在，在项目效应评估过程中，通常无法直接基于观测结果准确地计算出因果效应参数。本节主要介绍随机化实验如何消除项目效应评估中的收益偏差与选择偏差，从而准确地识别因果效应。随机化实验也通常被称为随机化控制实验(randomized controlled trial, RCT)，它是因果推断的黄金法则(golden rule)。在随机化实验中，研究者或者项目实施者完全随机地选择一部分个体进入处理组，另一部分个体进入控制组。随机选择意味着，个体是否参与项目可以通过诸如抛硬币或者抽签等方式来实现。为了帮助理解，可考虑如下假想的例子：个体从 0 至 100 之间的整数中抽取数字，抽中数字大于 50 的被分配在处理组中($D_i = 1$)，而抽中数字小于 50 的则被分配在控制组中($D_i = 0$)。该例子可以利用图 8.1 直观地表示出来。

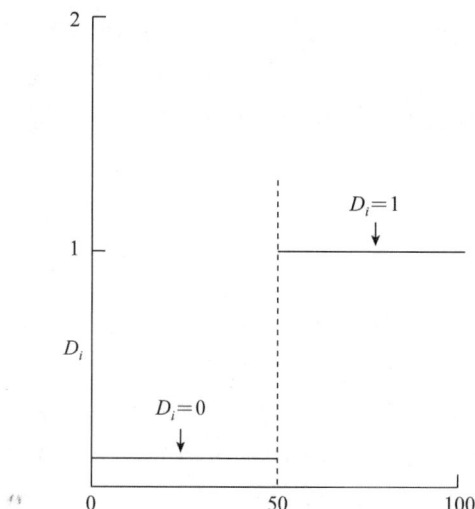

图 8.1　随机化实验示意

　　由于研究者或者项目实施者随机地挑选样本进行处理分组，因此随机化实验中的处理变量 D_i 与潜在结果独立，记作 $(Y_{1i}, Y_{0i}) \perp D_i$，由此可以进一步推导出均值独立，即前文中的式(8.1.7)、式(8.1.8)、式(8.1.9)成立。根据均值独立的数学表达式，可以非常直观地看出，随机化实验中的处理组和控制组在平均意义上等同，这样就可以采用观测结果来表示无法观测的"反事实"结果。正是因为如此，随机化实验可以消除收益偏差与选择偏差。为了更加清晰地看出这一点，整理式(8.1.23)可以得到

$$
\underbrace{E(Y_i \mid D_i = 1) - E(Y_i \mid D_i = 0)}_{\text{观测结果}}
$$
$$
= \underbrace{E(Y_{1i} - Y_{0i})}_{\tau_{\text{ATE}}} + \underbrace{E(Y_{1i} - Y_{0i} \mid D_i = 1) - E(Y_{1i} - Y_{0i})}_{\text{收益偏差}} + \underbrace{E(Y_{0i} \mid D_i = 1) - E(Y_{0i} \mid D_i = 0)}_{\text{选择偏差}} \tag{8.3.1}
$$

结合均值独立式(8.1.7)与式(8.1.9)可以很容易得到

$$
\underbrace{E(Y_i \mid D_i = 1) - E(Y_i \mid D_i = 0)}_{\text{观测结果}} = \underbrace{E(Y_{1i} - Y_{0i} \mid D_i = 1)}_{\tau_{\text{ATT}}}
$$
$$
= \underbrace{E(Y_{1i} - Y_{0i} \mid D_i = 0)}_{\tau_{\text{ATU}}} \tag{8.3.2}
$$
$$
= \underbrace{E(Y_{1i} - Y_{0i})}_{\tau_{\text{ATE}}}
$$

　　根据式(8.3.2)不难发现，在随机化实验中，能够计算出处理组平均因果效应 τ_{ATT}、控制组平均因果效应 τ_{ATU} 及总体因果效应 τ_{ATE}。然而，值得注意的是，随机化实验并不能消除项目效应评估基本问题，也就是说明即便在随机化实验条件下，我们也无法同时观测到同一个个体 i 的两个潜在结果 Y_{1i} 与 Y_{0i}，从而无法计算出个体因果效应 τ_i。

　　在式(8.2.4)中，D_i 的系数 τ_{ATE} 可以解释为控制其他所有影响 Y_i 的因素不变，D_i 变化 1 单位所导致的 Y_i 变化量。从直观上看，这意味着当我们利用回归方程来估计 τ_{ATE} 时，需要控制所有其他影响因素。事实上，考虑到影响因素众多及数据可得性，在回归方程中控制其他所有影响因素就不可能做到。随机化实验的好处在于，不需要在回归方程中控制其他

所有影响因素就可以准确地估计出 τ_{ATE}。这是因为根据前述 8.2 节的分析我们知道，在回归(可观测结果)框架中，收益偏差与选择偏差均体现为内生性问题，随机化实验消除了收益偏差与选择偏差，也就意味着消除了内生性问题。

8.3.2 随机化实验的缺陷

在因果推断的过程中，虽然随机化实验能够消除收益偏差与选择偏差，但是也存在一定的缺陷。

首先，随机化实验的实施往往面临伦理道德问题。比如，在考察大学教育对个人收入影响的过程中，实施随机化实验意味着，一个人能否接受大学教育是根据抛硬币或者抽签等方式"随意"决定的，而不是根据个人能力(高考成绩)来决定的。

其次，随机化实验往往不能做到真正的"随机化"，因为一个个体是否最终参与项目，除了与研究者或者项目实施者的随机选择有关，还受到个人项目参与决策的影响。这就是随机化实验中的非完美随机化问题(imperfect randomization)。再回到大学教育对个人收入影响的例子，那些被选中接受大学教育的人，可能因为接受大学教育的成本高于收益而最终放弃接受大学教育，也可能因为接受大学教育的收益大于成本而最终选择接受大学教育。

最后，即使不存在伦理道德问题与非完美随机化问题，随机化实验依然面临外部有效性问题(external validity)，它是指通过特定随机化实验所得到的因果效应有时并不能推广至其他情形。比如，通过随机化实验所估计得到的中国大学教育对个人收入的影响，往往无法推广至世界上其他国家。

8.4 匹配方法

8.4.1 基于协变量的匹配

项目效应评估所面临的基本问题是，我们只能观测到一种干预状态下的结果，无法同时观测到其他干预状态下的"反事实"结果。通过随机地挑选样本进行处理分组，随机化实验使处理组和控制组在平均意义上等同，进而可以采用平均观测结果来估计平均"反事实"结果。根据前文我们知道，在随机化实验中，处理变量 D_i 与潜在结果 Y_{1i} 与 Y_{0i} 互相独立，即 $(Y_{1i}, Y_{0i}) \perp D_i$，也正是这一性质保证了随机化实验中的处理组和控制组在平均意义上等同。然而，在实际操作的过程中，随机地进行处理分组往往难以实现，从而导致 $(Y_{1i}, Y_{0i}) \perp D_i$ 并不一定成立，也就是说，D_i 与 (Y_{1i}, Y_{0i}) 间存在相关性。D_i 与 (Y_{1i}, Y_{0i}) 的相关性既有可能由于可观测因素引起，也有可能由不可观测因素引起。匹配方法(matching method)考查的是基于可观测因素的情形。该情形下，虽然 D_i 与 (Y_{1i}, Y_{0i}) 相关，但是若给定可观测变量 X_i，那么 D_i 与 (Y_{1i}, Y_{0i}) 则互相独立。换言之，在给定可观测变量 X_i 后，D_i 是随机分配的，即个体是否参与项目(在处理组中还是在控制组中)不再依赖于潜在结果，记为

$$(Y_{1i}, Y_{0i}) \perp D_i \mid X_i \tag{8.4.1}$$

其中，可观测变量 X_i 也被称为协变量(covariate)。式(8.4.1)就是前文分配机制小节所介绍的

条件独立假设(conditional independence assumption，CIA)。条件独立假设意味着，在控制可观测变量 X_i 后，处理组和控制组潜在结果的分布相同。这意味着，在相同 X_i 的样本中，D_i 是完全随机分配的。因此，对于某一给定的 X_i 来说，我们能够通过处理组和控制组观测结果期望值之差来估计因果效应。为了看出这一点，考察如下公式：

$$\underbrace{E(Y_i \mid D_i = 1, X_i) - E(Y_i \mid D_i = 0, X_i)}_{\text{观测结果}}$$

$$= E[Y_{0i} + D_i(Y_{1i} - Y_{0i}) \mid D_i = 1, X_i] - E[Y_{0i} + D_i(Y_{1i} - Y_{0i}) \mid D_i = 0, X_i]$$

$$= E(Y_{1i} \mid D_i = 1, X_i) - E(Y_{0i} \mid D_i = 0, X_i) \tag{8.4.2}$$

$$= \underbrace{E(Y_{1i} - Y_{0i} \mid X_i)}_{\tau_X} + \underbrace{E(Y_{1i} - Y_{0i} \mid D_i = 1, X_i) - E(Y_{1i} - Y_{0i} \mid X_i)}_{\text{收益偏差}}$$

$$+ \underbrace{E(Y_{0i} \mid D_i = 1, X_i) - E(Y_{0i} \mid D_i = 1, X_i)}_{\text{选择偏差}}$$

其中，τ_X 表示给定观测变量 X_i 条件下的平均因果效应。式(8.4.2)中的第一个等号利用了观测结果与潜在结果关系式(8.1.3)；第二个等号是恒等变换；最关键的是最后一个等号成立，该等号成立利用了条件独立假设。这是因为根据条件独立假设能够推导出条件均值独立，即式(8.1.12)、式(8.1.3)、式(8.1.14)成立，而条件均值独立意味着收益偏差和选择偏差等于 0。进一步整理式(8.4.2)，可得

$$\tau_X = E(Y_i \mid D_i = 1, X_i) - E(Y_i \mid D_i = 0, X_i) \tag{8.4.3}$$

式(8.4.3)意味着，在条件独立假设满足的条件下，可以直接通过观测结果来计算因果效应参数。此外，从式(8.4.3)中可以清楚地看出，计算出因果效应参数 τ_X，实质上是根据观测特征 X_i 对处理组与控制组中的个体进行匹配。正是因为如此，在计量经济学中，通过类似于式(8.4.3)的方式来计算因果效应参数的方法称为匹配方法。由于式(8.4.3)中的匹配是基于协变量 X_i 来实施的，因此也被称为基于协变量的匹配。值得注意的是，为保证成功实施匹配，还需要满足一个条件，即

$$0 < \Pr(D_i = 1 \mid X_i) < 1 \tag{8.4.4}$$

式(8.4.4)被称为共同区间假设(common support assumption)。其中，$\Pr(D_i = 1 \mid X_i)$ 表示具有特征为 X_i 的个体参与项目的概率，通常简记为 $p(X_i)$。共同区间假设排除了特征为 X_i 的个体参加项目的概率 $p(X_i)$ 等于 0 或者等于 1 的可能性。$p(X_i)$ 等于 1 则意味着特征为 X_i 的所有个体均在处理组中，从而无法计算 $E(Y_i \mid D_i = 0, X_i)$。$p(X_i)$ 等于 0 则意味着特征为 X_i 的所有个体均在控制组中，从而无法计算 $E(Y_i \mid D_i = 1, X_i)$。

以上介绍了给定观测变量 X_i 条件下的平均因果效应 τ_X，基于此可以很容易得到 τ_{ATE}：

$$\tau_{\text{ATE}} = E(\tau_X) = \sum_X \tau_X \Pr(X_i = x) \tag{8.4.5}$$

及 τ_{ATT}：

$$\tau_{\text{ATT}} = E(\tau_X \mid D_i = 1) = \sum_X \tau_X \Pr(X_i = x \mid D_i = 1) \tag{8.4.6}$$

为帮助理解以上基于协变量的匹配方法，假设我们搜集到一份就业培训项目的数据集(见表 8.3)，该数据集包含了参加就业培训和未　参加就业培训个体的基本信息，包括个体是否

参加就业培训(D_i)、工资收入(Y_i)及受教育年限(X_i)。从表8.3中可以看出数据集中有5000个个体，其中的1000个个体参加了就业培训，从而在处理组中，余下4000个个体在控制组中。

如果我们想知道就业培训对个体工资收入的影响有多大，最直观的方法就是比较表 8.3 中参加就业培训组与未参加就业培训组平均收入的差距：

$$E(Y_i \mid D_i = 1) - E(Y_i \mid D_i = 0) = 6.17 - 7.38 = -1.21 \tag{8.4.7}$$

表8.3　就业培训项目数据集(部分)

参加就业培训组(D_i=1)			未参加就业培训组(D_i=0)		
序号	受教育年限(X_i)	工资收入(万元)(Y_i)	序号	受教育年限(X_i)	工资收入(万元)(Y_i)
1	9	6.21	1	8	5.21
2	11	8.90	2	7	7.43
3	12	7.90	3	10	6.30
4	8	6.09	4	6	4.41
5	6	7.19	5	8	7.39
6	5	8.47	6	11	9.53
7	12	8.12	7	16	9.06
8	5	6.71	8	8	6.31
9	5	6.17	9	11	7.01
10	5	6.02	10	13	6.66
11	5	4.06	11	10	6.81
12	8	6.13	12	14	7.10
13	5	5.36	13	9	5.85
14	12	6.40	14	7	6.71
15	6	5.73	15	9	6.22
16	4	5.38	16	7	7.79
17	12	8.61	17	8	7.29
18	5	6.20	18	17	9.50
19	10	6.68	19	14	7.70
20	6	5.16	20	12	7.42
21	6	4.36	21	8	7.84
22	9	8.69	22	14	7.98
23	9	8.10	23	9	6.98
24	7	5.75	24	15	8.38
25	12	8.84	25	4	5.37
⋮	⋮	⋮	⋮	⋮	⋮
1000	9	7.25	4000	8	6.34

通过简单比较结果可知，未参加就业培训个体的平均工资收入反而比参加就业培训个体的平均工资收入高，这似乎表明就业培训对工资收入有负作用。然而根据前面的分析，我们知道，除非样本是被随机分配到两组间，否则基于式(8.4.7)这样简单的组间比较所得到的结果并不能解释为就业培训对个体工资收入的因果效应。为此，我们进一步地比较两组间受教育年限的分布是否有差异。

此外，假设表 8.3 中的数据满足条件独立假设 $(Y_{1i}, Y_{0i}) \perp D_i \mid X_i$，即一旦给定了受教育年限，则在具有该教育年限的群体中，参加就业培训的机会是随机分配的。这样我们就可以通过前述匹配方法来计算因果效应参数，即通过可观测变量受教育年限 X_i 来对处理组和控制组中的个体进行匹配。

现在假设我们对处理组平均因果效应 τ_{ATT} 感兴趣，那么在对表 8.3 中的数据匹配后可得计算 τ_{ATT} 所需要的数据，并进一步将这些数据汇总在表 8.4 中，根据表 8.4 中的数据则可以计算处理组平均因果效应 τ_{ATT}：

$$\tau_{ATT} = E(\tau_X \mid D_i = 1) = \sum_X \tau_X \Pr(X_i = x \mid D_i = 1) = 0.42 \tag{8.4.8}$$

式(8.4.8)的计算结果意味着，对于参加就业培训项目的个体来说，就业培训项目将使其平均工资收入提高 0.42 万元。不难发现，前文式(8.4.7)是直接基于匹配前的原始数据计算因果效应，而式(8.4.8)则是基于匹配后的数据来计算因果效应。进一步比较式(8.4.7)与式(8.4.8)可以很容易计算得到选择偏差等于-1.63(-1.21-0.42)。这表明，对于参加项目的个体而言，其参加就业培训前的潜在工资收入比未参加项目个体平均低 1.63 万元。

表 8.4　基于匹配后数据的计算结果

X_i	$E(Y_i \mid D_i = 1, X_i)$	$E(Y_i \mid D_i = 0, X_i)$	$\tau(X_i)$	$Pr(X_i = x \mid D_i = 1)$
1	3.57	3.39	0.58	0.10%
2	4.53	4.49	0.04	1.10%
3	5.01	4.92	0.09	3.20%
4	5.27	4.78	0.49	11.00%
5	5.55	5.30	0.25	19.90%
6	6.04	5.58	0.45	24.70%
7	6.45	5.92	0.53	11.00%
8	6.73	6.24	0.49	9.70%
9	7.08	6.49	0.59	9.30%
10	7.28	6.95	0.33	3.70%
11	7.51	7.25	0.26	2.70%
12	8.04	7.50	0.54	3.60%

8.4.2　基于倾向得分的匹配

在以上的分析中，我们根据一维协变量 X_i 将处理组和控制组中的个体匹配在一起，来计算因果效应参数。众所周知，在现实中找到某一特征相同的个体相对比较容易，但是找到多个特征相同的个体则非常困难。对应到基于多维协变量进行的匹配，这意味着某些个体很有可能找不到一个能够与之匹配的样本。比如，当协变量个数为 10、每一协变量具有 5 个取值时，单是协变量就有 $10^5=100\ 000$ 种不同的取值。这表明两个不同个体，10 个协变量取值都相同的可能性非常小，从而大大降低了处理组中个体与控制组中个体成功匹配的可能性。可以看出，随着协变量个体的增加，匹配成功实施的可能性相应地以几何级数的速度降低，这在文献中被称为维度诅咒(dimensionality curse)。

为解决匹配方法中所存在的维度诅咒问题，罗森鲍姆和罗宾(Rosenbaum and Rubin，1983)提出了倾向得分匹配(propensity score matching，PSM)的方法。PSM 方法的基本原理是，将原本基于多维协变量的匹配转变为基于一维倾向得分的匹配，从而使匹配难度大大降低，而匹配质量和效果得到显著提升。倾向得分反映了特征为 X_i 的个体参加项目可能性的大小。其定义式为

$$p(X_i) = \Pr(D_i = 1 | X_i) = E(D_i | X_i) \tag{8.4.9}$$

其中，第二个等式成立利用到了条件期望的定义。有了倾向得分的概念后，下面我们介绍倾向得分定理。

倾向得分定理(Rosenbaum and Rubin，1983)：如果 $(Y_{1i}, Y_{0i}) \perp D_i | X_i$ 成立，那么则有 $(Y_{1i}, Y_{0i}) \perp D_i | p(X_i)$ 成立。

证明：由于 $(Y_{1i}, Y_{0i}) \perp D_i | p(X_i)$ 表示在给定 $p(X_i)$ 的条件下 D_i 与 (Y_{1i}, Y_{0i}) 独立，因此证明 $(Y_{1i}, Y_{0i}) \perp D_i | p(X_i)$ 等价于证明 $\Pr[D_i = 1 | Y_{1i}, Y_{0i}, p(X_i)] = Pr[D_i = 1 | p(X_i)]$ 成立，即

$$
\begin{aligned}
\Pr[D_i = 1 | Y_{1i}, Y_{0i}, p(X_i)] &= E[D_i | Y_{1i}, Y_{0i}, p(X_i)] \\
&= E\{E[D_i | Y_{1i}, Y_{0i}, p(X_i), X_i] | Y_{1i}, Y_{0i}, p(X_i)\} \\
&= E[E(D_i | Y_{1i}, Y_{0i}, X_i) | Y_{1i}, Y_{0i}, p(X_i)] \\
&= E[E(D_i | X_i) | Y_{1i}, Y_{0i}, p(X_i)] \\
&= E(D_i | X_i) = E[D_i | p(X_i)] = \Pr[D_i = 1 | p(X_i)]
\end{aligned}
\tag{8.4.10}
$$

其中，第二行等式利用到了迭代期望定律式的性质：$E[E(Y | X_1, X_2) | X_1] = E(Y | X_1)$，即大的信息集总比小的信息集好。第三行等式利用到了条件期望的如下性质：

$$E[D_i | Y_{1i}, Y_{0i}, p(X_i), X_i] = E(D_i | Y_{1i}, Y_{0i}, X_i) = E[D_i | Y_{1i}, Y_{0i}, p(X_i)] \tag{8.4.11}$$

该性质可以直观地理解为，知道 X_i 相当于知道 $p(X_i)$，因此在给定 X_i 条件下，$p(X_i)$ 是否作为条件不会影响到条件期望的取值，反之亦然。第四行等式成立利用到了条件独立假设，即

$$E(D_i | Y_{1i}, Y_{0i}, X_i) = E(D_i | X_i) \tag{8.4.12}$$

倾向得分定理表明，如果在给定观测变量 X_i 的条件下 D_i 是随机分配的，那么在给定倾向得分 $p(X_i)$ 的条件下，D_i 也是随机分配的。因此，为计算因果效应参数，我们可以基于倾向得分 $p(X_i)$ 进行匹配。给定 $p(X_i)$ 条件下的因果效应参数 $\tau_{p(X_i)}$，则

$$
\begin{aligned}
&\underbrace{E(Y_i | D_i = 1, p(X_i)) - E(Y_i | D_i = 0, p(X_i))}_{\text{观测结果}} \\
&= E[D_i Y_{1i} + (1 - D_i) Y_{0i} | D_i = 1, p(X_i)] - E[D_i Y_{1i} + (1 - D_i) Y_{0i} | D_i = 0, p(X_i)] \\
&= E[Y_{1i} | D_i = 1, p(X_i)] - E[Y_{0i} | D_i = 0, p(X_i)] \\
&= \underbrace{E[Y_{1i} - Y_{0i} | p(X_i)]}_{\tau_{p(X_i)}} + \underbrace{E[Y_{1i} - Y_{0i} | D_i = 1, p(X_i)] - E[Y_{1i} - Y_{0i} | p(X_i)]}_{\text{收益偏差}} \\
&\quad + \underbrace{E[Y_{0i} | D_i = 1, p(X_i)] - E[Y_{0i} | D_i = 0, p(X_i)]}_{\text{选择偏差}} = \tau_{p(X_i)}
\end{aligned}
\tag{8.4.13}
$$

其中，最后一个等式用到了 $(Y_{1i}, Y_{0i}) \perp D_i \mid p(X_i)$。事实上式(8.4.13)只是将式(8.4.2)中的可观测变量 X_i 替换成了相应的倾向得分 $p(X_i)$。类似于式(8.4.13)的这种匹配方法就是倾向得分匹配方法。值得指出的是，对于任意一个体 i 来说，其倾向得分 $p(X_i)$ 在数据中无法被观测到。由于倾向得分 $p(X_i)$ 表示观测特征为 X_i 的个体参与项目的概率，因此根据第 4 章的相关内容，它可以通过 D_i 对 X_i 进行(Probit 模型或 Logit 模型)回归来估计。其中，可观测特征既可以是一维的，也可以是多维度的。在观测特征是多维度的情形下，倾向得分匹配方法就把基于可观测特征的多维匹配问题简化为了基于倾向得分的一维匹配问题。

以上介绍了给定倾向得分 $p(X_i)$ 条件下的平均因果效应 $\tau_{p(X_i)}$，基于此可以很容易得到平均因果效应 τ_{ATE}：

$$\tau_{\mathrm{ATE}} = E(\tau_{p(X_i)}) \tag{8.4.14}$$

根据式(8.4.14)，τ_{ATE} 可以通过两个步骤计算得出：首先，在给定倾向得分的条件下来计算 $\tau_{p(X_i)}$；其次，计算 $\tau_{p(X_i)}$ 的期望值。处理组平均因果效应 τ_{ATT} 为

$$\tau_{\mathrm{ATT}} = E(\tau_{p(X_i)} \mid D_i = 1) \tag{8.4.15}$$

事实上，利用倾向得分，因果效应还可以通过逆概率加权方法(inverse propensity score weighting)来得到。接下来以平均因果效应 τ_{ATT} 为例来对逆概率加权方法进行介绍。由于 $\tau_{\mathrm{ATE}} = E(Y_{1i}) - E(Y_{0i})$，因此先来看 $E(Y_{1i})$。

$$
\begin{aligned}
E(Y_{1i}) &= E[E(Y_{1i} \mid X_i)] \\
&= E[E(Y_i \mid X_i, D_i = 1)] \\
&= E\left[\frac{E(Y_i \mid X_i, D_i = 1) p(X_i)}{p(X_i)}\right] \\
&= E\left[\frac{E(Y_i D_i \mid X_i)}{p(X_i)}\right] \\
&= E\left[E\left(\frac{Y_i D_i}{p(X_i)} \mid X_i\right)\right] = E\left[\frac{Y_i D_i}{p(X_i)}\right]
\end{aligned} \tag{8.4.16}
$$

类似地，$E(Y_{0i})$ 可以表示为

$$E(Y_{0i}) = E\left[\frac{Y_i(1 - D_i)}{1 - p(X_i)}\right] \tag{8.4.17}$$

观察式(8.4.16)与式(8.4.17)可以发现，逆概率加权实际上是利用抽样概率的倒数来对抽样个体进行加权。从直观上理解，这将使得观测样本更加接近于随机化实验样本。结合式(8.4.16)与式(8.4.17)可以得到

$$\tau_{\mathrm{ATE}} = E(Y_{1i}) - E(Y_{0i}) = E\left[\frac{Y_i D_i}{p(X_i)}\right] - E\left[\frac{Y_i(1 - D_i)}{1 - p(X_i)}\right] \tag{8.4.18}$$

从式(8.4.18)中也可以看出，倾向值匹配方法同样需要共同区间假设得到满足。当共同区间假设未得到满足，即 $p(X_i)$ 等于 0 或者 1 时，因果效应在数学中无法表示。以上介绍

了如何通过逆概率加权法来计算平均因果效应 τ_{ATE}，其他因果效应参数(比如，处理组平均因果效应 τ_{ATT} 及控制组平均因果效应 τ_{ATU} 等)均可以采用类似的方法来计算。

到目前为止，基于可观测变量的匹配，我们维持的隐含假设是，只有可观测变量取值或者倾向得分相等的处理组个体和控制组个体，才能够成功匹配。事实上，这在现实中难以做到。即使是基于单个可观测变量或者倾向得分的一维匹配，也很难分别在处理组与控制组中找到倾向得分完全相同的个体。为使匹配能够成功实施，在实践中，往往不需要处理组与控制组中个体的可观测变量取值或者倾向得分严格相等，只需要它们足够"相似"即可。

8.4.3　匹配方法与多元 OLS 回归

从形式上来看，多元 OLS 回归与匹配方法存在非常大的差异，尽管如此，二者实际上都是在控制其他因素不变的条件下来估计我们所感兴趣变量的因果效应。具体而言，多元 OLS 回归是通过在回归方程中添加变量的方式来控制其他影响因素不变；匹配方法则是通过基于协变量或者倾向得分匹配的方式来控制其他影响因素不变。为进一步考察这两种方法的内在联系，我们以就业培训对工资收入的影响为例，对 OLS 回归所得到的因果效应与匹配方法所得的因果效应进行比较。

就业培训对工资收入影响的 OLS 回归方程如下：

$$Y_i = \beta_0 + \beta_1 X_i + \tau_{\text{OLS}} D_i + \mu_i \tag{8.4.19}$$

其中，i 表示个体，Y_i 为被解释变量，表示工资收入；D_i 是取值为 1 和 0 的核心解释变量，$D_i = 1$ 表示参加就业培训，$D_i = 0$ 表示未参加就业培训；X_i 为控制变量(或者协变量)，表示受教育年限，其取值为 1 至 k 之间的正整数，$X_i = j$ 表示个体 i 受教育年限为 j 年；μ_i 为回归误差项。

由于 X_i 表示取值为 1 至 k 之间的正整数，因此，我们可以进一步将式(8.4.19)写成关于 X_i 的饱和回归形式，即

$$Y_i = \gamma_1 d_{1i} + \gamma_2 d_{2i} + \cdots + \gamma_k d_{ki} + \tau_{\text{OLS}} D_i + \mu_i \tag{8.4.20}$$

其中，d_{ji} 为个体 i 受教育年限是否为 $j(j = 1, 2, \cdots, k)$ 年的虚拟变量。具体地，如果个体 i 的受教育年限为 j 年，那么 $d_{ji} = 1$；否则，$d_{ji} = 0$。此外，值得注意的是，为了避免多重共线性问题，式(8.4.20)并未包括常数项。

式(8.4.20)中核心解释变量 D_i 的系数 τ_{OLS} 可以表示为

$$\tau_{\text{OLS}} = \frac{\text{Cov}(\tilde{D}_i, Y_i)}{\text{Var}(\tilde{D}_i)} \tag{8.4.21}$$

其中，$\tilde{D}_i$ 是 D_i 对 $d_{1i}, d_{2i}, \cdots, d_{ki}$ 回归所得到的误差项，即

$$D_i = \lambda_1 d_{1i} + \lambda_2 d_{2i} + \cdots + \lambda_k d_{ki} + \tilde{D}_i \tag{8.4.22}$$

可以发现，在式(8.4.22)中 X_i 每取一个值都有一个回归参数与该值对应，即式(8.4.22)是关于 X_i 的饱和回归。根据饱和回归的性质可得

$$E(D_i \mid X_i) = \lambda_1 d_{1i} + \lambda_2 d_{2i} + \cdots + \lambda_k d_{ki} \tag{8.4.23}$$

$$\tilde{D}_i = D_i - E(D_i \mid X_i) \tag{8.4.24}$$

根据式(8.4.24)可以很容易得到 $E(\tilde{D}_i \mid X_i) = 0$ 及 $E(\tilde{D}_i) = 0$。进一步结合式(8.4.21)与式(8.4.24)可得

$$
\begin{aligned}
\tau_{\text{OLS}} &= \frac{\text{Cov}(\tilde{D}_i, Y_i)}{\text{Var}(\tilde{D}_i)} \\
&= \frac{\text{Cov}[D_i - E(D_i \mid X_i), Y_i]}{\text{Var}(\tilde{D}_i)} \\
&= \frac{\text{Cov}[D_i - E(D_i \mid X_i), E(Y_i \mid D_i, X_i)]}{\text{Var}(\tilde{D}_i)} \\
&= \frac{E\{E[D_i - E(D_i \mid X_i)]E(Y_i \mid D_i, X_i)\}}{E[D_i - E(D_i \mid X_i)]^2}
\end{aligned} \tag{8.4.25}
$$

其中，第二个等号成立利用了式(8.4.24)；第三个等号成立用到的则是 OLS 总体回归的性质，即采用 Y_i 作为被解释变量与采用它的条件期望 $E(Y_i \mid D_i, X_i)$ 作为被解释变量，所得到的回归系数相同。

若用 τ_X 表示在给定受教育年限 X_i 的情况下，就业培训项目对工资收入的平均因果效应，那么在条件独立假设满足的条件下有

$$E(Y_i \mid D_i, X_i) = E(Y_i \mid D_i = 0, X_i) + D_i \tau_X \tag{8.4.26}$$

读者可以分别在 $D_i = 0$ 与 $D_i = 1$ 的条件下验证式(8.4.26)是否成立。利用式(8.4.26)可以将式(8.4.25)中最后一行表达式的分子表示为

$$
\begin{aligned}
&E\{[D_i - E(D_i \mid X_i)]E(Y_i \mid D_i, X_i)\} \\
&= E\{[D_i - E(D_i \mid X_i)]E(Y_i \mid D_i = 0, X_i)\} + E\{[D_i - E(D_i \mid X_i)]D_i \tau_X\} \\
&= E\{[D_i - E(D_i \mid X_i)]D_i \tau_X\} \\
&= E\{[D_i - E(D_i \mid X_i)]^2 \tau_X\}
\end{aligned} \tag{8.4.27}
$$

其中，第一个等号成立利用了式(8.4.26)；第二个等号成立利用了 $E(Y_i \mid D_i = 0, X_i)$ 是 X_i 的函数，以及 $\tilde{D}_i$ 与 X_i 互相独立，即 $E(\tilde{D}_i \mid X_i) = 0$；最后一个等式成立利用了恒等变换。

将式(8.4.27)代入式(8.4.25)可得

$$
\begin{aligned}
\tau_{\text{OLS}} &= \frac{E\{[D_i - E(D_i \mid X_i)]^2 \tau_X\}}{E[D_i - E(D_i \mid X_i)]^2} \\
&= \frac{E\langle E\{[D_i - E(D_i \mid X_i)]^2 \big| X_i\} \tau_X \rangle}{E\langle E\{[D_i - E(D_i \mid X_i)]^2 \big| X_i\} \rangle} \\
&= \sum_x \left\{ \frac{p(x)[1 - p(x)]\Pr(X_i = x)}{\sum_x p(x)[1 - p(x)]\Pr(X_i = x)} \right\} \tau_X
\end{aligned} \tag{8.4.28}
$$

其中，第二个等号成立用到了迭代期望定律；第三个等号成立是因为，对于二值随机变量 D_i，其条件方差可以表示为

$$E\{[D_i - E(D_i \mid X_i)]^2 \mid X_i\} = \Pr(D_i = 1 \mid X_i)[1 - \Pr(D_i = 1 \mid X_i)] = p(X_i)[1 - p(X_i)] \tag{8.4.29}$$

在匹配方法中，处理组平均因果效应可以表示为

$$
\begin{aligned}
\tau_{\text{ATT}} &= E(\tau_X \mid D_i = 1) \\
&= \sum_x \tau_X \Pr(X_i = x \mid D_i = 1) \\
&= \sum_x \tau_X \frac{\Pr(D_i = 1 \mid X_i = x)\Pr(X_i = x)}{\sum_x \Pr(D_i = 1 \mid X_i = x)\Pr(X_i = x)} \\
&= \sum_x \left[\frac{p(x)\Pr(X_i = x)}{\sum_x p(x)\Pr(X_i = x)} \right] \tau_X
\end{aligned}
\tag{8.4.30}
$$

其中，第三个等式成立利用了贝叶斯公式。

可以看出，式(8.4.28)与式(8.4.30)在形式上非常接近。具体而言，回归方法所得到的因果效应 τ_{OLS} 与匹配方法所得到的因果效应 τ_{ATT}，均可视为给定 X_i 因果效应 τ_X 的加权平均数。所不同的是，τ_{OLS} 的权重为 $\dfrac{p(x)[1-p(x)]\Pr(X_i = x)}{\sum_x p(x)[1-p(x)]\Pr(X_i = x)}$，而 τ_{ATT} 的权重为 $\dfrac{p(x)\Pr(X_i = x)}{\sum_x p(x)\Pr(X_i = x)}$。也就是说，回归分析基于条件方差 $p(x)[1-p(x)]$ 进行加权，条件方差取值越大的个体，获得的权重也就越高，当 $p(x) = 0.5$ 时，条件方差取值较高；而匹配方法则基于倾向得分 $p(x)$ 进行加权，倾向得分取值越大的个体，获得的权重也就越高。

最后，值得指出的是，虽然在条件独立假设满足的条件下，OLS 回归与匹配方法都可以通过"控制"协变量(可观测变量)的方式来计算我们所感兴趣变量的因果效应参数，但是，两者"控制"的方式存在差异。OLS 回归本质上是一种参数化方法(parametric method)，它假设了变量之间具体的函数形式，不需要协变量满足共同区间假设。而本章所介绍的匹配方法本质上是一种非参数化方法(nonparametric method)，它未假设变量间的任何函数形式，需要协变量满足共同区间假设。也就是说，在前述就业培训对工资收入影响的例子中，即便样本中不存在受教育年限相同(或相近)的个体，回归分析也可以对他们之间的工资收入进行比较，而匹配方法则需要在处理组和控制组样本中分别找到受教育年限相同(或相近)的个体才能进行比较。

8.5 异质性因果效应下的工具变量

8.5.1 异质性因果效应下的内生性

前面在同质性因果效应假设下，讨论了内生性问题会导致 OLS 回归系数存在选择偏差，此时使用工具变量可以处理内生性问题，消除选择偏差。如果项目参与的因果效应在不同个体间存在差异，也就是异质性因果效应情形下，回归模型中的内生性问题对估计系数又会有何影响？

异质性因果效应是一种更符合现实的情形。能够想象的是，同样的项目对一些个体的影响会很大，而对另一些个体的影响则会很小。与前文类似，将个体 i 的观测值结果表示为

$$
Y_i = \alpha + \tau_i D_i + \varepsilon_i = \alpha + \tau_{\text{ATE}} D_i + [\varepsilon_i + (\tau_i - \tau_{\text{ATE}})D_i] = \alpha + \tau_{\text{ATE}} D_i + v_i
\tag{8.5.1}
$$

其中，$v_i = \varepsilon_i(\tau_i - \tau_{\text{ATE}})D_i$，$\tau_{\text{ATE}}$ 是 D_i 对 Y_i 的总体平均处理效应。回忆前文，OLS 的总体回归系数可以表示为

$$
\begin{aligned}
\tau_{\mathrm{OLS}} &= E(Y_i \mid D_i = 1) - E(Y_i \mid D_i = 0) \\
&= E(Y_{1i} \mid D_i = 1) - E(Y_{0i} \mid D_i = 0) \\
&= E(\alpha + \tau_{\mathrm{ATE}} D_i + v_i \mid D_i = 1) - E(\alpha + \tau_{\mathrm{ATE}} D_i + v_i \mid D_i = 0) \qquad (8.5.2) \\
&= \tau_{\mathrm{ATE}} + E(v_i \mid D_i = 1) - E(v_i \mid D_i = 0) \\
&= \tau_{\mathrm{ATE}} + \underbrace{E(\tau_i - \tau_{\mathrm{ATE}} \mid D_i = 1)}_{\text{收益偏差}} + \underbrace{E(\varepsilon_i \mid D_i = 1) - E(\varepsilon_i \mid D_i = 0)}_{\text{选择偏差}}
\end{aligned}
$$

从式(8.5.2)可以看出，如果研究者对总体平均处理效应 τ_{ATE} 感兴趣，即使 D_i 和 ε_i 不相关，也就是不存在选择偏差 $E(\varepsilon_i \mid D_i = 1) - E(\varepsilon_i \mid D_i = 0)$，只要 $E(\tau_i - \tau_{\mathrm{ATE}} \mid D_i = 1) \neq 0$，OLS 总体回归系数 τ_{OLS} 就不等于平均处理效应 τ_{ATE}，OLS 估计系数 τ_{OLS} 也就不具有因果解释，回归存在内生性。在这里，$E(\tau_i - \tau_{\mathrm{ATE}} \mid D_i = 1) \neq 0$ 意味着处理组的平均处理效应 $E(\tau_i \mid D_i = 1)$ 和总体平均处理效应 τ_{ATE} 存在差异，个体选择是否参与项目的决定 D_i 和他参与项目所获得的额外收益 τ_i 是相关的，这也就是本章所提到的收益偏差。在工具变量的同质性因果效应中，我们知道只要工具变量 Z_i 的外生性 $[\mathrm{Cov}(Z_i, \varepsilon_i) = 0]$ 和相关性 $[\mathrm{Cov}(Z_i, D_i) \neq 0]$ 这两个条件得到满足，那么 D_i 的内生性问题就能得到解决。但同样的工具变量却不能解决异质性因果效应下的内生性问题。这主要是因为，在工具变量相关性条件满足的情况下，Z_i 会影响 D_i，它会促进或者抑制个体参与项目的行为，进而使得工具变量 Z_i 和项目收益 τ_i 产生相关性。

8.5.2 局部平均处理效应

因本斯和安格瑞斯特(Imbens and Angrist，1994)基于潜在结果框架，讨论了异质性因果效应下的工具变量法，提出了局部平均处理效应(local average treatment effect，LATE)这一概念。下面对异质性因果效应下的工具变量法及局部平均处理效应进行介绍。

我们用 Y_i 来表示个体 i 的结果变量，其中，Y_{0i} 表示个体 i 不参与项目($D_i = 0$)时的潜在结果，Y_{1i} 表示个体参与项目($D_i = 1$)时的潜在结果。假设工具变量 Z_i 为取 0 或 1 的虚拟变量，与结果变量 Y_i 类似，对于参与项目的状态变量 D_i，令 D_{0i} 表示 Z_i 取值为 0 的情况下，个体参与项目的潜在状态；相应地，令 D_{1i} 表示 Z_i 取值为 1 时个体参与项目的潜在状态。当工具变量 Z_i 和参与项目的状态变量 D_i 都取二值变量时，基于 D_{0i} 和 D_{1i} 的不同取值组合，我们可以将总体分为 4 类不同的群体，表 8.5 对此进行了梳理。

表 8.5 基于参与项目的不同潜在状态对总体分组

分组	D_{0i}	D_{1i}	D_{0i} 和 D_{1i} 的关系
总是参与者	1	1	$D_{1i} = D_{0i} = 1$
依从者	0	1	$D_{1i} > D_{0i}$
对抗者	1	0	$D_{1i} < D_{0i}$
从不参与者	0	0	$D_{1i} = D_{0i} = 0$

表 8.5 将整个群体划分为 4 类，对于 $D_{1i} = D_{0i} = 1$ 这一类群体，无论工具变量 Z_i 取什么值，他们都会参与项目，我们将这部分群体称为总是参与者(always takers)。而 $D_{1i} = D_{0i} = 0$ 这部分群体恰好与之前的群体相反，他们从不参与项目，工具变量 Z_i 同样不会影响到他们的决策行为，这部分群体被称为从不参与者(never takers)。对于第三类群体 $D_{1i} > D_{0i}$，当工

具变量 Z_i 取值为 1 时，他们会参与项目($D_i = 1$)；当 Z_i 取值为 0 时，他们不会参与项目($D_i = 0$)。这类个体我们称为依从者(compliers)。对于第四类群体 $D_{1i} < D_{0i}$ ，它与第三类群体恰好相反，当工具变量 Z_i 取值为 1 时，他们不参与项目($D_i = 0$)；当 Z_i 取值为 0 时，他们参与项目($D_i = 1$)，这部分群体称为对抗者(defiers)。这 4 类群体各不相同，即使面对相同的工具变量取值，他们最终的受处理状态也会存在差异，这充分体现了个体特征的异质性。

在异质性因果效应下，为了使工具变量变得有效，我们需要做如下几个关键假设。

假设 1：独立性

$$(Y_{0i}, Y_{1i}, D_{0i}, D_{1i}) \perp Z_i \tag{8.5.3}$$

在该假设下，工具变量 Z_i 是随机的或者就像随机生成的一样，它与潜在结果 (Y_{1i}, Y_{0i}) 及潜在参与项目的状态 (D_{1i}, D_{0i}) 都不相关。这意味着工具变量 Z_i 和参与项目的状态变量 D_i 的决定方程 $D_i = \gamma_i + \gamma_i Z_i + \nu_i$ 中无法观测的误差项 ν_i 是不相关的，和结果方程 $Y_i = \alpha + \tau_i D_i + \varepsilon_i$ 中的 τ_i 及 ε_i 也不相关。这里的独立性假设可以与同质性因果效应、工具变量外生性的条件相对应。在同质性因果效应下，外生性只是指出了工具变量和误差项不相关，但在实际中并没有办法检测或者并不了解它们是如何不相关的。而这里所提出的独立性假设其实包含了两方面的内容：一方面，因为工具变量 Z_i 是外生的，它相当于一个随机试验，利用它能够一致性地估计出 Z_i 对结果变量 Y_i 和是否参与项目的状态变量 D_i 的影响。另一方面，在给定是否参与项目的状态变量 D_i 的情况下， Z_i 不直接影响潜在结果 (Y_{1i}, Y_{0i}) ，或者说 Z_i 只通过 D_i 这唯一的一条路径影响潜在结果 (Y_{1i}, Y_{0i}) 。关于这一点也可以表述成 $Y_i = Y(D_i, Z_i) = Y(D_i)$ 或者 $Y(D_i, 0) = Y(D_i, 1)$ ，其中， $D_i = 0$ 或 1。

假设 2：在第一阶段，有

$$\Pr(D_i = 1 | Z_i = 1) \neq \Pr(D_i = 1 | Z_i = 0) \tag{8.5.4}$$

此时，在工具变量法下，估计系数 τ 计算公式的分子是 $(E(Y_i|Z_i = 1) - E(Y_i|Z_i = 0))$ ，分母是 $(E(D_i|Z_i = 1) - E(D_i|Z_i = 0))$ ，因 Z_i 和 D_i 的相关性，保证了分母不为 0，这样估计系数 τ 才有意义。

假设 3：单调性

$$D_{1i} \geqslant D_{0i} \text{ 或者 } D_{1i} \leqslant D_{0i} \tag{8.5.5}$$

在单调性的假设下，我们允许工具变量 Z_i 对于个体是否参与项目的状态变量 D_i 不存在影响，即 $D_{1i} = D_{0i}$ 。一旦工具变量 Z_i 对是否参与项目的状态变量 D_i 产生了影响，那么对于所有受影响的个体，这种影响方向是一致的，即 $D_{1i} > D_{0i}$ 或者 $D_{1i} < D_{0i}$ 。也就是说，单调性假设使得每个个体都服从 $D_{1i} \geqslant D_{0i}$ 或者 $D_{1i} \leqslant D_{0i}$ 。在单调性给定的情况下(这里我们假设 $D_{1i} \geqslant D_{0i}$ ，下文所指的单调性均假设为正向单调性，与反向单调性的推导类似)，在下面推导工具变量估计量的过程中，我们会清楚地看到这个条件的重要性。

在异质性因果效应情形下，如果工具变量满足上述三个有效性假设，那么工具变量是虚拟变量时，工具变量估计量就是瓦尔德估计量，即

$$\tau = \frac{\text{Cov}(Y_i, Z_i)}{\text{Cov}(D_i, Z_i)} = \frac{E(Y_i | Z_i = 1) - E(Y_i | Z_i = 0)}{E(D_i | Z_i = 1) - E(D_i | Z_i = 0)} \tag{8.5.6}$$

基于独立性假设式(8.5.3)与第一阶段存在性假设式(8.5.4)，瓦尔德估计量式(8.5.6)能够进一步地展开。该估计量的分子可以展开为

$$
\begin{aligned}
&E(Y_i \mid Z_i = 1) - E(Y_i \mid Z_i = 0) \\
&= E[Y_{1i}D_i + Y_{0i}(1 - D_i) \mid Z_i = 1] - E[Y_{1i}D_i + Y_{0i}(1 - D_i) \mid Z_i = 0] \\
&= E[Y_{1i}D_{1i} + Y_{0i}(1 - D_{1i})] - E[Y_{1i}D_{0i} + Y_{0i}(1 - D_{0i}) \\
&= E[(Y_{1i} - Y_{0i})(D_{1i} - D_{0i})] \\
&= E[(Y_{1i} - Y_{0i}) \mid D_{1i} - D_{0i} = 1] \cdot \Pr(D_{1i} - D_{0i} = 1) \\
&\quad - E[(Y_{1i} - Y_{0i}) \mid D_{1i} - D_{0i} = -1] \cdot \Pr(D_{1i} - D_{0i} = -1)
\end{aligned}
\tag{8.5.7}
$$

式(8.5.7)第一个等号用到了潜在结果框架下 $Y_i = Y_{1i}D_i + Y_{0i}(1 - D_i)$ 这一恒等式；第二个等号用到了独立性假设(8.5.3)与潜在状态 D_{1i} 和 D_{0i} 的定义；第四个等号根据迭代期望定律得出。

类似地，瓦尔德估计量的分母可以展开为

$$
\begin{aligned}
E(D_i \mid Z_i = 1) - E(D_i \mid Z_i = 0) &= E(D_{1i} \mid Z_i = 1) - E(D_{0i} \mid Z_i = 0) \\
&= E(D_{1i} - D_{0i}) \\
&= \Pr(D_{1i} - D_{0i} = 1) - \Pr(D_{1i} - D_{0i} = -1)
\end{aligned}
\tag{8.5.8}
$$

式(8.5.8)第一个等号利用了潜在状态 D_{1i} 和 D_{0i} 的定义，第二个等号利用了独立性假设式(8.5.3)。式(8.5.8)等价于

$$
E(D_i \mid Z_i = 1) - E(D_i \mid Z_i = 0) = \Pr(D_i = 1 \mid Z_i = 1) - \Pr(D_i = 1 \mid Z_i = 0)
\tag{8.5.9}
$$

因此，如果第一阶段存在性假设式(8.5.4)得到满足，那么式(8.5.8)和式(8.5.9)都不等于 0。

将式(8.5.7)和式(8.5.8)代入式(8.5.6)，有

$$
\begin{aligned}
\tau_{\text{IV}} &= \frac{E(Y_i \mid Z_i = 1) - E(Y_i \mid Z_i = 0)}{E(D_i \mid Z_i = 1) - E(D_i \mid Z_i = 0)} = \frac{E[(Y_{1i} - Y_{0i})(D_{1i} - D_{0i})]}{E(D_{1i} - D_{0i})} \\
&= \frac{E[(Y_{1i} - Y_{0i}) \mid D_{1i} - D_{0i} = 1] \cdot \Pr(D_{1i} - D_{0i} = 1) - E[(Y_{1i} - Y_{0i}) \mid D_{1i} - D_{0i} = -1] \cdot \Pr(D_{1i} - D_{0i} = -1)}{\Pr(D_{1i} - D_{0i} = 1) - \Pr(D_{1i} - D_{0i} = -1)}
\end{aligned}
$$

$$
\tag{8.5.10}
$$

从式(8.5.10)可以看到，瓦尔德估计量的形式变得异常繁杂。即使项目所产生的效应对所有人都是正向的 $(Y_{1i} - Y_{0i} > 0)$，也会因为对抗者的存在，最终的项目效果被削弱汇总抵消，甚至出现相反的结果。特别地，当

$$
\Pr(D_{1i} - D_{0i} = 1) = \frac{E[(Y_{1i} - Y_{0i}) \mid D_{1i} - D_{0i} = -1] \cdot \Pr(D_{1i} - D_{0i} = -1)}{E[(Y_{1i} - Y_{0i}) \mid D_{1i} - D_{0i} = 1]}
\tag{8.5.11}
$$

此时，工具变量法所估计的系数表达式式(8.5.10)的分子为 0，即 $E(Y_i \mid Z_i = 1) - E(Y_i \mid Z_i = 0) = 0$，从而得出项目效应不存在的结论。在这种情况下，工具变量法并不能够一致地估计出平均处理效应。为此，第三个假设单调性 $(D_{1i} \geqslant D_{0i})$ 非常重要，此时第四类群体对抗者 $(D_{1i} < D_{0i})$ 不存在，即

$$
\Pr(D_{1i} - D_{0i} = -1) = 0
\tag{8.5.12}
$$

那么，式(8.5.10)的分子可以简化为

$$E(Y_i \mid Z_i = 1) - E(Y_i \mid Z_i = 0) = E[(Y_{1i} - Y_{0i}) \mid D_{1i} - D_{0i} = 1] \cdot \Pr(D_{1i} - D_{0i} = 1) \qquad (8.5.13)$$

相应地，分母可以简化为

$$E(D_i \mid Z_i = 1) - E(D_i \mid Z_i = 0) = \Pr(D_{1i} - D_{0i} = 1) \qquad (8.5.14)$$

最终，工具变量估计式(8.5.10)可以表述为

$$
\begin{aligned}
I_{\text{IV}} &= \frac{E(Y_i \mid Z_i = 1) - E(Y_i \mid Z_i = 0)}{E(D_i \mid Z_i = 1) - E(D_i \mid Z_i = 0)} \\
&= \frac{E[(Y_{1i} - Y_{0i}) \mid D_{1i} - D_{0i} = 1] \cdot \Pr(D_{1i} - D_{0i} = 1)}{\Pr(D_{1i} - D_{0i} = 1)} \\
&= E[(Y_{1i} - Y_{0i}) \mid D_{1i} > D_{0i}]
\end{aligned}
\qquad (8.5.15)
$$

式(8.5.15)表明，在给定独立性、第一阶段存在及单调性这三个假设下，瓦尔德估计量就可以解释为工具变量 Z_i 的依从者($D_{1i} > D_{0i}$)这部分群体的平均处理效应。由于估计出来的平均处理效应只适用于依从者这部分群体，所以我们通常称这一效应为局部平均处理效应。

当如下三个假设都得到满足时，能够得出 LATE 估计系数 τ_{LATE}。

(1) 独立性：$(Y_{0i}, Y_{1i}, D_{0i}, D_{1i}) \perp Z_i$。

(2) 第一阶段存在：$\Pr(D_i = 1 \mid Z_i = 1) \neq \Pr(D_i = 1 \mid Z_i = 0)$。

(3) 单调性：$D_{1i} \geqslant D_{0i}$ 或者 $D_{1i} \leqslant D_{0i}$。

LATE 估计系数 τ_{LATE} 为

$$\tau_{\text{LATE}} = E[(Y_{1i} - Y_{0i}) \mid D_{1i} > D_{0i}] = \frac{E(Y_i \mid Z_i = 1) - E(Y_i \mid Z_i = 0)}{E(D_i \mid Z_i = 1) - E(D_i \mid Z_i = 0)} \qquad (8.5.16)$$

式(8.5.16)最右边是工具变量 Z_i 取二值情况下的瓦尔德估计量，中间式子中条件 $D_{1i} > D_{0i}$，等价于条件 $D_{1i} = 1$ 且 $D_{1i} = 0$，即表示依从者这部分群体。因此，LATE 定理说明的是，如果：①工具变量 Z_i 能够像随机分配的那样，通过唯一的途径 D_i 来影响潜在结果 (Y_{1i}, Y_{0i})；②第一阶段存在，工具变量 Z_i 和是否参与项目的状态变量 D_i 存在相关性；③工具变量 Z_i 对个体的影响方向是一致的，那么工具变量就能够估计出受其影响的群体的平均处理效应。换句话说，LATE 估计的是当工具变量 Z_i 的取值从 0 变为 1 时，那些受此变化影响而参与项目的个体的平均处理效应，即它估计的是工具变量 Z_i 对于依从者这部分人的影响效果。而对于总是参与者和从不参与者这两部分不受工具变量影响的群体，它们的平均处理效应没有办法采用工具变量进行估计。LATE 本质上不同于平均处理效应(ATE)或者处理组平均处理效应(ATT)，后面我们会对它们之间的关系进行详细的介绍。此外，需要指出的是，在异质性因果效应下，LATE 估计系数 τ_{LATE} 的结果取决于工具变量 Z_i 的选取，不同的工具变量 Z_i 对应着不同的依从者群体，而不同的依从者的 LATE 是不一样的，所以不同的工具变量 Z_i 识别出来的因果效应参数存在差异。

对于平均处理效应(ATE)和处理组平均处理效应(ATT)，我们可以明确区分样本中的处理组和控制组。但对于局部平均处理效应(LATE)，无法从样本中识别出依从者。这是因为我们无法在数据中同时观察到 D_{1i} 和 D_{0i}，进而无法识别出 $D_{1i} - D_{0i} = 1$ 的个体，即依从者。所以依

从者是无法在数据中被识别出来的。图 8.2 对依从者、总是参与者、从不参与者这三类群体在不同的工具变量 Z_i 及参与项目状态变量 D_i 下的分布进行了说明。在图 8.2 中，上方的横线表示工具变量 Z_i 取值为 1 时所对应的群体，下方为 Z_i 取值为 0 时所对应的群体。细直线表示未参与处理 $(D_i = 0)$ 的群体，粗直线代表参与处理 $(D_i = 1)$ 的群体。不同的工具变量 Z_i 和是否参与项目的状态变量 D_i 的组合所包含的群体构成是不一样的，具体可以分为如下 4 类。

(1) $Z_i = 1, D_i = 1$，用右上角的粗线表示，它包含依从者和总是参与者这两部分群体。

(2) $Z_i = 0, D_i = 1$，用右下角的粗线表示，它只包含总是参与者这部分群体。

(3) $Z_i = 1, D_i = 0$，用左上角的细线表示，它只包含从不参与者这部分群体。

(4) $Z_i = 0, D_i = 0$，用左下角的细线表示，它包含从不参与者和依从者这两部分群体。

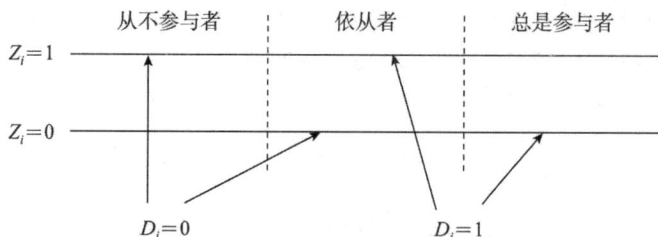

图 8.2 不同工具变量 Z_i 及是否参与项目的状态变量 D_i 下三类群体的分布

因此，在 LATE 所识别的依从者群体 $(D_{1i} - D_{2i} = 1)$ 中，有一部分在 $Z_i = 0, D_i = 0$ 的集合中，另一部分在 $Z_i = 1, D_i = 1$ 的集合中，只知道 Z_i 和 D_i 的信息并不能在数据中定位出依从者这部分群体。此外，应该注意到依从者 $(D_{1i} - D_{2i} = 1)$ 和最终观察到的项目参与者 $(D_i = 1)$ 是两个截然不同的群体，不应混淆。这一点可以从图 8.2 中看出，依从者中有一部分在处理组，还有一部分在控制组，具体处于哪一组，依 Z_i 的取值而定。而项目参与者的构成中有一部分是依从者，另一部分是总体参与者。

8.5.3 LATE 和 ATT 及 ATU 的关系

一般而言，在异质性处理效应情况下，局部平均处理效应(LATE)、处理组平均处理效应(ATT)及控制组平均处理效应(ATU)之间不完全相同。这是因为，处理组或控制组中除包含依从者群体外，还包含其他群体(见图 8.2)。本节将对他们之间的关系进行详细剖析，可以发现处理组或控制组的平均处理效应是依从者平均处理效应(LATE)和其他群体的平均处理效应的加权平均。

对于处理组 $(D_i = 1)$ 平均处理效应，从图 8.2 中可以看出处理组包括依从者和总是参与者这两类群体，因此可以将 $E[Y_{1i} - Y_{0i} | D_i = 1]$ 展开：

$$\underbrace{E(Y_{1i} - Y_{0i}|D_i = 1)}_{\text{处理组平均处理效应}} = \underbrace{E(Y_{1i} - Y_{0i}|D_{0i} = 1)}_{\text{总是参与者平均处理效应}} \cdot \Pr(D_{0i} = 1 | D_i = 1)$$
$$+ \underbrace{E(Y_{1i} - Y_{0i}|D_{1i} > D_{0i})}_{\text{依从者平均处理效应}} \cdot \Pr(D_{1i} > D_{0i}, Z_i = 1 | D_i = 1) \tag{8.5.17}$$

从式(8.5.17)可以看出处理组平均处理效应是总是参与者的平均处理效应和依从者平均处理效应的加权平均，权重分别是 $\Pr(D_{0i} = 1 | D_i = 1)$ 和 $\Pr(D_{1i} > D_{0i}, Z_i = 1 | D_i = 1)$。工具变量所识别出的是依从者的平均处理效应(LATE)。当处理组 $(D_i = 1)$ 中依从者的比重很高 $[\Pr(D_{1i} > D_{0i}, Z_i = 1 | D_i = 1)$ 接近于 1]，总是参与者的比重$[\Pr(D_{0i} = 1 | D_i = 1)]$很低(接近于 0)

时，局部平均处理效应(LATE)就近似于处理组的平均处理效应(ATT)。

与处理组平均处理效应(ATT)相似，控制组 $(D_i = 0)$ 的平均处理效应(ATU)也包括两部分群体：依从者和从不参与者，将 $E(Y_{1i} - Y_{0i}|D_i = 0)$ 进行展开，有

$$\underbrace{E(Y_{1i} - Y_{0i}|D_i = 0)}_{\text{控制组平均处理效应}} = \underbrace{E(Y_{1i} - Y_{0i}|D_{1i} = 0)}_{\text{从不参与者平均处理效应}} \cdot \Pr(D_{1i} = 0 \,|\, D_i = 0)$$
$$+ \underbrace{E(Y_{1i} - Y_{0i}|D_{1i} > D_{0i})}_{\text{依从者平均处理效应}} \cdot \Pr(D_{1i} > D_{0i}, Z_i = 0 \,|\, D_i = 0) \quad (8.5.18)$$

类似地，控制组平均处理效应是从不参与者平均处理效应和依从者平均处理效应的加权平均。当控制组 $(D_i = 0)$ 中依从者的比重很高[$\Pr(D_{1i} > D_{0i}, Z_i = 0 \,|\, D_i = 0)$ 很大]，而从不参与者的比重[$\Pr(D_{1i} = 0 \,|\, D_i = 0)$]很低时，局部平均处理效应(LATE)就近似于控制组平均处理效应(ATU)。

因此，如式(8.5.17)和式(8.5.18)所示，处理组平均处理效应(ATT)和控制组平均处理效应(ATU)既包括依从者平均处理效应，也包括其他群体的平均处理效应。由于假设不同群体的处理效应是异质的，工具变量方法所估计出来的局部平均处理效应(LATE)一般和处理组平均处理效应或控制组平均处理效应不相等。不过，在一些特殊情况下，例如总体中的所有个体都处于单边非依从状态(one-side non-compliance)，即从不参与者和总是参与者中只要有一类人不存在时，工具变量方法所估计出来的局部平均处理效应就是处理组平均处理效应或控制组平均处理效应。

我们通过一个例子对单边非依从状态进行说明。安格瑞斯特和因本斯(Angrist and Evans，1998)在研究家庭子女数量如何对女性劳动力供给产生影响时，面临家庭子女数量和女性劳动供给之间存在互为因果的内生性问题。其具体表现为，家庭子女的数量会受到女性职场劳动状况影响，而家庭子女数量显然会影响女性劳动的供给。互为因果导致 OLS 估计得到的家庭子女数量与女性劳动供给之间的关系存在偏差。为了解决这种内生性，安格瑞斯特和因本斯考虑一种特殊的情形，使用第二胎是否为双胞胎作为家庭子女数量的工具变量。具体而言，他们考虑已经有一个孩子(记为第一胎)并且打算再生一胎孩子(即第二胎)的家庭中，第二胎是双胞胎(应而家庭子女数量为三个)相比第二胎不是双胞胎(应而家庭子女数量为两个)时女性收入是否会受到显著影响，也就是他们使用第二胎是否为双胞胎作为家庭是否拥有三个子女的工具变量。在这个例子中，单边非依从状态是指，在第二胎是双胞胎的情况下 $(Z_i = 1)$，家庭所拥有的子女数量一定是三个 $(D_{1i} = 1)$，不存在第二胎是双胞胎而家庭子女数量不是三个的情形，因此 $\Pr(D_{1i} = 0) = 0$，样本中不存在从不参与者。由图 8.2 可以看出控制组 $(D_i = 0)$ 中包含从不参与者和依从者这两部分群体，在使用双胞胎作为工具变量的情况下，从不参与者这部分人的比例为 0，此时控制组中只剩下依从者。对式(8.5.18)进行简化，得到

$$E(Y_{1i} - Y_{0i}|D_i = 0) = E(Y_{1i} - Y_{0i}|D_{1i} > D_{0i}) \quad (8.5.19)$$

此时局部平均处理效应(LATE)等同于控制组的平均处理效应(ATU)，工具变量估计系数就是控制组平均处理效应。

本章小结

1. 在经济学研究领域，政策评估(policy evaluation)也被称为项目评估(program evaluation)或影响评估(impact evaluation)，即通过计量分析研究政策的实施效果及其运行机制。

2. 对于一项实验或政策的实施，对应于每个干预状态，就有一个(潜在)结果。在干预状态实现之前，有几个干预状态就有几个潜在结果，而干预状态实现之后，只有一个潜在结果是可以观测的。无法观测到的潜在结果，通常称为反事实结果(counterfactual outcome)。因果推断的核心内容，实际上是想办法将未观测到的潜在结果(即反事实结果)估计出来。

3. 为了能够基于观察项数据进行因果推断，研究因果关系框架主要有两种，分别是潜在结果框架(potential outcome framework)和结构因果模型(structural causal model)。前者也被称为鲁宾因果模型(Rubin causal model)，潜在结果框架的主要目标是估计不同干预下的潜在结果，包括反事实结果，以估计实际的干预效果 $E(Y_1-Y_0)$。后者是通过构建因果图与结构方程来探究因果关系。

4. 匹配(matching)是一种非参数因果推断方法，主要是为了解决当实验组和控制组由于某种原因(confounder)不可比的时候，可以按照某一个协变量的相同或相似程度，将实验组和控制组中的个体进行匹配，从而消除协变量对实验结果的影响，估计实验的因果效应。通过给实验组的每一个用户匹配和他在某些特征上最相似(精确匹配或近似匹配)，或者接受干预概率(propensity score)最相似(PSM 倾向得分匹配)的控制组用户，重新制造可比的实验组和控制组。匹配是一种非参数因果推断方法，不受制于一般的线性参数模型假设。

5. 在异质性因果效应框架下，不能简单地将工具变量估计解释为总体的平均因果效应，工具变量只能估计受工具变量影响的这一部分群体的平均因果效应。工具变量不同，工具变量的依从者通常也会不同，因而不同的工具变量将会识别不同的因果效应参数，得到不同的估计结果。工具变量只能识别对其有反应的人群的平均因果效应。如果有多个工具变量，两阶段最小二乘法估计量将是各个工具变量估计的局部平均因果效应的加权平均值，很难有一定的经济意义。在异质性框架下，最好利用单一的工具来估计特定人群的平均因果效应。在异质性假设下，工具变量只能识别出受工具变量影响的部分群体的平均因果效应。在解释的时候一定要小心，不能简单地将工具变量估计量解释为总体的因果效应或干预组平均因果效应。

第9章

断点回归设计概述

本章重点介绍计量经济学中处理内生性问题的另一重要方法新点设计(regression discontinuity design，RDD)。断点回归设计最早是由 Thistlethwaite and Campbell(1960)在分析奖学金对学生未来学业表现影响的过程中提出。在该例中，学生是否获得奖学金是根据其历史成绩来决定的：当学生历史成绩超过特定的门限值(断点)时，才能够获得奖学金；反之，则无法获得奖学金。断点回归设计识别奖学金因果效应的基本思想是：除了是否获得奖学金之外，那些成绩位于门限值(断点)左右两侧附近学生的特征基本类似，因此是否获得了奖学金就是导致他们未来学业表现出现差异的唯一原因。事实上，在上述断点回归设计中，位于门限值附近两侧学生的特征基本相同，这类似于在门限值(断点)附近处实施了关于学生能否获得奖学金的随机化实验，可算作是断点回归设计之所以能够识别因果效应的内在机理。

9.1 断点回归设计的基本设定

为便于接下来的分析，在正式介绍点回归设计主要内容——因果效应估计之前，首先通过 Thistlethwaite 和 Campbell(1960)关于奖学金影响的例子，来了解断点回归设计的基本设定。在该例子中，Thistlethwaite 和 Campbell 所感兴趣的问题为，学生获得奖学金对其未来学业表现的影响。其中，未来学业表现是结果变量(outcome variable)或被解释变量，采用 Y 来表示；是否获得奖学金是处理变量(treatment variable)或核心解释变量，采用二值虚拟变量 D 来表示，$D=1$ 代表获得奖学金，从而对应处理组，$D=0$ 则代表未获得奖学金，从而对应控制组；学生是否获得奖学金依据学生历史成绩决定，在断点回归设计中，学生历史成绩称为参考变量(running variable)，一般采用 X 来表示；若假设成绩大于某一常数 c 的学生获得奖学金，而成绩低于 c 的学生则无法获得奖学金，那么 c 则被称为门限值(threshold value)或断点(discontinuity point)。此外，结果变量 Y 在门限值或断点 c 处的变化称为跳跃(jump)，一般采用 τ 来表示。

综上，处理变量 D、参考变量 X 及门限值 c 的关系可以正式地表示为

$$D_i = \begin{cases} 1, & 若 X_i \geqslant c \\ 0, & 若 X_i < c \end{cases} \tag{9.1.1}$$

其中，i 表示个体。事实上，式(9.1.1)所描述的就是断点回归设计的分配机制，也就是在断点

回归设计中处理变量如何被确定的问题。可以看出，式(9.1.1)与章节前面提及过的刻画的一般分配机制最大的不同是：在式(9.1.1)中，处理变量 D_i 完全由可观测变量 X_i 来决定。

此外，式(9.1.1)还可以利用示性函数等价地表示为

$$D_i = 1[X_i \geqslant c] \tag{9.1.2}$$

为帮助理解上述断点回归设计的基本设定及其所涉及的重要术语，我们进一步将它们绘制并展示在图 9.1 之中。值得指出的是，虽然在图 9.1 中纵轴是结果变量 Y，横轴是参考变量 X，但是我们真正感兴趣的并不是结果变量 Y 与参考变量 X 的关系，而是结果变量 Y 与处理变量 D 的关系。具体到 Thistlethwaite 和 Campbell(1960)所给出的例子，我们关心的并不是学生历史成绩对其未来学业表现的影响，而是学生是否获得奖学金对其未来学业表现的影响。从图 9.1 中可以看出，结果变量 Y 在断点值 c 处出现了明显跳跃。直观上，这也是断点回归设计之所以被称为断点回归设计的原因。

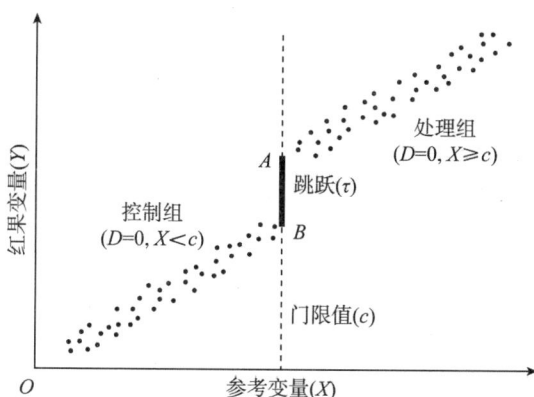

图 9.1　断点回归设计的基本设定与术语

9.2　断点回归设计的参数化估计

介绍了断点回归设计模型的基本设定后，现在我们来考虑断点回归设计的核心内容——因果效应估计问题。本节介绍的是断点回归设计估计因果效应的参数化方法(parameterized method)。通俗来讲，参数化方法就是通过设定回归方程，将因果效应作为回归参数来估计的方法。这里我们同样以 Thistlethwaite 和 Campbell(1960)关于奖学金影响的例子来对此进行介绍。具体而言，考虑如下结构模型：

$$Y_i = \alpha_0 + \tau D_i + \varepsilon_i \tag{9.2.1}$$

其中，Y_i 表示学生 i 未来学业表现；D_i 表示学生 i 是否获得奖学金；τ 是我们所感兴趣的因果效应参数，它具体表示获得奖学金对学生未来学业表现的影响；ε_i 是结构误差项，表示除了 D_i 之外，所有影响 Y_i 的因素。可以发现，式(9.2.1)非常有可能存在较为严重的内生性问题，即 $\mathrm{Cov}(D_i, \varepsilon_i) \neq 0$。比如，误差项中所包含的学生自身能力水平是影响其能否获得奖学金的重要因素，从而导致 ε_i 与 D_i 相关。

根据前面章节的分析，在存在内生性问题的情形下，采用学生未来学业表现 Y_i 对是否获得奖学金变量 D_i 进行回归所得到的估计系数将不再具有因果解释，也就是说，无法准确

得到因果效应参数 τ。然而，断点回归设计提供了一种非常好的处理内生性问题的方式。具体而言，在以上关于奖学金影响的断点回归设计中，学生能否获得奖学金(处理变量)D_i 完全由他们的历史学习成绩(参考变量)X_i 来决定：当 X_i 大于门限值 c 时，获得奖学金；当 X_i 小于门限值 c 时，则无法获得奖学金。这意味着，如果在式(9.2.1)中进一步添加 X_i 作为控制变量，那么内生性问题也就消失了。正式地，考虑如下结构方程：

$$Y_i = \alpha_0 + \tau D_i + \alpha_1 X_i + \xi_i \tag{9.2.2}$$

其中，ξ_i 为新的结构误差项，它表示除了 D_i 与 X_i 之外所有影响 Y_i 的因素。其他符号与式(9.2.1)具有相同的解释。可以看出，式(9.2.2)实际上假设了 Y_i 与 X_i 之间的函数关系是线性的。此外，式(9.2.2)给出的断点回归设计模型不存在任何的内生性问题，也就是说 D_i 与 ξ_i 不相关，即 $\text{Cov}(D_i, \xi_i) = 0$。究其原因，$D_i$ 的取值完全由 X_i 来决定，一旦给定 X_i 的取值，那么 D_i 的取值也就完全确定了。考虑到直观性，我们进一步将式(9.2.2)所刻画的断点回归设计以图形的方式展示出来(见图 9.2)。

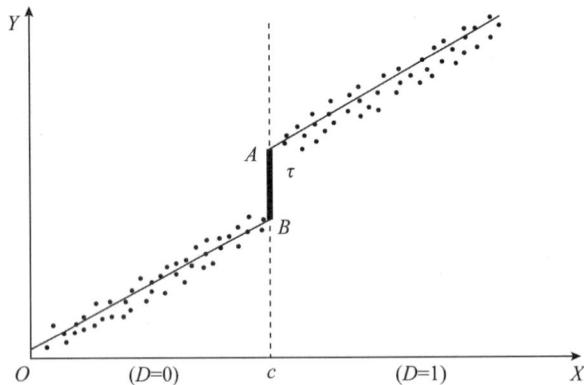

图 9.2 断点回归设计示意图(结果变量 Y 是参考变量 X 线性函数的情形)

为了考察在断点回归设计中添加参考变量 X_i 作为控制变量的重要性，现考虑如表 9.1 所示的一个演示性的例子。可以看出，表 9.1 实际上是一个基于式(9.2.2)所示断点回归设计的数据生成过程(data generating process)。通俗来讲，数据生成过程是指根据我们已知的(或者设定的)某项规则来生成数据的过程。与现实世界中的数据相比，基于数据生成过程所得到的数据进行分析的好处在于，我们能够知道因果效应参数的具体数值[1]，据此可以研究模型某些特征变化对因果效应参数估计的影响。在表 9.1 所示的断点回归设计中，真实的因果效应参数 τ 等于 0.5。

表 9.1 一个基于式(9.2.2)所示断点回归设计的数据生成过程

模型符号	符号含义	取值或表达式
Y_i	结果变量	$Y_i = \alpha_0 + \tau D_i + \alpha_1 X_i + \xi_i$
D_i	处理变量	$D_i = 1[X_i \geq c]$
X_i	参考变量	$U(0,1)$
c	断点	0.5
τ	因果效应参数	0.5

[1] 除非在非常特殊的情形下(完全随机化实验)，一般无法直接基于现实数据来得到因果效应参数。

模型符号	符号含义	取值或表达式
α_0	常数项	0
α_1	参考变量系数	1
ξ_i	误差项	$N(0,0.1)$
$\text{Cov}(X_i, \xi_i) = 0$	内生性	0
n	样本量(或观测值)	1000

基于表 9.1 数据生成过程所生成的数据，我们现在可以具体来考察断点回归设计中遗漏参考变量 X_i 对因果效应参数 τ 估计值所产生的影响。相应的结果汇报在表 9.2 中。具体而言，表 9.2 中估计值(1)列对应的估计结果是由 Y_i 对 D_i 与 X_i 进行回归得到的，可以看出，在该情形下因果效应参数的估计值(0.508)与真实数值(0.5)非常接近；表 9.2 中估计值(2)列对应的估计结果是由 Y_i 对 D_i 进行回归得到的，也就是说未将参考变量 X_i 作为控制变量添加进回归方程，进而导致了内生性问题的产生。由此得到的因果效应参数估计值(1.017)与真实值(0.5)存在较大的差别。通过以上分析，我们知道，在考察处理变量 D_i 对结果变量 Y_i 的因果效应时，式(9.2.2)给出的断点回归设计模型并不存在内生性问题。但是，它非常有可能存在模型设定偏误问题，从而导致基于该模型所得到的回归关系不具有因果解释。具体而言，在式(9.2.2)所示的断点回归设计模型中，我们假设结果变量 Y_i 是参考变量 X_i 的线性函数，然而，在现实中这可能不太符合实际情况，也就是说，Y_i 更有可能是 X_i 的非线性函数。这里我们假设 Y_i 是 X_i 的三次函数，并以此来介绍在断点回归设计中模型设定偏误对因果效应参数估计值所造成的影响。正式地，考虑如下结构方程：

$$Y_i = \alpha_0 + \tau D_i + \alpha_1 X_i + \alpha_2 X_i^2 + \alpha_3 X_i^3 + \zeta_i \tag{9.2.3}$$

表 9.2　基于表 9.1 生成数据的回归估计结果

项目	真实值	估计值(1)	估计值(2)
$\tau(D_i$ 的系数$)$	0.5	0.508*** (0.013)	1.017*** (0.011)
$\alpha_1(X_i$ 的系数$)$	1	1.002*** (0.022)	
α_0 (常数项)	0	−0.002 (0.007)	0.242*** (0.008)
观测值		1000	1000
R^2		0.966	0.896

注：*、**与***分别表示估计系数在 10%、5% 与 1% 的显著性水平上显著。括号中数据为标准误。

可以发现，式(9.2.3)与式(9.2.2)最大的不同体现在结果变量 Y_i 与参考变量 X_i 之间的函数关系的设定上。具体来说，式(9.2.2)假设 Y_i 是 X_i 的线性函数，而式(9.2.3)假设 Y_i 是 X_i 的三次函数。考虑到直观性，我们进一步将式(9.2.3)给出的断点回归设计以图形的方式展示出来(见图 9.3)。

接下来，我们具体考察模型设定偏误对断点回归设计因果效应参数估计值的影响。假设真实的断点回归设计模型由式(9.2.3)给出，即 Y_i 是 X_i 的三次函数。这里我们尝试回答的问题是，若错误地把 Y_i 设置为 X_i 的线性函数或者二次函数，那么会对断点回归设计因果效应参数的估计值产生什么样的影响？同样地，我们利用数据生成过程来进行分析。表 9.3 给出了一个基于式(9.2.3)所示断点回归设计的数据生成过程。其中，因果效应参数 τ 的取值为 0.5。

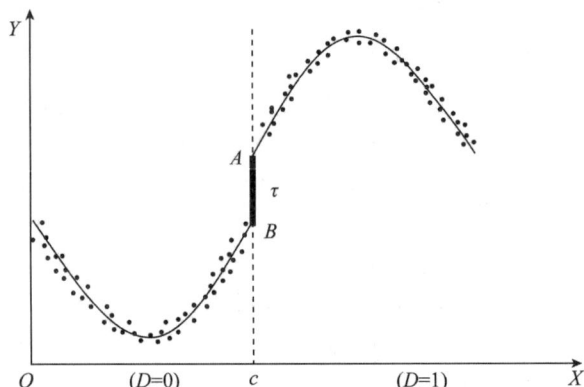

图 9.3 断点回归设计示意图(结果变量 Y 是参考变量 X 非线性函数的情形)

利用表 9.3 数据生成过程所生成的数据，表 9.2.2 给出了不同模型下的回归估计结果。在表 9.4 中，估计值(1)列中所汇报的是，Y_i 对 D_i、X_i、X_i^2 及 X_i^3 进行回归所得到的结果，即不存在模型设定偏误。可以看出，在该情形下，包括因果效应参数 τ 在内的所有模型参数的估计值与真实值均比较接近[①]。估计值(2)列中所汇报的是，Y_i 对 D_i、X_i 及 X_i^2 进行回归所得到的结果，即错误地将 Y_i 设定为 X_i 二次函数。可以发现，该情形下因果效应参数 τ 的估计值(1.086)与它的真实值(0.5)存在较大的差异。估计值(3)列中所汇报的是，错误地将 Y_i 设定为 X_i 线性函数所得到的回归结果。可以看出，模型设定偏误导致因果效应参数的估计值较大程度上偏离了真实值。最后一列结果是由 Y_i 仅对 D_i 进行回归所得到的结果，该情形下，同时存在模型设定偏误与内生性问题。

表 9.3 一个基于式(9.2.3)所示断点回归设计的数据生成过程

模型符号	符号含义	取值或表达式
Y_i	结果变量	$Y_i = \alpha_0 + \tau D_i + \alpha_1 X_i + \alpha_2 X_i^2 + \alpha_3 X_i^3 + \zeta_i$
D_i	处理变量	$D_i = 1[X_i \geq c]$
X_i	参考变量	U(0,1)
c	断点	0.5
τ	因果效应参数	0.5
α_0	常数项	0
α_1	参考变量一次项系数	−6
	参考变量二次项系数	18
	参考变量三次项系数	−12
ζ_i	误差项	$N(0,0.1)$
$\text{Cov}(X_i,\zeta_i)=0$	内生性	0
n	样本量(或观测值)	1000

---

① 估计值(1)列中所汇报的模型参数估计值不精确地等于真实值是因为存在抽样误差。

在利用断点回归设计来估计因果效应参数的过程中，为了更加直观地看出模型设定偏误的影响，图 9.4 进一步给出一个关于断点回归设计的特殊例子。其中，结果变量 Y_i 是关于参考变量 X_i 的高次多项式函数(见图 9.4 中的曲线)，并且 Y_i 在断点值 c 处未出现跳跃，从而意味着处理变量 D_i 对结果变量 Y_i 的因果效应为 0。在估计图 9.4 所示断点回归因果效应参数时，若误将 Y_i 设定为 X_i 的线性函数(见图 9.4 中的虚线)，那么得到的因果效应估计值则等于线段 AB 的长度，这大大高估了因果效应参数。

表 9.4　基于表 9.3 所生成数据的回归估计结果

项目	真实值	估计值(1)	估计值(2)	估计值(3)	估计值(4)
$\tau(D_i$ 的系数)	0.5	0.483*** (0.016)	1.083*** (0.025)	1.086*** (0.025)	1.248*** (0.013)
$\alpha_1(X_i$ 的系数)	−6	−6.176*** (0.122)	0.137 (0.092)	0.327*** (0.043)	
$\alpha_2(X_i^2$ 的系数)	18	18.396*** (0.329)	0.197** (0.084)		
$\alpha_3(X_i^3$ 的系数)	−12	−12.203*** (0.219)			
α_0 (常数项)	0	0.017 (0.012)	−0.421*** (0.019)	−0.451*** (0.014)	−0.370*** (0.009)
观测值		1000	1000	1000	1000
R^2		0.978	0.908	0.908	0.902

注：*、**与***分别表示估计系数在 10%、5%与 1%的显著性水平上显著，括号中的数据为标准误。

综上所述，在通过参数化方法来估计断点回归设计中因果效应参数时，由于处理变量完全由参考变量来决定，因此一旦在回归方程中添加参考变量作为控制变量，模型中的内生性问题就消失了，但是可能存在模型设定偏误问题，从而导致我们无法准确估计出因果准效应参数。也就是说，通过参数化方法估计断点回归设计中因果效应参数所面临的不是内生性问题，而是模型设定的偏误问题。

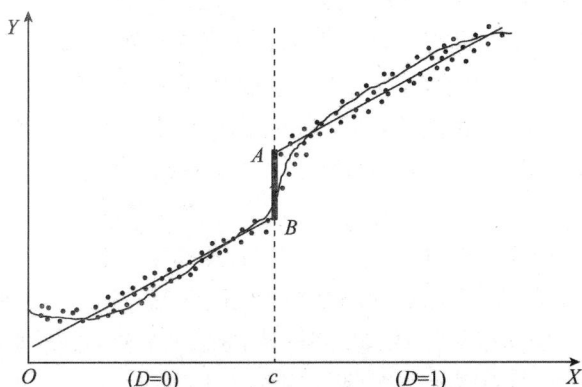

图 9.4　断点回归设计中的模型设定偏误

9.3　断点回归设计的非参数化估计

9.2 节介绍了估计断点回归设计中因果效应的参数化方法。本节重点介绍断点回归设计的非参数化方法(nonparametric method)。与参数化方法通过设定结果变量的具体函数形式来估计因果效应参数不同,非参数化方法直接采用断点左右两侧附近个体结果变量的平均值之差作为因果效应的参数估计值。由此可见,非参数化方法不存在参数化方法所面临的模型设定偏误问题。然而,通过非参数化方法来识别断点回归设计中因果效应参数,需要新的假设条件——在断点处的连续性假设(continuity assumption)。

9.3.1　连续性假设与因果效应参数的识别

连续性假设:　$E(Y_{0i} \mid X_i)$ 与 $E(Y_{1i} \mid X_i)$ 在 $X_i = c$ 处是 X 的连续函数,即

$$\lim_{\delta \to 0} E(Y_{0i} \mid X_i = c + \delta) = \lim_{\delta \to 0} E(Y_{0i} \mid X_i = c - \delta) = \lim_{\delta \to 0} E(Y_{0i} \mid X_i = c) \tag{9.3.1}$$

$$\lim_{\delta \to 0} E(Y_{1i} \mid X_i = c + \delta) = \lim_{\delta \to 0} E(Y_{1i} \mid X_i = c - \delta) = \lim_{\delta \to 0} E(Y_{1i} \mid X_i = c) \tag{9.3.2}$$

在连续性假设满足的前提下,同时结合断点回归设计模型的特征,我们可以通过可观测结果来计算因果效应参数,即

$$
\begin{aligned}
&\lim_{\delta \to 0} E(Y_i \mid X_i = c + \delta) - \lim_{\delta \to 0} E(Y_i \mid X_i = c - \delta) \\
&= \lim_{\delta \to 0} E[Y_{0i} + D_i(Y_{1i} - Y_{0i}) \mid X_i = c - \delta] - \lim_{\delta \to 0} E[Y_{0i} + D_i(Y_{1i} - Y_{0i}) \mid X_i = c - \delta] \\
&= \lim_{\delta \to 0} E(Y_{1i} \mid X_i = c + \delta) - \lim_{\delta \to 0} E(Y_{0i} \mid X_i = c - \delta) \\
&= E(Y_{1i} \mid X_i = c) - E(Y_{0i} \mid X_i = c) \\
&= E(Y_{1i} - Y_{0i} \mid X_i = c) \\
&= \tau_c
\end{aligned}
\tag{9.3.3}
$$

其中,第一个等号利用了恒等式 $Y_i = Y_{0i} + D_i(Y_{1i} - Y_{0i})$;第二个等号利用的是式(9.1.1);第三个等号是根据 X 的连续性假设推断得到。此外, δ 的取值大于 0。

可以发现,式(9.3.3)计算的是断点处($X_i = c$)的因果效应参数。与此相关的重要问题是:为什么在断点回归设计中通常关注的是断点处的因果效应参数?以及当参考变量 X_i 取不等于 c 的其他数值时,因果效应参数是怎样的?根据前述章节的分析,我们知道给定 X_i 条件下的平均因果效应为 $\tau_x = E(Y_{1i} \mid X_i) - E(Y_{0i} \mid X_i)$。在条件独立假设及共同区间假设满足的前提下,我们可以通过匹配方法来计算 τ_x,并基于此来进一步计算 τ_{ATE} 与 τ_{ATT} 等其他因果效应参数。然而断点回归设计所面临的问题是,共同区间假设无法得到满足。因为 X_i 取相同值的群体,要么全部在处理组中,要么全部在控制组中,这使得即便在条件独立假设满足的条件下也无法计算 τ_x。正因为如此,断点回归设计把关注点放在断点处,并通过施加连续性假设来计算断点处的因果效应参数。若进一步假设同质性因果效应,那么断点处的因果效应则可以视作参考变量为其他数值时的因果效应。

图 9.5 直观地展示了连续性假设如何帮助我们识别断点回归设计中的因果效应参数。

从图 9.5 中可以看出，$E(Y_{1i} \mid X_i)$ (对应图形中曲线 *MAN*)与 $E(Y_{0i} \mid X_i)$ (对应图形中曲线 *OBP*)均是 X_i 的连续函数。我们知道，断点处 $E(Y_{1i} \mid X_i = c)$ 的因果效应参数可以具体表示为 $\tau_c = E(Y_{1i} \mid X_i = c) - E(Y_{0i} \mid X_i = c)$。对于如图 9.5 所示的断点回归而言，$E(Y_{1i} \mid X_i = c)$ 的数值位于曲线 *MAN* 上 *A* 点右侧附近，是可观测的结果，从而能够直接得出；$E(Y_{0i} \mid X_i = c)$ 的数值位于曲线 *OBP* 上 *B* 点右侧附近，是不可观测的"反事实"结果，从而无法直接计算得到。尽管无法直接得出 $E(Y_{0i} \mid X_i = c)$，但是在连续性假设成立的条件下，我们可以采用曲线 *OBP* 上 *B* 点左侧附近的数值来代替它。有了 $E(Y_{1i} \mid X_i = c)$ 及 $E(Y_{0i} \mid X_i = c)$，我们可以计算因果效应参数 τ_c。

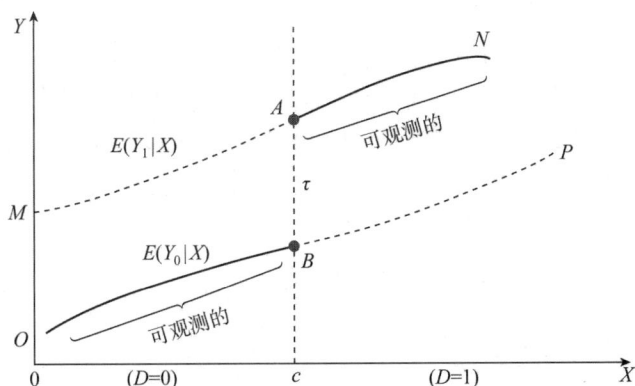

图 9.5　断点回归设计与连续性假设成立的情形

在断点回归设计中，为更加清楚地说明连续性假设对估计因果效应参数的重要性，图 9.6 进一步绘制了连续性假设不成立的情形。从图 9.6 中可以看出，$E(Y_{0i} \mid X_i = c)$ (对应图形中曲线 *OBCQ*)在断点 $X_i = c$ 处将不再是参考变量 X_i 的连续函数。与前文类似，因果效应 τ 中 $E(Y_{1i} \mid X_i = c)$ 的数值位于曲线 *MAN* 上 *A* 点右侧附近，是可观测的结果，这与图 9.5 所示的断点回归设计类似。$E(Y_{0i} \mid X_i = c)$ 的数值位于曲线 *OBCQ* 上 *C* 点的右侧附近，是不可观测的"反事实"结果：由于在图 9.6 所示的断点回归中连续性假设并不成立，因此若继续采用曲线 *OBCQ* 上 *B* 点左侧附近的数值来替换 $E(Y_{0i} \mid X_i = c)$，将无法准确估计真实的因果效应(即误将 *AB* 作为真实因果效应 *AC* 的估计值)。

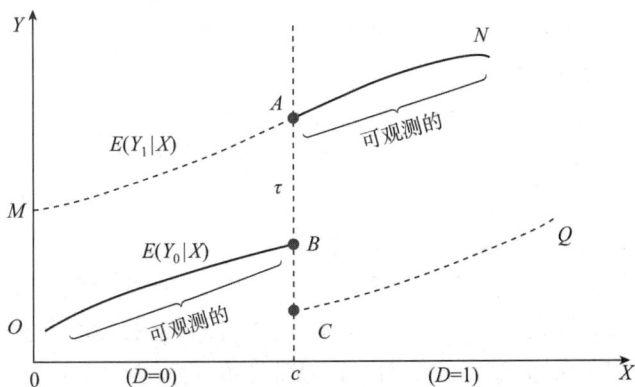

图 9.6　断点回归设计与连续性假设不成立的情形

　　到目前为止，在基于非参数化方法来估计断点回归设计因果效应参数的过程中，我们始终假设采用断点左右两侧附近(或者说边界上)的样本点。该做法能够无偏地估计得到因果效应参数。这一点可以从图 9.7 所给出的断点回归设计中清晰地看出来。利用边界上(A 点右侧附近与 B 点左侧附近)的样本点，我们能够无偏地估计得到因果效应参数 AB[①]；然而在实际计算过程中，该做法所面临的问题是，边界上往往只有少量的样本点，从而导致因果效应参数估计值的方差过大；在一些情形下，边界上甚至没有样本点，从而导致无法计算因果效应参数。为克服这一问题，除了边界上的样本点之外，学者们往往还利用在边界左右特定范围内的样本点。这一特定范围在断点回归设计中被称为带宽(bandwidth)。显然，随着带宽的增加，用以计算因果效应参数的样本点越来越多，估计值的方差进而随之降低。尽管如此，带宽并不是越大越好，这是因为随着带宽的增加，所得到因果效应参数估计值可能是有偏的。比如，利用介于图 9.7 中两条点竖线之间的样本点来计算因果效应参数，所得到估计值(的期望值)等于 A^1B^1，从图 9.7 中可以看出，A^1B^1 不等于真实的因果效应参数 AB。综上所述，在估计断点回归设计因果效应参数的过程中，带宽既不是越窄越好，也不是越宽越好。最优带宽需要综合考虑估计结果的无偏性和有效性[②]。

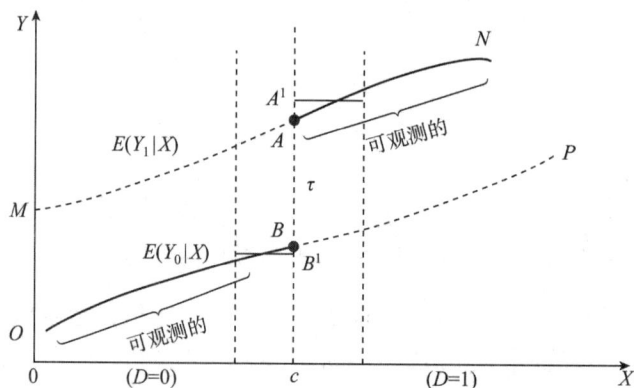

图 9.7　带宽与估计结果

9.3.2　连续性假设的经济学含义

在以上内容中，我们着重介绍了断点回归设计中识别因果效应参数的重要假设——连续性假设。然而，该假设只是数学上的抽象概念，我们并不清楚它对应现实中个体行为的什么特征，从而无法直接指导模型的设定。鉴于此，本小节主要讨论断点回归设计中连续性假设的经济学含义。也就是，具体考察个体行为在哪些条件下与连续性假设一致，在哪些条件下违背连续性假设。

为考察连续性假设的经济含义，我们再次回到前述 Thistlethwaite 和 Campbell 关于奖学金对学生未来学业表现影响的例子。假设学生可以分为高能力(H)和低能力(L)这两类。如果学生事前不知道奖学金事件的存在，那么则可以合理推测，在断点左右两侧附近的学生比较相似，连续性假设通常能够得到满足。这是因为，在成绩高或低 1 分对学生没有实质影响的前提下，没有理由认为成绩高于断点值 1 分的学生比成绩低于断点值 1 分的学生的能力更高，或者相反。因此，在该情形下，断点左右两侧附近均同时存在高能力学生(H)和低能力学生(L)，如图 9.8(a)所示。然而，如果学生事先知道奖学金事件的存在，并且能够

[①] 这里"我们能够无偏地估计得到因果效应参数"是指，基于不同样本得到的因果效应参数估计值的期望值等于真实的因果效应参数。

[②] 最优带宽的选择超出了本教材的探讨范围，对此感兴趣的读者可以参考 Imbens and Lemieux(2008)，Ludwig and Miller(2007)，Lee and Lemieux(2010)，以及 Imbens and Kalyanaraman(2012)等的相关研究。

预期到奖学金对自己未来学业表现会产生正面影响，那么，断点左右两侧附近的学生就可能存在差异了。因为位于断点左侧附近的高能力学生(H)会尽量提高自己的考试成绩，以使得自己能够获得奖学金，而位于断点左侧附近的低能力学生(L)由于受到能力限制，无法做到这一点。这样，断点左右两侧附近的高能力学生(H)都会集中在右侧，而左侧只有低能力学生(L)，如图 9.8(b)所示，从而导致连续性假设不再成立。图 9.8(b)直观地展示了这一点：$E(Y_{1i} \mid X_i = c)$(曲线 M^1CN^1)与 $E(Y_{0i} \mid X_i = c)$(曲线 O^1DP^1)在断点处是 X_i 的非连续函数，它们在断点左侧附近出现了沉降，在断点右侧附近则出现了凸起。该情形下，因果效应参数估计值 CD 大于真实的因果效应参数 AB。事实上，CD 除了包含奖学金对未来学业表现的影响(因果效应参数 AB)外，还包含了那些因学生自身能力不同而造成的学业表现差异。

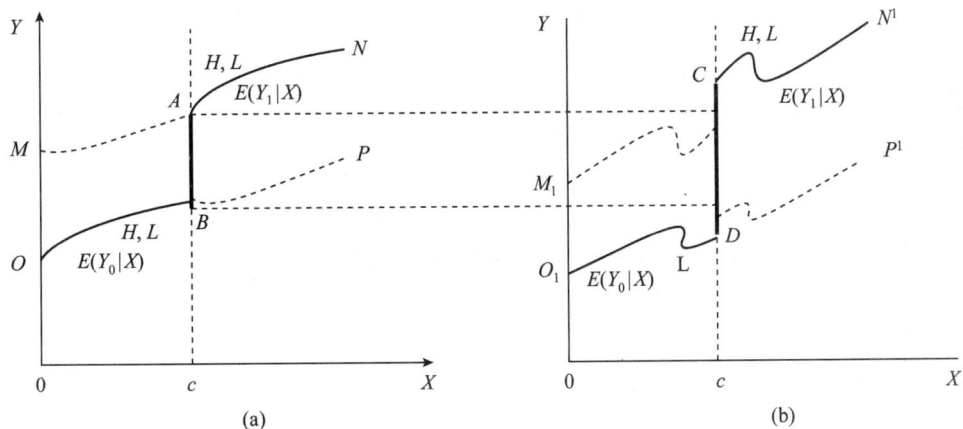

图 9.8　个体选择与连续性假设

由此可见，如果具有某种特征(比如，上例中的高能力)的行为个体在断点附近根据项目收益选择参与或者不参与项目，那么连续性假设一般不成立。事实上，个体根据项目收益选择参与或不参与项目通常意味着，其参考变量的分布在断点处不连续。比如，在图 9.8(b)所示的例子中，所有高能力学生都分布在断点右侧。这意味着，对于高能力学生而言，其参考变量(成绩)的概率密度函数在断点左侧的数值都等于 0，而在断点右侧不等于 0，即他们成绩的分布在断点处不连续。高能力学生成绩分布在断点处不连续又分为两种情况：一种是所有高能力学生的成绩恰好分布在断点右侧附近，即他们的成绩不多不少，恰好满足获得奖学金的条件，这种情况称为完全控制(complete control)；另一种是高能力学生的成绩分布在断点右侧整个区间内，即他们的成绩满足获奖学金的条件，但是不确定在断点右侧哪个位置，这种情况称为精确控制(precise control)。最后，若高能力学生成绩分布在断点处连续则称为非精确控制(imprecise control)，在该情形下虽然位于断点左侧的部分高能力学生能够将自己成绩提升至断点右侧，但是还有部分高能力学生(比如因为运气差)无法做到这一点。图 9.9 绘制了完全控制、精确控制及非精确控制这三种情形下高能力学生参考变量的概率分布示意图。

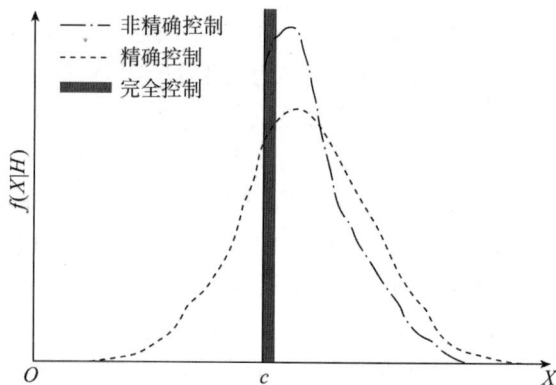

图 9.9　参考变量分布

注: X 表示参考变量(学生考试成绩), H 表示个体特征(高能力), $f(X|H)$ 表示给定个体特征条件下的概率密度函数(高能力学生学习成绩的分布)。在非精确控制情形下, $f(X|H)$ 是 X 的连续函数; 而在精确控制与完全控制情形下, $f(X|H)$ 是 X 的非连续函数。

　　总结以上内容可知, 连续性假设意味着行为个体无法在断点附近根据项目收益选择参与或者不参与项目, 参考变量的条件分布在断点处是连续的。

9.4　进一步讨论

9.4.1　断点回归设计与其他方法的比较

　　到目前为止, 我们已经介绍了处理内生性问题的随机化实验方法、匹配方法、工具变量法及断点回归设计。接下来, 我们将在一个统一的框架内对这些方法进行比较分析[①]。

　　不失一般性, 潜在结果 Y_{0i} 总是可以表示为

$$Y_{0i} = \alpha + \varepsilon_i \tag{9.4.1}$$

其中, $\alpha = E(Y_{0i})$, $\varepsilon_i = Y_i - E(Y_{0i})$。这里, 重要的是记住 ε_i 刻画了行为个体之间异质性特征。

　　与前述章节类似, 采用 τ 表示项目的平均因果效应, 那么则有潜在结果 Y_{1i} 可以表示为

$$Y_{1i} = \alpha + \tau + \varepsilon_i \tag{9.4.2}$$

进一步将式(9.4.1)与式(9.4.2)中的潜在结果表示为观测结果, 即

$$Y_{1i} = \alpha + \tau D_i + \varepsilon_i \tag{9.4.3}$$

当处理变量 $D_i = 1$ 时, 式(9.4.3)等价于式(9.4.2); 当处理变量 $D_i = 0$ 时, 式(9.4.3)则等价于式(9.4.1)。

　　进一步地假设 ε_i 可以表示为

$$\varepsilon_i = \gamma_1 W_i + \xi_i \tag{9.4.4}$$

---

① 双重差分法所依赖数据的结构与这几种方法略有差异, 这里未将双重差分法纳入统一框架进行分析。

其中，W_i 是可观测变量，ξ_i 是不可观测的误差项。根据式(9.4.4)可知，行为个体之间的异质性特征 ε_i 可以等价地由 W_i 和 ξ_i 来刻画。

将式(9.4.4)代入式(9.4.3)可以很容易地得到

$$Y_{1i} = \alpha + \tau D_i + \gamma_1 W_i + \xi_i \tag{9.4.5}$$

其中，处理变量 D_i 由如式(9.4.6)中的 U_i 和 c 的相对大小决定，即

$$D_i = 1[U_i \geqslant c] \tag{9.4.6}$$

值得说明的是，式(9.4.6)所描述的是分配规则。其中的 U_i 与 c 在不同方法中具有不同的含义：在随机化实验中，U_i 可以理解为随机抽签抽中的数字，c 可以理解为划分处理组和控制组的临界值，U_i 大于或等于 c 的个体进入处理组，U_i 小于 c 的个体进入控制组，或者相反；在匹配方法和工具变量法中，U_i 为个体参与项目的效用，c 为个体不参与项目的效用；在断点回归设计中，U_i 是参考变量(对应前述断点回归设计中的符号 X_i)，c 是断点。可以看出，在随机化实验与断点回归设计中，U_i 是可观测的，而在匹配方法和工具变量法中，U_i 是不可观测的。对于以上框架而言，式(9.4.3)、式(9.4.4)、式(9.4.5)在不同方法中都有类似的解释，因此区分不同方法的关键在于式(9.4.6)所描述的分配规则具有不同的解释。

进一步地假设 U_i 可以表示为

$$U_i = \beta + \gamma_2 W_i + \vartheta_i \tag{9.4.7}$$

其中，W_i 与式(9.4.4)相同，该变量在所有方法中都是可观测的；由于 U_i 在随机化实验与断点回归设计中是可观测的，在匹配方法和工具变量法中是不可观测的，因此，ϑ_i 在随机化实验与断点回归设计中是可观测的，在匹配方法和工具变量法中是不可观测的。

有了以上统一框架，现在我们在此框架内对上述不同的方法进行比较分析。

1. 随机化实验

基于上述框架，随机化实验识别因果效应参数的表达式可以写作

$$
\begin{aligned}
&E(Y_i \mid D_i = 1) - E(Y_i \mid D_i = 0) \\
&= E(\alpha + \tau D_i + \gamma_1 W_i + \xi_i \mid D_i = 1) - E(\alpha + \tau D_i + \gamma_1 W_i + \xi_i \mid D_i = 0) \\
&= E(\tau D_i + Y_{0i} \mid D_i = 1) - E(\tau D_i + Y_{0i} \mid D_i = 0) \\
&= E(\tau D_i + Y_{0i} \mid U_i \geqslant c) - E(\tau D_i + Y_{0i} \mid U_i < c) \\
&= \tau
\end{aligned}
\tag{9.4.8}
$$

其中，第一个等号用到的是式(9.4.5)；第二个等号用到的是式(9.4.1)；第三个等号用到了式(9.4.6)；最后一个等号成立是因为在随机化实验中处理变量与潜在结果互相独立，即 $(Y_{1i}, Y_{0i}) \perp D_i$。

我们知道，在随机化实验中，处理组个体与控制组个体基本类似。基于此，图 9.10 给出了随机化实验中变量间关系的示意图。

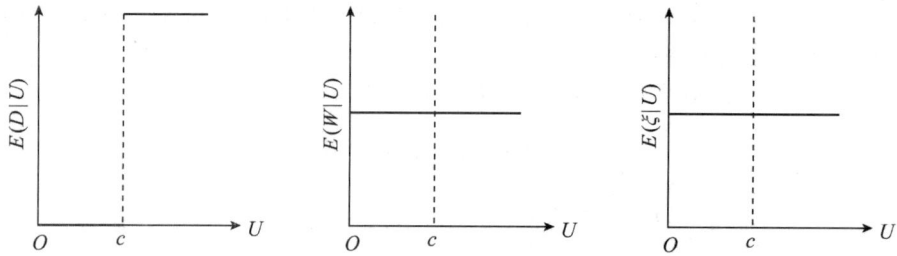

图 9.10　随机化实验中变量间关系示意图

注：U 可以理解为随机抽签抽中的数字，c 可理解为划分处理组和控制组的临界值，U 大于或等于 c 的个体进入处理组，U 小于的 c 的个体进入控制组。W 与 ξ 分别表示个体可观测特征与不可观测特征。

2. 断点回归设计

断点回归设计中的关键表达式(9.3.3)可以重新表示为

$$
\begin{aligned}
&\lim_{\delta \to 0} E(Y_i \,|\, U_i = c + \delta) - \lim_{\delta \to 0} E(Y_i \,|\, U_i = c - \delta) \\
&= \lim_{\delta \to 0} E(\alpha + \tau D_i + \gamma_1 W_i + \xi_i \,|\, U_i = c + \delta) - \lim_{\delta \to 0} E(\alpha + \tau D_i + \gamma_1 W_i + \xi_i \,|\, U_i = c - \delta) \\
&= \lim_{\delta \to 0} E(\tau D_i + Y_{0i} \,|\, U_i = c + \delta) - \lim_{\delta \to 0} E(\tau D_i + Y_{0i} \,|\, U_i = c - \delta) \\
&= \tau \left[\lim_{\delta \to 0} E(D_i \,|\, U_i = c + \delta) - \lim_{\delta \to 0} E(D_i \,|\, U_i = c - \delta) \right] \\
&= \tau (1 - 0) \\
&= \tau
\end{aligned} \tag{9.4.9}
$$

其中，第一个等号成立用到的是式(9.4.5)；第二个等号成立用到的是式(9.4.1)；第三个等号成立是因为连续性假设的前提条件；第四个等号成立直接根据断点回归设计的性质得到。

根据前述分析，我们知道，若断点回归设计中的连续性假设满足，那么在断点左右两侧附近的处理组个体与控制组个体基本类似。基于此，图 9.11 给出了断点回归设计中变量间关系的示意图。进一步比较图 9.10 与图 9.11 可以发现，随机化实验中变量间关系与断点回归设计中变量间关系非常类似，特别地，在断点附近二者基本相同。正是因为如此，断点回归设计也被称作断点处的随机化实验。

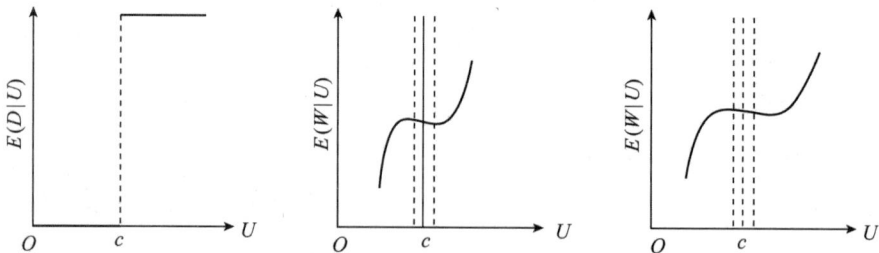

图 9.11　断点回归设计中变量间关系示意图

注：U 表示参考变量，c 是断点，U 大于或等于 c 的个体进入处理组。U 小于的 c 的个体进入控制组。W 与 ξ 分别表示个体可观测特征与不可观测特征。

3. 匹配方法

再来看基于上述框架所表述的匹配方法：

$$
\begin{aligned}
& E(Y_i \mid D_i = 1, W_i) - E(Y_i \mid D_i = 0, W_i) \\
&= E(\alpha + \tau D_i + \gamma_1 W_i + \xi_i \mid D_i = 1, W_i) - E(\alpha + \tau D_i + \gamma_1 W_i + \xi_i \mid D_i = 0, W_i) \\
&= \tau + E(\xi_i \mid D_i = 1, W_i) - E(\xi_i \mid D_i = 0, W_i) \\
&= \tau + E(\xi_i \mid U_i \geqslant c, W_i) - E(\xi_i \mid U_i < c, W_i) \\
&= \tau + E(\xi_i \mid \vartheta_i \geqslant c - \beta - \gamma_2 W_i, W_i) - E(\xi_i \mid \vartheta_i < c - \beta - \gamma_2 W_i, W_i) \\
&= \tau
\end{aligned}
\tag{9.4.10}
$$

其中，第一个等号成立用到的是式(9.4.5)；第二个等号成立是因为代数上的恒等变化；第三个等号利用到了式(9.4.6)；第四个等号成立利用的是式(9.4.7)；最后一个等号成立是因为条件独立假设。

4. 工具变量法

若将可测变量 W 视为处理变量 D 的工具变量，那么在上述框架下，工具变量法识别因果效应参数的具体表达式为

$$
\begin{aligned}
E(Y_i \mid W_i) &= E(\alpha + \tau D_i + \gamma_1 W_i + \xi_i \mid W_i) \\
&= \tau \cdot E(D_i \mid W_i) + \gamma_1 W_i + E(\xi_i \mid W_i) \\
&= \tau \cdot E(D_i \mid W_i)
\end{aligned}
\tag{9.4.11}
$$

其中，第一个等号成立利用到的是式(9.4.5)；第二个等号成立是因为将常数 α 标准化为 0；根据工具变量的外生性假设，可得 $\gamma_1 = 0$ 及 $E(\xi_i \mid W_i) = 0$，从而最后一个等号成立。除此之外，为利用式(9.4.11)计算因果效应参数 τ，还需要进一步假设 $E(D_i \mid W_i) \neq 0$，即满足工具变量的相关性假设。

进一步总结以上几种方法，可以得到以下结论：断点回归设计在断点附近类似于完全随机化实验；断点回归设计识别因果效应参数所需要的唯一假设是连续性假设，不需要对 D_i、W、ξ_i 及 ϑ_i 等变量之间的关系做出任何假设；而匹配方法需要满足 ξ_i 与 ϑ_i 不相关，工具变量法则需要满足 W 与 ξ_i 不相关，但与 D_i 相关。本质上来讲，断点回归更加接近完全随机化实验，并且不需要对 D_i、W、ξ_i 与 ϑ_i 等变量之间的关系做出假设，这是因为分配机制中的式(9.4.6)中的 U_i 对于断点回归设计而言是可观测的。

9.4.2 模糊断点回归设计简介

严格地讲，以上我们所讨论的断点回归设计是精确断点回归设计(sharply regression discontinuity design)。事实上，在现实中还有另外一种断点回归设计——模糊断点回归设计(fuzzy regression discontinuity design)。这里我们对此进行简单讨论。与精确断点回归设计中个体项目参与状态完全由参考变量是否超过断点值来决定不同，在模糊断点回归设计中，个体项目参与状态除了受到其参考变量是否超过断点值影响之外，还受到其他因素的影响。也就是说，对于参考变量超过断点值的个体而言，其参与项目的概率可能小于 1；与此同时，对于参考变量低于断点值的个体而言，其参与项目的概率可能大于 0。在模糊断点回

归设计中，识别因果效应参数的表达式为

$$\lim_{\delta \to 0} E(Y_i \mid X_i = c + \delta) - \lim_{\delta \to 0} E(Y_i \mid X_i = c - \delta)$$

$$= \lim_{\delta \to 0} E(\alpha + \tau D_i + \gamma_1 W_i + u_i \mid X_i = c + \delta) - \lim_{\delta \to 0} E(\alpha + \tau D_i + \gamma_1 W_i + u_i \mid X_i = c - \delta)$$

$$= \lim_{\delta \to 0} E(\tau D_i + Y_{0i} \mid X_i = c + \delta) - \lim_{\delta \to 0} E(\tau D_i + Y_{0i} \mid X_i = c - \delta) \qquad (9.4.12)$$

$$= \tau \left[\lim_{\delta \to 0} (D_i \mid X_i = c + \delta) - \lim_{\delta \to 0} E(D_i \mid X_i = c - \delta) \right]$$

$$= \tau \left[\lim_{\delta \to 0} \Pr(D_i = 1 \mid X_i = c + \delta) - \lim_{\delta \to 0} E(D_i = 1 \mid X_i = c - \delta) \right]$$

比较式(9.4.9)与式(9.4.12)可知，在模糊断点回归中，$\lim_{\delta \to 0} E(Y_i \mid X_i = c + \delta)$ 不再等于 1，$\lim_{\delta \to 0} E(Y_i \mid X_i = c - \delta)$ 也不再等于 0。若进一步假设，断点右侧附近个体参与项目的概率大于断点左侧附近的个体，则有

$$\lim_{\delta \to 0} (D_i \mid X_i = c + \delta) - \lim_{\delta \to 0} E(D_i \mid X_i = c - \delta) > 0 \qquad (9.4.13)$$

结合式(9.4.12)与式(9.4.13)可得

$$\tau = \frac{\lim_{\delta \to 0} E(Y_i \mid X_i = c + \delta) - \lim_{\delta \to 0} E(Y_i \mid X_i = c - \delta)}{\lim_{\delta \to 0} E(D_i \mid X_i = c + \delta) - \lim_{\delta \to 0} E(D_i \mid X_i = c - \delta)} \qquad (9.4.14)$$

可以看出，式(9.4.14)与基于 LATE 定理所得到的因果效应参数估计量非常类似，因此，模糊断点回归设计也可以理解为 LATE 定理在断点回归设计中的应用。

9.5 断点回归设计中国经济案例分析——检验中国消费之谜

莫迪利安尼和布伦贝格(Modigliani and Brumberg，1954)生命周期假说(life cycle hypothesis)认为，消费者会在整个生命周期内平滑消费。这一假说的自然推论是，能够预期到的负面收入冲击不会显著降低消费水平。在本案例考虑的期限内，假设男性退休年龄为 60 岁，女性退休年龄为 55 岁。我们知道，退休往往伴随着收入水平的下降。基于这一准自然试验，Li et al.(2015)运用断点回归设计方法实证检验了生命周期假说在中国的适用性。本节以该论文为例来展示断点回归设计方法的实际应用。

正式地，考虑如下 RDD 模型：

$$y_{hpt} = \alpha_0 + \alpha_1 \times \text{Retire}_{hpt} + k(s) + \varepsilon_{lpt} \qquad (9.5.1)$$

其中，下标 h、p 和 t 分别表示家庭、省份和年份。y_{hpt} 为结果变量，主要包括消费金额(对数值)及消费所用的时间。Retire_{hpt} 表示家庭中丈夫是否退休的虚拟变量，$k(s)$ 为家庭中丈夫年龄与 60 岁之差(s)的多项式，其次数由 AIC 准则来确定。ε_{lpt} 为误差项。值得指出的是，在现实中，年龄超过 60 岁的男性不一定退休，年龄低于 60 岁的男性也不一定不退休。因此，结合前述断点回归设计理论模型的介绍，式(9.5.1)是模糊断点回归设计，工具变量为丈夫年龄是否大于 60 岁的虚拟变量(Age_{60})。

表 9.5 报告了年龄大于 60 岁(Age_{60})对退休(Retire)的影响，该表格可视为工具变量相关性的考察。从表中可以看出，年龄在 60 岁以上的男性退休的可能性显著高于年龄在 60

岁以下的男性。这与我们现实生活中的直观感受非常一致。此外，注意到虽然变量 Age_{60} 的系数都在 1% 的显著性水平上显著，但其数值小于 1。这实际上反映了存在于现实中的延迟退休和提前退休现象。

表 9.5　年龄大于 60 岁对退休的影响(工具变量相关性检验)

项目	$(1)^a$	$(2)^b$	$(3)^c$	$(4)^c$	$(5)^d$
	Retire	**Retire**	**Retire**	**Retire**	**Retire**
Age_{60}	0.318***	0.209***	0.316***	0.277***	0.216***
丈夫年龄大于 60 岁虚拟变量	(0.019)	(0.033)	(0.015)	(0.018)	(0.018)
Cons	0.546***	0.614***	0.534***	0.533***	0.557***
常数项	(0.015)	(0.026)	(0.015)	(0.015)	(0.014)
省份固定效应	否	否	是	是	是
年份固定效应	否	否	是	是	是
多项式 $k(s)$	是	是	是	是	是
样本量	36 974	36 974	36 974	36 974	36 974
R^2	0.49	0.49	0.49	0.49	0.50
F 值	315.72	169.23	440.26	423.61	401.07

注：*、**及***分别表示在 10%、5% 与 1% 显著性水平下显著，括号中数字为聚类标准误(聚类层级为省份—年龄)。上标 a 表示 $k(s)$ 断点两侧都是一次函数，上标 b 表示 $k(s)$ 断点两侧都是二次函数，上标 c 表示 $k(s)$ 断点左侧为一次函数，断点右侧为二次函数，上标 d 表示 $k(s)$ 断点左侧为三次函数，断点右侧为二次函数。

根据断点回归设计理论模型的介绍我们已经了解到，满足连续性假设是断点回归设计识别因果效应的关键前提。连续性假定要求处理组和控制组前定变量(由于前定变量不受政策影响，从而包含在 Y_{i0} 中)不存在显著差异。为验证这一点，Li et al.(2015)以前定变量为被解释变量，估计了式(9.5.1)给出的 F-RDD 模型(工具变量为 Age_{60})。表 9.6 相应地报告了模型估计结果。可以看出，处理组(丈夫退休家庭)和控制组(丈夫未退休家庭)前定变量不存在显著差异。这些前定变量具体包括，丈夫受教育年限(Schooling)、少数民族虚拟变量(Minority)、住房面积(Housing)及妻子退休虚拟变量(Retire_ wife)等。

表 9.6　退休对前定变量的影响(连续性假定检验)

项目	$(1)^a$	$(2)^a$	$(3)^b$	$(4)^a$	$(5)^b$
	Schooling	**Minority**	**Family**	**Housing**	**Retire_wife**
Retire	−0.748	0.003	−0.007	−4.525	−0.037
丈夫退休虚拟变量	(0.463)	(0.022)	(0.177)	(8.734)	(0.075)
Cons	11.053***	0.022	2.942***	68.680***	0.582***
常数项	(0.324)	(0.015)	(0.123)	(5.936)	(0.052)
样本量	36 974	36 974	36 974	36 974	36 974
R^2	0.05	0.02	0.03	0.10	0.15

注：被解释变量 Schooling 表示丈夫受教育年限，Minority 表示少数民族虚拟变量，Family 表示家庭规模，Housing 表示住房面积，Retire_wife 表示妻子退休虚拟变量。*、**及***分别表示在 10%、5% 与 1% 显著性水平下显著，括号中数字为聚类标准误(聚类层级为省份—年龄)。上标 a 表示 $k(s)$ 断点两侧都是二次函数，上标 b 表示 $k(s)$ 断点左侧为三次函数，断点右侧为二次函数。

表 9.7 报告了退休对各类非耐用品花费影响的 RDD 估计结果。第(1)列估计结果显示,退休显著降低了非耐用品的总花费,这一结果与莫迪利安尼和布伦贝格(Modigliani and Brumberg,1954)生命周期假说所预测的退休不影响消费相矛盾,被称为"中国退休消费之谜"(The Retirement Consumption Puzzle in China)。然而,进一步考察退休对各类非耐用品花费的影响发现,退休对非耐用品花费的降低效应主要来自与工作相关的非耐用品消费(Work),对其他类别的非耐用品消费几乎不产生影响。具体而言,对文娱类耐用品消费(Entertainment)和其他耐用品消费(Remaining)的影响不显著,对食品花费的影响只是在 10%的显著性水平上显著。这意味着,中国并不存在退休消费之谜。

表 9.7 退休对非耐用品花费的影响(主回归 1)

项目	(1)[a]	(2)[b]	(3)[a]	(4)[c]	(5)[a]
	Total	**Work**	**Food**	**Entertainment**	**Remaining**
Retire	−0.195***	−0.331***	−0.116*	−0.223	−0.168
丈夫退休虚拟变量	(0.060)	(0.064)	(0.059)	(0.249)	(0.111)
Cons	8.773***	8.598***	8.981***	5.850***	7.768***
常数项	(0.041)	(0.046)	(0.040)	(0.162)	(0.072)
样本量	36 974	36 964	36 972	30 715	36 966
R^2	0.26	0.22	0.23	0.11	0.12

注:被解释变量 Total 表示家庭所有非耐用品花费,Work 表示与工作相关的非耐用品花费,Food 表示家庭食品花费,Entertainment 表示文娱花费,Remaining 表示余下的非耐用品花费。*、* *及* * *分别表示在 10%、5%与 1%显著性水平下显著,括号中数字为聚类标准误(聚类层级为省份一年龄)。上标 a 表示 $k(s)$断点左侧为三次函数,断点右侧为二次函数,上标 b 表示 $k(s)$断点两侧都是一次函数,上标 c 表示 $k(s)$断点左侧为一次函数,断点右侧为二次函数。

表 9.7 第(3)列结果显示,退休显著降低了食品花费。为说明该结果可能不是由消费者的"非平滑消费行为"引起,作者进一步考察了退休对购物和购买食品花费时间的影响。从表 9.8 中可以看出,退休显著增加了购买食品所花费的时间,作者认为搜寻时间增加有助于降低所购买食品价格。

表 9.8 退休对购物和购买食品花费时间的影响(主回归 2)

项目	(1)[a]	(2)[b]	(3)[c]	(4)[b]
	工作日		周末	
	Shopping_time	**Food_time**	**Shopping_time**	**Food_time**
Retire	26.807	29.297*	−3.885	2.678
丈夫退休虚拟变量	(19.395)	(16.864)	(10.560)	(17.890)
Cons	5.486	50.461***	46.713***	74.726***
常数项	(13.373)	(13.055)	(8.918)	(12.824)
样本量	2 284	2 284	2 284	2 284
R^2	0.06	0.10	0.01	0.03

注:变量 Shopping_time 表示购物所花费的时间,Food_time 表示食物准备花费的时间。*、* *及* * *分别表示在 10%、5%与 1%显著性水平下显著,括号中数字为聚类标准误(聚类层级为省份一年龄)。上标 a 表示 $k(s)$断点左侧为三次函数,在断点右侧为二次函数,上标 b 表示 $k(s)$断点两侧都是一次函数,上标 c 表示 $k(s)$断点左侧为二次函数,断点右侧为一次函数。

本章小结

1. 断点回归设计的基本思想：一个原因变量或干预(D)变量完全依赖于一个参考变量(X)，参考变量本身可以对结果产生影响，也可以不产生影响，如果产生影响，假设结果变量(Y)与参考变量(X)之间的关系是连续的，其他可能影响结果的因素(Z)在断点处也是连续的，那么，结果变量 Y 在断点处的跳跃就可以解释为原因变量 D 的影响。

2. 断点回归设计的分类：精确断点回归与模糊断点回归。精确断点回归是指干预分配完全由参考变量是否超过临界值决定。如果个体在断点处不能精确控制参考变量，使得在断点附近近似形成完全随机化实验，使在断点两边的个体具有非常相似的特征，则可以利用两边个体结果的差异来估计干预的因果效应。模糊断点回归指：如果干预的分配不是完全由参考变量决定的，干预分配还受到其他研究者看不到的因素影响，则断点左右个体接受干预的可能性不同。干预分配概率在临界点会有跳跃，结果变量在临界点也会有跳跃，而其他影响结果的变量在临界点没有跳跃，从而可以将结果变量的跳跃归因于干预变量的影响。

3. RDD方法应用步骤如下。①图形分析。首先画出结果变量与参考变量之间的关系图，如果是模糊断点，再画出原因变量与参考变量的关系图，呈现结果变量和原因变量在断点处的行为，为研究设计提供直观的依据。②因果估计。分别利用断点左右的数据估计线性回归模型或多项式模型。如果是模糊断点，可以用断点作为原因变量的工具变量，并且可以直接使用两阶段最小二乘法标准误差进行统计推断。③稳健性检验。

4. 断点回归设计的估计方法。

(1) 边界非参数回归。对于矩形核函数，RDD 估计量实际上是断点左右 h 范围内观测结果平均值之差，即断点右边结果变量 Y 的平均值与断点左边结果变量 Y 的半均值之差。正如在完全随机化实验中一样，即使干预分配是完全随机化的，两组个体在一些观测特征方面仍然可能存在一定的差异。为了避免局部平均可能造成的偏差，可以利用线性回归针对参考变量进行偏差调整，这就是局部线性回归方法。

(2) 局部线性回归。分别在断点左右两边 h 范围内利用线性回归进行拟合，利用回归调整参考变量不同而造成的可能偏差。是否引入协变量 Z 对估计结果不会有影响，但是如果使用的样本并不是离临界点足够近，那么引入协变量 Z 可以消除由于这些协变量可能造成的部分偏差。如果协变量 Z 是影响潜在结果的重要因素，那么，引入 Z 将可以提高参数的估计精度。

(3) 局部多项式回归。如果断点附近样本量太少，为了得到相对比较精确的参数估计，有时我们不得不选择较大的宽带，带宽较大时，线性近似所造成的偏差可能就会增大，这时局部多项式回归可以捕捉结果变量与参考变量之间的高阶非线性关系，可以得到更好的拟合，从而降低估计偏差。

(4) 模糊断点回归设计的估计。在模糊断点回归中，我们需要估计一个比率。仍然可以采用上文提到的三种方法，不过需要针对结果变量和干预变量分别对断点进行回归，两个回归得到的参数的比率就是模糊断点回归估计量。

第10章
面板数据回归分析

面板数据(panel data)是指对横截面上的每个个体观测多个时期形成的数据。例如，500家上市公司连续 5 年的财务数据，国内各个省、自治区和直辖市连续多年的宏观经济数据，545 个职业男性连续多年的工作状况数据，等等。由于来自横截面和时间两个维度，形成二维的长方形数据集合，故称面板数据。面板数据能大幅提高样本质量，在线性回归模型的估计中能有效缓解多重共线性，提高模型参数估计的精确度。更为重要的是，当存在不可观测的异质性而引起内生性时，采用面板数据可以消除这种异质性，得到回归系数的一致估计。由于面板数据来自两个维度，具有更为复杂的结构，如何有效利用面板数据特殊结构、提高参数估计效率，比单纯利用横截面数据存在更多的困难。

10.1 面板数据和面板数据模型

面板数据与横截面数据有较大区别，需要用不同的符号和模型来表示。

10.1.1 面板数据

面板数据具有横截面和时间两个维度，需要用双下标表示样本。N 个横截面个体、T 个观测时期形成的变量 Y 的样本，表示为 Y_{it}。面板数据用表格列示为

$$\begin{matrix} Y_{11} & Y_{21} & \cdots & Y_{N1} \\ Y_{12} & Y_{22} & \cdots & Y_{N2} \\ \vdots & \vdots & \ddots & \vdots \\ Y_{1T} & Y_{2T} & \cdots & Y_{NT} \end{matrix}$$

表中第 i 列表示第 i 个个体观测 T 期形成的样本，第 t 行表示第 t 个观测期上 N 个个体样本形成的横截面数据。如果 N 远大于 T，样本主要来自横截面，则称面板数据为短面板(short panel)。在短面板数据的分析中，T 固定，有关的极限定理(大数定律和中心极限定理)是针对 $N \rightarrow \infty$ 讨论的。最短的面板数据是 $T=2$ 的两期面板数据。本书只讨论短面板数据的回归分析。Excel 中的面板数据往往是上下叠放。

10.1.2 面板数据模型

这里以三元回归模型为例讨论面板数据的设定、估计和检验。面板数据模型可以表示为

$$Y_{it} = \alpha_i + \beta_0 + \beta_1 X_{1it} + \beta_2 X_{2it} + \beta_3 X_{3it} + u_{it},$$
$$i = 1, 2, \cdots, N; \quad t = 1, 2, \cdots, T \tag{10.1.1}$$

下标 i 表示个体，t 表示时期(以下简称时间)。α_i 为不可观测的随机变量，随个体 i 变化，不随时间变化，称为不可观测的个体异质性。自变量 X_1、X_2 和 X_3 满足外生性假设，即

假设 1：

$$E(\mu_{is} \mid X_{1it}, X_{2it}, X_{3it}) = 0$$
$$s, t = 1, 2, \cdots, T; \quad i = 1, 2, \cdots, N \tag{10.1.2}$$

式(10.1.2)给出的外生性条件较强，要求对于同一个体 i，任何时间 t 的自变量 X_{1it}、X_{2it} 和 X_{3it} 与任何时间 s 的误差项 X_{is} 都不相关。

为简单起见，假设误差项满足同方差和不相关，即

假设 2：

$$\mathrm{Var}(\mu_{it}) = \sigma_u^2$$
$$\mathrm{Cov}(u_{it}, u_{is}) = E(u_{it} u_{is}) = 0, t \neq s$$
$$\mathrm{Cov}(u_{it}, u_{jt}) = E(u_{it} u_{jt}) = 0, i \neq j \tag{10.1.3}$$
$$\mathrm{Cov}(u_{it}, u_{js}) = E(u_{it} u_{js}) = 0, (i, t) \neq (j, s)$$
$$i = 1, 2, \cdots, N; \quad t = 1, 2, \cdots, T$$

如果误差项不满足这些假设，可采用异方差稳健和序列相关稳健的参数估计标准误去计算 t 统计量值。

1. 不可观测的个体异质性

个体异质性是个体本身的特征，不随时间变化，如人的性别。如果可以观测，将个体异质性作为自变量引入模型，起到控制变量的作用，如性别虚拟变量。不可观测时，个体异质性变量无法作为自变量引入模型，只能放入误差项。当与自变量相关时，缺失个体异质性变量将引起内生性，如工资收入模型中的能力变量。

2. 固定效应模型和随机效应模型

不可观测变量 α_i 放入模型误差项后，形成复合误差项 $v_{it} = \alpha_i + u_{it}$。根据是否与自变量相关，丢掉个体异质性变量 α_i 对模型 OLS 估计性质的影响是不同的。如果 α_i 与自变量相关，复合误差项 v_{it} 与自变量相关，导致内生性，OLS 估计不一致；如果 α_i 与自变量不相关，复合误差项 v_{it} 与自变量不相关，OLS 估计是一致估计。

根据 α_i 是否与自变量相关，可以将面板数据模型分为固定效应(fixed effect)模型和随机效应(random effect)模型。

(1) 面板数据回归模型(10.1.1)中的不可观测变量 α_i 与回归自变量相关，称模型(10.1.1)为固定效应模型；

(2) 面板数据回归模型(10.1.1)中的不可观测变量 α_i 与回归自变量不相关，称模型(10.1.1)为随机效应模型。

固定效应模型和随机效应模型对 α_i 的处理方法不同：固定效应模型需要借助面板数据的特殊结构将 α_i 消除掉；随机效应模型中的 α_i 不需要消掉，但并入误差项形成的复合误差项 v_{it} 具有特殊结构，估计模型时需要利用复合误差项的特殊结构提高估计效率。由于对 α_i 处理方式不同，固定效应模型和随机效应模型需要采用不同的估计方法。

10.2　固定效应模型估计及其应用

固定效应模型估计方法的核心，是消掉个体异质性变量 α_i。将模型(10.1.1)按时间 t 求平均，得出

$$\overline{Y}_i = \alpha_i + \beta_0 + \beta_1 \overline{X}_{1i} + \beta_2 \overline{X}_{2i} + \beta_3 \overline{X}_{3i} + \overline{u}_i, i = 1, 2, \cdots, N \tag{10.2.1}$$

其中

$$\overline{Y}_i = T^{-1} \sum_{t=1}^{T} Y_{it}$$

$$\overline{X}_{1i} = T^{-1} \sum_{t=1}^{T} X_{1i}$$

$$\overline{u}_i = T^{-1} \sum_{t=1}^{T} u_{it}$$

类似上述表示，可定义 $\overline{X}_{2i}$ 和 $\overline{X}_{3i}$。按时间平均称为组内平均(within average)。将模型(10.1.1)减去模型(10.2.1)得出

$$Y_{it} - \overline{Y}_i = \beta_1(X_{1it} - \overline{X}_{1i}) + \beta_2(X_{2it} - \overline{X}_{2i}) + \beta_3(X_{3it} - \overline{X}_{3i}) + u_{it} - \overline{u}_i,$$
$$i = 1, 2, \cdots, N; \ t = 1, 2, \cdots, T \tag{10.2.2}$$

模型(10.2.2)中不再包含 α_i。根据假设 1，模型(10.2.2)中的自变量与误差项 $\varepsilon_{it} \equiv u_{it} - \overline{u}_i$ 不相关，其 OLS 估计量是一致估计。采用模型(10.2.2)得出的模型参数估计称为固定效应估计，简称 FE 估计。

在模型(10.1.3)的同方差和不相关假设下，误差项 ε_{it} 满足同方差假设，但不满足不相关假设：ε_{it} 和 ε_{is} 中均含有 $\overline{u}_i$，为提高估计效率，可采用更合适的估计方法。

10.3　随机效应模型估计及其应用

随机效应模型中的个体异质性变量 α_i 与模型自变量不相关，并入误差项后不会引起内生性。因此，随机效应模型估计的核心不是将 α_i 消掉，而是探讨 α_i 并入误差项后形成的复合误差项 $v_{it} = \alpha_i + u_{it}$ 的特殊结构，利用这种特殊结构提高估计的效率。随机效应模型为

$$Y_{it} = \beta_0 + \beta_1 X_{1it} + \beta_2 X_{2it} + \beta_3 X_{3it} + v_{it}$$
$$v_{it} = \alpha_i + u_{it} \tag{10.3.1}$$
$$i = 1, 2, \cdots, N; \ t = 1, 2, \cdots, T$$

其中，v_{it} 为模型误差项。为得出复合误差项 v_{it} 的性质，需要对不可观测异质性做如下假设。

假设 3：

不可观测异质性满足：

(1) α_i，$i=1, 2, \cdots, N$ 独立；

(2) α_i 与 u_{it} 独立，$i=1, 2, \cdots, N$；$t=1, 2, \cdots, T$；

(3) $E(\alpha_i) = 0$；$\mathrm{Var}(\alpha_i) = \sigma_\alpha^2$，$i=1, 2, \cdots, N$。

如果假设 1~假设 3 满足，则可得出以下结论。

结论 1：随机效应模型复合误差项的性质。

如果面板数据模型(10.1.1)的误差项 u_{it} 和个体异质性 α 满足假设 1~假设 3，则 v_{it} 满足：

(1) 对于任何的 i、j 和 t、s，v_{it} 与 X_{1js}、X_{2js}、X_{3js} 不相关；

(2) 对任何的 i 和 t，s 有 $\sigma_v^2 \equiv \text{Var}(v_{it}) = \sigma_\alpha^2 + \sigma_u^2$，$\text{Cov}(v_{it}, v_{is}) = \sigma_\alpha^2$，$t \neq s$。

证明：①由于根据假设 1，u_{it} 与 X_{1js}、X_{2js}、X_{3js} 不相关，根据定义 10.1，α_i 与 X_{1js}、X_{2js}、X_{3j} 不相关。因此，v_{it} 与 X_{1js}、X_{2js}、X_{3j} 不相关。②根据假设 2 和假设 3，有

$$\text{Var}(v_{it}) = \text{Var}(\alpha_i + u_{it}) = \text{Var}(\alpha_i) + \text{Var}(u_{it}) = \sigma_\alpha^2 + \sigma_u^2$$
$$\text{Cov}(v_{it}, v_{is}) = \text{Cov}(\alpha_i + u_{it}, \alpha_i + u_{is}) = \text{Cov}(\alpha_i, \alpha_i) = \sigma_\alpha^2$$

即复合误差项满足同方差假设，并且同一个体不同时期的误差项相关性相同。

模型(10.3.1)不存在内生性，回归系数的 OLS 估计为一致估计。但由于存在相关性，v_{it} 不满足不相关假设，OLS 估计不具有马尔科夫性，不是最优估计。

为了获得最优估计，需要对模型实施变换。可以证明模型

$$Y_{it} - \lambda \overline{Y}_i = \beta_0(1-\lambda) + \beta_1(X_{1it} - \lambda \overline{X}_{1i}) + \beta_2(X_{2it} - \lambda \overline{X}_{2i}) + \beta_3(X_{3it} - \lambda \overline{X}_{3i}) + \varepsilon_{it}$$
$$\varepsilon_{it} = v_{it} - \lambda \overline{v}_i = (1-\lambda)\alpha_i + (u_{it} - \lambda \overline{u}_i), \tag{10.3.2}$$
$$i = 1, 2, \cdots, N; \quad t = 1, 2, \cdots, T$$

误差项 ε_{it} 满足同方差和不相关假设。采用 OLS 估计模型(10.3.2)得出的回归系数估计，称为随机效应模型估计，简称 RE 估计。

随机效应采用的估计模型(10.3.2)和固定效应模型(10.2.2)有类似的地方，即都是将变量减去按时间平均后的值，只不过随机效应模型中变量减去的值是变量时间平均值的 λ 倍。λ 称为权重参数(weight)，用 σ_u^2 和 σ_α^2 计算，即

$$\lambda = 1 - \frac{\sigma_u}{\sqrt{\sigma_u^2 + T\sigma_\alpha^2}} = 1 - \sqrt{\frac{1}{1 + T(\sigma_\alpha^2 / \sigma_u^2)}} \tag{10.3.3}$$

要对模型(10.3.2)进行估计，首先需要估计权重参数 λ，即要估计出 σ_α^2 和 σ_u^2。σ_α^2 和 σ_u^2 称为成分方差，意指复合误差项 $v_{it} = \alpha_i + u_{it}$ 两种成分 α_i 和 u_t 的方差。估计 σ_α^2 和 σ_u^2 的方法有三种，分别是 Swamy-Arora 方法、Wallace-Hussain 方法和 Wansbeek-Kapteyn 方法，最常用的是 Swamy-Arora 方法。在样本量足够大时，三种方法得出的结论十分接近。

模型(10.3.2)误差项的同方差性和不相关性依赖假设 1~假设 3。当这些假设不成立时，OLS 估计仍然具有一致性，但参数的协方差矩阵和标准误计算方法需要进行调整。

10.4　是固定效应，还是随机效应——Hausman 检验

Hausman 检验的想法是将固定效应模型和随机效应模型得出的参数估计进行比较，如果差别不显著，则认为应该采用随机效应模型的估计结果，否则采用固定效应模型的估计结果。其逻辑基础是，固定效应模型估计将个体异质性 α_i 消掉，不管 α_i 是否和模型自变量相关(即不管是固定效应还是随机效应)，参数估计都是一致估计；而随机效应模型估计只

有在 α_i 和自变量不相关时，估计结果才是一致估计。Hausman 检验构造的统计量只对斜率系数进行比较。

以三元模型 $Y_{it} = \alpha_i + \beta_0 + \beta_1 X_{1it} + \beta_2 X_{2it} + \beta_3 X_{3it} + u_{it}$ 为例进行说明。Hausman 检验的原假设不存在固定效应，应该采用随机效应模型的估计结果；备择假设存在固定效应，应该采用固定效应模型的估计结果。假设三个斜率参数的固定效应估计和随机效应估计分别为 $\hat{\beta}_1^{\mathrm{FE}}$、$\hat{\beta}_2^{\mathrm{FE}}$、$\hat{\beta}_3^{\mathrm{FE}}$ 和 $\hat{\beta}_1^{\mathrm{RE}}$、$\hat{\beta}_2^{\mathrm{RE}}$、$\hat{\beta}_3^{\mathrm{RE}}$。要对两组参数的接近程度进行比较，可用 $(\hat{\beta}_1^{\mathrm{FE}} - \hat{\beta}_1^{\mathrm{RE}})^2$、$(\hat{\beta}_2^{\mathrm{FE}} - \hat{\beta}_2^{\mathrm{RE}})^2$ 和 $(\hat{\beta}_3^{\mathrm{FE}} - \hat{\beta}_3^{\mathrm{RE}})^2$ 构造接近程度的统计量。据此定义 Hausman 检验统计量，并且证明在原假设下统计量服从自由度为 3 的 χ^2 分布。据此可以对原假设进行检验。

除了对整体规模进行 Hausman 检验之外，还可以对各个斜率参数两种估计结果的接近程度进行比较检验。以 β_1 为例。由于 $\hat{\beta}_1^{\mathrm{FE}}$、$\hat{\beta}_1^{\mathrm{RE}}$ 近似服从正态分布，$\hat{\beta}_1^{\mathrm{FE}} - \hat{\beta}_1^{\mathrm{RE}}$ 近似服从正态分布。设 $\mathrm{Var(Diff)}$ 表示 $\hat{\beta}_1^{\mathrm{FE}} - \hat{\beta}_1^{\mathrm{RE}}$ 的方差估计，则

$$t_{\beta_1} = \frac{\hat{\beta}_1^{\mathrm{FE}} - \hat{\beta}_1^{\mathrm{RE}}}{\mathrm{Var(Diff)}} \sim_{(a)} N^{'}(0,1) \tag{10.4.1}$$

据此可以对 $\hat{\beta}_1^{\mathrm{RE}}$ 是否为 β_1 的一致估计进行检验：如果 t_{β_1} 足够大，则表明随机效应模型估计量和固定效应模型估计量有显著区别，$\hat{\beta}_1^{\mathrm{RE}}$ 不是 β_1 的一致估计；否则表明 $\hat{\beta}_1^{\mathrm{RE}}$ 是 β_1 的一致估计。类似可以定义 t_{β_2} 和 t_{β_3} 对 $\hat{\beta}_2^{\mathrm{RE}}$ 和 $\hat{\beta}_3^{\mathrm{RE}}$ 是否为 β_2 和 β_3 的一致估计进行检验。

10.5 双重差分法

在前面的章节中，我们介绍了处理内生性问题的随机化实验方法、匹配方法及工具变量方法，本章介绍另一种处理内生性问题的方法——双重差分法(difference-in-differences)。双重差分法是估计因果效应常用的一种方法，尤其是在评估一项政策对特定人群所产生的影响时，该方法有很高的使用频率[①]。不过，相比前面章节，这种方法对数据结构的要求也更高，不仅需要样本数据中同时存在受政策影响的处理组和不受政策影响的控制组[②]，还要求在政策发生(或者处理)前后都存在可观测样本，这使得我们需要使用面板数据或者混合截面数据。根据政策发生前后(即时间维度)和是否受政策影响(即组别维度)这两个维度，可以将样本内个体划分为 4 类主体，分别是政策实施前不受政策影响的处理组和控制组；政策实施后，受政策影响的处理组和不受政策影响的控制组。基于以上数据结构，双重差分法的估计思想可以简要概括为，在处理组和控制组满足相同时间趋势的条件下，可以利用控制组在政策实施前后及处理组在政策实施前这几类主体的信息构造政策发生后处理组的不受政策影响的"反事实"结果。基于上述构造出的"反事实"结果，能够估计出政策实施对于处理组所产生的效应，也就是处理组的平均处理效应(ATT)。

基于潜在结果框架，本节以职工培训为例对双重差分法的基本原理进行阐述。令 Y_{0it} 表示 t 时期 i 个体(如果)没有参加就业培训所获得的潜在收入；相应地，表示 t 时期 i 个体(如果)参加就业培训所获得的潜在收入。个体 i 在 t 时期是否参加就业培训以 D_{it} 来表示，当个

[①] 这里所指的政策是广泛意义上的一种干预，它也可以是一项措施或者某项经济活动，比如中央政府实施的"全面二孩"政策、针对特定群体的职业培训等。

[②] 在一些计量经济学教材中，处理组又被称为实验组或者干预组，控制组被称为对照组，它们本质上想表达的意思是一致的。为保证统一性，本书只使用处理组和控制组的称谓。

体参加培训时，D_{it} 取值为 1，不参加则取值为 0①。为便于说明，将没有参加培训的潜在收入 Y_{0it} 和有参加培训的潜在收入 Y_{1it} 分别用如下式子表示：

$$Y_{0it} = \alpha + \varepsilon_{it} \tag{10.5.1}$$

$$Y_{1it} = \alpha + \tau_i + \varepsilon_{it} \tag{10.5.2}$$

式(10.5.1)和式(10.5.2)中参数 α 等于 Y_{0it} 的期望值 $E(Y_{0i})$，对每一个体都相同；ε_i 等于 $Y_{0i} - E(Y_{0i})$，在个体间存在差异，从而刻画了个体异质性特征。α 为截距项，τ_i 是我们感兴趣的因果效应参数，表示由于参加就业培训个体所获得的额外收益，即参与培训的效果。在异质性因果效应下，τ_i 在个体间存在差异。ε_{it} 代表结构误差项，它刻画了个体收入中所有不能由截距项及就业培训解释的部分。

观测到的结果 Y_{it} 和潜在结果 (Y_{0it}, Y_{1it}) 之间的关系，可以用公式表示为

$$Y_{it} = D_{it}Y_{1it} + (1 - D_{it})Y_{0it} \tag{10.5.3}$$

将式(10.5.1)和式(10.5.2)所表示的潜在结果 Y_{0it} 和 Y_{1it} 代入式(10.5.3)，整理得

$$Y_{it} = \alpha + \tau_i D_{it} + \varepsilon_{it} \tag{10.5.4}$$

对于是否参与培训的状态 D_{it}，可以进一步将其进行分解为

$$D_{it} = G_i \times T_t \tag{10.5.5}$$

式(10.5.5)中 T_t 为时间虚拟变量。不妨假设只存在两个时期，培训之前的时期 t_0 和培训之后的时期 t_1。当样本个体处于就业培训后的 t_1 期时，$T_t = 1$；当样本个体处于就业培训前的 t_0 期时，$T_t = 0$。G_i 为组别虚拟变量，若样本个体最终参与培训，则记为处理组，$G_i = 1$；若样本个体最终未参与培训，则记为控制组，$G_i = 0$。表 10.1 展示了培训参与状态 D_{it} 与时间虚拟变量 T_t 及组别虚拟变量 G_i 之间的关系。由于属于控制组 $(G_i = 0)$ 的个体，他们从未参与培训，所以 D_{it} 取值总为 0；而属于处理组的个体在 t_1 时期参与了培训，所以 D_{it} 取值为 1，在 t_0 时期培训还未开展，因此没有参与培训，D_{it} 取值为 0。

表 10.1　培训参与状态与时间和组别之间的关系

D_{it} 取值	$T_t=0$	$T_t=1$
$G_i=0$	0	0
$G_i=1$	0	1

综上所述，式(10.5.4)可以转换为

$$Y_{it} = \alpha + \tau_i G_i \times T_t + \varepsilon_{it} \tag{10.5.6}$$

此外，为便于下文解释双重差分法的估计原理，可以进一步将结构误差项 ε_{it} 分解为如下三部分：

$$\varepsilon_{it} = \theta_g + \varphi_t + \zeta_{it} \tag{10.5.7}$$

---

① 这里的潜在结果变量 Y_{0it} 和 Y_{1it} 及状态变量 D_{it} 与 Y_{0i} 和 Y_{1i} 及 D_i 所表征的含义是一样的，但由于双重差分法要求在时间上有跨度，所以增加了 t 代表时间的下角标。

其中，θ_g 表示组别固定效应，组别固定效应的作用是控制住那些不随时间而变化的组别特征；φ_t 是时间固定效应，表示宏观层面上对个体的冲击，它对每个个体都相同；ζ_{it} 代表新的结构误差项，假定 $E(\zeta_{it} \mid D_{it}) = 0$。

在政策评估中，我们感兴趣的因果效应参数往往是处理组平均处理效应(ATT)。这在职工营业培训效果评估的例子中就是就业培训对参与者收入的影响，也就是处理组中个体 i 参与培训所获得的期望收益 $E(Y_{1it_1} \mid G_i = 1)$ 与不参与培训时所得到的期望收益 $E(Y_{0it_1} \mid G_i = 1)$ 之差，即

$$\tau = E(Y_{it_1} - Y_{0it_1} \mid G_i = 1) = E(Y_{1it_1} \mid G_i = 1) - (Y_{0it_1} \mid G_i = 1) \tag{10.5.8}$$

在现实生活中，对于处理组个体而言，t_1 期的观测结果 Y_{it_1} 就是其潜在结果 Y_{1it_1}，即 $E(Y_{1it_1} \mid G_i = 1) = E(Y_{it_1} \mid G_i = 1)$。但是，其不参与培训的潜在收入 $E(Y_{0it_1} \mid G_i = 1)$ 无法观测，因此 $E(Y_{0it_1} \mid G_i = 1)$ 是"反事实"结果。在政策评估中最为关键的一步就是将"反事实"结果合理地估计出来。

为了阐述双重差分法的估计原理，基于图 10.1，我们首先介绍两种常见的"不合理"估计方法。在图 10.1 中，点 $E(Y_{it_0} \mid G_i = 0)$ 和 $E(Y_{it_1} \mid G_i = 0)$ 分别表示控制组在项目实施前后的期望收入，点 $E(Y_{it_0} \mid G_i = 1)$ 和 $E(Y_{it_1} \mid G_i = 1)$ 分别表示处理组在项目实施前后的期望收入。点 $E(Y_{it_0} \mid G_i = 0)$ 和 $E(Y_{it_1} \mid G_i = 0)$ 的连线描述了控制组收入从 t_0 期到 t_1 期的时间变化趋势，$E(Y_{it_0} \mid G_i = 1)$ 和 $E(Y_{it_1} \mid G_i = 1)$ 的连线是相应处理组收入的时间变化趋势。

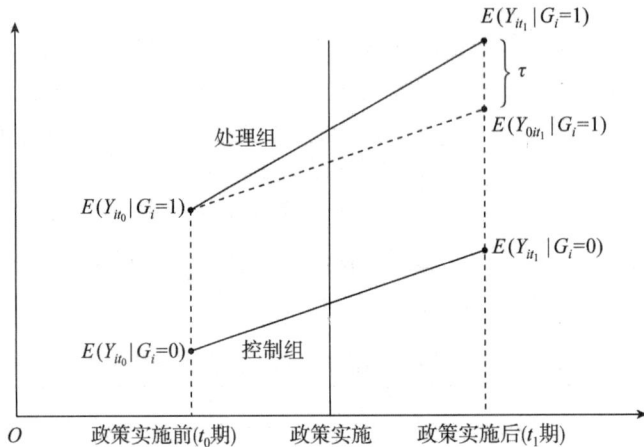

图 10.1 双重差分估计示意图

对于参与项目培训个体的期望收益 $E(Y_{it_1} \mid G_i = 1)$ 的"反事实"结果，$E(Y_{0it_1} \mid G_i = 1)$ 的构造主要存在以下三种方法。

方法(1)：可以采用处理组个体在培训前的期望收入 $E(Y_{it_0} \mid G_i = 1)$ 作为"反事实"结果。在此情况下，估算出来的培训效果可以表示为

$$\begin{aligned} \tilde{\tau} &= E(Y_{it_0} \mid G_i = 1) - E(Y_{it_0} \mid G_i = 1) \\ &= E[\alpha + \tau_i + (\theta_g + \varphi_{t_1}) \mid G_i = 1] - E[\alpha + (\theta_g + \varphi_{t_1}) \mid G_i = 1] \\ &= \tau + \varphi_{t_1} - \varphi_{t_0} \end{aligned} \tag{10.5.9}$$

在式(10.5.9)的推导过程中，第二个等号我们用到了结构方程 $Y_{it} = \alpha + \tau_i D_{it} + \varepsilon_{it}$ 和结构

误差项分解方程 $\varepsilon_{it} = \theta_g + \varphi_t + \zeta_i$。整理后得到,在以 $E(Y_{it_0} | G_i = 1)$ 作为"反事实"的情况下,所估计出来的参与培训的效果 $\tilde{\tau}$ 是真实培训效果 τ 及两期宏观冲击之差 $\varphi_{t_1} - \varphi_{t_0}$ 的加总。一般情况下,宏观经济环境在不断发生着变化,所以 φ_t 在培训时间前后是不一样的,即 $\varphi_{t_1} - \varphi_{t_0} \neq 0$。从而可知 $\tilde{\tau} \neq \tau$,采用处理组个体参与培训前的平均收入 $E(Y_{it_0} | G_i = 1)$ 作为"反事实"所估计出来的培训效果并不具有因果解释。

方法(2):"反事实"结果构造的第二种方法是利用未参与培训的个体在培训时期 t_1 的期望收入 $E(Y_{it_1} | G_i = 0)$ 作为代理。此时参与培训的效果可以表示为

$$
\begin{aligned}
\tilde{\tau} &= E(Y_{it_0} | G_i = 1) - E(Y_{it_0} | G_i = 0) \\
&= E[\alpha + \tau_i + (\theta_g + \varphi_{t_1}) | G_i = 1] - E[\alpha + (\theta_g + \varphi_{t_1}) | G_i = 0] \\
&= \tau + E(\theta_g | G_i = 1) - (\theta_g | G_i = 0)
\end{aligned} \tag{10.5.10}
$$

此时估计出来的培训效果 $\tilde{\tau}$ 是真实培训效果 τ 和 $E(\theta_g | G_i = 1) - (\theta_g | G_i = 0)$ 的加总。其中,$E(\theta_g | G_i = 1) - (\theta_g | G_i = 0)$ 表示处理组和对照组的组别固定效应之差。由于这两个组本身就存在不一样的特征,一般 $E(\theta_g | G_i = 1)$ 并不等于 $E(\theta_g | G_i = 0)$,所以采用 $E(Y_{it_1} | G_i = 0)$ 作为"反事实"所估计出来的就业培训效果也就不具有因果解释。

方法(3):关于 $E(Y_{it_1} | G_i = 1)$ 的"反事实"结果的第三种构造方法是以图 10.1 中的点 $E(Y_{0it_1} | G_i = 1)$ 表示,这一"反事实"构造是在共同趋势假设的基础上所得出的。共同趋势假设指的是如果没有实施政策,那么处理组和控制组的结果在时间上的变动趋势是一致的。以职业培训为例,共同趋势指参加职业培训的这部分个体如果没有参加职业培训,那么他们的收入变化趋势和那些从未参与职业培训的个体的收入在时间上的变化趋势是一致的。表现在图 10.1 中就是点 $E(Y_{it_0} | G_i - 0)$ 和点 $E(Y_{it_1} | G_i = 0)$ 连成的直线与点 $E(Y_{it_0} | G_i = 1)$ 和点 $E(Y_{0it_1} | G_i = 1)$ 连成的直线是平行的。如果两条直线平行,那么这两条直线之间的距离是相等的,从而能够得出参与培训前处理组和控制组工资的差异等于参与培训后处理组如果不参与培训("反事实"结果)的工资和控制组工资的差异,即

$$
E(Y_{it_0} | G_i = 1) - E(Y_{it_0} | G_i = 0) = E(Y_{0it_1} | G_i = 1) - E(Y_{it_1} | G_i = 0) \tag{10.5.11}
$$

将式(10.5.11)进行恒等式变形有

$$
E(Y_{0it_1} | G_i = 0) = E(Y_{it_0} | G_i = 1) + E(Y_{it_1} | G_i = 0) - E(Y_{it_0} | G_i = 0) \tag{10.5.12}
$$

通过式(10.5.12)可以看出,在共同趋势假设下,我们可以通过现有数据可观测的结果[式(10.5.12)等号右侧部分]来构造不可观测的"反事实"结果 $E(Y_{0it_1} | G_i = 1)$。将构造出来的"反事实"结果式(10.5.12)代入项目培训效果 τ 的方程式(10.5.8),有

$$
\begin{aligned}
\tau &= E(Y_{it_1} | G_i = 1) - E(Y_{0it_1} | G_i = 1) \\
&= E(Y_{it_1} | G_i = 1) - [E(Y_{it_0} | G_i = 1) + E(Y_{it_1} | G_i = 0) - E(Y_{it_0} | G_i = 0)] \\
&= \underbrace{[E(Y_{it_1} | G_i = 1) - E(Y_{it_0} | G_i = 1)]}_{\text{处理组结果变化}} - \underbrace{[E(Y_{it_1} | G_i = 0) - E(Y_{it_0} | G_i = 0)]}_{\text{控制组结果变化}}
\end{aligned} \tag{10.5.13}
$$

通过恒等式变换,为了得到最终的政策效应 τ,需要进行两次差分,这种方法被称为双重差分法。该方法优于前面"反事实"构造的两种方法,因为它既可以克服方法(1)中所

存在的宏观形势波动，又可以克服方法(2)中的组别差异情况。

式(10.5.13)还可以表示为

$$
\begin{aligned}
\tau &= E(Y_{it_1} \mid G_i = 1) - E(Y_{0it_1} \mid G_i = 1) \\
&= E(Y_{it_1} \mid G_i = 1) - [E(Y_{it_0} \mid G_i = 1) + E(Y_{it_1} \mid G_i = 0) - E(Y_{it_0} \mid G_i = 0)] \\
&= \underbrace{[E(Y_{it_1} \mid G_i = 1) - E(Y_{it_0} \mid G_i = 1)]}_{\text{处理组结果变化}} - \underbrace{[E(Y_{it_1} \mid G_i = 0) - E(Y_{it_0} \mid G_i = 0)]}_{\text{控制组结果变化}}
\end{aligned}
\tag{10.5.14}
$$

也就是说，我们可以从两个角度来对双重差分法进行解读。第一种解释如式(10.5.13)所示，它将处理组政策前后的结果变化与控制组政策前后的结果变化相减，从而剔除了共同的时间变化趋势，进而得到政策估计的效果。另一种解释可以通过式(10.5.14)来表达，它主要运用到如下思想：如果没有实施政策，那么在政策实施的时间前后，处理组和控制组的结果差异应该是相同的。所以双重差分估计又可以通过政策实施后两组结果的差异与政策实施前两组结果的差异相减来进行，从而扣除这种在政策时间前后处理组和控制组之间不随时间变化的差异。

在双重差分法基本原理的介绍过程中，我们运用到一条非常关键的假设，即共同趋势假设。它要求在没有政策实施的情况下，处理组的变动趋势和控制组的变动趋势是一样的，即那些无法观测的因素对这两组的影响是一致的。正是基于这一假设，才能够利用现有数据的信息构造出处理组在如果没有受到政策影响情况下的"反事实"结果。下面对共同趋势假设的数学表示进行推导。

根据式(10.5.13)，可将处理组和控制组在政策实施前后的期望结果分别表示为

$$
E(Y_{it_1} \mid G_i = 1) = \alpha + \tau + E(\varepsilon_{it_1} \mid G_i = 1)
\tag{10.5.15}
$$

$$
E(Y_{it_0} \mid G_i = 1) = \alpha + E(\varepsilon_{it_0} \mid G_i = 1)
\tag{10.5.16}
$$

$$
E(Y_{it_1} \mid G_i = 0) = \alpha + E(\varepsilon_{it_1} \mid G_i = 0)
\tag{10.5.17}
$$

$$
E(Y_{it_0} \mid G_i = 0) = \alpha + E(\varepsilon_{it_0} \mid G_i = 0)
\tag{10.5.18}
$$

正如前文所提到的，双重差分法所估计出来的政策效应可以用处理组政策实施前后的变化与控制组政策实施前后的变化相减得到，运用式(10.5.15)至式(10.5.18)进行相应的计算，有

$$
\begin{aligned}
\tau_{\text{DID}} &= [E(Y_{it_1} \mid G_i = 1) - E(Y_{it_0} \mid G_i = 1)] - [E(Y_{it_1} \mid G_i = 0) - E(Y_{it_0} \mid G_i = 0)] \\
&= \tau + [E(\varepsilon_{it_1} \mid G_i = 1) - E(\varepsilon_{it_0} \mid G_i = 1)] - [E(\varepsilon_{it_1} \mid G_i = 0) - E(Y_{it_0} \mid G_i = 0)]
\end{aligned}
\tag{10.5.19}
$$

为了使式(10.5.19)中的政策效应估计值 τ_{DID} 与真实的政策效应 τ 相等，需要有共同趋势假设。共同趋势假设是指在没有实施政策的情况下，处理组的变动趋势和控制组的变动趋势是一致的，如式(10.5.20)或(10.5.21)所示，表达式为

$$
E(Y_{it_0} \mid G_i = 1) - E(Y_{it_0} \mid G_i = 0) = E(Y_{0it_1} \mid G_i = 1) - E(Y_{it_1} \mid G_i = 0)
\tag{10.5.20}
$$

$$
E(\varepsilon_{it_1} \mid G_i = 1) - E(\varepsilon_{it_1} \mid G_i = 1) = E(\varepsilon_{it_1} \mid G_i = 0) - E(\varepsilon_{it_0} \mid G_i = 0)
\tag{10.5.21}
$$

式(10.5.21)的另一种表述方式为

$$E(\varepsilon_{it_1} - \varepsilon_{it_0} \mid G_i = 1) = E(\varepsilon_{it_1} - \varepsilon_{it_0} \mid G_i = 0) = E(\varepsilon_{it} - \varepsilon_{it_0}) \tag{10.5.22}$$

这也就意味着组别变量 G_i 和不可观测的收益差 $\varepsilon_{it} - \varepsilon_{it_0}$ 是相互独立的。这一假设相比于 D_{it} 和 ε_{it} 不相关的假设更弱，它允许个体基于无法观测的收益 ε_{it} 来选择是否接受该政策进入处理组，但不能基于无法观测的两期收益之差 $\varepsilon_{it_1} - \varepsilon_{it_0}$ 来选择。若个体所处的组别 G_i 和不可观测的收益差 $\varepsilon_{it_1} - \varepsilon_{it_0}$ 相关，则预期收益差越高的个体会越倾向于参加该政策，进入处理组。以职工参与就业培训为例，如果培训对每个个体的效果是不一样的，那么预期就业培训收益大的职工会更积极地参加培训，进入处理组，从而个体所属组别 G_i 就和工资提升的收益差 $\varepsilon_{it_1} - \varepsilon_{it_0}$ 产生了相关性。此时双重差分法存在内生性问题，估计出来的培训效果不再具有因果解释。

需要注意的是，在"反事实"构造方法(3)的阐述过程中，主要运用了式(10.5.20)或式(10.5.21)的共同趋势假设，并未使用到式(10.5.7)中新的结构误差项条件期望为 0，即 $E(\zeta_{it} \mid D_{it}) = 0$ 的假设。事实上，假设条件 $E(\xi_{it} \mid D_{it}) = 0$，比共同趋势假设要求更强，它和式(10.5.7)也能够保证共同趋势假设成立。具体证明过程并不复杂，留给读者作为练习。

要使双重差分法所估计出来的政策效应具有因果解释，稳定个体干预值假设(SUTVA)也非常重要。该假设保证了不同组别之间不会有相互交流，即某项政策对于处理组的影响不会传导到控制组，从而对控制组造成间接影响。在该假设被违背的情况下，政策将会因为溢出效应的存在，同时对处理组和控制组产生影响，使控制组的变化趋势中包含了一部分政策效应。此时采用控制组的表现作为处理组"反事实"结果，这种构造是不合适的，所估计出来的结果也不再具有因果解释。

我们以房屋限购为例来对稳定个体干预值假设的重要性进行说明。某城市内部有相邻的两个区：A 区和 B 区。某一年，当地政府出台了一项针对 A 区的房屋限购政策，而与 A 区紧密相邻的 B 区却没有相应的限购政策，房屋可以自由买卖。政府需要评估 A 区的房屋限购政策对该区房价的影响。为此我们将 A 区的房价视作限购政策的处理组，图 10.2 中的点 $E(Y_{it_0} \mid G_i = 1)$ 和点 $E(Y_{it_1} \mid G_i = 1)$ 分别表示限购政策前 t_0 期和限购政策后 t_1 期 A 区房价的期望值；将 B 区的房价作为控制组，该区域内并没有房屋限购政策，限购前后相应房价的期望值以图 10.2 中的点 $E(Y_{it_0} \mid G_i = 0)$ 和点 $E(Y_{it_1} \mid G_i = 0)$ 表示。在双重差分法下，根据共同趋势假设，如果没有限购政策，那么受政策影响的 A 区房价应该和不受政策影响的 B 区房价有相同的波动趋势[即点 $E(Y_{it_0} \mid G_i = 0)$ 和点 $E(Y_{it_1} \mid G_i = 0)$ 连成的直线与 $E(Y_{it_0} \mid G_i = 1)$ 和点 $E(Y_{0it_1}^{**} \mid G_i = 1)$ 连成的直线是平行的]。基于这一假设，可以构造出在 t_1 时期，受限购政策影响的 A 区，在假设没有限购政策时的平均房价，$E(Y_{0it_1} \mid G_i = 1)$ 这一"反事实"结果，此时估算出限购政策导致 A 区平均房价下降了 $E(Y_{0it_1}^{**} \mid G_i = 1) - E(Y_{it_1} \mid G_i = 1)$。在现实情况中，对 A 区进行房屋限购的政策会对 B 区的房价产生清出效应。A 区限购政策导致原本打算在 A 区买房的某些家庭不再有资格在 A 区买房，他们转而投向与 A 区临近的 B 区，导致 B 区购房需求增加，从而推高了 B 区的住房价格。表现在图 10.2 中就是，在没有限购政策的情况下，t_1 时期 B 区的房价应该为 $E(Y_{0it_1}^{*} \mid G_i = 0)$，对应的平均房价走势为点 $E(Y_{it_0} \mid G_i = 0)$ 与点 $E(Y_{0it_1}^{*} \mid G_i = 0)$ 连成的直线。由于存在限购政策的溢出效应，B 区的房价上涨到 $E(Y_{it_1} \mid G_i = 0)$。在没有政策溢出的情况下，若没有限购，只要 A 区房价和 B 区房价满足共同趋势的假设 [即图 10.2 中点 $E(Y_{it_0} \mid G_i = 0)$ 与 $E(Y_{0it_1}^{*} \mid G_i = 0)$ 连线与点 $E(Y_{it_0} \mid G_i = 1)$ 和点 $E(Y_{0it_1}^{*} \mid G_i = 1)$ 连线是

平行的]，我们就可以构造出不含政策溢出时的"反事实"结果 $E(Y_{0it_1}|G_i=1)$。在此情况下，估算出来的限购政策导致 A 区房价下降 $E(Y_{0it_1}^*|G_i=1)-E(Y_{it_1}|G_i=1)$。与实际估算出来的政策效应 $E(Y_{0it_1}^{**}|G_i=1)-E(Y_{it_1}|G_i=1)$ 相比，不包含政策溢出时的限购政策作用更小。换句话说，一旦稳定个体干预值假设被违背，政策存在溢出效应时，双重差分法会高估限购政策对房屋价格的负向影响。

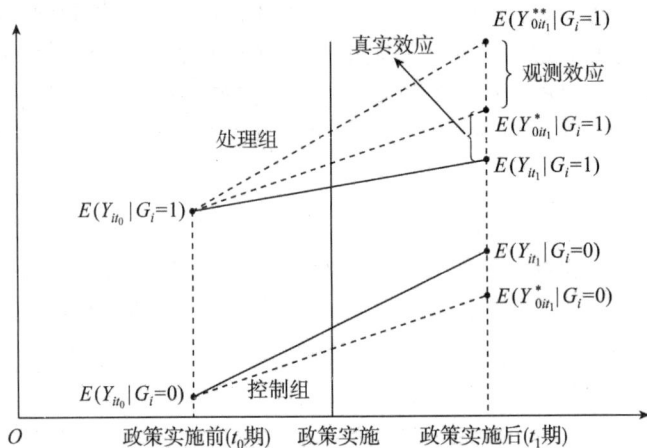

图 10.2　房屋限购政策对房价的影响

10.6　双重差分的回归表达

10.6.1　不包含控制变量情形

在两时期、两组别的情况下，根据上一节式(10.5.6)和式(10.5.7)，观测结果 Y_{it} 可以表示为

$$Y_{it}=\alpha+\tau_i G_i\times T_t+\varepsilon_{it}=\alpha+\tau_i G_i\times T_t+\theta_g+\varphi_t+\zeta_{it} \tag{10.6.1}$$

其中，G_i 是个体 i 所在组别的虚拟变量，$G_i=0$ 代表个体 i 属于控制组，$G_i=1$ 代表个体 i 属于处理组；T_t 为时间虚拟变量，$T_t=0$ 表示政策实施之前的 t_0 时期，$T_t=1$ 表示政策实施之后的 t_0 时期；θ_g 表示组别固定效应，用于控制不随时间变化的组别特征；φ_t 是时间效应，表示 t 时期所有个体受到的宏观层面上相同的冲击；ζ_{it} 是结构误差项，代表个体无法观测的特征，$E(\zeta_{it}|G_i,T_t)=0$。对于式(10.6.1)，事实上还可以只用包含 G_i 和 T_t 的表达式进行表达。此时，个体 i 不受政策影响的潜在结果 Y_{0it}，可以表示为

$$Y_{0it}=\alpha+\beta G_i\times\delta T_t+\zeta_{it} \tag{10.6.2}$$

其中，βG_i 项等同于刻画组别固定效应 θ_g，δT_t 项等同于刻画时间效应 φ_t。因此，潜在结果 Y_{0it} 的条件期望可以表示为

$$E(Y_{0it}|G_i,T_t)=\alpha+\beta G_i\times\delta T_t \tag{10.6.3}$$

受政策影响的潜在结果 Y_{1it} 的条件期望则可以表示为

$$E(Y_{1it} \mid G_i, T_t) = E(Y_{0it} \mid G_i, T_t) + \tau = \alpha + \beta G_i \times \delta T_t + \tau G_i \times T_t \tag{10.6.4}$$

其中，参数 τ 是处理组的平均处理效应。根据式(10.6.4)，双重差分法的回归模型可以表示为

$$Y_{it} = \alpha + \beta G_i + \delta T_t + \tau G_i \times T_t + \zeta_{it} \tag{10.6.5}$$

在式(10.6.5)中，时间虚拟变量 T_t 前面的系数 δ 不受组别 G_i 的影响，这意味着处理组有相同的时间变化趋势。因此，式(10.6.5)隐含着共同趋势假设得到满足。进一步地，处理组和控制组在政策发生前后的差异如表 10.2 所示。

表 10.2　处理组和控制组在政策发生前后的差异

条件期望 $E(Y_{it}\mid G_i, T_t)$	政策发生前 $T_t = 0$	政策发生后 $T_t = 1$	政策发生前后的差异
控制组 $G_i = 0$	$\alpha + \beta$	$\alpha + \delta$	δ
处理组 $G_i = 0$	$\alpha + \beta$	$\alpha + \beta + \delta + \tau$	$\delta + \tau$
组间差异	β	$\beta + \tau$	τ

由表 10.2 可知，将处理组政策实施前后结果变化与控制组政策实施前后结果变化相减，就能够得到政策对处理组所产生的影响效果，即

$$\begin{aligned} &[E(Y_{it}\mid G_i = 1, T_t = 1) - E(Y_{it}\mid G_i = 1, T_t = 0)] \\ &- [E(Y_{it}\mid G_i = 0, T_t = 1) - E(Y_{it}\mid G_i = 1, T_t = 0)] \\ &= [(\alpha + \beta + \delta + \tau) - (\alpha + \beta)] - [(\alpha + \beta) - \alpha] \\ &= \tau \end{aligned} \tag{10.6.6}$$

由此可知，式(10.6.5)双重差分回归模型中参数 τ 就是我们所感兴趣的政策效应。

当共同趋势假设被违背时，处理组和控制组之间将存在不同的时间趋势，在模型中表示为控制组中时间虚拟变量 T_t 前面的系数为 δ，处理组中相应的系数为 $\delta + \gamma$，如式(10.6.7)所示，该式比原来的回归模型式(10.6.5)多了 $\gamma G_i \times T_t$ 这一项，即

$$\begin{aligned} Y_{it} &= \alpha + \beta G_i + \delta T_t + \gamma G_i \times T_t + \tau G_i \times T_t + \zeta_{it} \\ &= \alpha + \beta G_i + \delta T_t + (\gamma + \tau) G_i \times T_t + \zeta_{it} \end{aligned} \tag{10.6.7}$$

式(10.6.7)最右边的项在形式上与式(10.6.5)双重差分法的回归表达式一致。因此，当共同趋势假设被违背时，使用双重差分法估计式(10.6.7)所得到的政策处理效应估计系数 τ_{DID} 包含了时间效应 γ 和政策处理效应 τ，此时 τ_{DID} 是我们感兴趣的政策效应 τ 的有偏估计。

10.6.2　包含控制变量情形

前面介绍的双重差分法的回归表述中，不包含控制变量，而在更一般化的双重差分法中，通常还会加入一些控制变量。包含控制变量的好处在于，处理组和控制组之间非平行的时间趋势可能是由遗漏变量导致的，在方程中引入更多的控制变量可以缓解组间趋势不平行的问题及由此导致的内生性问题。加入控制变量 X_{it} 后的回归方程相应地表示为

$$Y_{it} = \alpha + \beta G_i + \delta T_t + \tau G_i \times T_t + \gamma X_{it} + \zeta_{it} \tag{10.6.8}$$

对于式(10.6.8)，在员工职业培训的例子中，X_{it} 可以表示个体的受教育程度。受教育程度不仅会直接影响个体的收入水平 Y_{it}，还会影响个体培训参与的状态，即个体所处的组别，

因为不同受教育程度的个体对项目培训存在认知差异。因此在回归模型中，受教育程度 X_{it} 是一个应该控制的变量。在回归模型中，控制住个体受教育程度可以缓解内生性问题。

10.6.3 用连续变量表示政策实施强度

在前文的介绍中，我们假设政策实施只对某个组有影响，而对另一组没有影响，并且政策实施强度对所有受影响的个体一致，这使得可以使用组别虚拟变量 G_i 表示政策实施强度，构造是否受到政策处理的状态变量 $G_i \times T_t$。此时 $G_i = 1$ 不仅表示个体 i 位于处理组，还表示不同个体 i 面临的政策实施强度是相同的。然而，在现实中，有时候不同个体(或组别)所面临的政策实施强度并不相同，特别是当样本中所有个体(或组别)都受到强度不同的政策影响时，此时使用组别虚拟变量 G_i 就无法准确构造个体(或组别)所面临的政策实施强度。对此，我们可以采用一个连续变量 M_{ig} 来反映不同个体 i 所面临的不同政策实施强度，其中，i 表示个体，g 表示个体 i 所在的组别。而在回归模型设定中，只需将式(10.6.5)中政策处理状态变量 $G_i \times T_t$ 替换为 $M_{ig} \times T_t$，则用政策实施强度表示的双重差分回归模型为

$$Y_{it} = \alpha + \theta_g + \delta T_t + \tau M_{ig} \times T_t + \zeta_{it} \tag{10.6.9}$$

在该模型中，θ_g 为组别固定效应，控制每个组不随时间变化的特征，τ 是我们感兴趣的政策效应参数，其他符号的定义和式(10.6.5)相同。

这里，我们介绍一个使用双重差分法进行研究的有趣例子。众所周知，环境污染存在显著的负外部性。现实中，一种常见的负外部性表现为在一段河流流域中，河流上游地区排放污染物而影响下游地区的生态环境。为了消除这种负外部性(使其内部化)，能够采取的有效措施之一就是在完善的监管制度下，下游地区向上游地区提出指控和索赔。Kahn 等(2015)利用我国 499 个水质监测站 2004—2010 年的河流水质监测数据，以及我国 2006 年"十一五"规划中出台的严格环境规制政策，研究我国有河流流经的相邻省份间是否普遍存在河流上游省份进行污染排放而对下游省份产生负外部性的现象；以及当 2006 年一项严格的环境规制政策出台时，上游省份的污染排放行为是否发生改变？具体而言，在缺乏完善的监管制度时，由于河水能将上游省份的污染物直接带到下游邻省，上游地区不需要承担污染物排放所引起的福利损失，因此在河流流经的相邻省份间，上游省份政府官员有激励将污染活动安排在本省份的边界处，以减少水污染对于本地区生态环境的负面影响，但这会加剧下游省份的污染。而当现实中一项能够赋予下游省份可对上游省份的污染排放提出有力指控的政策出台时，上游省份是否会减少边界处的污染排放行为，换句话说，该项政策是否产生了效果？这项环境规制政策的简要内容为，在 2006 年开始实施的"十一五"规划中，中央政府对每个省份都制定了化学需氧量(Chemical Oxygen Demand，COD)(一个衡量水质污染程度的指标)的具体减少目标[①]，并将该目标的完成程度与地方官员的晋升机会挂钩，没有完成减少目标的地方官员将会遭受行政处罚或者停职处分。该政策还要求上游地区对本区域内流到下游的污染物负责，如果被下游地区指控没有达到水质标准，那么上游的污染省份将会受处罚。受此政策影响，上游政府可能会激励上游省份在边界位置减少污染排放，以免遭到下游政府官员的问责。

---

① "十一五"规划文件对全国的环境质量提出了要求，针对化学需氧量(COD)、二氧化硫(SO₂)两种主要污染物实行排放总量控制计划管理，排放基数按 2005 年环境统计结果确定。规划要求，到 2010 年，全国主要污染物排放总量比 2005 年减少 10%。

为了实证检验我国河流流经相邻省份是否存在上述污染排放行为，以及严格的环境规制政策是否奏效，Kahn 等(2015)使用双重差分法进行回归分析。具体而言，他们先将全国所有的本质监测站划分为两类：位于省份边界处的监测站(作为处理组)；以及位于省份内部非边界的监制站(作为控制组)。随后，他们设定如下的双重差分回归模型：

$$\text{COD}_{it} = \beta_1 \text{Post2005}_t + \beta_2 \text{BD}_i + \beta_3 \text{BD}_i \times \text{Post2005}_t + \gamma X_{i,t} + \gamma_i + \zeta_{it} \quad (10.6.10)$$

其中，COD_{it} 表示监测站 i 在 t 年的 COD 检测浓度，BD_i 是边界虚拟变量，当监测站 i 处于省份边界时取值为 1，当监测站 i 处于省份内部时取值为 0。γ_i 是河流的固定效应，Post2005_t 是"十一五"规划实施前后的时间虚拟变量，在 2005 年之后(不包括 2005 年)取值为 1，之前取值为 0。$X_{i,t}$ 是其他控制变量，包括各个城市的人均 GDP、GDP 增长率、气温及夜间灯光亮度等。

表 10.3 报告了双重差分法的回归结果。列(1)中边界虚拟变量 BD_i 的估计系数为 2.81，且统计显著，表明在环境规制政策实施前，省份边界处水站监测的化学需氧量(COD)浓度水平相比省内的更高，表明相邻省份间存在环境污染搭便车的现象；在时间层面上，Post2005_t 的估计系数显著为负，表明平均而言，这种搭便车的现象逐步减少；而我们感兴趣的交互项 $\text{BD}_i \times \text{Post2005}_t$ 的估计系数显著为负，表明相比于省份内部监测站的监测水平，省份边界处监测站监测的化学需氧量(COD)浓度在 2005—2010 年减少更多，这表明中央政府在"十一五"规划中所出台的环境规制政策发挥了作用，官员受其激励减少了省份边界处的污染物排放，搭便车的现象在一定程度上得到缓解。列(2)报告的估计结果是前文所述政策是一个连续变量的实际运用，这里采用一个能够刻画监测站点到省份边界点距离的连续变量——PB(proximity to boundary)来替代是否是边界的虚拟变量 BD，以捕捉"十一五"规划中环境政策的影响。PB 是PB=50km-监测站距省份边界点的距离。因此，PB 值越大，表明监测站距省份边界点越近；反之，则相反。回归结果显示距离省份边界越近的水质监测站点，化学需氧量的浓度越低，水污染改善现象越明显，再次印证了"十一五"规划后边界污染现象的缓解。

表 10.3　省份边界污染双重差分法回归结果

项目	COD(1)	COD(2)
BD	2.81** (1.40)	
Post2005	−1.53** (0.14)	3.14* (1.87)
BD×Post2005	−1.89** (0.75)	
PB		0.17** (0.07)
PB×Post2005		−0.11** (0.04)

续表

项目	COD(1)	COD(2)
Constant	−4.95* (3.00)	−12.15** (4.93)

河流固定效应	Y	Y
其他控制变量	Y	Y
观测个数	3377	3377
R^2	0.18	0.17

注: *、**与***分别表示估计系数在 10%、5%与 1%的显著性水平上显著。括号中数据为标准误。

10.7 双重差分法的局限性

在使用双重差分法时,共同趋势假设非常重要,违背这一假设会导致构造的处理组"反事实"结果出现偏差,从而所估计的政策效应也就不具有因果解释。由式(10.5.22)可知,共同趋势假设意味着个体所处的组别 G_i 和不可观测的结构误差项的收益差 $\varepsilon_{it_1} - \varepsilon_{it_0}$ 是相互独立的。而由式(10.5.7),当共同趋势假设满足时,结构误差项又可以分解成三部分,$\varepsilon_{it} = \theta_g + \varphi_t + \zeta_{it}$,其中,$\theta_g$ 代表不随时间变化的组别固定效应,φ_t 代表不随个体变化的时间效应,ζ_{it} 代表与 G_i 无关的个体异质性特征。在本节,我们基于由 ε_{it} 所分解的这三部分,讨论在现实中共同趋势假设被违背的情形。这也是双重差分法在实际运用过程中的局限性。

10.7.1 暂时性个体冲击造成的选择问题

当无法观测的暂时性冲击对样本内个体的项目参与状态产生影响时,ζ_{it} 和 G_i 就产生了相关性。此时使用双重差分法并不能得到处理组平均处理效应(ATT)的无偏估计。双重差分法所估计的政策效应为

$$
\begin{aligned}
\tau_{\text{DDD}} &= [E(Y_{it_1} \mid G_i = 1) - E(Y_{it_0} \mid G_i = 1)] - [E(Y_{it_1} \mid G_i = 0) - E(Y_{it_0} \mid G_i = 0)] \\
&= \tau + [E(\varepsilon_{it_1} \mid G_i = 1) - E(\varepsilon_{it_0} \mid G_i = 1)] - [E(\varepsilon_{it_1} \mid G_i = 0) - E(\varepsilon_{it_0} \mid G_i = 0)] \\
&= \tau + [E(\zeta_{it_1} \mid G_i = 1) - E(\zeta_{it_0} \mid G_i = 1)] - [E(\zeta_{it_1} \mid G_i = 0) - E(\zeta_{it_0} \mid G_i = 0)] \\
&= \tau + E(\zeta_{it_1} - \zeta_{it_0} \mid G_i = 1) - E(\zeta_{it_1} - \zeta_{it_0} \mid G_i = 0)
\end{aligned}
\tag{10.7.1}
$$

因此,当 $E(\zeta_{it_1} - \zeta_{it_0} \mid G_i = 1) \neq E(\zeta_{it_1} - \zeta_{it_0} \mid G_i = 0)$ 时,$\tau_{\text{DID}} \neq \tau$。为了更直观地理解这个问题,我们以就业培训项目的效果评估为例。在就业项目培训中,个体自主决定是否参与该项目,从而项目参与状态是个体自选择的。阿森费尔特(Ashenfelter, 1978)的研究发现,参加项目培训的个体(处理组)在培训当年(1964 年)及前一年(1963 年)的平均收入,不仅相比未参与项目的个体(控制组)出现了下降,而且相比自己之前年份也出现了绝对下降,这种下降的现象被称为"阿森费尔特沉降"(Ashenfelter's dip)。

10.7.2 不同的宏观趋势

双重差分法所估算的政策效应是否具有因果解释还需要假设处理组和控制组面临相同的宏观冲击。如果该假设不满足,那么使用双重差分法估计得到的政策效应也不具有因果解释。为便于理解,不妨假设某年度 A 市实施了最低工资法,而 B 市并未实施,且准备使用双重差分法评估该政策对就业的影响。如果除了最低工资法外,A 市和 B 市劳动力市场在此之后还受到了不一样的宏观冲击,那么使用双重差分法估计得到的并非真实的政策效应。下面用数学公式进行表述。

与式(10.5.7)略有不同，我们将结构误差项 ε_{it} 分解为如下三项：

$$\varepsilon_{it} = \theta_g + k^d \varphi_t + \zeta_{it} \tag{10.7.2}$$

其中，$k^d \varphi_t$ 表示样本个体受到的宏观层面冲击，处理组为 $k^1 \varphi_t$，控制组为 $k^0 \varphi_t$。当 $k^1 \neq k^0$ 时，处理组和控制组所受到的宏观冲击是不一样的，此时双重差分法所估计出来的政策效应为

$$\begin{aligned}
\tau_{DID} &= \left[E(Y_{it_1} \mid G_i = 1) - E(Y_{it_0} \mid G_i = 1)\right] - \left[E(Y_{it_1} \mid G_i = 0) - E(Y_{it_0} \mid G_i = 0)\right] \\
&= \tau + [E(\varepsilon_{it_1} \mid G_i = 1) - E(\varepsilon_{it_0} \mid G_i = 1)] - [E(\varepsilon_{it_1} \mid G_i = 0) - E(\varepsilon_{it_0} \mid G_i = 0)] \\
&= \tau + [E(\theta_g \mid G_i = 1) + k^1 \varphi_{t_1} - E(\theta_g \mid G_i = 1) - k^1 \varphi_{t_0}] \\
&\quad - [E(\theta_g \mid G_i = 0) + k^0 \varphi_{t_1} - E(\theta_g \mid G_i = 0) - k^0 \varphi_{t_0}] \\
&= \tau + (k^1 - k^0) \times (\varphi_{t_1} - \varphi_{t_0})
\end{aligned} \tag{10.7.3}$$

因此，当 $k^1 - k^0 \neq 0$，$\tau_{DID} \neq \tau$。

10.7.3 样本构成发生变化

在使用双重差分法时，当数据结构是混合截面数据时，必须保证数据的构成是稳定的，即在政策实施前后处理组的样本构成与控制组的样本构成基本不发生变化。这保证了同一个组在政策实施前后具有可比性。一旦样本构成发生变化，双重差分法的估计结果就不再具有因果解释。相应地，可以用数学公式表述为

$$\begin{aligned}
\tau_{DID} &= [E(Y_{it_1} \mid G_i = 1) - E(Y_{it_0} \mid G_i = 1)] - [E(Y_{it_1} \mid G_i = 0) - E(Y_{it_0} \mid G_i = 0)] \\
&= \tau + [E(\varepsilon_{it_1} \mid G_i = 1) - E(\varepsilon_{it_0} \mid G_i = 1)] - [E(\varepsilon_{it_1} \mid G_i = 0) - E(\varepsilon_{it_0} \mid G_i = 0)] \\
&= \tau + [E(\theta_{gt_1} \mid G_i = 1) - E(\theta_{gt_0} \mid G_i = 1)] - [E(\theta_{gt_1} \mid G_i = 0) - E(\theta_{gt_1} \mid G_i = 0)]
\end{aligned} \tag{10.7.4}$$

式(10.7.4)中，如果组别中的样本构成发生了变化，那么在政策发生前后，同组别内不可观测的个体固定效应的期望是不一样的，即

$$E(\varepsilon_{it_1} \mid G_i = 1) - E(\varepsilon_{it_0} \mid G_i = 1) \neq 0 \tag{10.7.5}$$

$$E(\varepsilon_{it_1} \mid G_i = 0) - E(\varepsilon_{it_0} \mid G_i = 1) \neq 0 \tag{10.7.6}$$

且在绝大多数情况下，

$$E(\varepsilon_{it_1} \mid G_i = 1) - E(\varepsilon_{it_0} \mid G_i = 1) \neq E(\varepsilon_{it_1} \mid G_i = 0) - E(\varepsilon_{it_0} \mid G_i = 0) \tag{10.7.7}$$

因此，双重差分法所估计出来的政策效应不是真实的政策效应，即 $\tau_{DID} \neq \tau$。

10.8 共同趋势检验

前文已经反复强调了共同趋势假设对双重差分法的重要性。在实际情况下，由于不能从数据中观察到受政策影响的组在没有受政策干扰时的"反事实"结果，因此不能直接检验处理组和控制组之间是否具有共同趋势。不过，当政策实施前存在多期数据时，可以通过画图来直观地检验。可以分别画出处理组和控制组随时间变动的趋势图，比较这两组的时间趋势是否平行。如果两者大致平行，则有信心认为共同趋势假设基本得到满足；如果

两者不平行，则拒绝共同趋势假设。需要注意的是，即使在政策实施前两组具有相同的时间趋势，也无法保证两组在政策实施后的时间趋势一致，原因在于政策实施后在处理组或控制组中又发生了其他影响时间趋势的事件。

除上述方法外，另一种常用的检验共同趋势假设的方法是使用回归分析。它主要运用了 Granger(1969)因果关系检验的思想，检验原因变量是否真的发生在结果变量之前，而不是结果变量发生在原因变量之前。更具体地，它是检验在过去发生的政策 D_i 是否对未来的结果 Y_i 产生影响，而在未来发生的政策 D_i 对过去的结果 Y_i 不产生影响。一旦检验中发现未来发生的政策 D_i 对过去的结果 Y_i 产生影响，就意味着个体提前对未来发生的政策 D_i 产生了预期，因而在政策实施之前就进行了调整，做出最有利于自身的反应，从而导致结果 Y_i 提前发生改变。此时，政策在正式实施之前就已经产生了效果，处理组在政策实施前的变化趋势中不仅包含时间效应，还包含政策效应，因此双重差分法估计出来的政策效应就不具有因果解释。对于这种检验，我们用式(10.6.9)的回归方程进行表示，即

$$Y_{it} = \alpha + \theta_g + \varphi_t + \sum_{j=-m}^{q} \tau_j D_{it}(t=k+j) + \zeta_{it} \tag{10.8.1}$$

式(10.6.8)中，i 表示样本个体，t 表示样本所处的时期，g 表示样本所处的组别，$D_{it}(t=k+j)$ 为时期虚拟变量，k 表示某项政策实施的具体时期，j 表示时期 t 与政策实施时期 k 所相差的期数。$j<0$ 表示时期为政策实施前 j 期，$j>0$ 表示时期为政策实施后 j 期。因此，$j=-m$ 和 $j=q$ 分别表示政策实施之前的第 m 期和政策实施之后的第 q 期，这也表明式(10.8.1)中包含 m 项政策实施前虚拟变量和 q 项政策实施后虚拟变量。τ_j 是时期虚拟变量的回归系数。当 $j \geq 0$ 时，τ_j 反映了政策实施当年及随后年份政策所产生的影响，可以反映政策效果随时间推移的变化情况；当 $j \leq 0$ 时，τ_j 可以反映在政策实施前该政策是否被个体提前预期到，从而对结果 Y_{it} 产生显著影响。其他变量和符号的定义和前面相似，α 为截距项，θ_g 表示组别固定效应，φ_t 是时间固定效应，ζ_{it} 表示结构误差项。在使用式(10.8.1)进行共同趋势检验时，如果在政策实施之前($j<0$)，模型所估计的政策效果 τ_j 显著异于 0，则可能表示政策被个体提前预期到，此时共同趋势假设不满足。

最后，我们用一个具体的例子来说明共同趋势假设的回归检验。He 和Wang(2017)使用双重差分法考察了我国政府在农村地区实施的"大学生村官计划"对农村村委会管理水平和政府社会援助项目执行效率的影响[①]。他们发现，实施"大学生村官计划"的村庄比未实施该政策的村庄在行政管理水平上有显著提升，且能够帮助更多符合资格的贫困家庭了解和申请到政府援助津贴。如上文所述，使用双重差分法得到上述可信结果的一个重要前提是"大学生村官计划"中的处理组和控制组满足共同趋势假设。为了验证该假设是否满足，作者构建了类似于式(10.8.1)的共同趋势检验模型，即

$$Y_{it} = \delta_{-4} D_{it}(t \leq s_j - 4) + \sum_{k \geq -3, k \neq 1}^{3} \delta_k D_{it}(t = s_i + k) + \mu_i + \rho_t + \zeta_{it} \tag{10.8.2}$$

---

① "大学生村官计划"的起源最早可以追溯到 1995 年，为解决"三农"问题，江苏省率先招聘大学生担任农村基层干部。此后越来越多的城市在当地推行类似的政策。在观察了各地方的具体实施情况后，中央政府决定在全国范围内推广该项目。2005 年，中央办公厅、国务院办公厅下发《关于引导和鼓励高校毕业生面向基层就业的意见》，正式宣布政府聘请优秀毕业生到农村地区。中央政府的长期计划是分配大学生村官到中国的所有村庄，期望该项目达成三个目标：帮助农村发展和减轻贫困，降低大学毕业生的失业率，以及形成一批受到过很好的教育和熟悉农村事务的储备干部，从中进一步选拔精英人才。

其中，Y_{it} 表示 i 村庄 t 年度每 100 个家庭中贫困家庭的登记数。由于基层政府中普遍存在贫困家庭登记不齐全的现象，因此该值的大小部分地反映了政府社会援助项目的效率。在模型中引入其他控制变量后，识别的贫困家庭越多，说明基层政府执行效率的提升越大。变量 $D_{it}(t \leq s_i - 4)$ 和 $D_{it}(t = s_i + k)$ 即时期虚拟变量，其中，s_i 表示村庄 i 首次实施"大学生村官计划"的年份，因此 k 就表示 t 年度与 s_i 年度相差的年度数，$D_{it}(t \leq s_i - 4)$ 表示 t 年度是否早于政策实施前 4 年。如果 $t - s_i \leq 4$，则 $D_{it}(t \leq s_i - 4) = 1$，否则为 0。与式(10.8.1)的模型设定略有不同的是，式(10.8.2)模型设定中，k 的取值范围为 -3 至 -2，以及 0 至 3，不含 -1。这种设定在本质上与式(10.8.1)的模型设定一样，不同的是在估计时期虚拟变量 $D_{it}(t = s_i + k)$ 和 $D_{it}(t \leq s_i - 4)$ 对 Y_{it} 的影响效应 δ_k 和 δ_{-4} 时，所选取的参照点不同。$k \neq -1$，因此估计时期虚拟变量 $D_{it}(t = s_i + k)$ 和 $D_{it}(t \leq s_i - 4)$ 对 Y_{it} 的影响是相对于政策实施前一年而言的。而如果模型中还包括 $k = -1$ 时的时期虚拟变量，则会出现"虚拟变量陷阱"。此外，式(10.8.2)中 μ_i 表示村庄固定效应，ρ_t 是时间固定效应，ζ_{it} 为结构误差项。

表 10.4 报告了式(10.8.2)的回归模型的估计结果。从中可以看出在政策实施及其之后，除了政策实施当年政策效应不显著外，随后年份的估计系数都显著为正，即"大学生村官计划"的实施提高了贫困家庭登记数，且具有持续性的影响。而在政策实施之前的年份，"大学生村官计划"并未对贫困家庭登记情况产生显著影响，估计系数在 0 附近。

进一步地，图 10.3 采用图形的方式直观地呈现参数 δ_k 的估计结果及相应的 90% 置信区间。从图 10.3 中可以发现，政策实施前的估计系数不显著，实施之后逐渐显著，这说明处理组和控制组的共同趋势假设基本得到满足。

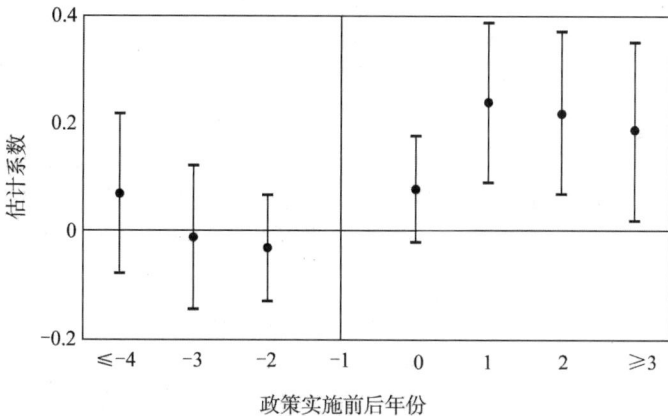

图 10.3　共同趋势检验

表 10.4　共同趋势检验

变量	贫困家庭帮扶数
政策前四年及以上	0.07 (0.09)
政策前三年	−0.01 (0.08)

续表

变量	贫困家庭帮扶数
政策前两年	−0.03

	(0.06)
政策实施年	0.08
	(0.06)
政策后一年	0.24***
	(0.09)
政策后两年	0.22**
	(0.09)
政策后三年	0.19*
	(0.10)
其他变量	控制
样本数	2654
R^2	0.65

注释：*、**与***分别表示估计系数在10%、5%与1%的显著性水平上显著。括号中数据为标准误。

10.9　三重差分法概述

使用双重差分法时，如果共同趋势假设不满足，那么估计出来的系数就不再具有因果解释。此时，估计系数中包含了因时间趋势不同而产生的偏差。不过，如果能够将该偏差估计出来，再从估计系数中扣除掉该偏差，那么仍然可以得到感兴趣的因果效应。这种方法被称为三重差分方法(difference-in-differences-in-differences，DDD)。

我们用一个具体的例子进行说明。假设S市在$t=1$时期实施了一项以女性职工为目标的工资政策，该政策对S市男性职工及邻近的J市没有影响，且J市没有实施任何政策。如果我们想考察该项工资政策对女性收入的影响，那么一种常见的做法是，将S市的女性职工作为处理组，该市的男性职工作为控制组，使用双重差分法进行估计。不过，这种估计方案所面临的挑战是，即使该政策不存在，男性的工资走势相对于女性可能也会不同，因而男女职工共同趋势假设无法满足；此外，该例中另一种实施双重差分法的做法是，以相邻J市的女性职工作为控制组再进行估计。与前述类似的是，这种估计方案也会面临共同趋势假设不满足的挑战：S市和J市可能因市情不同而导致两市女性职工的工资走势存在差异。对于上述双重差分法所面临的挑战，在一定条件下，三重差分法能够将其克服。具体地，对于第一种双重差分法估计方案，处理组为S市的女性职工，控制组为S市的男性职工，处理组和控制组间可能存在因性别差异导致的时间趋势差异。为了估计因性别差异导致的时间趋势差异，可以对相邻J市的女性职工和其男性职工使用双重差分法。注意到J市同期没有实施任何政策且不受S市政策的影响，因此双重差分法的估计结果就是J市的男性职工与女性职工的时间趋势差异。如果认为J市的男性职工与女性职工的时间趋势差异与S市的一致，那么可以利用该估计，将该估计的时间趋势差异从最初的双重差分估计值中扣除，得到的就是三重差分估计值。

上述三重差分估计思路的回归可表述为

$$Y_{it} = \alpha + \beta G_i + \delta T_t + \lambda S_i + \gamma_1 G_i \times T_t + \gamma_2 S_i \times T_t + \gamma_3 S_i \times G_i + \gamma_4 S_i \times G_i \times T_t + \zeta_{it} \quad (10.9.1)$$

其中，G_i为性别虚拟变量(女性取值为1，男性为0)，S_i为城市虚拟变量(S市取值为1，J

市取值为 0)，T_t 为政策时间虚拟变量(政策实施前取值为 0，政策实施后取值为 1)。交互项为 $S_i \times G_i \times T_t$，前面的系数 τ 是我们感兴趣的政策效应。

当以 S 市女性职工为处理组、该市男性职工为控制组实施双重差分法去估计政策效应时，基于式(10.9.1)的表述为

$$
\begin{aligned}
\tau_{\mathrm{DID}_1} = & [E(Y_{it_1} \mid G_i = 1, S_i = 1, T_t = 1) - E(Y_{it_1} \mid G_i = 1, S_i = 1, T_t = 0)] \\
& - [E(Y_{it_1} \mid G_i = 0, S_i = 1, T_t = 1) - E(Y_{it_1} \mid G_i = 0, S_i = 1, T_t = 0)] \\
= & [(\alpha + \beta + \delta + \lambda + \gamma_1 + \gamma_2 + \gamma_3 + \tau) - (\alpha + \beta + \lambda + \gamma_3)] \\
& - [(\alpha + \beta + \lambda + \gamma_2) - (\alpha + \gamma_2)] \\
= & \gamma_1 + \tau
\end{aligned}
\tag{10.9.2}
$$

由式(10.9.2)可知，估计的政策效应 τ_{DID_1} 包含真实政策效应 τ 及 S 市男女之间的时间趋势差异 γ_1。

假设 J 市男女之间的时间趋势差异与 S 市一致。因此，为了估计 γ_1，可以通过对 J 市女性职工和 J 市男性职工实施双重差分估计，得到 J 市男女之间的时间趋势差异，以此作为 S 市男女之间时间趋势差异的估计。基于式(10.7.1)的表述为

$$
\begin{aligned}
\tau_{\mathrm{DID}_2} = & [E(Y_{it_1} \mid G_i = 1, S_i = 0, T_t = 1) - E(Y_{it_1} \mid G_i = 1, S_i = 0, T_t = 0)] \\
& - [E(Y_{it_1} \mid G_i = 0, S_i = 0, T_t = 1) - E(Y_{it_1} \mid G_i = 0, S_i = 0, T_t = 0)] \\
= & [(\alpha + \beta + \delta + \gamma_1) - (\alpha + \beta)] - [(\alpha + \beta) - \alpha] \\
= & \gamma_1
\end{aligned}
\tag{10.9.3}
$$

因此，将两次双重差分所得到的估计值 τ_{DID_1} 与 τ_{DID_2} 再进行差分，即可得到政策的真实效应 τ。基于此，该种方法被称为"三重差分法"。

对于该例中第二种双重差分估计方案所面临的挑战，三重差分法的估计思路为：首先，选取 J 市女性职工作为 S 市女性职工的控制组，实施双重差分法，得到政策效应估计值。当 S 市女性职工与 J 市女性职工的工资时间趋势不同时，那么该估计值就包含了时间趋势差异，因此是工资政策效应的有偏估计；其次，为了消除因城市差异导致的工资时间趋势差异，可以对 S 市男性职工与 J 市男性职工实施双重差分法。由于男性群体不受工资政策影响，因此该双重差分法估计得到的就是 S 市男性职工与 J 市男性职工的工资时间趋势差异。如果认为男性的时间趋势差异与女性一致，则可以将该估计作为 S 市女性职工与 J 市女性职工的时间趋势差异估计；最后，将该估计的时间趋势差异从最初的双重差分估计值中扣除，即可得到无偏的政策效应估计，即三重差分估计值。上述三重差分法估计思路的回归表述与式(10.9.3)完全一致，读者可自行验证。

本章小结

1. 横截面上若干个体多个时期的观测值形成面板数据。由于来自两个维度，面板数据在增加样本量的同时，也比单纯的横截面数据具有更为复杂的结构。

2. 面板数据模型包含个体不可观测异质性 α_i，根据 α_i 与模型自变量的关系，面板数据模型分为固定效应模型和随机效应模型。

3. α_i 与自变量相关时，面板数据模型称为固定效应模型。α_i 并入误差项会引起自变量的内生性，导致回归系数的 OLS 估计不是一致估计。要估计固定效应模型，需要将 α_i 消掉，固定效应估计方法采用将模型变量减去组内均值的方法消掉 α_i。

4. α_i 与自变量不相关时，面板数据模型称为随机效应模型。α_i 并入误差项不会引起自变量的内生性，回归系数的 OLS 估计为一致估计。随机效应估计方法的核心，是利用复合误差项的特殊结构，更加有效地估计回归系数。随机效应估计方法先对模型变量进行变换，将变量减去权重系数 λ 乘以组内均值，然后对变换后变量形成的模型实施 OLS 估计。随机效应模型估计中，权重系数的计算是关键。权重系数 λ 的计算有三种不同方法。

5. 确定采用固定效应模型还是随机效应模型时，需要进行 Hausman 检验。Hausman 检验的想法是将两种模型的参数估计结果进行比较，以确定是否有显著差别。如果有，则认为固定效应模型是合适模型；如果没有，则可以采用随机效应模型。

6. 双重差分方法适用于事前所有个体都没有受到政策干预，而事后只有一组个体受到政策干预，受到政策干预的组称为干预组，没有受到政策干预的组为控制组。

7. 双重差分方法的关键假设是共同趋势假设。干预组个体如果没有接受干预，其结果的变动趋势将与控制组的变动趋势相同。一个更弱的共同趋势假设是在控制可观测变量 X 后满足共同趋势假设。不过这里的协变量 X 必须是在政策实施之前取值或不受政策干预的变量，受政策影响的观测变量将会造成样本选择偏差。沿用共同趋势假设，从干预组两期结果变化中减去控制组的两期结果的变化，从而扣除了共同趋势的影响，剩下的就是政策效应。

8. 在满足共同趋势假设、共同区间假设、外生性假设及无交互影响 4 个假设下，双重差分策略可以识别出政策干预效应。DID 可以解决部分的内生性问题，可以解决由于不随时间变化的因素造成的内生性，这一点类似于固定效应方法，通过两期的差分或去均值可以消除未观测混杂因素的影响，从而识别出因果效应参数。

第 11 章

时间序列基础知识

随机现象随时间变化产生的数据序列称为时间序列(time series)。时间序列数据通常以时间为下标，按时间先后进行排列。时间序列分析的研究重点在于不同时点上变量的相关程度和相关方式，研究目的是建立时间序列模型，找出动态规律，以此为基础进行分析、推断和预测。

宏观经济中的很多经济指标数据是时间序列数据，例如国内生产总值(GDP)、货币供应量、物价消费指数(CPI)、进出口总额等。采用时间序列分析方法可以研究各经济指标的动态变化规律及经济变量之间的动态关系。金融市场资产交易的价格形成时间序列，如股票交易数据、汇率交易数据等。建立资产价格动态模型，为资产组合和风险管理提供参考，是金融计量学研究的重要内容。

11.1 时间序列的概念

设时点 $t = 1, 2, \cdots, T$ 处的观测值为随机变量 $v_1, y_2, \cdots, y_T$，这些随机变量形成一个时间序列，可以表示为 $\{y_t, t = 1, 2, \cdots, T\}$ 或者 $\{y_t\}_{t=1}^{T}$。$v_1, y_2, \cdots, y_T$ 的一组具体取值称为时间序列的实现值(realization)。时间序列的主要规律表现为不同时点随机变量的相关性。

相关性是指不同时点上随机变量的相关程度和相关方式。时间序列的相关性可以用自相关函数(auto correlation function，ACF)表示。自相关函数是指不同时间点上两个随机变量的相关系数，用 $\rho(s,t)$ 表示，即

$$\rho(s,t) = \frac{\text{Cov}(y_s, y_t)}{\sqrt{\text{Var}(y_s)}\sqrt{\text{Var}(y_t)}} \tag{11.1.1}$$

其中，$\text{Cov}(y_s, y_t)$ 表示 y_s 和 y_t 的协方差，$\text{Var}(y_s)$ 和 $\text{Var}(y_t)$ 分别表示 y_s 和 y_t 的方差。显然，自相关函数是以时间为自变量的二元函数。也可以将自相关函数用两个时点之间的时间间隔表示，即 $\rho(s,t) = \rho(s, s+k)$，其中，$k = t - s$。

1. 平稳性

平稳性是指时间序列的统计分布规律不随时间的推移而改变。宽平稳性是指时间序列的数学期望、方差和协方差不随时间变化。

定义 1(平稳性): 如果时间序列 $\{y_t, t = 1, 2, \cdots, T\}$ 的数学期望、方差和协方差不随时间变化，即

$$E(y_t) = \mu$$
$$\text{Var}(y_t) = \sigma^2$$
$$\text{Cov}(y_t, y_{t-k}) = C(k) \qquad (11.1.2)$$
$$t = 1, 2, \cdots, T; \quad k = 1, 2, \cdots, T$$

则称 $\{y_t\}_{t=1}^T$ 为宽平稳(wide-sense stationary)时间序列。宽平稳也称为协方差平稳或者二阶矩平稳。

比宽平稳要求更高的是严平稳。如果时间序列中任意一组随机变量的联合分布不随事件发生变化，即对任意一组时间点 $t_1 < t_2 < \cdots < t_n$ 和时间间隔 s，$\{y_{t1}, y_{t2}, \cdots, y_{tn}\}$ 的联合分布与 $\{y_{t1+s}, y_{t2+s}, \cdots, y_{tn+s}\}$ 的联合分布相同，称 $\{y_t\}_{t=1}^T$ 严平稳(strict-sense stationary)。分布函数确定了随机变量的期望、方差和协方差，因此(存在二阶矩的)严平稳时间序列是宽平稳的，但宽平稳的时间序列不一定是严平稳的。宽平稳时间序列也称为二阶矩平稳或者协方差平稳时间序列(covariance-stationary)。严平稳对时间序列的要求过于苛刻，有关研究往往只需要宽平稳条件。本书只讨论宽平稳时间序列，并将宽平稳时间序列简称为平稳时间序列(stationary time series)。

由定义 1 可知，如果 $\{y_t\}_{t=1}^T$ 为平稳时间序列，式(11.1.1)中的自相关函数为

$$\rho(k) = \rho(s, s+k) = \frac{\text{Cov}(y_s, y_{s+k})}{\sigma^2} \qquad (11.1.3)$$

其中，$k = t - s$ 表示 s 和 t 的时间间隔，即平稳时间序列的自相关系数只与时间间隔有关。例如，$\rho(s, s+1) = -0.4, \rho(s, s+k) = 0, k \geqslant 2$，表明时间上相邻的两个变量具有负相关关系，而时间间隔大于 1 的变量之间没有直接相关关系。再如 $\rho(s, s+k) = 0.6^k$，表示相关性只与两个随机变量间的时间间隔有关，并随时间间隔的增加以指数递减。根据协方差的性质可以得出 $\rho(k) = \rho(-k)$。

平稳时间序列形成的随机变量序列满足大数定律。设 $y_1, y_2, \cdots, y_T$ 为平稳时间序列的样本，样本均值 $\hat{\mu}$、样本方差 $\hat{\sigma}^2$ 和样本自相关系数 $\hat{\rho}(k)$ 分别定义为

$$\hat{\mu} = \frac{1}{T} \sum_{t=1}^T y_t \equiv \overline{y},$$

$$\hat{\sigma}^2 = \frac{1}{T} \sum_{t=1}^T (y_t - \overline{y})^2$$

$$\hat{\rho}(k) = \frac{\frac{1}{T-k} \sum_{t=k+1}^T (y_t - \overline{y})(y_{t-k} - \overline{y})}{\frac{1}{T-1} \sum_{t=1}^T (y_t - \overline{y})^2}$$

其中，$\hat{\mu}$、$\hat{\sigma}^2$ 和 $\hat{\rho}(k)$ 分别是 μ、σ^2 和 $\rho(k)$ 的一致估计。

2. 滞后和滞后算符

将 $\{y_t, t = 1, 2, \cdots, T\}$ 沿时间后移得到的时间序列 $\{y_t, t = k, k+1, \cdots, T\}$ 称为 k 阶滞后(lag)。y_{t-k} 为 y_t 的 k 阶滞后，时间序列后移操作称为滞后运算，滞后运算可以用滞后算符(lag operator)表示。算符 L 定义为

$$L^k y_t = y_{t-k}(k = 0, 1, 2, \cdots) \tag{11.1.4}$$

例如，$Ly_t = y_{t-k}$ 表示一阶滞后运算，而 $L^0 y_t = y_t$ 表示保持时间序列不变。引入滞后算符能方便滞后运算的表达，多种滞后运算的复合运算可以用滞后算符的多项式表示，例如 $2y_{t-3} + 5y_{t-2} + 3y_{t-1} + 2y_t$ 用滞后算符多项式表示为 $(2L^3 + 5L^2 + 3L + 2)y_t$。

11.2　时间序列模型

如前所述，时间序列的特点表现为不同时点随机变量的相关性，包括相关方式和相关强度。据此可以将时间序列分为不同的类型，用不同类型的模型来描述这种相关性。

11.2.1　白噪声序列

白噪声的称谓来自物理学，表示接收到的信号中没有信息，全部为噪声。白噪声序列的特点表现在任何两个时点的随机变量都不相关，序列中没有任何可以利用的动态规律，因此不能用历史数据对未来进行预测和推断。

定义 2(白噪声)：如果时间序列 $\{\varepsilon_t, t = 1, 2, \cdots, T\}$ 满足：

(1) $E(\varepsilon_t) = 0, \mathrm{Var}(\varepsilon_t) = \sigma_\varepsilon^2$，

(2) 对任意 $s \neq t$，ε_t 和 ε_s 不相关，即 $E(\varepsilon_t \varepsilon_s) = 0$，

则称 $\{\varepsilon_t, t = 1, 2, \cdots, T\}$ 为白噪声序列，简称白噪声(white noise)。

白噪声序列的自相关函数为 0。白噪声是平稳时间序列中的一个极端情况，具有十分广泛的应用。由于前后时点上的值不相关，白噪声序列可以作为新息(innovation)序列，即 t 时刻的白噪声值 ε_t 与之前的白噪声序列 $\{\varepsilon_{t-1}, \varepsilon_{t-2}, \cdots\}$ 不相关，可以看作 $t-1$ 到 t 之间进入系统的新信息。

11.2.2　自回归模型

与白噪声不同，自回归模型假定时间序列不同时点的随机变量存在相关性，并用线性回归模型刻画。例如，模型

$$y_t = c + \phi_1 y_{t-1} + \varepsilon_t, \varepsilon_t \sim N(0, \sigma_\varepsilon^2) \tag{11.2.1}$$

为一阶自回归模型，记为 AR(1)。其中，c 为常数；ϕ_1 为自回归系数，满足条件 $|\phi_1| < 1$；ε_t 为白噪声序列，与 y_{t-1} 不相关；σ_ε^2 为误差项方差。

从模型(11.2.1)中看出，除了常数项 c 之外，y 在 t 时刻的值分为两部分：第一部分 $\phi_1 y_{t-1}$ 是由前期确定的部分；第二部分 ε_t 与前期值不相关，是序列在 $t-1$ 到 t 之间的新增内容，称为新息(innovation)。式(11.2.1)中的回归模型，是因变量对自己前期值的回归，称为自回归(auto regression)。一般情况下，自回归模型就是线性模型，很多时间序列模型都可以用自回归模型表示。在一阶自回归模型中，回归系数 ϕ_1 的大小和正负表明了相邻两个随机变量的相关程度和相关方式，ϕ_1 的绝对值越大，变量间的相关性越强。

用滞后算符可以将式(11.2.1)表示为

$$\Phi(L)y_t \equiv (1 - \phi_1 L)y_t = c + \varepsilon_t \tag{11.2.2}$$

$\Phi(L) \equiv (1 - \phi_1 L)$ 称为时间序列 y_t 的滞后多项式。

11.2.3　移动平均模型

将自回归过程(11.2.1)进行递推，y_t 可用白噪声序列 $\{\varepsilon_t\}$ 表示为

$$
\begin{aligned}
y_t &= c + \phi_1 y_{t-1} + \varepsilon_t \\
&= c + \phi_1(c + \phi_1 y_{t-2} + \varepsilon_{t-1}) = c + \phi_1 c + \phi_1^2 y_{t-2} + \phi_1 \varepsilon_{t-1} + \varepsilon_t \\
&= \cdots \\
&= c(1 + \phi_1 + \phi_1^2 + \cdots + \phi_1^{k-1}) + \varepsilon_t + \phi_1 \varepsilon_{t-1} + \cdots + \phi_1^{k-1} \varepsilon_{t-1} + \varepsilon_t
\end{aligned}
$$

当 $k \to \infty$ 时，$\phi_1^k \to 0$，得出

$$y_t = \frac{c}{1 - \phi_1} + \varepsilon_t + \phi_1 \varepsilon_{t-1} + \cdots + \phi_1^{k-1} \varepsilon_{t-k} + \cdots$$

考虑到 $\phi_1^k \to 0$，取有限项得出

$$y_t = c_1 + \varepsilon_t + \theta_1 \varepsilon_{t-1} + \cdots + \theta_k \varepsilon_{t-k} \tag{11.2.3}$$

其中，c_1 为常数，$\theta_i (i=1,2,\cdots,k)$ 为移动平均系数。式(11.2.3)称为 k 阶移动平均(moving average)模型，简记为 MA(k)。最简单的移动平均模型为一阶移动平均模型，即

$$y_t = c + \varepsilon_t + \theta_1 \varepsilon_{t-1}$$

11.2.4　自回归模型转化为移动平均模型

从 AR(1)模型(11.2.1)经递推得出 MA 模型(11.2.3)的过程，可采用滞后算符运算实现。式(11.2.1)用滞后算符表示为式(11.2.2)，其滞后多项式为 $\Phi(L)$。通过多项式相乘可以验证(注意 $|\phi_1| < 1$)，即

$$(1 + \phi_1 L + \phi_1^2 L^2 + \cdots)(1 - \phi_1 L) = 1$$

$$\Phi^{-1}(L) = (1 - \phi_1 L)^{-1} = \sum_{i=0}^{\infty} \phi_1^i L^i$$

在式(11.2.1)两边乘以 $\Phi^{-1}(L)$，得出

$$
\begin{aligned}
y_t &\equiv (1 - \phi_1 L)^{-1} y_t = \frac{c}{1 - \phi_1} + (1 + \phi_1 L + \phi_1^2 L^2 + \cdots)\varepsilon_t \\
&= \frac{c}{1 - \phi_1} + \varepsilon_t + \phi_1 \varepsilon_{t-1} + \phi_1^2 \varepsilon_{t-2} + \cdots
\end{aligned}
$$

把 y_t 表示为移动平均模型。

可以转化为移动平均模型的自回归模型称为可逆的(invertible)。从上面的推导看出，一阶自回归模型可逆的条件是 $|\phi_1|<1$。 $1/\phi_1$ 是方程 $\Phi(L)=(1-\phi_1 L)=0$ 的根， $|\phi_1|<1$ 表明 $|1/\phi_1|<1$ 在单位圆(半径为1的圆)外。自回归模型的可逆条件是滞后多项式的根在单位圆外。这个结论可以扩展到阶数更高的自回归模型。

采用类似的方法可以得出，在一定条件下移动平均模型可以转化为自回归模型。由于在时间序列分析中自回归模型最为常用，本书只对其进行讨论。

11.3　自回归模型的平稳性和相关系数

k 阶自回归模型的一般形式为

$$y_t = c + \phi_1 y_{t-1} + \cdots + \phi_k y_{t-k} + \varepsilon_t, \varepsilon \sim N(0,\sigma_\varepsilon^2) \tag{11.3.1}$$

其中，c 为常数，$\phi_1,\cdots,\phi_k$ 称为自回归系数，$\{\varepsilon_t\}$ 为白噪声序列。对任何 t，ε_t 与 $y_1,y_2,\cdots,y_{t-1}$ 不相关，这表明，自回归模型误差项和自变量不相关。用 AR(k)表示 k 阶自回归模型，k 称为滞后阶数。

只有平稳时间序列才能建立自回归模型。时间序列模型为自回归模型时，通过回归系数可以判断时间序列是否平稳。

11.3.1　自回归模型的平稳性

采用滞后算符 L 将模型(11.3.1)表示为

$$(1-\phi_1 L \cdots - \phi_k L^k)y_t = \Phi(L)y_t = c + \varepsilon_t$$

其中，$\Phi(L)\equiv 1-\phi_1 L-\cdots-\phi_k L^k$ 为 AR(k)模型的滞后多项式。

结论 1：自回归模型平稳的充分必要条件为：滞后多项式的根都在单位圆之外，即方程

$$\Phi(L)=0 \tag{11.3.2}$$

的根 L 满足 $|L|>1$。其中，L 为实根时，$|L|$ 表示绝对值；L 为虚根时，$|L|$ 表示虚数的模。

例如，在 AR(1)模型中，$\Phi(L)\equiv 1-\phi_1 L$，如果 $\phi_1=1$，则 $L=1$ 为式(11.3.2)的根，而 1 位于单位圆上称为单位根，不满足模型平稳条件，对应的时间序列是非平稳的。此时的时间序列称为单位根过程(unit root process)。把模型是否平稳的检验称为单位根检验。再如，在 AR(k)模型中，如果 $\phi_1+\cdots+\phi_k=1$，则 $L=1$ 为式(11.3.2)的根，模型是非平稳的。可以证明 $\phi_1+\cdots+\phi_k<1$ 是模型平稳的必要条件。

例 11.1：一阶自回归模型 $y_t=1.5+0.7y_{t-1}+\varepsilon_t$ 的滞后多项式为 $\Phi(L)=1-0.7L$，滞后多项式的根为 $L=1/0.7>1$，因此 $y_t=1.5+0.7y_{t-1}+\varepsilon_t$ 为平稳时间序列。

二阶自回归模型 $y_t=y_{t-1}-y_{t-2}+\varepsilon_t$ 的滞后多项式为 $\Phi(L)=1-L+L^2$，滞后多项式的两个根为虚根 $L_1=(1+\sqrt{3}i)/2$，它们的模为 $\|L_1\|=\|L_2\|=1$，两个根均位于单位圆上，因此 $y_t=y_{t-1}-y_{t-2}+\varepsilon_t$ 为非平稳时间序列模型。

11.3.2 自回归模型的自相关函数

对于平稳时间序列，有 $Ey_t = \cdots = Ey_{t-k} = \mu$，对式(11.3.1)两边取数学期望，得

$$\mu = c + \phi_1 \mu + \cdots + \phi_k \mu$$
$$c = (1 - \phi_1 + \cdots + \phi_k) \times \mu$$

将 c 表达式代入式(11.3.1)，整理得出

$$y_t - \mu = \phi_1(y_{t-1} - \mu) + \cdots + \phi_k(y_{t-k} - \mu) + \varepsilon_t \tag{11.3.3}$$

式(11.3.3)称为零均值化的 k 阶自回归模型。例如，一阶自回归模型 $y_t = 1.5 + 0.7 y_{t-1} + \varepsilon_t$ 数学期望为 $\mu = 1.5 / (1 - 0.7) = 5$，零均值化后的模型为 $y_t - 5 = 0.7(y_{t-1} - 5) + \varepsilon_t$。

零均值化不改变自回归系数，用 y_t 表示式(11.3.3)中变量 $y_t - \mu$，得

$$y_t = \phi_1 y_{t-1} + \cdots + \phi_k y_{t-k} + \varepsilon_t \tag{11.3.4}$$

其中，$Ey_t = 0$。由于简单，在相关函数的计算中采用模型(11.3.4)。

1. AR(1)模型的自相关函数

用 γ_0 表示变量的方差。考虑零均值化模型 $y_t = \phi_1 y_{t-1} + \varepsilon_t$，注意到 ε_t 与 y_{t-1} 不相关，y_t 与 y_{t-1} 的方差都等于 γ_0，即

$$\gamma_0 = E(y_t^2) = E(\phi_1 y_{t-1} + \varepsilon_t)^2 = \phi_1^2 E(y_{t-1}^2) + E(\varepsilon_t^2) = \phi_1^2 \gamma_0 + \sigma_\varepsilon^2$$

得出 y_t 的方差

$$\gamma_0 = \mathrm{Var}(y_t) = \frac{\sigma_\varepsilon^2}{1 - \phi_1^2} \tag{11.3.5}$$

而 y_t 与 y_{t-1} 的协方差 γ_1 为

$$\gamma_1 = \mathrm{Cov}(y_t, y_{t-1}) = E[(\phi_1 y_{t-1} + \varepsilon_t) y_{t-1}] = \phi_1 \gamma_0 = \frac{\phi_1 \sigma_\varepsilon^2}{1 - \phi_1^2}$$

同样的推导，得出 y_t 与 y_{t-k} 的协方差为

$$\gamma_k = \mathrm{Cov}(y_t, y_{t-k}) = \phi_1^k \gamma_0 = \frac{\phi_1^k \sigma_\varepsilon^2}{1 - \phi_1^2} \tag{11.3.6}$$

由此得出 AR(1)模型自相关函数 $\rho(k) = \gamma_k / \gamma_0$。

结论 2：AR(1)模型的自相关函数(ACF)为

$$\rho(k) = \phi_1^k \ (k = 1, 2, \cdots) \tag{11.3.7}$$

平稳性要求 $|\phi_1| < 1$，当 $k \to \infty$ 时，$\rho(k) \to 0$，即自相关系数随时间间隔增加，指数递减到 0，但不等于 0。这种现象称为自回归模型自相关函数的拖尾性。

2. AR(2)模型的自相关函数和偏自相关函数

(1) 自相关函数。0 均值化的 AR(2)模型为 $y_t = \phi_1 y_{t-1} + \phi_2 y_{t-2} + \varepsilon_t$。同 AR(1)模型的计算

类似，可得出

$$\gamma_0 = E(y_t^2) = E[y_t(\phi_1 y_{t-1} + \phi_2 y_{t-2} + \varepsilon_t)] = \phi_1 \gamma_1 + \phi_2 \gamma_2 + \sigma_\varepsilon^2$$
$$\gamma_1 = E(y_t y_{t-1}) = E[y_{t-1}(\phi_1 y_{t-1} + \phi_2 y_{t-2} + \varepsilon_t)] = \phi_1 \gamma_1 + \phi_2 \gamma_1 \quad (11.3.8)$$
$$\gamma_2 = E(y_t y_{t-2}) = E[y_{t-2}(\phi_1 y_{t-1} + \phi_2 y_{t-2} + \varepsilon_t)] = \phi_1 \gamma_1 + \phi_2 \gamma_0$$

当 $k > 2$ 时，有

$$\gamma_k = E(y_t y_{t-k}) = E[y_{t-k}(\phi_1 y_{t-1} + \phi_2 y_{t-2} + \varepsilon_t)] = \phi_1 \gamma_{k-1} + \phi_2 \gamma_{k-2} \quad (11.3.9)$$

从式(11.3.8)和式(11.3.9)解出

$$\gamma_0 = \frac{(1-\phi_2)\sigma_\varepsilon^2}{(1+\phi_2)[(1-\phi_2)^2 - \phi_1^2]} \quad (11.3.10)$$

由此得出自相关系数 $\rho(k) = \gamma_k / \gamma_0$。

结论 3：AR(2)模型的自相关函数(ACF)为

$$\rho(1) = \frac{\phi_1}{1-\phi_2}$$

$$\rho(2) = \phi_2 + \frac{\phi_1^2}{1-\phi_2} \quad (11.3.11)$$

$$\rho(k) = \phi_1 \rho(k-1) + \phi_2 \rho(k-2)$$
$$k > 2$$

式(11.3.11)中第二个等式称为尤勒—沃尔克方程(Yule-Walker equations)。

用样本估计出 $\rho(1)$ 和 $\rho(2)$，用尤勒—沃尔克方程可算出自回归系数 ϕ_1 和 ϕ_1^2 的估计值。二阶自回归模型的自相关函数 $\rho(k)$ 随 k 的增加逐渐衰减，具有拖尾性。

(2) 偏自相关函数。零均值自回归模型的一般形式为 $y_t = \phi_1 y_{t-1} + \phi_2 y_{t-2} + \cdots + \phi_k y_{t-k} + \varepsilon_t$。如果是AR(1)模型，自回归系数除了 ϕ_1 不等于 0 之外，$\phi_2, \phi_3, \cdots, \phi_k$ 全部等于 0；如果是 AR(2)模型，则除了 ϕ_1 和 ϕ_2 不等于 0 外，$\phi_2, \phi_3, \cdots, \phi_k$ 全部等于 0。确定模型的阶数等价于确定模型中的回归系数到多少阶后变为 0 进行系列回归，即

$$y_t = \phi_{11} y_{t-1} + \varepsilon_t$$
$$y_t = \phi_{21} y_{t-1} + \phi_{22} y_{t-2} + \varepsilon_t$$
$$y_t = \phi_{31} y_{t-1} + \phi_{32} y_{t-2} + \phi_{33} y_{t-3} + \varepsilon_t$$
$$\vdots$$
$$y_t = \phi_{k1} y_{t-1} + \phi_{k2} y_{t-2} + \cdots + \phi_{kk} y_{t-k} + \varepsilon_t$$

称 ϕ_{ii} 为 i 阶自回归模型的偏自相关系数(PAC: Partial Auto-Correlation)，$i = 1, 2, \cdots, k$，称函数 $\varphi(i) = \phi_{ii}, i = 1, 2, \cdots$ 为偏自相关函数(PACF)。AR(k)模型的偏自相关函数为

$$\varphi(i) = \begin{cases} \phi_{ii}, & i \leqslant k \\ 0, & i > k \end{cases} \quad (i = 1, 2, \cdots)$$

当阶数大于 k 时，偏自相关系数为 0。这种现象称为 AR 模型偏自相关函数的截尾性。偏自相关系数 ϕ_{ii} 是剔除 $y_{t-1}, \cdots, y_{t-i+1}$ 和 y_t 的影响后 y_t 和 y_{t-i} 的相关系数。以 ϕ_{22} 为例，

此时的模型可以写成 $y_t - \phi_{21}y_{t-1} = \phi_{22}y_{t-2} + \varepsilon_t$，$\phi_{22}$ 是 $y_t - \phi_{21}y_{t-1}$ 和 y_{t-2} 的相关系数。

借助自回归模型的自相关函数和偏自相关函数，可以确定采用多少阶的 AR 模型描述数据是合适的。

11.4 自回归模型的定阶和估计

自回归模型只有在确定阶数之后才能进行估计，而估计结果又能帮助确定采用的模型阶数是否合适。自回归模型的建立在"确定阶数→估计→再次确定阶数"的循环中进行。

11.4.1 自回归模型定阶

所谓定阶，是指对一个具体的时间序列，选择多少阶的自回归模型才能充分捕捉序列的相关性。

如前所述，自回归模型的定阶主要采用自相关函数和偏自相关函数。自相关函数主要用来确定采用自回归模型是否合适，如果自相关函数具有拖尾性，则 AR 模型为合适模型。偏自相关函数用来确定模型的阶数，如果从某个阶数之后，偏自相关函数的值都很接近 0，则取相应的阶数作为模型阶数。

11.4.2 自回归模型估计

模型识别之后，需要进行估计。自回归模型的估计采用最小二乘和极大似然估计两种方法。

1. 最小二乘估计

从式(11.3.1)看出，自回归模型是线性回归模型，误差项 ε_t 基本满足前文的假设 1~假设 4，最小二乘法得出的估计具有一致性和马尔科夫性。

AR(k)模型的自变量是 y 的 $1 \sim k$ 阶滞后，参与回归的样本个数为实际样本个数减去自回归阶数 k。当样本量较大时，采用滞后变量导致的回归样本减少对估计精度的影响不大。

2. 极大似然估计

由于误差项服从正态分布，可采用极大似然方法估计 AR(k)模型。由于 $\varepsilon_t \sim N(0, \sigma_\varepsilon^2)$，以 $y_{t-1}, \cdots, y_{t-k}$ 为条件，y_t 的条件分布为正态分布，即

$$y_t\big|_{y_{t-1},\cdots,y_{t-k}} \sim N(c + \phi_1 y_{t-1} + \cdots + \phi_k y_{t-k}, \sigma_z^2)$$

条件分布密度为

$$f_{y_t y_{t-1}\cdots,y_{t-k}}(y_t) = (2\pi\sigma_\varepsilon^2)^{-1/2} e^{-0.5(y_t - c - \phi_1 y_{t-1}\cdots-\phi_k y_{t-k})^2/(2\sigma_\varepsilon^2)}$$

由于样本之间具有相关性，可采用乘法法，得出 $y_1, \cdots, y_T$ 的联合分布密度函数为

$$L(y_1,\cdots,y_T) = f_{y_1}(y_1) \times f_{y_2|y_1}(y_2) \times f_{y_3|y_1,y_2}(y_3) \times \cdots \times f_{y_T|y_1,\cdots,y_{T-1}}(y_T \mid y_1,\cdots,y_{T-1})$$

$$= (2\pi\sigma_\varepsilon^2)^{-T/2} \prod_{t=k+1}^{T} e^{-0.5(y_t - c - \phi_1 y_{t-1}-\cdots-\phi_k y_{t-k})^2/(2\sigma_\varepsilon^2)}$$

取对数，得到的对数似然函数为

$$l(y_1,\cdots,y_T)=c-0.5\ln(\sigma_\varepsilon^2)-(2\sigma_\varepsilon^2)^{-1}\sum_{t=k+1}^{T}(y_t-c-\phi_1 y_{t-1}-\cdots-\phi_k y_{t-k})^2$$

通过极大化似然函数，得出参数的极大似然估计。将对数似然函数对自回归系数求导，并令其等于 0，得出与最小二乘估计相同的样本矩条件，自回归系数的极大似然估计与最小二乘估计相同。

3. 脉冲响应函数

脉冲响应是指 t 处新息 ε_t 的变化对后续 y 的影响。以 AR(k) 模型为例，时间 t 处的 y 值分为两部分：$y_t=c+\phi_1 y_{t-1}+\cdots+\phi_k y_{t-k}+\varepsilon_t$，其中 $c+\phi_1 y_{t-1}+\cdots+\phi_k y_{t-k}$ 是能被前 k 期 y 值确定的部分，ε_t 为时间 t 处新的内容，称为冲击(shock)或者脉冲(impulse)。t 发生的冲击 ε_t 对 y 后续的影响能持续多久，能呈现什么样的形式，可以通过脉冲响应函数进行分析。

平稳 AR 模型可以转化为无穷阶的移动平均模型。设转化后的 MA 模型为

$$y_t=c+\varepsilon_t+\varphi_1\varepsilon_{t-1}+\varphi_2\varepsilon_{t-2}+\cdots+\varphi_j\varepsilon_{t-j}+\cdots \tag{11.4.1}$$

y_t 的脉冲响应函数(impulse response function，IRF)定义为

$$\text{IRF}(j)=\frac{\partial y_{t+j}}{\partial \varepsilon_t}=\varphi_j\,(j=1,2,\cdots) \tag{11.4.2}$$

从定义可知，$\text{IRF}(j)$ 是 ε_t 改变一个单位对 $t+j$ 处 y 值的影响。以滞后期 j 为横轴、以 $\text{IRF}(j)$ 为纵轴可以画出脉冲响应图，直观地展现脉冲 ε_t 对后续的影响。

11.4.3 自回归模型再定阶——信息准则

自相关函数和偏自相关函数是用样本估计出来的，以此为基础确定的 AR 模型阶数存在偏差。另一种确定模型阶数的方法是采用信息准则，常用的有赤池信息准则(aikaike info criterion，AIC)和施瓦茨准则(Schwarz criterion，SC)。具体做法是从 1 阶 AR 模型开始进行估计，然后逐渐增加滞后模型的滞后阶数，比较各个模型的信息准则，信息准则值达到最小的模型为最佳滞后阶数模型。

11.5 自回归分布滞后模型和格兰杰因果关系检验

自回归模型刻画时间序列不同时点的动态相关性，但并不能刻画多个时间序列变量之间的相互影响。研究经济变量之间的相互影响，需要用到自回归分布滞后模型。

11.5.1 自回归分布滞后模型

设 $y_1,y_2,\cdots,y_T$ 和 $x_1,x_2,\cdots,x_T$ 为两个时间序列，为了研究 x 和 y 的关系，将 x_t 的当期值和滞后值作为自变量引入模型(11.3.1)，得出

$$y_t=c+\phi_1 y_{t-1}+\cdots+\phi_k y_{t-k}+\gamma_0 x_t+\gamma_1 x_{t-1}+\cdots+\gamma_p x_{t-p}+\varepsilon_t \tag{11.5.1}$$

该模型称为自回归分布滞后(auto-regression distribution Lag)模型，简记为 ARDL 模型。

如果解释变量不包含 y_t 的滞后值，即 $\phi_1 = \phi_2 = \cdots = \phi_k = 0$，则称模型为分布滞后(distribution lag)模型。

分布滞后模型可以刻画一些经济理论。

1. 适应性预期模型

预期理论认为，人们的行为不仅受当前和过去经济情况的影响，也受对未来经济情况预期的影响。例如，人们的消费行为既受当前收入和过去收入的影响，又受对未来预期收入的影响。设 x_t 表示 t 时的收入，x_t^e 表示 t 时对未来收入的预期，y_t 表示 t 时的消费支出。则消费模型可以设为

$$y_t = \alpha + \beta_0 x_t + \beta_1 x_{t-1} + \gamma x_t^e + \varepsilon_t \tag{11.5.2}$$

其中，ε_t 为模型误差项，x_t^e 不可观测。适应预期(adaptive expectations)理论认为，人们的预期随经济情况的变化而进行调整：t 时对未来收入的预期 x_t^e 会根据实际收入与过去预期收入差距 $x_t - x_{t-1}^e$ 对 $t-1$ 时的预期 x_{t-1}^e 进行修正。由此得出

$$x_t^e - x_{t-1}^e = \lambda(x_t - x_{t-1}^e) \tag{11.5.3}$$

其中，$0 \leqslant \lambda \leqslant 1$ 为修正系数，$\lambda = 0$ 时对预期没有修正，$\lambda = 1$ 时对预期完全修正，通常的情况下 λ 取 0 和 1 之间的小数。将式(11.5.3)改写为 $x_t^e = \lambda x_t + (1-\lambda)x_{t-1}^e$ 代入式(11.5.2)，整理得出

$$y_t = \alpha + (\beta_0 + \gamma\lambda)x_t + \beta_1 x_{t-1} + \gamma(1-\lambda)x_{t-1}^e + \varepsilon_t \tag{11.5.4}$$

利用式(11.5.2)得到 y_{t-1}，再将得到的式子两端同乘以 $(1-\lambda)$，得出 $(1-\lambda)y_{t-1}$ 的表达式。将式(11.5.4)减去 $(1-\lambda)y_{t-1}$ 以消除模型中的不可观测解释变量 x_{t-1}^e，整理得出自回归分布滞后模型，即

$$y_t = c + \phi_0 x_t + \phi_1 x_{t-1} + \phi_2 x_{t-2} + \varphi y_{t-1} + u_t \tag{11.5.5}$$

模型(11.5.5)中的变量都是可观测变量，因此可以用样本对模型参数进行估计。

2. 部分调整模型

在宏观经济中，常常将某些变量作为调控的目标变量，如利率、通货膨胀率、货币需求等。设 y_t 为目标经济变量，y_t^* 表示在时间 t 确定的目标值。目标值的确定是一个动态过程，随实际经济情况的变化而变化，目标变量随目标值与实际值的差距 $y_t^* - y_t$ 的变化而做出调整，即

$$y_t^* - y_t - y_{t-1} = \theta(y_t^* - y_{t-1}) \tag{11.5.6}$$

其中，$0 \leqslant \theta \leqslant 1$ 为调整系数，$\theta = 0$ 表明对目标变量不做调整，$\theta = 1$ 表明对目标变量进行完全调整，通常 θ 取 0 和 1 之间的小数，因此称为部分调整模型。

以目标值 y_t^* 为被解释变量，x_t 为解释变量的模型为

$$y_t^* = \alpha + \beta x_t + \varepsilon_t \tag{11.5.7}$$

由式(11.5.6)和式(11.5.7)得出模型

$$y_t = c + \varphi_1 y_{t-1} + \phi_0 x_t + u_t \tag{11.5.8}$$

式(11.5.8)为自回归分布滞后模型。

例 11.6　*货币需求*

货币供应量是国家货币政策的目标变量之一。货币供应量根据货币需求函数计算。根据弗里德曼货币需求理论得出的货币需求函数为

$$M_t^* = AY_t^\alpha R_t^\beta e^{u_t}$$

其中，M_t^* 为货币需求的目标值，Y_t 为国内生产总值，R_t 为利率水平，α 为货币需求的收入弹性，β 为货币需求的利率弹性，u_t 为误差项。对货币需求函数取对数得出

$$m_t^* = a + \alpha y_t + \beta r_t + \varepsilon_t$$

其中，$a = \ln A, m_t^* = \ln M_t^*, y_t = \ln Y_t, r_t = \ln R_t, \varepsilon_t = \ln u_t$。设货币需求的部分调整为

$$m_t - m_{t-1} = \theta(m_t^* - m_{t-1})$$

从中得出货币需求量的时间序列模型为

$$m_t = \gamma_0 + \gamma_1 y_t + \gamma_2 r_t + \gamma_3 m_{t-1} + v_t \tag{11.5.9}$$

其中，$\gamma_0 = \theta \ln A, \gamma_1 = \theta\alpha, \gamma_2 = \theta\beta, \gamma_3 = 1 - \theta, v_t = \theta\varepsilon_t$。

11.5.2　格兰杰因果关系检验

经济问题中经常涉及两个变量变化的领先关系。例如，是货币供应量变化引起 GDP 变化，还是 GDP 变化引起货币供应量变化？格兰杰提出检验变量之间领先关系的方法，称为格兰杰因果关系检验(Granger causality test)。

变化关系的领先性，可通过时间序列模型来检验。设 y_t 和 x_t 为两个时间序列，y_t 服从 AR(k)自回归模型。格兰杰认为，如果序列 x 的信息 $x_{t-1}, x_{t-2}, \cdots, x_{t-l}$ 对 y_t 有显著解释能力，表明变量 x 是 y 的原因，y 是 x 的结果，这种关系称为格兰杰因果关系(Granger causality)，x 称为 y 的格兰杰原因。用自回归分布滞后模型可以对格兰杰因果关系进行检验。

考虑模型

$$y_t = c + \phi_1 y_{t-1} + \cdots + \phi_k y_{t-k} + \gamma_1 x_{t-1} + \cdots + \gamma_l x_{t-l} + \varepsilon_t \tag{11.5.10}$$

如果变量 $x_{t-1}, x_{t-2}, \cdots, x_{t-l}$ 对 y_t 没有解释能力，其回归系数全部为 0。因此，格兰杰因果关系检验可归结为检验如下原假设：

$$H_0 : \gamma_1 = \gamma_2 = \cdots = \gamma_l = 0$$

备择假设为 $\gamma_1, \gamma_2, \cdots, \gamma_l$ 至少一个不为 0。原假设等价于 x 不是 y 的格兰杰原因，否定原假设可认为 x 是 y 的格兰杰原因。第 3 章中的参数约束检验方法可用于格兰杰因果关系检验。

格兰杰因果关系是一种统计上的因果关系，只要 x 的信息有助于 y 的预测，x 就是 y 的格兰杰原因，这与通常意义的因果关系有本质的区别。例如，常识告诉我们，鸡一叫天就亮，鸡叫在先，天亮在后，鸡叫信息对预测天亮十分有帮助，因此鸡叫是天亮的格兰杰原因，但有谁会说天亮是鸡叫引起的呢！在理解格兰杰因果关系时，这一点十分重要，在叙述时要用"格兰杰因果关系"，而不能简单地叙述为"因果关系"。

11.6　ARCH模型

时间序列 $\{y_t : t = 1, 2, \cdots, T\}$ 的自回归模型，通过自相关函数、偏自相关函数等工具来描述不同时点上序列值 y_t 和 $y_s (s \neq t)$ 的相关关系，这种模型称为条件均值模型(conditional mean model)。条件均值模型没有考虑时间序列可能存在的其他方式相关性，其中最为主要的是 y_t^2 和 y_s^2 的相关性。这种相关性可以作为信息来改进模型的估计精确度，其本身往往具有重要的实际意义。

11.6.1　ARCH模型的定义

1. 金融学背景

金融理论中的有效市场假说(effective market hypothesis, EMH)认为，在有效的资本市场中，资产价格 p_t (这里为对数价格 $p_t = \log P_t$)服从一阶自回归过程，即

$$p_t = p_{t-1} + \varepsilon_t \tag{11.6.1}$$

其中，ε_t 为白噪声，满足式(11.6.1)的时间序列称为随机游动(random walk)。在有效市场上，$t-1$ 时刻的资产价格 p_{t-1} 及时、完全地反映了该资产的相关信息，人们不能通过分析其他资料得出额外的相关信息，t 时刻的资产价格等于 p_{t-1} 加上从 $t-1$ 到 t 时间进入市场的新息导致的价格变化 ε_t。将式(11.6.1)写为 $r_t = p_t - p_{t-1} = \varepsilon_t$，其中，$r_t$ 表示资产从 $t-1$ 到 t 的收益率(对数价格的差分)，表明收益率是白噪声。

收益率序列 $\{r_t, t = 1, 2, \cdots\}$ 为白噪声，任何两个时点上的收益率不相关，从 r_t 本身不能得出任何规律性。可以考虑 $\{r_t^2, t = 1, 2, \cdots\}$ 的动态规律吗？如果 $\{r_t^2, t = 1, 2, \cdots\}$ 服从自回归模型，即

$$r_t^2 = \alpha_0 + \alpha_1 r_{t-1}^2 + \cdots + \alpha_m r_{t-m}^2 + \eta_t \tag{11.6.2}$$

其中，η_t 为白噪声，与 $r_{t-1}^2, \cdots, r_{t-m}^2$ 独立，得出 $E(r_t^2 \mid r_{t-1}^2, \cdots, r_{t-m}^2) = \alpha_0 + \alpha_1 r_{t-1}^2 + \cdots + \alpha_m r_{t-m}^2$。如果收益率的条件期望为0，即 $E(r_t \mid r_{t-1}, \cdots, r_{t-m}) = 0$，$E(r_t^2 \mid r_{t-1}^2, \cdots, r_{t-m}^2)$ 是收益率的条件方差。条件方差随时间变化，称为条件异方差。条件方差服从 $\text{AR}(m)$ 模型，称为ARCH模型。

2. ARCH模型的定义

上述分析表明，对于不相关的白噪声序列，可以对序列的平方建立模型。实际上，对于AR模型，可以对误差项 ε_t 的平方建立ARCH模型，更为精细地挖掘数据中包含的信息，提高参数估计的效率。ARCH模型的定义正是从这个角度给出的。

定义3(ARCH模型)：设时间序列 $\{y_t, t = 1, 2, \cdots\}$ 满足 k 阶自回归模型，误差项序列 $\{\varepsilon_t, t = 1, 2, \cdots\}$ 为白噪声。如果误差项平方形成的序列 $\{\varepsilon_t^2, t = 1, 2, \cdots\}$ 服从 m 阶自回归模型，称时间序列 $\{y_t, t = 1, 2, \cdots\}$ 为带ARCH(m)误差项的自回归模型，表示为

$$\begin{aligned} y_t &= c + \phi_1 y_{t-1} + \cdots + \phi_k y_{t-k} + \varepsilon_t \\ \varepsilon_t^2 &= \alpha_0 + \alpha_1 \varepsilon_{t-1}^2 + \cdots + \alpha_m \varepsilon_{t-m}^2 + \eta_t \end{aligned} \tag{11.6.3}$$

其中，$\{\varepsilon_t, t = 1, 2, \cdots\}$ 和 $\{\eta_t, t = 1, 2, \cdots\}$ 为相互独立的白噪声序列。模型(11.6.3)中的第一个方程为均值方程(mean equation)，第二个方程为方差方程(variance equation)或者波动方程(volatility equation)。

由于 $E(\varepsilon_t \mid \varepsilon_{t-1}, \cdots, \varepsilon_{t-m}) = 0$，$E(\varepsilon_t^2 \mid \varepsilon_{t-1}^2, \cdots, \varepsilon_{t-m}^2)$ 为 ε_t^2 的条件方差，记为 σ_t^2，即

$$\sigma_t^2 \equiv E(\varepsilon_t^2 \mid \varepsilon_{t-1}^2, \cdots, \varepsilon_{t-m}^2) = \alpha_0 + \alpha_1 \varepsilon_{t-1}^2 + \cdots + \alpha_m \varepsilon_{t-m}^2$$

将模型(11.6.3)写为

$$
\begin{aligned}
y_t &= c + \phi_1 y_{t-1} + \cdots + \phi_k y_{t-k} + \varepsilon_t \\
\sigma_t^2 &= \alpha_0 + \alpha_1 \varepsilon_{t-1}^2 + \cdots + \alpha_m \varepsilon_{t-m}^2
\end{aligned}
\tag{11.6.4}
$$

可以证明 σ_t^2 是 y_t 的条件方差，即 $\mathrm{Var}(y_t \mid y_{t-1}, \cdots, y_0) = \sigma_t^2$。模型(11.6.4)中第二个等式描述了 $\{y_t, t=1, 2, \cdots\}$ 条件方差的动态变化规律，称为方差模型(variance model)。

如果序列 $\{\varepsilon_t^2, t=1, 2, \cdots\}$ 的前后相关性持续时间较长，ARCH 模型中 m 取较大的值才能充分反映序列中的相关性，模型将变得复杂。注意到 $\sigma_{t-1}^2 = \alpha_0 + \alpha_1 \varepsilon_{t-2}^2 + \cdots + \alpha_m \varepsilon_{t-m-1}^2$，在式(11.6.4)ARCH 模型的右边用 σ_{t-1}^2 代替 $\varepsilon_{t-2}^2, \cdots, \varepsilon_{t-m}^2$ 的线性组合，得出

$$\sigma_t^2 = \alpha_0 + \alpha_1 \varepsilon_{t-1}^2 + \beta_1 \sigma_{t-1}^2 \tag{11.6.5}$$

称模型(11.6.5)为广义自回归条件异方差模型，简称 GARCH(Generalized ARCH)模型，称误差项平方满足 GARCH 模型的自回归模型为带 GARCH 误差项的自回归模型。由于式(11.6.5)中只有一阶滞后项 ε_{t-1}^2 和 σ_{t-1}^2，因此成为 GARCH(1,1)模型。

ARCH 模型和 GARCH 模型都是平稳时间序列模型，随时间变化的是 y_t 的条件方差而不是方差，y_t 的方差是常数，误差项方差 $\mathrm{Var}(\varepsilon_t)$ 也是常数。以 GARCH(1,1)模型为例。由 σ_t^2 的定义和期望迭代律可知 $E(\sigma_t^2) = E(\varepsilon_t^2) = \sigma_\varepsilon^2$。对式(11.6.5)两边取数学期望，得出 $\sigma_\varepsilon^2 = \alpha_0 + (\alpha_1 + \beta_1)\sigma_\varepsilon^2$，因此 $\sigma_\varepsilon^2 = \alpha_0 / [1 - (\alpha_1 + \beta_1)]$。

为保证 GARCH 模型有意义，模型中的参数必须满足两个条件：为保证 σ_t^2 的非负性，α_0、α_1 和 β_1 必须满足式(11.6.5)所隐含的条件，以及为保证 $\{\sigma_t^2\}_{t=1}^{T}$ 的平稳性，α_0、α_1 和 β_1 必须满足的条件，例如 $\alpha_1 + \beta_1 < 1$ 等。

3. ARCH-m 模型

带 ARCH 或 GARCH 误差项的自回归模型，均值模型和方程模型中均可以包含其他(外生变量)。例如，在均值模型右边引入外生变量及其滞后变量，得出自回归分布滞后模型。

也可以在均值模型中引入条件方差项，得出如下形式的模型[以 GARCH(1,1)为例]：

$$
\begin{aligned}
y_t &= c + \phi_1 y_{t-1} + \cdots + \phi_k y_{t-k} + \lambda \sigma_t^2 + \varepsilon_t \\
\sigma_t^2 &= \alpha_0 + \alpha_1 \varepsilon_{t-1}^2 + \beta_1 \sigma_{t-1}^2
\end{aligned}
\tag{11.6.6}
$$

模型(11.6.6)称为均值方程中含 ARCH 项(ARCH-in-mean)的模型，简称 ARCH-m 模型。ARCH-m 模型主要用于金融资产收益的建模，由于方差(或标准差)表示风险，在描述资产收益的均值模型中加入方差(或标准差)，是为了反映由于承担风险而产生的收益增加(称为风险溢价)。ARCH-m 模型中均值模型引入条件方差还有其他两种形式：标准差形式和方差的自然对数形式，即

$$y_t = c + \phi_1 y_{t-1} + \cdots + \phi_k y_{t-k} + \lambda \sigma_t + \varepsilon_t \tag{11.6.7}$$

和

$$y_t = c + \phi_1 y_{t-1} + \cdots + \phi_k y_{t-k} + \log(\sigma_t^2) + \varepsilon_t \tag{11.6.8}$$

采用式(11.6.7)，主要是考虑到均值方程中 y_t 和 σ_t 的可比性(单位相同)；而采用式(11.6.8)，是为了保证风险补偿项 $\log(\sigma_t^2)$ 可以取负值。选择式(11.6.7)的居多。

11.6.2　ARCH 模型的估计

在模型(11.6.6)的方差方程中，σ_t^2 不可观测，不能单独估计，需要和均值方程一起采用极大似然方法进行估计。估计时需要考虑参数的约束条件。以 GARCH(1,1)误差项的 AR(1) 模型为例，说明 ARCH 模型的估计原理。

从均值模型得出 y_t 的条件分布为正态分布，密度函数为

$$f_{y_t|y_{t-1}}(y_t) = (2\pi\sigma_t^2)^{-1/2} e^{-(y_t-c-\phi_1 y_{t-1})^2/(2\sigma_t^2)}$$

样本 $y_1, \cdots, y_T$ 的似然函数为

$$L(y_1, \cdots, y_T) = f(y_1) \times f_{y_2|y_1}(y_2) \times \cdots \times f_{y_T|y_{t-1}, \cdots, y_1}(y_T)$$
$$= (2\pi)^{-T/2} \prod_{t=2}^{T} \sqrt{\sigma_t^2}\, e^{-(y_t-c-\phi_1 y_{t-1})^2/(2\sigma_t^2)}$$

将对数似然函数 l、方差方程 GARCH(1,1)、ε_{t-1} 表达式放在一起，得出

$$l(y_1, y_2, \cdots, y_T) = c - \sum_{t=2}^{T} \ln(\sigma_t^2) + \sum_{t=2}^{T} (2\sigma_t^2)^{-1}(y_t - c - \phi_1 y_{t-1})^2$$
$$\sigma_t^2 = \alpha_0 + \alpha_1 \varepsilon_{t-1}^2 + \beta_1 \sigma_{t-1}^2 \tag{11.6.9}$$
$$\varepsilon_{t-1} = y_{t-1} - c - \phi_1 y_{t-2}$$

给出初值 σ_0^2 和 ε_0^2，按方差模型依次求出 $\sigma_1^2, \cdots, \sigma_T^2$，代入对数似然函数 l，对数似然函数成为未知参数 c、ϕ_1、α_0、α_1、β_1 的函数。用数值解法得出未知参数的极大似然估计 $\hat{c}$、$\hat{\phi}_1$、$\hat{\alpha}_0$、$\hat{\alpha}_1$。初值 σ_0^2 和 ε_0^2 可以采用如下方法得到：用 OLS 方法估计均值模型，用回归残差序列 $\hat{\varepsilon}_t$ 估计 σ_0^2 和 ε_0^2，即

$$\hat{\sigma}_0^2 = \hat{\varepsilon}_0^2 = T^{-1} \sum_{t=1}^{T} \hat{\varepsilon}_t^2 \tag{11.6.10}$$

另一种方法叫回代法(backcasting)，采用

$$\hat{\sigma}_0^2 = \hat{\varepsilon}_0^2 = \lambda^T T^{-1} \sum_{t=1}^{T} \hat{\varepsilon}_t^2 + (1-\lambda) T^{-1} \sum_{t=1}^{T} \lambda^{T-j-1} \hat{\varepsilon}_{T-t}^2 \tag{11.6.11}$$

估计 σ_0^2 和 ε_0^2。其中，λ 为平滑参数，常取为 $\lambda = 0.7$。取 $\lambda = 1$ 时，式(11.6.10)与式(11.6.11)相同。采用式(11.6.11)效果更好。

上面叙述的是模型误差项 ε_t 服从正态分布时 ARCH 模型的估计原理。为了反映金融时间序列数据的分布特点，可以选择其他分布作为 ε_t 的分布，如 t 分布、GED 分布(广义误差分布，英文为 generalized error distribution)。误差项分布选择其他类型的分布时，似然函数的形式做相应调整，极大似然估计的原理和步骤不变。

11.7 非平稳时间序列与单位根理论

很多时间序列表现出非平稳特性：随机变量的数学期望和方差随时间的变化而变化。宏观经济数据形成的时间序列中有很多是非平稳时间序列。非平稳时间序列与平稳时间序列具有截然不同的特征，研究的方法也很不一样。对时间序列建立模型时，应先进行平稳性检验。平稳时间序列可采用前面的方法进行分析。单个非平稳时间序列可通过差分得到平稳时间序列，多个非平稳时间序列则可采用协整分析方法进行研究。最典型的非平稳时间序列是随机游动，也称为单位根过程。

11.7.1 随机游动和单位根概述

如果时间序列 y_t 满足模型，即

$$y_t = y_{t-1} + \varepsilon_t \tag{11.7.1}$$

其中，ε_t 为白噪声序列，$\text{Var}(\varepsilon_t) = \sigma^2, t = 1, 2, \cdots$，称 y_t 为标准随机游动(standard random walk)。随机游动表明，时间序列在 t 处的值等于 $t-1$ 处的值加上新息。如果将 y 看作一个质点在直线上的位置，当前位置为 y_{t-1}，下一时刻质点将向哪个方向运动、运动多少(ε_t)、到达哪里(y_t)是完全随机的，既与当前所处的位置无关(ε_t 与 y_{t-1} 不相关)，也与以前的运动历史无关(ε_t 与 $y_{t-2}, y_{t-3}, \cdots$ 不相关)，由以前的信息和当前位置不能得出下一步运动方向的任何信息，质点的运动是完全随机的。这便是"随机游动"的由来。

随机游动是典型的非平稳时间序列。将式(11.7.1)进行递推，可以得出

$$y_t = \varepsilon_t + y_{t-1} = \varepsilon_t + \varepsilon_{t-1} + y_{t-2} = \cdots = \sum_{s=0}^{t-1} \varepsilon_{t-s} + y_0 \tag{11.7.2}$$

如果初始值 y_0 已知，则可以计算出 y_t 的方差为 $\text{Var}(y_t) = t\sigma^2$。随机游动不同时点的方差与时间 t 成正比，不是常数，是非平稳时间序列。

将随机游动(11.7.1)用滞后算子表示为

$$(1-L)y_t = \varepsilon_t \tag{11.7.3}$$

滞后多项式为 $\Phi(L) = 1 - L$。$L = 1$ 是滞后多项式的根，随机游动是单位根过程(unit root process)。

如果时间序列 y_t 满足

$$y_t = c + y_{t-1} + \varepsilon_t \tag{11.7.4}$$

其中，ε_t 为白噪声序列，c 为常数，则称 y_t 为带漂移项(drift term)的随机游动，c 为漂移参数。将式(11.7.4)进行递推，得出

$$y_t = c + \varepsilon_t + y_{t-1} = 2c + \varepsilon_t + \varepsilon_{t-1} + y_{t-2} = \cdots = ct + \sum_{s=0}^{t-1} \varepsilon_{t-s} + y_0$$

设

$$\varepsilon_t = \sum_{s=0}^{t-s} \varepsilon_{t-s} + y_0$$

ω_t 为标准随机游动，则

$$y_t = ct + \omega_t \tag{11.7.5}$$

带漂移的随机游动可以表示为标准随机游动加上时间 t 的线性函数 ct。ct 称为时间序列的时间趋势。$\mathrm{E}Y_t = ct + E\omega_t = ct$，$\mathrm{Var}(y_t) = t\sigma^2$，带漂移项的随机游动不仅方差是随时间变化的，数学期望也是随时间变化的。

非平稳时间序列的特殊性，使得平稳时间序列的有关结论不再成立。当回归模型的解释变量或者被解释变量包含单位根过程时，参数估计的渐进性质将发生变化，以此为基础构造的各种假设检验不再有效。

伪回归(spurious regression)是指对事实上不存在任何相关关系的两个变量进行回归，得出的估计结果能够通过显著性检验。回归变量为非平稳时间序列变量时，会出现伪回归。下面通过简单的例子说明伪回归的表现形式及其发生的原因。

设 x_t 和 y_t 是完全独立的随机游动非平稳时间序列。现将 y 对 x 进行回归，回归模型为

$$y_t = \beta_0 + \beta_1 x_t + v_t \tag{11.7.6}$$

其中，v_t 为误差项。由于 y 与 x 没有任何相关关系，回归系数 β_1 系数等于 0。如果采用 OLS 方法对式(11.7.6)进行估计，估计量 $\hat{\beta}_1$ 应该接近 0，相应的 t 检验也应该不显著。但实际回归结果却常常相反：t 检验表明 $\hat{\beta}_1$ 显著不为 0，回归拟合优度 R^2 也不接近 0，样本量很大时仍然如此。仅从一般的假设检验判断，会得出 y 与 x 存在显著线性关系的错误结论。

造成伪回归的原因是参与回归时间序列非平稳，方差 $\mathrm{Var}(y_t) = t\sigma^2$ 随 t 增加可以趋于无穷，传统的大数定律和中心极限定理不再成立，OLS 估计 $\hat{\beta}_1$ 的渐进分布不再是正态分布，以此为基础构造的 t 检验统计量不服从 t 分布。仍然按照 t 分布确定的临界值判断原假设 $H_0: \beta_1 = 0$ 是否成立是错误的。

11.7.2 时间序列的时间趋势

许多时间序列数据，尤其是宏观经济数据，常常表现出明显的时间趋势，序列的数学期望值是 t 的函数，致使时间序列为非平稳。去掉时间趋势的过程和方法称为去势(de-trend)。

时间趋势可以分为趋势平稳序列中的时间趋势和带漂移项单位根序列中的时间趋势。趋势平稳时间序列模型为

$$y_t = c + \delta t + \rho y_{t-1} + \varepsilon_t, |\rho| < 1 \tag{11.7.7}$$

其中，ε_t 为白噪声。趋势平稳时间序列的数学期望随时间 t 变化，是不平稳时间序列。但由于 $|\rho| < 1$，去掉趋势项 δt 后，时间序列 $y_t = c + \rho y_{t-1} + \varepsilon_t$ 是平稳的，因此称为趋势平稳，δt 称为确定性趋势(deterministic trend)。如果能够确定是确定性趋势，将序列变量对时间 t(或者 t 的多项式)进行回归，回归残差便是去势后的平稳时间序列。

另一种时间趋势是带漂移的单位根中的趋势，即模型(11.7.4)中隐含的趋势，亦即模型(11.7.5)中的趋势项 ct。这种趋势是由单位根序列的漂移项累计而形成的。两种时间趋势形式上是一样的，数据表现也很相似，但对时间序列统计性质的影响却大不相同，处理方法也不一样。具有确定趋势的时间序列，经去势后平稳，可采用平稳时间序列的方法进行

研究；带漂移项的单位根是真正的非平稳时间序列，需要采用不同的方法研究。区分两种序列十分重要，必须进行统计检验。

11.7.3　单位根检验

1. 单位根检验概述

时间趋势和单位根过程都可以导致非平稳性，在检验单位根时要考虑如下两种情况：

$$y_t = c + y_{t-1} + \varepsilon_t \tag{11.7.8}$$

和

$$y_t = c + \delta t + \rho y_{t-1} + \varepsilon_t \tag{11.7.9}$$

式(11.7.8)中 y_t 的常数项是 c。我们要检验 ρ 是否等于 1，等于 1，为单位根序列；否则，为平稳序列。同时，需要确定的是常数项是否等于 0，如果 $c=0$，时间序列的均值为 0，$\rho=1$ 时为标准的随机游动；如果 $c \neq 0$，则 $0 < \rho < 1$ 时序列均值为 $c/(1-\rho)$，$\rho=1$ 时为带漂移的随机游动，c 为漂移系数，均值随 t 而变化，并形成时间趋势 ct。在式(11.7.9)中，如果 $|\rho|<1$，则 y_t 为带时间趋势的平稳序列，期望值随 t 而变化；如果 $\rho=1$，则 y_t 为带漂移的单位根序列加上时间趋势项。

模型(11.7.8)和模型(11.7.9)的单位根检验分以下三种情况进行。

情况 1(既不带包含数项也不包含时间趋势项)：

数据由 $y_t = \rho y_{t-1} + \varepsilon_t$ 生成，检验模型为 $y_t = \rho y_{t-1} + \varepsilon_t$，检验假设为

$$H_0 : \rho=1; H_1 : \rho<1$$

在原假设和备择假设下，y_t 数学期望都是 0，情况 1 适合均值为 0、没有确定性趋势的数据。

情况 2(包含常数项但不包含时间趋势项)：

数据由 $y_t = \rho y_{t-1} + \varepsilon_t$ 生成，检验模型为 $y_t = c + \rho y_{t-1} + \varepsilon_t$，检验假设为

$$H_0 : \rho=1; H_1 : \rho<1$$

$\rho=1$ 可以推出 $c=0$。如果原假设成立，y_t 为标准单位根过程，均值为 0；如果备择假设成立，y_t 为平稳过程。情况 2 适合没有确定性趋势的数据。

情况 3(包含常数项和时间趋势项)：

假设数据由 $y_t = \rho y_{t-1} + \varepsilon_t$ 生成，检验模型为 $y_t = c + \rho y_{t-1} + \delta t + \varepsilon_t$，检验假设为

$$H_0 : \rho=1; H_1 : \rho<1$$

$\rho=1$ 可以推出 $c=0$。原假设和备择假设下，y_t 都是非平稳序列，原假设下为标准单位根过程，备择假设下为趋势平稳序列。情况 3 适合非平稳序列，但需要检验是哪种非平稳的情况。

2. 单位根检验——ADF 检验

ADF 检验是增广迪基—福勒(Augmented Dickey-Fuller)检验的简称，是迪基(Dickey)和福勒(Fuller)给出的单位根检验方法。ADF 检验的前身是 DF 检验。

1) DF 检验

对于情况 1，检验模型为 $y_t = \rho y_{t-1} + \varepsilon_t$。将模型两边同时减去 y_{t-1} 得出

$$\Delta y_t = \alpha y_{t-1} + \varepsilon_t \tag{11.7.10}$$

其中，$\alpha = \rho - 1$。单位根检验要检验的假设为

$$H_0 : \alpha = 0; H_1 : \alpha < 0$$

对模型(11.7.10)进行 OLS 估计，得出估计量 $\hat{\alpha}$。在原假设下，y_t 为单位根过程，尽管仍然可以构造检验统计量 $t_{\hat{\alpha}} = \hat{\alpha} / s_{\hat{\alpha}}$，$s_{\hat{\alpha}}$ 表示 $\hat{\alpha}$ 的标准误，但 $t_{\hat{\alpha}}$ 不服从 t 分布。迪基和福勒证明当样本量趋于无穷大时，$t_{\hat{\alpha}}$ 近似服从特殊的分布，并通过模拟方法给出检验临界值。这种方法称为单位根的 DF 检验。

情况 2 的检验模型为 $y_t = c + \rho y_{t-1} + \varepsilon_t$。将模型两边减去 y_{t-1} 得出

$$\Delta y_t = c + \alpha y_{t-1} + \varepsilon_t \tag{11.7.11}$$

对模型(11.7.11)进行 OLS 回归，得出估计量 $\hat{c}$ 和 $\hat{\alpha}$。在原假设下，迪基和福勒得出样本趋于无穷大时估计量 $(T^{1/2}\hat{\alpha}, T\hat{\alpha})$ 联合分布的极限形式，以此为基础构造检验统计量，通过模拟方法给出检验的临界值。

情况 3 的检验模型为 $y_t = c + \rho y_{t-1} + \delta t + \varepsilon_t$，两边同时减去 y_{t-1} 得出

$$\Delta y_t = c + \alpha y_{t-1} + \delta t + \varepsilon_t \tag{11.7.12}$$

对模型(11.7.12)进行回归，得出估计量 $\hat{c}$、$\hat{\alpha}$ 和 $\hat{\delta}$，推导出原假设下 $(T^{1/2}\hat{\alpha}、T\hat{\alpha}、T^{2/3}\hat{\delta})$ 的联合分布的极限形式，以此为基础构造单位根检验统计量，采用模拟方法得出各种显著水平下的检验统计量临界值。

2) ADF 检验

ADF 检验是 DF 检验的改进。DF 检验的模型为一阶自回归形式的 AR(1)模型。如果 y_t 中存在更高阶的自相关，DF 检验不再有效。为使检验适合更一般的时间序列，迪基和福勒对 DF 检验进行了改进，在检验模型中增加 Δy_t 滞后项来捕捉更高阶相关性。ADF 检验采用的检验模型为

$$\Delta y_t = \alpha y_{t-1} + \beta_1 \Delta y_{t-1} + \beta_2 \Delta y_{t-2} + \cdots + \beta_p \Delta y_{t-p} + \varepsilon_t \tag{11.7.13}$$

检验的原假设和备择假设仍然为 $H_0 : \alpha = 0; H_1 : \alpha < 0$。检验统计量具有更为复杂的渐进分布。迪基和福勒给出了 ADF 单位根检验统计量 $t_{\hat{\alpha}} = \hat{\alpha} / s_{\hat{\alpha}}$ 的极限分布，用模拟方法给出了检验临界值。

式(11.7.13)是对应情况 1 的检验模型，对应情况 2 的检验模型为

$$\Delta y_t = c + \alpha y_{t-1} + \beta_1 \Delta y_{t-1} + \beta_2 \Delta y_{t-2} + \cdots + \beta_p \Delta y_{t-p} + \varepsilon_t \tag{11.7.14}$$

对应情况 3 的检验模型为

$$\Delta y_t = c + \alpha y_{t-1} + \delta t + \beta_1 \Delta y_{t-1} + \beta_2 \Delta y_{t-2} + \cdots + \beta_p \Delta y_{t-p} + \varepsilon_t \tag{11.7.15}$$

3. 单位根检验——其他检验方法

除 ADF 检验之外，还有其他检验单位根的方法。这里介绍 EViews 提供的检验方法中较常用的两种。

(1) 广义最小二乘法去势后的 DF 检验(DFGLS)。时间趋势的存在使单位根检验变得复杂，先将时间趋势去掉再进行检验会使问题简化，提高检验的准确度。艾略特、罗森伯格和斯托克(Elliott、Rothenberg、Stock)提出了一种先通过差分去掉趋势项，然后进行 ADF 检验的方法，称为 GLS 迪基—福勒检验。对数据的差分采用拟—差分(quasi-differencing)，即

$$d^{(a)}y_t = \begin{cases} y_t & t=1 \\ y_t - ay_{t-1} & t>1 \end{cases}$$

a 的选择方法为：如果 y_t 模型只有常数项 c 而没有时间趋势项 t，$a=1-7/T$，既有常数项 c 又有时间趋势项 c，$a=1-13.5/T$，T 为样本容量。经过复杂的去势过程，得出去势后的序列 y_t^d，对 y_t^d 进行 ADF 检验。

(2) 菲利普斯—佩荣检验(Philips-Perron，PP)。ADF 检验的优点是充分反映了待检验时间序列中高于一阶的自相关性，缺点在于引进很多 Δy_t 的滞后项会减少模型自由度。菲利普斯和佩荣采用非参数方法构造检验统计量，仍然采用 DF 检验模型，同时兼顾高于一阶的自相关。对检验模型(11.7.10)进行回归(如有必要，增加常数项和时间趋势项)，s 为回归标准误，$s_{\hat{\alpha}}$ 为 $\hat{\alpha}$ 的标准误，$t_{\hat{\alpha}} = \hat{\alpha}/s_{\hat{\alpha}}$ 为 t 检验统计量，PP 检验统计量为

$$t_\alpha^{(\mathrm{PP})} = t_\alpha\sqrt{\frac{r_0}{f_0}} - \frac{T(f_0-\gamma_0)s_{\hat{\alpha}}}{2\sqrt{f_0}s} \tag{11.7.16}$$

其中，$\gamma_0 - (T-k)s^2/T$ 为误差项 ε_t 方差的估计量，k 为回归中包括常数项在内的解释变量个数，f_0 是用其他方法估计的表示残差序列相关性特征的参数。PP 检验统计量的渐进分布与 ADF 检验相同。

11.7.4　单整序列和 ARIMA 模型

非平稳序列可以通过差分降低非平稳程度。如果非平稳时间序列 y_t 的一阶差分 Δy_t 为平稳时间序列，称 y_t 为一阶单整的(1st order integrated)，记为 $y_t \sim I(1)$。更一般地，如果非平稳时间序列 y_t 的 $d-1$ 阶差分 $\Delta^{d-1}y_t$ 为非平稳时间序列，而 d 阶差分 $\Delta^d y_t$ 为平稳时间序列，称 y_t 为 d 阶单整的(d^{th} order integrated)，记为 $y_t \sim I(d)$。平稳时间序列称为 0 阶单整，记为 $I(0)$。

非平稳序列差分得到平稳时间序列后，可以建立自回归模型。如果 $y_t \sim I(d)$，d 阶差分 $\Delta^d y_t$ 为平稳时间序列，则 $\Delta^d y_t$ 建立自回归模型。如果 $\Delta^d y_t$ 的模型为 AR(p)，则称 y_t 服从 ARIMA(p,d,0)(Auto Regression Integrated Moving Average)模型，其中，d 表示单整阶数，0 表示移动平均(MA)阶数，这里只考虑自回归模型，没有移动平均部分，移动平均项的阶数为 0。ARIMA(p,d,0)表明对 $\Delta^d y_t$ 建立的模型是 p 阶自回归模型。

建立 ARIMA 模型的关键是确定数据的单整阶数 d。确定的方法是先对原始数据进行单位根检验。如果存在单位根，则进行差分，然后对差分数据进行单位根检验，如果不存在单位根，则 d=1；如果存在单位根，对差分数据再进行差分(二次差分)，然后进行单位根检

验，重复这个过程直到差分数据不存在单位根为止。实际中的非平稳时间序列，尤其是宏观经济数据形成的时间序列，大多是一阶单整的，一次差分后就成为平稳序列。

11.8 协整与误差修正模型

对单个非平稳时间序列可以建立 ARIMA 模型。对两个以上的非平稳时间序列应建立什么模型呢？非平稳时间序列之间存在伪回归，不能建立自回归分布滞后模型。一种解决方法是在平稳时间序列的框架内分析问题：首先对两个序列进行差分，待平稳后建立自回归分布滞后模型。采用差分数据建立模型有局限性。首先，差分导致数据中信息的减少和样本量的减少；其次，一些模型，尤其是宏观经济模型，不适合采用差分建立模型。20 世纪 80 年代出现的协整分析方法和误差修正模型，使同一个模型中既包含原始变量又包含其差分变量(误差修正模型)。

11.8.1 协整的定义

为简单起见，先讨论两个非平稳时间序列的协整关系。设 $x_t \sim I(d)$ 和 $y_t \sim I(d)$ 为 d 阶单整的非平稳时间序列，如果存在常数 a、b，使得 x_t 和 y_t 的线性组合形成的时间序列 $ax_t + by_t$ 的单整阶数小于 d，称 x_t 和 y_t 存在协整关系，$ax_t + by_t$ 为协整组合，常数 a、b 为协整系数。如果 $ax_t + by_t$ 平稳，乘以常数 c 后的序列 $cax_t + cby_t$ 仍然平稳，表明协整系数不唯一，不同的协整系数之间相差一个倍数。将协整系数标准化为 $a, 1$，能够保证协整系数的唯一性。注意，对两个非平稳时间序列来说，只有单整阶数相等才可能存在协整关系。

协整的概念可以推广到多个变量的情况，这里对一阶单整变量间协整关系进行说明。设 $x_{1t}, x_{2t}, \cdots, x_{kt}$ 为 k 个一阶单整时间序列 $x_{it} \sim I(1), i = 1, 2, \cdots, k$，如果存在不全为 0 的系数 $c_1, c_2, \cdots, c_k$，使得线性组合 $z_1 = c_1 x_{1t} + c_2 x_{2t} + \cdots + c_k x_{kt}$ 形成的时间序列平稳，称 $x_{1t}, x_{2t}, \cdots, x_{kt}$ 存在协整关系，组合 $c_1, c_2, \cdots, c_k$ 称为协整系数。为使协整系数唯一，常常将某个协整系数 c_i 设为 1。

非平稳时间序列之间是否存在协整关系需要进行检验。

11.8.2 协整检验——E-G 两步法

这里介绍恩格尔(Engle)和格兰杰(Granger)提出的检验两个非平稳时间序列是否存在协整关系的 E-G 两步法，仅就两个 $I(1)$ 变量的协整关系检验进行说明。

设 $x_t \sim I(1)$、$y_t \sim I(1)$ 为 1 阶单整时间序列。检验的原假设是 x_t 和 y_t 之间存在协整关系，备择假设是不存在协整关系。

第一步：对模型 $y_t = \alpha + \beta x_t + \varepsilon_t$ 进行 OLS 估计，得出参数估计 $\hat{\alpha}$、$\hat{\beta}$ 和残差序列 $\hat{\varepsilon}_t$。

第二步：对残差序列 $\hat{\varepsilon}_t$ 进行单位根检验。如果 $\hat{\varepsilon}_t$ 为平稳序列，表明 x_t 和 y_t 具有协整关系，$\hat{\beta}$ 为协整系数估计。如果 $\hat{\varepsilon}_t$ 为单位根序列，表明 x_t 和 y_t 没有协整关系。

E-G 两步法认为，如果 x_t 和 y_t 具有协整关系，必定存在 x_t 和 y_t 的协整组合为平稳序列，采用一元线性回归的形式表示的协整组合为 $y_t - \beta x_t - \alpha = \varepsilon_t$，协整系数为 $1, \beta$，将 x_t 和 y_t 是否协整归结为回归误差项 ε_t 是否平稳。ε_t 不可观测，需要通过残差序列 $\hat{\varepsilon}_t$ 的平稳性来推断 ε_t 的平稳性。

E-G 两步法中的第二步，即回归残差的 ADF 检验，必须先将回归残差赋值给新的变量，然后对新变量进行 ADF 检验。另外，由于回归残差是估计数据，单位根检验统计量的渐进分布与实际数据的单位根检验不同，

实际中的经济变量，尤其是宏观经济变量大多为 $I(1)$ 非平稳序列。

11.8.3　误差修正模型

误差修正模型将平稳时间序列分析方法和协整分析方法结合在一起。设 x_t, y_t 为一阶单整序列，具有协整关系，协整组合 $y_t - \beta x_t - \alpha$ 为平稳序列。x_t, y_t 的一阶差分 $\Delta x_t, \Delta y_t$ 也是平稳序列，可以建立模型：

$$\Delta y_t = \gamma_0 + \gamma_1 \Delta x_t + \gamma_2 (y_{t-1} - \alpha - \beta x_{t-1}) + v_t$$

其中，v_t 为模型误差项。将常数项合并得出

$$\Delta y_t = (\gamma_0 - \gamma_2 \alpha) + \gamma_1 \Delta x_t + \gamma_2 (y_{t-1} - \beta x_{t-1}) + v_t \tag{11.8.1}$$

式(11.8.1)称为误差修正模型(error correction model，ECM)。其中，$y_{t-1} - \beta x_{t-1}$ 称为误差修正项(error correction term)，γ_2 称为误差修正系数。由于多出误差修正项，ECM 模型比仅用 Δx_t 解释 Δy_t 的传统模型更为合理，预测误差更小。

误差修正模型(11.8.1)给出 Δy_t 的影响因素。Δy_t 一方面受自变量变化 Δx_t 影响，另一方面受误差修正项 $y_{t-1} - \beta x_{t-1}$ 影响。如果误差修正系数 $\gamma_2 < 0$，当 $y_{t-1} - \beta x_{t-1}$，下一期(t 期)因变量 y_t 的值将增加 $\gamma_2(y_{t-1} - \beta x_{t-1})$；当 $y_{t-1} > \beta x_{t-1}$，下一期(t 期)的被解释变量 y_t 的值将减少 $\gamma_2(y_{t-1} - \beta x_{t-1})$。误差修正项是对 y 值的修正，使其回到某一均衡状态。设均衡状态的 y 值和 x 值分别表示为 y° 和 x°，当到达均衡状态时，$y^\circ = \beta x^\circ$，误差修正消失。误差修正模型反映了短期波动和长期均衡的关系，是动态模型；误差修正项反映了短期波动偏离长期均衡状态的程度，称为均衡误差。

在式(11.8.1)右边添加 Δy_t 的滞后项可以反映 Δy_t 本身的自相关性，同时增加 Δx_t 的滞后项以反映前期 x_t 的变化对当期 Δy_t 的影响，设置可以增加误差修正项的前期值，以反映以前误差修正情况对当期 Δy_t 的影响。由此得出误差修正模型的一般形式为

$$\Delta y_t = c + \pi_0 \Delta x_t + \sum_{i=1}^{p} \pi_i \Delta x_{t-i} + \sum_{i=1}^{q} \theta_i \Delta y_{t-i} + \sum_{i=1}^{r} \gamma_i (y_{t-i} - \beta x_{t-i}) + v_t \tag{11.8.2}$$

注意，如果协整关系中包含时间趋势项，调整项 $y_{t-i} - \beta x_{t-i}$ 中应包含时间趋势项；如果将协整关系中的常数项也包含在调整项中，式(11.8.2)中不能包含常数项 c。

本章小结

1. 时间序列分析的重点是建立合适的模型，刻画不同时间点上随机变量的相关性。常用的时间序列模型有自回归模型和移动平均模型，平稳的自回归模型可以转化为无穷阶的移动平均模型。时间序列的相关性，用自相关系数和偏自相关系数表示。

2. 宽平稳性是指时间序列的数学期望、方差和协方差不随时间变化。自回归模型描述的时间序列的平稳性，可以用模型的滞后多项式根来判断。如果滞后多项式的根都落在单

位圆外，则时间序列平稳。

3. 自回归模型的自相关函数和偏自相关函数具有不同的性质，据此可以判断对给定的样本数据，多少阶的自回归模型是合适的。

4. 自回归模型的估计可以采用 OLS 估计和极大似然估计，两种方法得出的自回归系数估计相同。自回归模型的估计和定阶是交替进行的。除了采用自相关函数和偏自相关函数初步确定阶数之外，还可以采用信息准则确定模型阶数。

5. 为了研究两个时间序列之间的关系，在自回归模型自变量中引入另一个时间序列变量及其滞后项，形成自回归分布滞后模型。适应性预期模型和部分调整模型，是自回归分布滞后模型在经济理论中的应用。对自回归分布滞后模型进行参数约束检验，可以对经济时间序列之间的领先关系进行格兰杰因果关系检验。

6. 用自回归模型对时间序列的条件方差进行建模，与均值模型一起形成带 ARCH 误差项的模型。GARCH 模型不仅能充分刻画条件方差的相关性，还具有更为简洁的形式。GARCH(1,1)模型应用较为广泛，其一般形式为

$$y_t = c + \phi_1 y_{t-1} + \cdots + \phi_k y_{t-k} + \lambda \sigma_t^2 + \varepsilon_t$$
$$\sigma_t^2 = \alpha_0 + \alpha_1 \varepsilon_{t-1}^2 + \beta_1 \sigma_{t-1}^2$$

GARCH 模型采用极大似然估计方法进行估计，为保证方差的非负性和方差模型的平稳性，需要对模型系数施加复杂的约束。

7. 随机游动是较为典型的非平稳时间序列。标准随机游动的方差随时间变化，带漂移的随机游动方差和数学期望都随时间变化。非平稳时间序列的回归结果存在伪回归可能，采用 OLS 估计得出的回归系数 t 检验结果不可信。

8. 由于包含确定性时间趋势，本质上平稳的时间序列呈现不平稳特性，采用去势方法将确定性趋势去掉后，时间序列平稳。这样的非平稳时间序列称为趋势平稳序列。

9. 为避免伪回归，需要对时间序列进行单位根检验。根据数据类型不同，单位根检验的检验模型分为三类：既不包含常数项也不包含时间趋势项、包含常数项但不包含时间趋势项及包含常数项和时间趋势项。由于不同检验模型采用的检验统计量分布不一样，临界值也不一样，单位根检验需要按一定程序及顺序进行，在检验单位根的同时，还要确定合适的检验模型。Augmented Dickey-Fuller 检验和 Dickey-Fuller GLS 检验是单位根检验最为常用的两种方法。

10. 差分能够降低时间序列的非平稳性。差分若干次后平稳的时间序列，称为单整的时间序列。对于单个非平稳时间序列，可采用差分后平稳序列建立自回归模型。对于具有协整关系的时间序列，可采用协整分析方法建立误差修正模型，将变量之间的短期动态关系和长期均衡关系结合起来。E-G 两步法用 OLS 回归检验时间序列之间是否具有协整关系。

第12章

时间序列模型应用

本章主要介绍自回归分布滞后模型和向量自回归模型。应用时间序列模型进行动态因果关系分析,自回归分布滞后模型(auto-regressive distribution lag model,ARDL)经常被用来刻画单一时间序列方程中的变量关系。而结构向量自回归模型(vector autoregressive model,VAR)是多元时间序列分析的核心内容之一。两者都是宏观经济和金融研究中基本和常用的计量工具。

12.1 滞后效应与滞后变量模型

12.1.1 滞后效应

一般来说,解释变量对被解释变量的影响不可能在短时间内完成,在这一过程中通常存在时间滞后,也就是说,解释变量需要通过一段时间才能完全作用于被解释变量。此外,由于经济活动的惯性,一个经济指标以前的变化态势往往会延续到本期,从而形成被解释变量的当期变化同自身过去取值水平相关的情形。这种被解释变量受自身或其他经济变量过去值影响的现象称为滞后效应。

下面看两个涉及滞后效应的例子。

(1) 消费滞后。消费者的消费水平,不仅依赖于当年的收入,还同以前的收入水平有关。一般来说,消费者不会把当年的收入全部花光。假定消费者将每一年收入的40%用于当年花费,30%用于第二年花费,20%用于第三年花费,其余的作为长期储蓄。这样,该消费者的消费函数就可以表示成

$$Y_t = \alpha + 0.4X_t + 0.3X_{t-1} + 0.2X_{t-2} + u_t$$

式中, Y_t 、 X_t 分别为第 t 年的消费和收入; α 为常数。

(2) 通货膨胀滞后。通货膨胀与货币供应量的变化有着较为密切的联系。物价上涨最直接的原因是相对于流通中商品和服务的价值量来说货币供应过多,货币的超量供应通常是通货膨胀产生的必要条件。但是,货币供应量的变化对通货膨胀的影响并不是即期的,总存在一定时滞。美国的一位学者在研究通货膨胀滞后效应时,就采用了如下模型:

$$P_t = \alpha + \beta_0 M_t + \beta_1 M_{t-1} + \beta_2 M_{t-2} + \cdots + \beta_s M_{t-s} + u_t$$

式中, P_t 、 M_t 分别为第 t 季度的物价指数和广义货币的增长率; s 是滞后长度。通过对实

际数据的分析发现，西方发达国家的通货膨胀滞后长度 s 为 2～3 个季度。

为什么经济变量会存在滞后现象呢？原因众多，但主要涉及以下几个方面。

1. 心理预期因素

经济社会是一个复杂的有机体系，经济活动离不开人的参与，在这个系统中，人的心理因素对经济变量的变化有很大影响。由于人们的心理定势及社会习惯的作用，适应新经济条件和经济环境需要一个过程，从而表现为决策滞后。此外，经济主体的大多数行动，都会受到预期心理的影响。以消费为例，人们对某种商品的消费量不仅受商品当前价格影响，而且受预期价格影响。当人们预期价格上涨时，就会加快当期的购买；当人们预期价格要下降时，会持币观望，减少当期的购买。由于对未来的预期要依据过去的经验，在一定条件下，这种"预期"因素的影响可转化为滞后效应。

2. 技术因素

在国民经济运行中，从生产到流通再到使用，每一个环节都需要一段时间，从而形成时滞。例如，农产品产量对价格信息的反应总是滞后的，其原因就在于农产品的生产需要一个较长的时间过程；又如，在工业生产中，当年的产出量会在某种程度上依赖于过去若干期内投资形成的固定资产规模；再如，货币投放量的增减对物价水平会产生影响，但这种影响并不会全部在当期内反映，总会滞后一段时期。这些滞后效应都由经济活动的技术因素所致。

3. 制度因素

契约、管理制度等因素也会形成一定程度的滞后。例如，企业要改变它的产品结构或产量，会受到过去签订的供货合同的制约；拥有一定数量定期存款的消费者，要调整自己的消费水平，会受到银行契约制度的限制；此外，管理层次过多、管理的低效率也会造成滞后效应。这些情况说明，当一种变量发生变化时，另一种变量由于制度方面的因素，需经过一定时间才能做出相应的变动，从而形成滞后现象。

12.1.2 滞后变量模型

滞后变量是指过去时期的、对当前被解释变量产生影响的变量。滞后变量可分为滞后解释变量与滞后被解释变量两类。把滞后变量引入回归模型，这种回归模型称为滞后变量模型。在经济分析中，运用滞后变量模型可以使不同时期的经济现象彼此联系起来，同时将经济活动的静态分析转化为动态分析，使模型更加符合实际经济的运行状况。

滞后变量模型的一般形式为

$$Y_t = \alpha + \beta_0 X_t + \beta_1 X_{t-1} + \beta_2 X_{t-2} + \cdots + \beta_s X_{t-s}$$
$$+ \gamma_1 Y_{t-1} + \gamma_2 Y_{t-2} + \cdots + \gamma_q Y_{t-q} + u_t$$

式中，s、q 分别为滞后解释变量和滞后被解释变量的滞后长度。若滞后长度为有限，称模型为有限滞后变量模型；若滞后长度为无限，称模型为无限滞后变量模型。

1. 分布滞后模型

分布滞后变量模型是指滞后变量模型中没有滞后被解释变量，被解释变量只受解释变量的影响，且这种影响分布在解释变量不同时期的滞后值上，即

$$Y_t = \alpha + \beta_0 X_t + \beta_1 X_{t-1} + \beta_2 X_{t-2} + \cdots + \beta_s X_{t-s} + u_t$$

具有这种滞后分布结构的模型称为分布滞后模型，式中，s 为滞后长度。根据滞后长

度 s 取值的有限和无限，我们将模型分别称为有限分布滞后模型和无限分布滞后模型。第 12.1 节中的两个例子所设定的回归模型就属于有限分布滞后模型。

在分布滞后模型中，各系数体现了解释变量的各个滞后值对被解释变量的不同影响程度，即通常所说的乘数效应：β_0 称为短期乘数或即期乘数，表示本期 X 变动一个单位对 Y 值的影响；β_i 称为延迟乘数或动态乘数（$i=1,2,\cdots s$），表示过去各时期 X 变动一个单位对 Y 值的影响；$\sum_{i=0}^{s}\beta_i$ 称为长期乘数或总分布乘数，表示 X 变动一个单位时，包括滞后效应而形成的对 Y 值总的影响。

2. 自回归模型

如果滞后变量模型的解释变量仅包括自变量 X 的当期值和被解释变量的若干期滞后值，模型的形式为

$$Y_t = \alpha + \beta_0 X_t + \gamma_1 Y_{t-1} + \gamma_2 Y_{t-2} + \cdots + \gamma_q Y_{t-q} + u_t$$

式中，q 为自回归模型的阶数。这类模型被称为自回归模型。

3. 自回归分布滞后模型

如果模型中包括被解释变量和解释变量的若干个滞后值作解释变量，则称为动态分布滞后模型或自回归分布滞后模型。模型的形式为

$$y_t = \alpha_0 + \sum_{i=1}^{m}\alpha_i y_{t-i} + \sum_{j=1}^{p}\sum_{i=0}^{n}\beta_{ji}x_{jt-i} + u_t, \quad u_t \sim \text{IID}(0,\sigma^2)$$

模型可用 ARDL (m, n, p) 表示，其中，m 是自回归阶数，n 是分布滞后阶数，p 是外生变量个数。对 ARDL (m, n, p) 模型可采用 OLS 法估计，参数估计量是有偏的，但具有一致性。

最常见的是 ARDL $(1, 1)$ 和 ARDL $(2, 2)$ 模型，

$$y_t = \alpha_0 + \alpha_1 y_{t-1} + \beta_0 x_t + \beta_1 x_{t-1} + u_t, \quad u_t \sim \text{IID}(0,\sigma^2)$$

和

$$y_t = \alpha_0 + \alpha_1 y_{t-1} + \alpha_2 y_{t-2} + \beta_0 x_t + \beta_1 x_{t-1} + \beta_2 x_{t-2} + u_t, \quad u_t \sim \text{IID}(0,\sigma^2)$$

对于 ARDL $(1, 1)$ 模型，x_t 和 y_t 的长期关系是

$$y_t = \frac{\alpha_0}{1-\alpha_1} + \frac{\beta_0+\beta_1}{1-\alpha_1}x_t = \theta_0 + \theta_1 x_t$$

上式称作静态模型，参数称作静态参数或长期参数。长期参数描述变量之间的均衡关系。动态模型中的参数称作动态参数或短期参数。短期参数描述变量通向均衡状态过程中的非均衡关系。通过对 α_0、β_0 和 β_1 施加约束条件，从 ARDL$(1, 1)$模型可以得到许多特殊的经济模型。

误差修正模型(ECM 模型)由 ARDL (m, n, p) 模型变换而来。下面通过 ADL$(1, 1)$模型推导简单的 ECM 模型。设

$$y_t = \alpha_0 + \alpha_1 y_{t-1} + \beta_0 x_t + \beta_1 x_{t-1} + u_t, \quad |\alpha_1| < 1, \quad u_t \sim \text{IID}(0,\sigma^2)$$

其中，u_t 应不存在自相关和异方差。如果这个条件不能满足，可通过增加 x_t 和 y_t 的滞后项或加入新的变量从而使 u_t 满足要求。从上式两侧同时减 y_{t-1}，在右侧同时加减 $\beta_0 x_{t-1}$，得

$$\Delta y_t = \alpha_0 + \beta_0 \Delta x_t + (\alpha_1 - 1)y_{t-1} + (\beta_0 + \beta_1)x_{t-1} + u_t.$$

上式右侧第三、四项合并为

$$\Delta y_t = \alpha_0 + \beta_0 \Delta x_t + (\alpha_1 - 1)(y_{t-1} - k_1 x_{t-1}) + u_t$$

其中 $k_1 = (\beta_0 + \beta_1)/(1-\alpha_1)$。上述变换没有破坏恒等关系，所以不会影响模型对样本数据的解释能力，也不会改变 OLS 估计量的性质。

$\Delta y_t = \alpha_0 + \beta_0 \Delta x_t + (\alpha_1 - 1)(y_{t-1} - k_1 x_{t-1}) + u_t$ 称为 ECM 模型，$(\alpha_1 - 1)(y_{t-1} - k_1 x_{t-1})$ 称为误差修正项，$(y_{t-1} - k_1 x_{t-1})$ 表示前一期的非均衡误差。由该式可知，若 y_t 平稳，必有 $|\alpha_1| < 1$，所以非均衡误差项的系数 $(\alpha_1 - 1)$ 必为负。这说明误差修正项对 Δy_t 有一个反向修正作用。当 y_{t-1} 相对于均衡点取值过高(低)时，通过误差修正项的反向修正作用，可使本期 Δy_t 减小(增加)，y_t 向均衡位置移动。$(\alpha_1 - 1)$ 表示误差修正项对 Δy_t 的调节速度。进一步变换该式为

$$\Delta y_t = \beta_0 \Delta x_t + (\alpha_1 - 1)(y_{t-1} - k_0 - k_1 x_{t-1}) + u_t$$

其中，$k_0 = \alpha_0/(1-\alpha_1)$。$(y_{t-1} - k_0 - k_1 x_{t-1})$ 是 x_t 和 y_t 的长期关系，$\Delta y_t = \beta_0 \Delta x_t + (\alpha_1 - 1)(\cdot)$ 是 x_t 和 y_t 的短期关系。

当约束条件 $\alpha_1 + \beta_0 + \beta_1 = 1$ 成立时，模型变为

$$\Delta y_t = \beta_0 \Delta x_t + (\alpha_1 - 1)[y_{t-1} - k_0 - x_{t-1}] + u_t$$

这是一个 $k_1 = 1$ 的特殊误差修正模型。

ECM 模型有如下特点。

(1) 上述模型中的 Δy_t、Δx_t 和非均衡误差项都是平稳的。应用最小二乘法估计模型时，参数估计量具有优良的渐近特性。在前面章节中可以看到，即使变量是非平稳的，只要存在协积关系，误差修正模型也不会存在虚假回归问题。

(2) 误差修正模型中既有描述变量长期关系的参数，又有描述变量短期关系的参数；既可研究经济问题的静态(长期)特征，又可研究其动态(短期)特征。

12.2 自回归分布滞后模型

假设多元模型中某个解释变量对于被解释变量的影响不是在一期内结束，而是在若干期内对被解释变量产生影响，这种关系可以用如下模型表示：

$$Y_t = \alpha + \beta_0 X_t + \beta_1 X_{t-1} + \cdots + \beta_p X_{t-p} + u_t \quad (t = p+1, p+2, \cdots, n) \tag{12.2.1}$$

式(12.2.1)被称为分布滞后模型(distributed lag model)。它表明，随时间变动的解释变量 X 对被解释变量 Y 的影响要想完全发挥作用，需要相当长的一段时间。分布滞后模型中解释变量 Y_t 的系数 β_0 称为短期效果，表示在 t 期，X_t 变化一个单位，导致 Y_t 相应的变化量，也称为 Y_t 变化的边际倾向。第 i 期滞后变量 X_{t-i} 的一单位变化给 Y_t 带来 β_i 的变化。模型中

所有解释变量 $X_{t-i}(i=0,1,2,\cdots,p)$ 全部变化一单位时，它们的系数之和 $(\beta_0+\beta_1+\cdots+\beta_p)$ 称为长期效果，可以理解为解释变量的一单位变化最终给被解释变量带来的总效果。

12.2.1 期望模型

分布滞后模型式(12.2.1)在经济上可以解释成对未来时点的一种预期。模型的形式为

$$Y_t = \alpha + \beta X_{t+1}^e + u_t \tag{12.2.2}$$

其中，X_{t+1}^e 是 t 期对 $(t+1)$ 期的 X_t 的一种预期。模型式(12.2.2)表明 Y_t 的值由 X_t 的预期值给出。如果 Y_t 为投资额度，则其显然依赖于 $(t+1)$ 期的预期收益。经济学中有各种各样的方式来决定 X_t 的预期 X_{t+1}^e，方法之一就是通过下面的分布滞后模型来决定，即

$$X_{t+1}^e = \beta_0 X_t + \beta_1 X_{t-1} + \cdots + \beta_p X_{t-p} \tag{12.2.3}$$

另外，对于 X_t 的预期 X_{t+1}^e，也可以考虑用适应期望(adaptive expectation) 模型给出，认为 $(t+1)$ 期的预期值由两部分组成：一部分是关于 t 期的预期值，另一部分是 t 期的实际值，即有

$$X_{t+1}^e = \lambda X_t^e + (1-\lambda)X_t \tag{12.2.4}$$

其中，$0<\lambda<1$。式(12.2.4)的等价表现形式为

$$X_{t+1}^e = X_t^e + (1-\lambda)(X_t - X_t^e) \tag{12.2.5}$$

其中，X_t^e 是 $(t-1)$ 期对 t 期的 X_t 的预期值，$(X_t - X_t^e)$ 是 t 期的实际值与预期值的差，通过 λ 对这个差进行调整，形成 $(t+1)$ 期的预期值。

例如，如果假设 X_t^e 为 $(t-1)$ 期对 t 期通货膨胀率的预期，X_{t+1}^e 为 t 期对 $(t+1)$ 期通货膨胀率的预期，X_t 为 t 期实际通货膨胀率，那么式(12.2.5)表明 $(t+1)$ 期和 t 期通货膨胀率的预期之差等于 t 期实际值和预期值的差再乘以一个调整系数。如果 $(X_t - X_t^e)>0$，即 t 期实际通货膨胀率大于它的预期，那么我们可以在 X_t^e 的基础上加上一个正的修正形成 X_{t+1}^e。

1. 柯依克分布滞后模型

如果把模型式(12.2.1)中滞后项的长度 p 从有限扩展到无限，则得到如下模型：

$$Y_t = \alpha + \beta_0 X_t + \beta_1 X_{t-1} + \cdots + \beta_p X_{t-p} + \cdots + u_t \tag{12.2.6}$$

分布模型中滞后解释变量对于被解释变量的影响程度随着时间间隔的远离，显然是逐渐减弱的，这种衰减可以考虑为按几何级数递减，即滞后解释变量的系数 β_i 满足关系

$$\beta_i = \beta\gamma^i (0<\gamma<1; \ i=0,1,2,\cdots) \tag{12.2.7}$$

把式(12.2.7)代入式(12.2.6)中得到

$$Y_t = \alpha + \beta(X_t + \gamma X_{t-1} + \cdots + \gamma^p X_{t-p} + \cdots) + u_t \tag{12.2.8}$$

式(12.2.8)称为柯依克分布滞后模型 (Koyck distributed lag model)。

显然有

$$Y_{t-1} = \alpha + \beta(X_{t-1} + \gamma X_{t-2} + \cdots + \gamma^p X_{t-1-p} + \cdots) + u_{t-1}$$

用 γ 乘以 Y_{t-1} 得到

$$\gamma Y_{t-1} = \gamma\alpha + \gamma\beta(X_{t-1} + \gamma X_{t-2} + \cdots + \gamma^p X_{t-1-p} + \cdots) + \gamma u_{t-1} \tag{12.2.9}$$

式(12.2.8)减去式(12.2.9)得

$$Y_t - \gamma Y_{t-1} = \alpha(1-\gamma) + \beta X_t + (u_t - \gamma u_{t-1}) \tag{12.2.10}$$

整理后得到

$$Y_t = \alpha(1-\gamma) + \beta X_t + \gamma Y_{t-1} + v_t \tag{12.2.11}$$

其中，$v_t = u_t - \gamma u_{t-1}$。

通过分析模型式(12.2.11)可以发现，柯依克分布滞后模型就是解释变量中包含被解释变量滞后一期项 Y_{t-1} 的回归模型。

柯依克分布滞后模型中的解释变量可以理解为 t 期对 $(t+1)$ 期的 X_{t+1} 的预期。如果把适应期望模型式(12.2.4)中的 X_t^e 反复代入，最后从方程中消去 X_t^e，就得到

$$X_{t+1}^e = (1-\lambda)\sum \lambda^i X_{t-i} \tag{12.2.12}$$

式(12.2.12)把 t 期对 $(t+1)$ 期的 X_t 的预期 X_{t+1}^e，用现在和过去各期的实际值 $X_{t-i}(i, 0, 1, \cdots)$ 的加权和来表示，这在本质上与模型式(12.2.8)中的解释变量一样，都具有按几何级数递减的权数，表 12.1、图 12.1 为按几何级数递减的权数的示意图表。

表 12.1　柯依克分布滞后系数

i	$\gamma^i (\gamma = 0.7)$	$\gamma^i (\gamma = 0.4)$	$\gamma^i (\gamma = 0.1)$
0	1	1	1
1	0.7	0.4	0.1
2	0.49	0.16	0.01
3	0.343	0.064	0.001
4	0.2401	0.0256	
5	0.16807	0.01024	
6	0.117649	0.004096	
7	0.082354		
8	0.057648		
9	0.040354		

从图 12.1 可知，几何级数递减的速度取决于 γ 值的大小。当 $\gamma \approx 0$ 时，式(12.2.11)近似为

$$Y_t = \alpha + \beta X_t + u_t \tag{12.2.13}$$

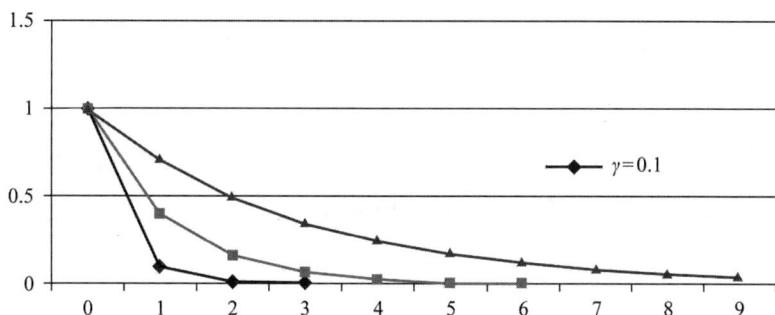

图 12.1　柯依克分布滞后系数示意图 ($\gamma = 0.7$、0.4、0.1)

这时认为几乎没有滞后影响。γ 值越大，表明滞后变量的影响越长，所以有必要研究 γ 值在经济理论上的意义。在柯依克分布滞后模型中，其短期效果由 β 给出，长期效果由式(12.2.14)给出，即

$$\sum \beta_i = \beta \sum \gamma^i = \frac{\beta}{1-\gamma} \tag{12.2.14}$$

上式的估计值由 $\dfrac{\hat{\beta}}{1-\hat{\gamma}}$ 给出。

柯依克分布滞后模型(12.2.8)给每个解释变量一个按几何级数递减的权数，把滞后项的长度从有限扩展到了无限，而且通过上面的变换得到了模型的简单式(12.2.11)。虽然式(12.2.11)中仅包含几个变量，从表面上看，模型处理起来比较简单，但是应该看到，直接对式(12.2.11)运用最小二乘法，不能保证得到的 OLS 估计量具有 BLUE 性质。问题的根源在于以下两个方面。

首先，模型式(12.2.11)中误差项 v_t 和 v_{t-1} 的协方差 $E(v_t v_{t-1})$ 不等于 0，即

$$E(v_t v_{t-1}) = E(u_t - \gamma u_{t-1})(u_{t-1} - \gamma u_{t-2}) = -\gamma E(u_{t-1}^2) = -\gamma \sigma_{u_t}^2$$

这表明式(12.2.11)中的误差项 v_t 之间存在着一阶自相关。

其次，模型式(12.2.11)中误差项 v_t 和解释变量 Y_{t-1} 相关，这是因为

$$E(v_t Y_{t-1}) = E\left[v_t(\alpha(1-\gamma) + \beta X_{t-1} + \gamma Y_{t-2} + v_{t-1})\right] = E(v_t v_{t-1}) = -\gamma \sigma_u^2 \neq 0$$

此时的 OLS 估计量不具有无偏性和一致性。在 γ 很小的情况下，读者可以直接用最小二乘法对式(12.2.11)进行估计。

12.2.2　部分调整模型

在适应期望模型式(12.2.4)中，把 t 期对 $(t+1)$ 期的解释变量的预期分为 t 期的预期值与 t 期的实际值两部分，本质上和柯依克分布滞后模型具有相同的形式。与此相反，部分调整模型(partial adjustment model)则考虑被解释变量预期(最优)的定式化问题。考虑如下模型：

$$Y_t^d = \alpha + \beta X_t + u_t \tag{12.2.15}$$

Y_t 的最优值 Y_t^d 为 X_t 的函数。例如，Y_t^d 可认为是 t 期最佳资本存量，X_t 为同期生产量。在经济现象中，一般很少通过一期的调整就达到 Y_t 的最优状态，通过若干期调整达到 Y_t 的

最优状态是比较现实的情形。基于上述分析，调整的过程设为如下模式：

$$Y_t = Y_{t-1} + \delta(Y_t^d - Y_{t-1}), \quad 0 < \delta < 1 \tag{12.2.16}$$

式(12.2.16)中第二项表明，在 t 期的调整幅度只是 Y_t^d 和其前一期实际值之差的一部分，δ 称为调整速度。把式(12.2.15)代入式(12.2.16)得到

$$Y_t = Y_{t-1} + \delta(\alpha + \beta X_t + u_t - Y_{t-1}) = \delta\alpha + \delta\beta X_t + (1-\delta)Y_{t-1} + \delta u_t \tag{12.2.17}$$

式(12.2.17)称为部分调整模型。如果把 Y_{t-1} 反复代入式(12.2.17)，最后得到只包含解释变量、误差项及其滞后项的模型，表达式为

$$\begin{aligned}
Y_t &= \alpha\left[\delta + \delta(1-\delta) + \delta(1-\delta)^2 + \cdots + \delta(1-\delta)^i + \cdots\right] \\
&+ \beta\left[\delta X_t + \delta(1-\delta)X_{t-1} + \delta(1-\delta)^2 X_{t-2} + \cdots + \delta(1-\delta)^i X_{t-i} + \cdots\right] \\
&+ \left[\delta u_t + \delta(1-\delta)u_{t-1} + \delta(1-\delta)^2 u_{t-2} + \cdots + \delta(1-\delta)^i u_{t-i} + \cdots\right]
\end{aligned} \tag{12.2.18}$$

对比式(12.2.18)和柯依克分布滞后模型，可以看到两个模型都包含解释变量的无穷多次滞后，但是，柯依克分布滞后模型中不包含误差项的无穷多次滞后。进一步，注意到式(12.2.17)和柯依克分布滞后模型的等价表现形式式(12.2.11)中，虽然模型右端都包含被解释变量的滞后项，但是前者中被解释变量的滞后项和误差项不相关，可以直接对模型运用最小二乘估计法。

12.2.3 阿尔蒙分布滞后模型

柯依克分布滞后模型讨论了滞后解释变量的系数按几何级数衰减的类型。但是对于系数按几何级数衰减的这种约束，在模型的实际研究中，有时会遇到一些问题。例如，在滞后某一期解释变量的效果达到最大，从该期开始解释变量的滞后效果进入衰减状态(见图 12.2)。显然，用柯依克分布滞后模型处理上述情况是不适合的。这时，一般把滞后模式设为有限多项式的阿尔蒙分布滞后模型(Almon distributed lag model)。

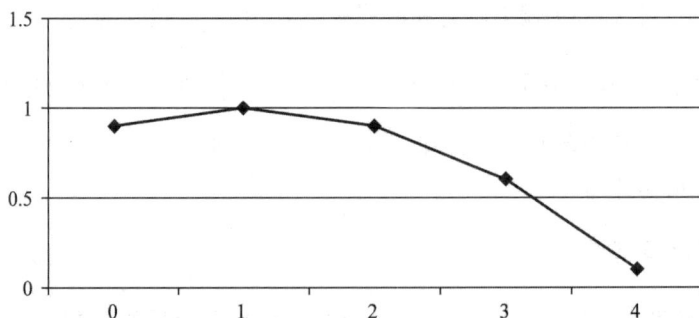

图 12.2 阿尔蒙分布滞后系数示意图

阿尔蒙分布滞后模型把滞后系数 β_i 设为 i 的多项式，即考虑用下面的 q 次多项式(12.2.19)来近似滞后系数。

$$\beta_i = \gamma_0 + \gamma_1 i + \cdots + \gamma_q i^q \tag{12.2.19}$$

一般多项式的次数 q 要低于滞后长度 p，例如考虑 $p=4$ 的分布滞后模型式(12.2.20)，即

$$Y_t = \alpha + \beta_0 X_t + \beta_1 X_{t-1} + \cdots + \beta_4 X_{t-4} + u_t \tag{12.2.20}$$

如果选择二次多项式近似滞后系数，其估计步骤如下。

第一步：把滞后系数 $\beta_i (i = 0, 1, 2, 3, 4)$ 分别代入二次多项式(12.2.21)，该式为

$$\beta_i = \gamma_0 + \gamma_1 i + \gamma_2 i^2 \tag{12.2.21}$$

代入后为

$$\beta_0 = \gamma_0$$
$$\beta_1 = \gamma_0 + \gamma_1 + \gamma_2$$
$$\beta_2 = \gamma_0 + 2\gamma_1 + 4\gamma_2$$
$$\beta_3 = \gamma_0 + 3\gamma_1 + 9\gamma_2$$
$$\beta_4 = \gamma_0 + 4\gamma_1 + 16\gamma_2$$

第二步：把式(12.2.21)代入式(12.2.20)得到关于系数 $\gamma_i (i = 0, 1, 2)$ 的模型式(12.2.22)，即

$$Y_t = \alpha + \gamma_0 X_t + (\gamma_0 + \gamma_1 + \gamma_2)X_{t-1} + (\gamma_0 + 2\gamma_1 + 4\gamma_2)X_{t-2}$$
$$+ (\gamma_0 + 3\gamma_1 + 9\gamma_2)X_{t-3} + (\gamma_0 + 4\gamma_1 + 16\gamma_2)X_{t-4} + u_t \tag{12.2.22}$$

对式(12.2.22)进行整理后得到式(12.2.23)，即

$$Y_t = \alpha + \gamma_0(X_t + X_{t-1} + X_{t-2} + X_{t-3} + X_{t-4}) + \gamma_1(X_{t-1} + 2X_{t-2} + 3X_{t-3} + 4X_{t-4})$$
$$+ \gamma_2(X_{t-1} + 4X_{t-2} + 9X_{t-3} + 16X_{t-4}) + u_t \tag{12.2.23}$$

第三步：设

$$Z_{0t} = X_t + X_{t-1} + X_{t-2} + X_{t-3} + X_{t-4}$$
$$Z_{1t} = X_{t-1} + 2X_{t-2} + 3X_{t-3} + 4X_{t-4}$$
$$Z_{2t} = X_{t-1} + 4X_{t-2} + 9X_{t-3} + 16X_{t-4}$$

代入式(12.2.23)得到关于变量 Z 的模型式(12.2.24)，即

$$Y_t = \alpha + \gamma_0 Z_{0t} + \gamma_1 Z_{1t} + \gamma_2 Z_{2t} + u_t \tag{12.2.24}$$

对式(12.2.24)运用最小二乘法，求出 $\hat{\gamma}_0$、$\hat{\gamma}_1$、$\hat{\gamma}_2$，代入多项式(12.2.21)，最终给出模型式(12.2.20)中参数 β 的估计值，即

$$\hat{\beta}_i = \hat{\gamma}_0 + \hat{\gamma}_1 i + \hat{\gamma}_2 i^2 \quad (i = 0, 1, 2, 3, 4) \tag{12.2.25}$$

模型式(12.2.20)包含 6 个参数，而变换后的模型包含 4 个参数，变换后的模型包含参数的个数少于原模型。原模型存在自由度不足和多重共线性的问题，可以认为得到了较大的改善。

应该注意的是，虽然在选择多项式次数 q 时，可以利用变换后的模型中参数 γ 的 t 值给出的信息，但是用阿尔蒙分布滞后模型进行估计，事先必须确定模型滞后长度 p 和滞后系数多项式次数 q，这使得 p 和 q 的选择带有一定的随意性。

货币供应量是国家货币政策的目标变量之一。货币供应量根据货币需求函数计算。根据弗里德曼货币需求理论得出如下的货币需求函数：

$$M_t^* = A Y_t^\alpha R_t^\beta e^{u_t}$$

其中，M_t^* 为货币需求的目标值，Y_t 为国内生产总值，R_t 为利率水平，α 为货币需求的收入弹性，β 为货币需求的利率弹性，u_t 为误差项。对货币需求函数取对数得出

$$m_t^* = a + \alpha y_t + \beta r_t + \varepsilon_t$$

其中，$a = \ln A$，$m_t^* = \ln M_t^*$，$y_t = \ln Y_t$，$r_t = \ln R_t$，$\varepsilon_t = \ln u_t$。设货币需求的部分调整为

$$m_t - m_{t-1} = \theta(m_t^* - m_{t-1})$$

从中得出货币需求量的时间序列模型为

$$m_t = \gamma_0 + \gamma_1 y_t + \gamma_2 r_t + \gamma_3 m_{t-1} + v_t$$

其中，$\gamma_0 = \theta \ln A$，$\gamma_1 = \theta\alpha$，$\gamma_2 = \theta\beta$，$\gamma_3 = 1 - \theta$，$v_t = \theta\varepsilon_t$。

12.3 结构向量自回归 SVAR 模型简介

12.3.1 向量自回归 VAR 模型简介

向量自回归 VAR 模型一般是单纯的统计模型。通过研究变量的 VAR 模型，可以分析和推断变量在数据样本上可能存在的相关关系和统计性质。如果根据经济理论或者先验知识，在 VAR 模型中表明或设定了变量之间的作用机制或逻辑关系，则这样的 VAR 模型被称为结构向量自回归模型(structural vector auto regression，SVAR)。SVAR 模型可以用来检测经济理论、计量各种外生冲击的影响效果、做历史反事实分析、模拟各类情景和做出经济预测，是宏观经济和金融学常用的研究方法。

例 12.1：设向量 $\boldsymbol{X}_t = (y_t, m_t)^T$，其中，变量 y_t 表示经济的总产出增长速度，或者表示物价的通货膨胀率。变量 m_t 表示货币供应增长速度，或者是其他政策工具变量。两个变量构成两个方程，形成方程组(simultaneous equation system)，表示简单的经济系统，其中，

需求方程表示为 $y_t = s_1 m_t + \gamma_{10} + \gamma_{11} y_{t-1} + \gamma_{12} m_{t-1} + u_{yt}$；

政策方程表示为 $m_t = s_2 y_t + \gamma_{20} + \gamma_{21} y_{t-1} + \gamma_{22} m_{t-1} + u_{mt}$。

上述方程组构成的 SVAR 模型矩阵形式为

$$\begin{pmatrix} 1 & -s_1 \\ -S_2 & 1 \end{pmatrix} \begin{pmatrix} y_t \\ m_t \end{pmatrix} = \begin{pmatrix} \gamma_{10} \\ \gamma_{20} \end{pmatrix} + \begin{pmatrix} \gamma_{11} & \gamma_{12} \\ \gamma_{21} & \gamma_{22} \end{pmatrix} \begin{pmatrix} y_{t-1} \\ m_{t-1} \end{pmatrix} + \begin{pmatrix} u_{yt} \\ u_{mt} \end{pmatrix}$$

简单记作

$$\boldsymbol{S}\boldsymbol{X}_t = \boldsymbol{\Gamma}_0 + \boldsymbol{\Gamma}_1 \boldsymbol{X}_{t-1} + \boldsymbol{u}_t \tag{12.3.1}$$

其中，$\boldsymbol{S} = \begin{pmatrix} 1 & -S_1 \\ -S_2 & 1 \end{pmatrix}$，表示当期变量之间关系的系数矩阵。当期变量之间关系是根据经济理论或先验知识设定的。矩阵 $\boldsymbol{S}$ 被称为 SVAR 模型的结构性系数矩阵。向量 $\boldsymbol{\Gamma}_0 = \begin{pmatrix} \gamma_{10} \\ \gamma_{20} \end{pmatrix}$，

以及矩阵 $\boldsymbol{\Gamma}_1 = \begin{pmatrix} \gamma_{11} & \gamma_{12} \\ \gamma_{21} & \gamma_{22} \end{pmatrix}$，$\boldsymbol{\Gamma}_0$ 和 $\boldsymbol{\Gamma}_1$ 都为 SVAR 模型的系数矩阵。设 $\boldsymbol{u}_t = \begin{pmatrix} u_{yt} \\ u_{mt} \end{pmatrix}$，随机变量 u_{yt} 和 u_{mt} 表示外生结构性冲击，两者相互独立。上面的例子中，u_{yt} 表示影响经济的需求冲击，u_{mt} 可表示影响金融变量的外生冲击，或者货币政策冲击。假设随机向量 $\boldsymbol{u}_t$ 服从正态分布，即 $\boldsymbol{u}_t \sim N(0, \boldsymbol{\Omega})$。其中，矩阵 $\boldsymbol{\Omega}$ 为随机向量 $\boldsymbol{u}_t$ 的协方差矩阵，$\boldsymbol{\Omega} = E\boldsymbol{u}_t \boldsymbol{u}_t' = \begin{pmatrix} \sigma_1^2 & 0 \\ 0 & \sigma_2^2 \end{pmatrix}$。矩阵 $\boldsymbol{\Omega}$ 为对角矩阵，表示变量 u_{yt} 和 u_{mt} 是独立的，对角线上的元素 σ_1^2 和 σ_2^2 分别是 u_{yt} 和 u_{mt} 的方差。假设矩阵 $\boldsymbol{S}$ 可逆，结构向量自回归 SVAR 模型对应的简约形式为

$$\boldsymbol{X}_t = \boldsymbol{\mu} + \boldsymbol{A}_1 \boldsymbol{X}_{t-1} + \boldsymbol{v}_t \tag{12.3.2}$$

其中，$\boldsymbol{\mu} = \boldsymbol{S}^{-1}\boldsymbol{\Gamma}_0$，$\boldsymbol{A}_1 = \boldsymbol{S}^{-1}\boldsymbol{\Gamma}_1$，$\boldsymbol{v}_t = \boldsymbol{S}^{-1}\boldsymbol{u}_t$。有时为数学上处理简单，且在不影响研究结论的情况下，假设 $\boldsymbol{\Gamma}_0 = 0$，从而 $\boldsymbol{\mu} = 0$。式(12.3.2)为常规的 VAR 模型，其中，系数可以通过普通最小二乘方法(OLS)进行直接估计。如果给定研究向量 $\boldsymbol{X}_t$ 的样本数据，简约 VAR 模型中的系数可以估计得到，即系数矩阵 $\boldsymbol{\mu}$ 和 $\boldsymbol{A}_1$ 可获得估计值。同时，VAR 模型的误差序列 $\boldsymbol{v}_t$ 及其协方差矩阵 $\boldsymbol{\Sigma}_v$ 也可以通过估计得到。一般地，结构向量自回归 SVAR 模型的首要任务是要估计得到结构矩阵 $\boldsymbol{S}$，从而识别和计算结构性冲击 $\boldsymbol{u}_t$。VAR 模型的误差序列 $\boldsymbol{v}_t$ 是结构性外生冲击 $\boldsymbol{u}_t$ 的函数，具体为 $\boldsymbol{v}_t = \boldsymbol{S}^{-1}\boldsymbol{u}_t$。为计算方便，设 $\boldsymbol{C} = \boldsymbol{S}^{-1}$，从而 $\boldsymbol{v}_t = \boldsymbol{C}\boldsymbol{u}_t$。而矩阵 $\boldsymbol{S}^{-1}$ 或 $\boldsymbol{C}$ 无法从 VAR 模型的参数估计中获得。如何估计获得结构矩阵 $\boldsymbol{C}$，是 SVAR 模型计量的一个重要问题。

12.3.2 SVAR 模型短期约束识别方法

一般情况下假设 $\boldsymbol{X}_t = (x_{1t}, x_{2t})^T$，二元 SVAR 模型 $\boldsymbol{S}\boldsymbol{X}_t = \boldsymbol{\Gamma}_0 + \boldsymbol{\Gamma}_1 \boldsymbol{X}_{t-1} + \boldsymbol{u}_t$ 具体写为

$$\begin{pmatrix} s_{11} & s_{12} \\ s_{21} & s_{22} \end{pmatrix} \begin{pmatrix} x_{1t} \\ x_{2t} \end{pmatrix} = \begin{pmatrix} \gamma_{11} & \gamma_{12} \\ \gamma_{21} & \gamma_{22} \end{pmatrix} \begin{pmatrix} x_{1t-1} \\ x_{2t-1} \end{pmatrix} + \begin{pmatrix} u_{1t} \\ u_{2t} \end{pmatrix} \tag{12.3.3}$$

为简单化，设 $\boldsymbol{\Gamma}_0 = 0$。其对应的简约 VAR 模型 $\boldsymbol{X}_t = \boldsymbol{A}_1 \boldsymbol{X}_{t-1} + \boldsymbol{v}_t$ 为

$$\begin{pmatrix} x_{1t} \\ x_{2t} \end{pmatrix} = \begin{pmatrix} a_{11} & a_{12} \\ a_{21} & a_{22} \end{pmatrix} \begin{pmatrix} x_{1t-1} \\ x_{2t-1} \end{pmatrix} + \begin{pmatrix} v_{1t} \\ v_{2t} \end{pmatrix} \tag{12.3.4}$$

假设结构性冲击向量 $\boldsymbol{u}_t$ 服从二维标准正态分布，记作 $\boldsymbol{u}_t \sim N(0, \boldsymbol{I})$。随机变量 u_{1t} 和 u_{2t} 独立同分布，其标准差都为 1。VAR 模型误差变量 $\boldsymbol{v}_t$ 的协方差矩阵为 $\boldsymbol{\Sigma}_v$，满足 $\boldsymbol{\Sigma}_v = E\boldsymbol{v}_t \boldsymbol{v}_t'$。设 $\boldsymbol{\Sigma}_v = \begin{pmatrix} \sigma_{11} & \sigma_{12} \\ \sigma_{21} & \sigma_{22} \end{pmatrix}$，协方差矩阵 $\boldsymbol{\Sigma}_v$ 是对称矩阵，其中，$\sigma_{12} = \sigma_{21}$，表示变量 v_{1t} 和 v_{2t} 之间的协方差。常数 σ_{11} 和 σ_{22} 分别为 v_{1t} 和 v_{2t} 的方差。因为有 $\boldsymbol{v}_t = \boldsymbol{C}\boldsymbol{u}_t$，则 $\boldsymbol{\Sigma}_v = \boldsymbol{C}\boldsymbol{C}^T$。

VAR 模型 $\boldsymbol{X}_t = \boldsymbol{A}_1 \boldsymbol{X}_{t-1} + \boldsymbol{v}_t$，时期 $t = 0, 1, 2, \cdots$。将模型向前迭代推导

$$\boldsymbol{X}_{t-1} = \boldsymbol{A}_1 \boldsymbol{X}_{t-2} + \boldsymbol{v}_{t-1}, \ \boldsymbol{X}_{t-2} = \boldsymbol{A}_1 \boldsymbol{X}_{t-3} + \boldsymbol{v}_{t-2}, \cdots, \boldsymbol{X}_1 = \boldsymbol{A}_1 \boldsymbol{X}_0 + \boldsymbol{v}_1$$

从而有

$$\begin{aligned}
\boldsymbol{X}_t &= \boldsymbol{v}_t + \boldsymbol{A}_1 \boldsymbol{X}_{t-1} = \boldsymbol{v}_t + \boldsymbol{A}_1 \boldsymbol{v}_{t-1} + \boldsymbol{A}_1^2 \boldsymbol{X}_{t-2} = \boldsymbol{v}_t + \boldsymbol{A}_1 \boldsymbol{v}_{t-1} + \boldsymbol{A}_1^2 \boldsymbol{v}_{t-2} + \boldsymbol{A}_1^3 \boldsymbol{X}_{t-3} \\
&= \cdots = \boldsymbol{v}_t + \boldsymbol{A}_1 \boldsymbol{v}_{t-1} + \boldsymbol{A}_1^2 \boldsymbol{v}_{t-2} + \cdots + \boldsymbol{A}_1^{t-1} \boldsymbol{v}_1 + \boldsymbol{A}_1^t \boldsymbol{X}_0
\end{aligned}$$

误差向量 $\boldsymbol{v}_t = (v_{1t}, v_{2t})^T$，假设当 t=1 时，$\boldsymbol{v}_1 = (1,0)^T$；当 t>1 时，$\boldsymbol{v}_t = (0,0)^T$，则在 t 时系统关于 t=1 时刻的脉冲响应定义为

$$\frac{\partial \boldsymbol{X}_t}{\partial v_{11}} = \boldsymbol{A}_1^{t-1} \boldsymbol{v}_1$$

时间序列变量之间的脉冲响应分析是 VAR 模型的一个重要应用。脉冲响应模拟的一般算法为：令关注的某一个变量突然变化一个单位，同时假设其他变量保持不变，观察经济系统中各个变量的动态变化过程，从而获知各种外生冲击的动态效应。但脉冲响应模拟一般的前提假设要求是外生冲击变量满足独立性。模拟实验可假设一个外生变量突然改变，而其他外生变量保持不变，获得实验所要的效果。只有在外生冲击变量相互独立的条件下，这样的模拟实验才有意义。因果推断所要进行的数值实验是

$$\Theta_{h,j1} = E_t(X_{j,t+h} | v_{1t}=1) - E_t(X_{j,t+h} | v_{1t}=0) \tag{12.3.5}$$

式中，$\Theta_{h,j1}$ 表示冲击 v_{1t} 对 j 个变量 $X_{j,t}$ 在 h 期的影响效应。序列 $\{\Theta_{h,j1}\}$ $(h=0, 1, \cdots)$ 即为冲击 v_{1t} 对变量 $X_{j,t}$ 在各期的脉冲响应。

如果在上述二元 VAR 模型中，要做脉冲响应模拟分析，则必须要求变量 v_{1t} 和 v_{2t} 相互独立，即要求 $\sigma_{12} = 0$。在通常的 VAR 模型中，这一假设一般不能满足。VAR 模型的误差向量满足 $\boldsymbol{v}_t = \boldsymbol{C} \boldsymbol{u}_t$，变量 v_{1t} 发生变化，可能是结构性冲击 u_{1t} 和 u_{2t} 的变化导致的。而冲击 u_{1t} 和 u_{2t} 发生变化，也会使得变量 v_{2t} 改变。在结构向量自回归 SVAR 模型中，根据其定义，这一假设自然满足，故脉冲响应分析一般在 SVAR 模型的应用中使用。

上述二元 SVAR 模型 $\boldsymbol{S} \boldsymbol{X}_t = \boldsymbol{\Gamma}_0 + \boldsymbol{\Gamma}_1 \boldsymbol{X}_{t-1} + \boldsymbol{u}_t$ 也可写为

$$\boldsymbol{X}_t = \boldsymbol{A}_1 \boldsymbol{X}_t + \boldsymbol{C} \boldsymbol{u}_t \tag{12.3.6}$$

VAR 模型误差变量 v_t 的协方差矩阵为 $\boldsymbol{\Sigma}_v$，满足条件 $\boldsymbol{\Sigma}_v = \boldsymbol{C} \boldsymbol{C}^T$。SVAR 模型中由于参数过多，导致识别不足，结构矩阵 $\boldsymbol{C}$ 不能被直接估计得到。但通过估计 VAR 模型可以得到对称矩阵 $\boldsymbol{\Sigma}_v$。因而可以通过条件 $\boldsymbol{\Sigma}_v = \boldsymbol{C} \boldsymbol{C}^T$，求解矩阵 $\boldsymbol{C}$。为容易理解，将条件 $\boldsymbol{\Sigma}_v = \boldsymbol{C} \boldsymbol{C}^T$ 写成

$$\begin{pmatrix} \sigma_{11} & \sigma_{12} \\ \sigma_{21} & \sigma_{22} \end{pmatrix} = \begin{pmatrix} c_{11} & c_{12} \\ c_{21} & c_{22} \end{pmatrix} \begin{pmatrix} c_{11} & c_{12} \\ c_{21} & c_{22} \end{pmatrix}^T \tag{12.3.7}$$

这 4 个参数是待估参数，也可被理解为需要求解的 4 个未知变量。但在条件等式 $\boldsymbol{\Sigma}_v = \boldsymbol{C} \boldsymbol{C}^T$ 中，由于矩阵的对称性，只提供了 3 个方程。等式(12.3.7)是包括 3 个方程和 4 个未知变量的方程组，故此方程组有无穷多个解。故此时参数估计识别不足(under identified)。求解矩阵 $\boldsymbol{C}$ 的一个常用做法是，假设 $\boldsymbol{C}$ 中元素 $c_{12} = 0$。这样，方程组(12.3.7)中包括 3 个方程和 3 个未知变量，方程组有唯一解。上述求解矩阵 $\boldsymbol{C}$ 的方法被称为短期约束方法(short-run restrictions)，是 Sims (1980)提出的 SVAR 模型识别方法。在数学上，任一正定对称矩阵 $\boldsymbol{\Sigma}_v$ 通过乔莱斯基分解，可以得到唯一下三角矩阵，记作 $\boldsymbol{\Sigma}_v^{0.5}$，满足 $\boldsymbol{\Sigma}_v = \boldsymbol{\Sigma}_v^{0.5}(\boldsymbol{\Sigma}_v^{0.5})^T$。计算矩阵 $\boldsymbol{C}$ 可以通过将对称矩阵 $\boldsymbol{\Sigma}_v$ 乔莱斯基分解(Cholesky decomposition)获得，即 $\boldsymbol{C} = \boldsymbol{\Sigma}_v^{0.5}$。需要特别提示的是，应用 SVAR 模型的短期约束方法时，要注意事先安排好研究向量中变量的排序。一般常用的软件包(如 Stata 和 Eviews)按照用户设置的变量排序，直接计算 VAR 模型误差的协方差矩阵，并将其乔莱斯基分解得到结构矩阵，再做脉冲响应分析。

SVAR 模型识别的短期约束方法，是通过假设结构 $\boldsymbol{C}$ 为下三角矩阵，达到模型参数识别之目的。这种识别方法，只有在恰当的前提条件下，模型参数估计和应用才可能正确且有意义。例 12.1 中短期约束识别方法是否有意义，关键是要看假设 $c_{12} = 0$ 是否合理。例 12.1 中误差向量和结构冲击之间关系为 $\boldsymbol{v}_t = \boldsymbol{C}\boldsymbol{u}_t$，可展开写成

$$\begin{pmatrix} v_{1t} \\ v_{2t} \end{pmatrix} = \begin{pmatrix} c_{11} & 0 \\ c_{21} & c_{22} \end{pmatrix} \begin{pmatrix} u_{1t} \\ u_{2t} \end{pmatrix}$$

误差变量 v_{1t} 和 v_{2t} 分别与变量 x_{1t} 和 x_{2t} 相对应。方程组中 $v_{1t} = c_{11}u_{1t}$，表示变量 x_{1t} 在当期只受到结构性冲击 u_{1t} 的影响。$c_{12} = 0$ 表示变量 x_{1t} 在当期不受到结构性冲击 u_{2t} 的影响。方程 $v_{2t} = c_{21}u_{1t} + c_{22}u_{2t}$，表示变量 x_{2t} 在当期同时受到结构性冲击 x_{1t} 和 u_{2t} 的影响。例 12.1 中研究向量为 $\boldsymbol{X}_t = (y_t, m_t)^T$。假设 u_{2t} 为货币政策冲击。根据货币金融学的理论可知，货币政策对实体经济影响效应具有滞后性。故例 12.1 中的假设 $c_{12} = 0$ 可能是合理的。

例 12.2：假设研究向量为 $\boldsymbol{X}_t = (y_t, p_t, r_t)^T$，其中，变量 y_t 表示经济的总产出增长速度，变量 p_t 表示物价的通货膨胀率，变量 r_t 表示政策利率。构建下面三元 SVAR 模型：$\boldsymbol{X}_t = \boldsymbol{A}_1\boldsymbol{X}_{t-1} + \boldsymbol{C}\boldsymbol{u}_t$，其中，结构性冲击 u_{1t} 表示供给侧的影响因素，冲击 u_{2t} 表示需求侧的影响因素，冲击 u_{3t} 表示政策因素。VAR 模型误差向量和结构冲击之间关系为 $\boldsymbol{v}_t = \boldsymbol{C}\boldsymbol{u}_t$。结构矩阵 $\boldsymbol{C}$ 中有 9 个要估计的参数。条件等式 $\boldsymbol{\Sigma}_v = \boldsymbol{C}\boldsymbol{C}^T$ 是一个方程组，其中包括 6 个方程和 9 个未知量。故此方程有无穷多解。此三元 SVAR 模型估计识别的短期约束假设可以设定为：$c_{12} = 0$、$c_{13} = 0$ 及 $c_{23} = 0$。这样矩阵 $\boldsymbol{C}$ 中参数被恰好识别。SVAR 模型展开可写成

$$\begin{pmatrix} y_t \\ p_t \\ r_t \end{pmatrix} = \boldsymbol{A}_1 \begin{pmatrix} y_{t-1} \\ p_{t-1} \\ r_{t-1} \end{pmatrix} + \begin{pmatrix} c_{11} & 0 & 0 \\ c_{21} & c_{22} & 0 \\ c_{31} & c_{32} & c_{33} \end{pmatrix} \begin{pmatrix} u_{1t} \\ u_{2t} \\ u_{3t} \end{pmatrix} \tag{12.3.8}$$

SVAR 模型的短期约束条件是根据经济理论设定的。短期约束条件 $c_{12} = 0$ 和条件 $c_{13} = 0$，表示变量 y_t 在当期只受到供给侧因素 u_{1t} 的影响，即经济增长率在当期不会受到需求和政策的影响。条件 $c_{23} = 0$ 表示变量 p_t 在当期只受到需求侧和供给侧因素的影响，政策变量在当期不会对物价产生影响效应。在上述假设下，此 SVAR 模型可以通过乔莱斯基分解获得结构矩阵 $\boldsymbol{C}$，从而可以进一步展开 SVAR 模型各类应用研究。

12.3.3　长期约束识别方法

设向量自回归 VAR 模型简约式为

$$\boldsymbol{X}_t = \boldsymbol{A}_1\boldsymbol{X}_{t-1} + \cdots + \boldsymbol{A}_p\boldsymbol{X}_{t-p} + \boldsymbol{v}_t \tag{12.3.9}$$

其中，$\boldsymbol{X}_t$ 是 n 个变量构成的列向量，$\boldsymbol{v}_t$ 表示估计误差向量，常数 p 是自回归滞后阶数。设 $\boldsymbol{\Sigma}_v$ 为误差 $\boldsymbol{v}_t$ 的协方差矩阵。自回归系数 $\boldsymbol{A}_i(i=1,2,\cdots,p)$ 和误差协方差矩阵 $\boldsymbol{\Sigma}_v$ 都可从简约式的估计结果中获得。为讨论方便，下面将 VAR 模型用滞后算子简写成 $\boldsymbol{A}(L)\boldsymbol{X}_t = \boldsymbol{v}_t$，其中，$L$ 为滞后算子，$\boldsymbol{A}(L)$ 为滞后算子多项式，具体表示为 $\boldsymbol{A}(L) \equiv \boldsymbol{I} - \boldsymbol{A}_1 L - \boldsymbol{A}_2 L^2 - \cdots - \boldsymbol{A}_p L^p$。为讨论变量对外生冲击反应的长期效应，将自回归式 $\boldsymbol{A}(L)\boldsymbol{X}_t = \boldsymbol{v}_t$ 表示为移动平均的形式：$\boldsymbol{X}_t = [\boldsymbol{A}(L)]^{-1}\boldsymbol{v}_t$。记 $\boldsymbol{B}(L) \equiv [\boldsymbol{A}(L)]^{-1}$，$\boldsymbol{B}(L)$ 为滞后算子多项式，$B(L) \equiv \boldsymbol{B}_0 + \boldsymbol{B}_1 L + \boldsymbol{B}_2 L^2 + \cdots$，则方程组可以表示成 $\boldsymbol{X}_t = \boldsymbol{B}(L)\boldsymbol{v}_t$。设误差向量 $\boldsymbol{v}_t$，与结构外生冲击向量 $\boldsymbol{\varepsilon}_t$ 的关系为 $\boldsymbol{v}_t = \boldsymbol{C}\boldsymbol{\varepsilon}_t$。系数矩阵 $\boldsymbol{C}$ 中的元素，是结构向量自回归模型中最为关键的未知参数之一。如果估计得到系数矩阵 $\boldsymbol{C}$，根据 $\boldsymbol{\varepsilon}_t = \boldsymbol{C}^{-1}\boldsymbol{v}_t$，则可识别出经济系统中的结构性冲击。假设结构冲击向量 $\boldsymbol{\varepsilon}_t$ 的协方差矩阵为单位矩阵，即 $E(\boldsymbol{\varepsilon}_t\boldsymbol{\varepsilon}_t') = \boldsymbol{I}_n$，故待估计系数矩阵 $\boldsymbol{C}$ 须满足 $\boldsymbol{\Sigma}_v = \boldsymbol{C}\boldsymbol{C}'$。满足 $\boldsymbol{\Sigma}_v = \boldsymbol{C}\boldsymbol{C}'$ 的系数矩阵 $\boldsymbol{C}$ 有无穷多解。寻找矩阵 $\boldsymbol{C}$ 常见的做法是计算对称矩阵 $\boldsymbol{\Sigma}_v$ 的乔莱斯基分解(Cholesky decomposition)矩阵 $\tilde{\boldsymbol{C}}$。将对称矩阵 $\boldsymbol{\Sigma}_v$ 乔莱斯基分解，可得到唯一下三角形矩阵 $\tilde{\boldsymbol{C}}$，满足 $\tilde{\boldsymbol{C}}\tilde{\boldsymbol{C}}' = \boldsymbol{\Sigma}_v$。将 $\tilde{\boldsymbol{C}}$ 作为一个初始解。设 $\boldsymbol{Q}$ 为正交矩阵，满足 $\boldsymbol{Q}\boldsymbol{Q}' = \boldsymbol{Q}'\boldsymbol{Q} = \boldsymbol{I}$，则任意矩阵 $\boldsymbol{C} = \tilde{\boldsymbol{C}}\boldsymbol{Q}$，矩阵 $\boldsymbol{C}$ 也满足 $\boldsymbol{\Sigma}_v = \boldsymbol{C}\boldsymbol{C}'$。利用误差向量和结构冲击向量的关系 $\boldsymbol{v}_t = \tilde{\boldsymbol{C}}\boldsymbol{Q}\boldsymbol{\varepsilon}_t$，可将 VAR 模型的移动平均方程表示为 $\boldsymbol{X}_t = \boldsymbol{F}(L)\boldsymbol{Q}\boldsymbol{\varepsilon}_t = \boldsymbol{G}(L)\boldsymbol{\varepsilon}_t$，其中，$\boldsymbol{F}(L) = \boldsymbol{B}(L)\tilde{\boldsymbol{C}}$，$\boldsymbol{G}(L) = \boldsymbol{F}(L)\boldsymbol{Q}$，$\boldsymbol{F}(L)$ 和 $\boldsymbol{G}(L)$ 是与 $\boldsymbol{B}(L)$ 类似的滞后算子多项式，即 $\boldsymbol{F}(L) = \sum_{\tau=0}^{\infty} \boldsymbol{F}_\tau L^\tau$ 与 $\boldsymbol{G}(L) = \sum_{\tau=0}^{\infty} \boldsymbol{G}_\tau L^\tau$。经济系统中的外生冲击 $\boldsymbol{\varepsilon}_t$ 对研究向量 $\boldsymbol{X}_t$ 影响的长期效应可表示为 $\boldsymbol{G}(1)\boldsymbol{\varepsilon}_t$。

为说明研究方法，下面简化所要考虑的问题。

例 12.3：研究变量主要包括国内生产总值 GDP 增长率 y_t 与总价格指数增速 p_t，假设向量 $\boldsymbol{X}_t$ 由上面两个变量组成。将 SVAR 模型的移动平均式 $\boldsymbol{X}_t = \boldsymbol{G}(L)\boldsymbol{\varepsilon}_t$ 写成二维形式

$$\begin{pmatrix} y_t \\ p_t \end{pmatrix} = \begin{pmatrix} \boldsymbol{G}_{11}(L) & \boldsymbol{G}_{12}(L) \\ \boldsymbol{G}_{21}(L) & \boldsymbol{G}_{22}(L) \end{pmatrix} \begin{pmatrix} \varepsilon_t^T \\ \varepsilon_t^N \end{pmatrix} \tag{12.3.10}$$

其中，$\boldsymbol{G}_{ij}(L)$ 是矩阵 $\boldsymbol{G}(L)$ 中的第 i 行、第 j 列元素，也是与 $\boldsymbol{G}(L)$ 类似的滞后算子多项式。经济的结构性外生干扰 ε_t^T 表示持久性技术冲击，ε_t^N 表示源于需求方面的外生冲击。$\boldsymbol{G}_{ij}(1)$ 表示第 j 个结构冲击对第 i 个变量影响的长期效应。持久性技术冲击 ε_t^T 对经济增长率的影响效应为 $\boldsymbol{G}_{11}(1)$。根据传统的经济理论分析(blanchard and quah，1989；Gali,1999)，只有持久性技术冲击 ε_t^T 在长期能够显著影响总产出增长率 y_t。依据理论模型设置的长期约束为：需求冲击 ε_t^N 对总产出增长率不产生长期效应，由此设 $\boldsymbol{G}_{12}(1) = 0$。

12.3.4 符号约束识别方法

VAR 模型的移动平均方程表示为 $\boldsymbol{X}_t = \boldsymbol{G}(L)\boldsymbol{\varepsilon}_t$，设滞后算子多项式 $\boldsymbol{G}(L)$ 的具体形式为：$\boldsymbol{G}(L) = \boldsymbol{G}_0 + \boldsymbol{G}_1 L + \boldsymbol{G}_2 L^2 + \cdots$，其中，$\boldsymbol{G}_h = \boldsymbol{B}_h \boldsymbol{C}$，$h = 0,1,2,\cdots$。VAR 模型的脉冲响应函数可

以写为

$$\frac{\partial x_{i,t+h}}{\partial \varepsilon_{j,t}} = G_h(i,j) = g_{ij,h} \tag{12.3.11}$$

其中，$x_{i,t+h}$ 表示向量 $\boldsymbol{X}_{t+h}$ 中的第 i 个变量，$\varepsilon_{j,t}$ 是结构冲击向量 ε_t 的第 j 个变量。当期冲击 $\varepsilon_{j,t}$ 一单位的变动对第 i 个研究变量 $x_{i,t+h}$ 在 $t+h$ 期的影响大小表示为 $\partial x_{i,t+h} / \partial \varepsilon_{i,t}$，此值等于矩阵 $\boldsymbol{G}_h$ 的第 i 行、第 j 列的元素 $g_{ij,h}$。

根据前文的分析可知，如果只从约束式 $\boldsymbol{\Sigma}_v = \boldsymbol{CC}'$ 中估计求解矩阵 $\boldsymbol{C}$ 中的参数，约束条件个数 $n(n+1)/2$ 小于待估计参数个数 n^2，那么约束条件不足，无法唯一确定得到矩阵 $\boldsymbol{C}$ 中的所有参数。对任一正交矩阵 $\boldsymbol{\Omega}$，满足 $\boldsymbol{\Omega\Omega}' = \boldsymbol{\Omega}'\boldsymbol{\Omega} = \boldsymbol{I}$，令 $\boldsymbol{P} = \boldsymbol{C\Omega}'$，有

$$\boldsymbol{v}_t = \boldsymbol{C}\varepsilon_t = \boldsymbol{C\Omega}'\boldsymbol{\Omega}\varepsilon_t = \boldsymbol{P}\boldsymbol{u}_t \tag{12.3.12}$$

则矩阵 $\boldsymbol{P}$ 也可作为结构冲击矩阵，而此时与其对应的结构冲击向量为 $\boldsymbol{u}_t(=\boldsymbol{\Omega}\varepsilon_t)$，显然结构冲击向量 $\boldsymbol{u}_t$ 满足理论要求，即 $E(\boldsymbol{u}_t\boldsymbol{u}_t') = E(\boldsymbol{\Omega}\varepsilon_t\varepsilon_t'\boldsymbol{\Omega}') = \boldsymbol{I}_n$。

根据上面分析，SVAR 模型中所有可能满足条件的结构矩阵可表示为下面的集合：

$$\{\boldsymbol{C}|\ \boldsymbol{C} = \boldsymbol{P\Omega},\ \boldsymbol{\Sigma}_v = \boldsymbol{PP}'\} \tag{12.3.13}$$

这个集合的含义为，如果矩阵 $\boldsymbol{P}$ 是 SVAR 模型的一个结构矩阵，满足条件 $\boldsymbol{\Sigma}_v = \boldsymbol{PP}'$，则对任一正交矩阵 $\boldsymbol{\Omega}$，$\boldsymbol{C} = \boldsymbol{P\Omega}$ 也是符合条件的 SVAR 模型的一个结构矩阵。

SVAR 模型的符号约束识别方法，是通过找到结构矩阵 $\boldsymbol{C}$，使得脉冲响应 $\partial x_{i,t+h} / \partial \varepsilon_{j,t}$ 的符号满足理论要求。我们参照 Rubio-Ramirez 等(2010)的做法，其具体算法可以按照以下 4 个步骤进行：

(1) 从某一 VAR 模型的移动平均估计式 $\boldsymbol{x}_t = \boldsymbol{B}(L)\boldsymbol{v}_t$ 开始，计算残差协方差矩阵 $\boldsymbol{\Sigma}_v$ 的 Cholesky 分解，令 $\boldsymbol{\Sigma}_v = \boldsymbol{CC}'$；

(2) 从正态分布 $N(0,1)$ 中生成 $n \times n$ 阶矩阵 $\boldsymbol{M}$，对 $\boldsymbol{M}$ 做 $\boldsymbol{QR}$ 分解($\boldsymbol{M} = \boldsymbol{QR}$)，得到正交矩阵 $\boldsymbol{Q}$；

(3) 计算 $\boldsymbol{G}(L) = \boldsymbol{B}(L)\boldsymbol{CQ}$，再计算要做检查的脉冲响应 $g_{ij,h} = \partial x_{i,t+h} / \partial \varepsilon_{j,t}$；

(4) 保留满足理论约束的 $g_{ij,h}$，否则将之剔除。

重复(2)、(3)和(4)，直至取得满足约束的脉冲响应达到规定数量。

12.3.5　脉冲响应的局部投影法

脉冲响应的局部投影法(local projections)由 Jorda (2005)首次提出，此后作为 SVAR 模型计算的脉冲响应的替代，脉冲响应局部投影法被广泛运用于各种应用研究。SVAR 模型利用迭代模拟法计算外生冲击的脉冲响应。局部投影法利用单方程回归，直接估计外生冲击对结果变量影响的期限效应。其优势是简单易行，并且能够将单方程的各种回归方法应用于脉冲响应的估计和模拟。局部投影法估计方程可以表示为

$$y_{t+h} = \alpha_h + \beta_h \varepsilon_t + \gamma_h x_{t-1} + u_{ht}$$

其中，y_{t+h} 是受到冲击的经济变量，也称为结果变量，$h \in [0,1,2,\cdots,H]$ 是时间期限，上面计量等式左边表示外生冲击 ε_t 对变量 y 在未来期限 h 时即 y_{t+h} 的影响效应。等式右边 x_{t-1} 表

示控制变量，α_h 和 u_{ht} 分别表示回归常数和误差项。解释变量 ε_t 表示外生冲击，其系数设为 β_h，表示 ε_t 对 y_{t+h} 影响的效应。外生冲击 ε_t 对变量 y 在未来时期的脉冲响应为 $(\beta_1, \beta_2, \cdots, \beta_H)$。局部投影法运用异方差和自回归一致性回归，直接计量外生冲击对结果变量影响的动态效应，即

$$E\left[Y_{t+h}\mid \varepsilon_t = 1; \text{controls}\right] - E\left[Y_{t+h}\mid \varepsilon_t = 0; \text{controls}\right]$$

其中，controls 表示控制变量。脉冲响应的局部投影法的关键是先要根据经济理论和实践活动，计算得到外生冲击变量 ε_t；再利用单方程回归模型，得到脉冲响应。

本章小结

1. 本章介绍时间序列模型的应用，主要介绍了自回归分布滞后模型和向量自回归模型。应用时间序列模型进行动态因果关系分析，自回归分布滞后模型经常被用来刻画单一时间序列方程中的变量关系。而结构向量自回归模型是多元时间序列分析的核心内容之一。两者都是宏观经济和金融研究中基本和常用的计量工具。

2. 自回归分布滞后模型被用来刻画单一时间序列方程中的变量关系。解释变量对被解释变量的影响一般不能在短时间内完成，通常存在时间滞后，即解释变量需要通过一段时间才能完全作用于被解释变量。由于经济活动的惯性，一个经济指标以前的变化态势往往会延续到本期，从而形成被解释变量的当期变化同自身过去取值水平相关的情形。滞后效应产生的原因一般有心理预期因素、技术因素及制度因素。所谓滞后变量，是指过去时期的、对当前被解释变量产生影响的变量。滞后变量可分为滞后解释变量与滞后被解释变量两类。把滞后变量引入回归模型，这种回归模型称为滞后变量模型。

3. 自回归分布滞后模型的估计方法。经验加权估计法是对解释变量的系数赋予一定的权数，利用这些权数构成各滞后变量的线性组合，以形成新的变量，再应用最小二乘法进行估计。权数分布的确定取决于模型滞后结构的不同类型，常见的滞后结构类型有递减滞后结构、不变滞后结构、倒 U 型滞后结构。经验加权法具有简单易行、不损失自由度、避免多重共线性干扰，以及参数估计具有一致性等特点。其缺陷是设置权数的主观随意性较大。为了消除多重共线性的影响，阿尔蒙(Almon)提出利用多项式来逼近滞后参数的变化结构，从而减少待估参数的数目。在有限分布滞后模型滞后长度已知的情况下，滞后项系数可以看成相应滞后期的函数。库伊克(Koyck)模型假定滞后解释变量对被解释变量的影响随着滞后期的增加而按几何级数衰减。库伊克变换是一种数学技巧，只有在符合经济理论时才能取得比较好的效果。

4. 向量自回归(VAR)是基于数据的统计性质建立模型，VAR 模型把系统中每一个变量作为内生变量来构造模型，从而将单变量自回归模型推广到由多元时间序列变量组成的"向量"自回归模型。1980 年，克里斯托弗·西姆斯(Christopher Sims)根据经济理论将约束条件加入 VAR 模型，提出了结构向量自回归模型(SVAR 模型)。SVAR 模型根据经济理论给出的约束条件，识别和估计模型参数，分析和模拟外生冲击对经济系统中各变量产生的脉冲响应。SVAR 模型的识别方法包括：①基于经济当期约束条件的递归识别方法；②基于经济变量长期关系的长期约束识别方法；③基于经济变量之间影响关系的符号约束识别法；④识别特别外生冲击的工具变量识别方法，等等。

参考文献

[1] 安格里斯特，皮施克. 基本无害的计量经济学：实证研究者指南[M]. 郎金焕，李井奎，译. 上海：格致出版社，2021.

[2] 布鲁克斯. 金融计量经济学导论[M]. 王鹏，译. 4 版. 北京：中国人民大学出版社，2022.

[3] 陈强. 计量经济学及 Stata 应用[M]. 北京：高等教育出版社，2015.

[4] 陈诗一，陈登科. 高级计量经济学[M]. 北京：高等教育出版社，2022.

[5] 陈诗一，陈登科. 计量经济学[M]. 北京：高等教育出版社，2019.

[6] 恩德斯. 应用计量经济学：时间序列分析[M]. 杜江，译. 4 版. 北京：机械工业出版社，2017.

[7] 高铁梅. 计量经济分析方法与建模：EViews 应用及实例[M]. 3 版. 北京：清华大学出版社，2016.

[8] 黄斌，范雯，朱宇. 因果推断：在教育及其他社会科学领域的应用[M]. 北京：教育科学出版社，2022.

[9] 坎宁安. 因果推理[M]. 李井奎，译. 北京：中国人民大学出版社，2023.

[10] 李子奈，潘文卿. 计量经济学[M]. 4 版. 北京：高等教育出版社，2015.

[11] 珀尔. 统计因果推理入门[M]. 杨矫云，译. 北京：高等教育出版社，2020.

[12] 邱嘉平. 因果推断实用计量方法[M]. 上海：上海财经大学出版社，2020.

[13] 沈根祥. 计量经济学[M]. 上海：上海财经大学出版社，2013.

[14] 斯托克，沃特森. 计量经济学[M]. 王立勇，徐晓莉，译. 4 版. 北京：机械工业出版社，2022.

[15] 王连军，温桂荣，罗长青. 经济政策评价与预测：基于因果推断与机器学习的方法[M]. 北京：经济科学出版社，2021.

[16] 伍德里奇. 计量经济学导论：现代观点[M]. 张成思，译. 6 版. 北京：中国人民大学出版社，2018.

[17] 姚东旻. 因果推断初步：微观计量经济学导论[M]. 北京：清华大学出版社，2022.

[18] 张成思. 金融计量学：时间序列分析视角[M]. 北京：中国人民大学出版社，2020.

[19] 赵西亮. 基本有用的计量经济学[M]. 北京：北京大学出版社，2017.